全国消防救援培训推荐用书
社会消防救援安全教育系列

水域救援技术

邵　薇　徐志达　编著

·北京·

内 容 提 要

本书系统地介绍了水域救援的理论与实用技术，对提高消防救援部门的水域救援训练水平与能力将大有裨益。

本书由六章组成。水域救援概述，包括水域救援的指挥机制、灾害类别、技术分类和救援常识；水域救援组织指挥，包括水域救援人员编成与分工、水域救援组织与指挥；水域救援器材装备，包括静水救援装备、激流救援装备和潜水救援装备；静水救援技术；激流救援技术；潜水救援基本技术。

本书总结了国内外水域救援的理论与实践，内容翔实，图文并茂，便于理解与掌握，可作为消防救援部门和消防院校水域救援教育训练的培训用书，也可供相关救援专业人员参考。

图书在版编目（CIP）数据

水域救援技术 / 邵薇，徐志达编著 .—北京：中国水利水电出版社，2019.8（2025.1重印）.

ISBN 978-7-5170-7910-1

Ⅰ.①水… Ⅱ.①邵…②徐 Ⅲ.①水上救护 Ⅳ.① G681.17

中国版本图书馆 CIP 数据核字（2019）第 173847 号

书　名	社会消防救援安全教育系列 **水域救援技术** SHUIYU JIUYUAN JISHU
作　者	邵　薇　徐志达　编著
出版发行	中国水利水电出版社 （北京市海淀区玉渊潭南路 1 号 D 座 100038） 网址：www.waterpub.com.cn E-mail：zhiboshangshu@163.com 电话：（010）62572966-2205/2266/2201（营销中心）
经　售	北京科水图书销售有限公司 电话：（010）68545874、63202643 全国各地新华书店和相关出版物销售网点
排　版	北京智博尚书文化传媒有限公司
印　刷	三河市龙大印装有限公司
规　格	185mm×260mm　16 开本　16.75 印张　417 千字
版　次	2019 年 8 月第 1 版　2025 年 1 月第 5 次印刷
印　数	7001—8000 册
定　价	58.00 元

凡购买我社图书，如有缺页、倒页、脱页的，本社营销中心负责调换

版权所有·侵权必究

前　言

Preface

我国地域辽阔，江河纵横，湖泊星罗棋布，海岸线漫长，在有记录的历史上，水患频发。据中国卫计委 2014 年的统计数据表明，每年约 57000 人死于溺水；世界卫生组织研究项目表明，仅江西一省，2014 年就有 4800 多人死于溺水。2009 年，《中华人民共和国消防法》将水域救援列入消防职责范围。最新的《中华人民共和国消防法》已由中华人民共和国第十三届全国人民代表大会常务委员会第十次会议于 2019 年 4 月 23 日通过，明确将抢救各类群众遇险的职责赋予消防部门，水域救援任务艰巨而繁重。

水域救援具有突发性、紧迫性、技术高、难度大、危险大的特点，近年我国雨季雨势汹汹，各地消防救援部门水上救援面临巨大压力。迫切需要认真学习、钻研和探索各种情况下的水域救援技术，并结合各地水域救援实际，有针对性地开展训练，不断提高水域救援能力水平，以适应随时随地打硬仗的需要。由于消防救援部门开展此项工作时间较短，尚处于探索阶段，缺少系统性的专业教材。本书系统地介绍了水域救援的理论与实用技术，对提高消防救援部门的水域救援训练水平与能力将大有裨益。

本书特色

1. 知识覆盖面广，符合各种救援培训需要

本书考虑到了水域救援的各方面内容，涵盖静水、激流、冰面等各种水域情况，介绍了各种设备、装备及使用方法。可用于进行专项培训，也可以放在消防类系列培训中使用。

2. 内容丰富实用、主次分明，符合一般学习习惯

从内容安排上以考虑实用为原则，非常注重基础性和应用性，从设备、装备到使用方法，从人员分工到组织与指挥，从自救到救他。对于重点介绍的救援技术进行了强调和细致说明，而且通过一些案例来侧面说明设备、装备、人员合作、熟练掌握救援技术的必要性与重要性。以期参训人员能真正掌握救援的关键技术，成为合格的救援人员。

3. 全程配以视频，以视频辅助学习，使读者快速掌握技术

在对于需要详细讲解的部分，配有视频进行说明，读者可以通过扫描二维码来学习知识和了解一些救援现场的情况，更加直观生动。

本书内容

本书由六章组成。

第一章为水域救援概述，包括水域救援的指挥机制、灾害类别、技术分类和救援常识，

为全书的纲领性章节。

第二章为水域救援组织指挥，包括水域救援人员编成与分工、水域救援组织与指挥。介绍了水域救援各种救援环境下的安全守则、救援要点、训练标准与指导原则等一系列原则性问题。

第三章为水域救援器材装备，包括静水救援装备、洪水激流救援装备和潜水救援装备。救援装备是否性能优良对于人员安全、救援成功率都有极大的影响，需要详细了解和学习。

第四章、第五章和第六章分别介绍静水救援技术、激流救援技术、潜水救援技术，包括不同情况下的救援姿势、救援方式、救援技术、安全须知等，从救援要做什么、怎么做、为什么这么做、做时的注意事项层次递进进行讲解。

本书读者对象

本书为消防救援部门和消防院校水域救援教育训练提供必要的参考与指导。对于水域作业相关人员、临水居住人员、热爱近水旅游的读者也非常有参考价值。

本书图片及视频资源

本书总结了国内外水域救援的理论与实践，内容翔实，图文并茂，便于理解与掌握，将为消防救援部门和消防院校水域救援教育训练提供必要的参考与指导。书中配有视频讲解，读者可通过扫二维码直接观看视频。右侧为本书视频资源总码。

关于作者

邵薇，2007年7月毕业于北京体育大学教育专业，体育硕士。国家游泳一级裁判员，PADI 国际专业潜水教练协会名仕潜水员训练官、PADI 公共安全潜水教练、ERDI 国际应急救援潜水教练，SDI 国际水肺潜水教练，TDI 国际潜水教练，FRTI 国际应急培训教练，国际搜救教练协会联盟 R4 实习教官。

先后就职于云南省警卫局、武警学院警卫系，现任消防局等专科学校应急救援教研室教员、讲师。撰写、发表和出版了大量相关学术论文、教材和名著。由于工作成绩突出，先后荣立个人二等功、三等功。

致谢

本书的写作过程得到了多方的关注与支持，在此一并表示感谢。

由于编者水平及时间所限，书中不足在所难免，请专家和广大读者批评指正。

编者

2019 年 5 月

目 录

Contents

| 第一章　水域救援概述 .... 1 |
| 第一节　水域救援指挥机制 .... 1 |
| 　　一、水域救援相关的应急部门 .... 1 |
| 　　二、水域灾害事故的处置程序 .... 4 |
| 　　三、水域救援的职责任务 .... 6 |
| 第二节　水域救援的基础知识 .... 6 |
| 　　一、水域灾害事故类别 .... 6 |
| 　　二、水域救援技术分类 .... 14 |
| 　　三、水域救援的基本常识 .... 14 |
| 第二章　水域救援组织指挥 .... 27 |
| 第一节　水域救援的人员编成及分工 ...... 27 |
| 第二节　水域救援的组织指挥内容 .... 29 |
| 　　一、静水救援的救援生存链和救援要点 ... 29 |
| 　　二、激流救援的安全守则、训练标准和指导原则 .... 34 |
| 　　三、潜水救援的指挥要点 .... 35 |
| 第三章　水域救援器材装备 .... 41 |
| 第一节　静水救援装备 .... 41 |
| 第二节　激流救援装备 .... 43 |
| 　　一、个人救援装备 .... 43 |
| 　　二、团队救援装备 .... 51 |
| 第三节　潜水救援装备 .... 56 |
| 　　一、个人水肺装备 .... 57 |
| 　　二、特殊装备 .... 75 |
| 　　三、后勤保障装备 .... 84 |
| 第四章　静水救援技术 .... 89 |
| 第一节　基本游泳技术 .... 89 |
| 　　一、熟悉水性与游泳中常见情况的处置 ... 89 |
| 　　二、蛙泳基本技术及训练 .... 92 |

　　三、自由泳技术及训练 99
第二节　现代游泳技术及训练方法 106
　　一、身体平衡练习 106
　　二、现代蛙泳技术及训练 107
　　三、现代自由泳技术及训练 108
第三节　救援实用游泳技术 110
　　一、踩水技术及训练 111
　　二、反蛙泳技术及训练 113
　　三、侧泳技术及训练 115
　　四、抬头自由泳技术及训练 117
　　五、潜泳技术与训练 118
第四节　静水救援技术要领 120
　　一、入水技术 120
　　二、接近控制技术 121
　　三、水中解脱技术 122
　　四、水中拖带技术 124
　　五、水中通气技术 125
　　六、上岸技术 126
　　七、溺水者基础生命支持 127
第五章　激流救援技术 139
第一节　岸上救助技术 139
　　一、接触救援技术 139
　　二、抛投救援技术 140
　　三、水面拦截救援技术 143
第二节　船艇救援技术 147
　　一、船艇分类 147
　　二、快速充气式橡皮艇救援技术 148
　　三、IRB简介 152
　　四、IRB的检查、组装及基本操作 154

III

五、IRB 的故障排除 164
　　六、IRB 的拆卸与保养 165
第三节　涉水渡河 166
　　一、涉水渡河安全须知 166
　　二、涉水渡河救援技术 166
第四节　入水救援技术 170
　　一、入水技术 170
　　二、洪水激流泳姿 172
　　三、激流自救技术 174
　　四、水中拖带技术 176
　　五、上岸技术 177
　　六、活饵救援技术 177
第五节　水域救援中绳索技术的应用 178
　　一、绳索系统架设基本技术 178
　　二、锚点制作 181
　　三、水域救援系统制作 183
　　四、绳索系统救援技术的应用 185

第六章　潜水救援技术 189
第一节　初级潜水技术及训练 189
　　一、基本潜水技术 190
　　二、水面水下沟通方式 205
　　三、基本结绳技术 219
　　四、装备的清洗、维护与保养 219
第二节　中级潜水技术及训练 222
　　一、潜水意外救援技术 222
　　二、特殊环境潜水技术 230
第三节　高级潜水技术介绍 254
　　一、潜水搜索与救援的程序 255
　　二、团队成员职责及任务分工 255
　　三、潜水团队事务年度管理 257
　　四、应急救援的训练重点 257

参考文献 260
后记 261

第一章 水域救援概述

近年来,随着中国应急管理体制改革的不断深化,相关法规与制度建设不断完善,但救援队伍的专业化建设却相对滞后,特别是水域救援工作,长期以来一直存在重视程度不高、职责分工不清、缺少专业队伍、缺乏专业训练等问题。由于缺少基础知识的普及,从管理部门到人民群众对水域救援的认识长期停留在"抗洪救灾"的误区中,当国家发生大面积洪涝灾害时,主要是临时调集基本没有任何专业训练的军队与武警官兵作为救灾主力,官兵伤亡事故频发。与此同时,由于对日常水域救援工作重视不足,我国每年水域溺亡事故高发,死亡人数惊人。由于缺乏救援常识与专业能力,救援工作普遍存在盲目性,经常发生"一人落水,众人溺亡"的惨剧。2019年新修订的《中华人民共和国消防法》颁行,再次明确将应急救援工作赋予消防部门,我国的应急救援工作进入一个新的历史时期。

中国消防队伍长期以来主要负责火灾的预防与灭火的专项工作,其他类事故救援起步晚,缺乏研究与积累,技术薄弱,专业化程度不高。由于水域救援工作风险较大,技术复杂,装备种类繁多,必须经过长期专业化训练才能提高战斗力,减少救援人员伤亡事故的发生。自2018年全国消防救援部门集体转业划归应急救援部门以来,队伍的专业化建设得到了空前的重视,专业应急救援力量建设稳步推进。与此同时,加强对专业救援力量的专业训练也显得格外紧迫,需要通过系统、科学和专业的训练,全面提高水域救援能力和水平。

【学习目标】
1. 了解我国水域救援相关的应急部门。
2. 了解水域救援的事故类别和救援技术分类。
3. 掌握水域事故应急救援的处置程序。
4. 掌握水域救援的职责任务和要求。

第一节 水域救援指挥机制

一、水域救援相关的应急部门

1. 水域灾害及事故的现状

(1) 自然灾害严重。中国自古就是一个自然灾害多发的国家,早在4 000多年前,我国就有"大禹治水"的传说,与洪水等自然灾害的斗争也始终伴随着人类的发展。在所有自然灾害中,洪水危害最为严重,约占自然灾害的40%。受气候和地理条件的影响,中国全年降水时间较为集中,主要集中在夏季;且地势呈西高东低的走势,几乎所有的河流都是由西向东走向,容易泛滥成灾。因此,在我国有2/3的国土面积不同程度地受到洪水威胁,尤其是长江、黄河等七大江河的中下游地区，集中了全国一半的人口、1/3 的耕地和 3/4 的农业产值，很多地区的地面处于洪水水位以下，洪涝灾害威胁严重。以 2018 年为例，我国自然灾害以洪涝、台风灾害为主，主要呈现出以下特点：一是灾害损失在时空分布上相对集中。从时间上看，洪涝、台风等自然灾害集中在 6—8 月；从区域上看，灾情严重的省份集中在内蒙古、山东、广东、四川、云南和甘肃 6 个省（自治区）。二是洪涝灾害呈现"北增南减"的态势。2018 年，我国共出现 39 次强降水天气过程，西北、华北、内蒙古以及黑龙江部分地区降水较常年偏多 3～8 成，内蒙古、黑龙江、甘肃、陕西、青海、新疆等北方省（区）洪涝和地质灾害较过去 5 年均值明显偏重，南方大部降水量较常年持平或偏少，浙江、福建、江西、湖北、湖南等省洪涝灾情明显偏轻。金沙江、雅鲁藏布江相继发生 4 次严重的山体滑坡灾害，虽未造成人员伤亡，但灾害影响较大，历史罕见。据统计，洪涝和地质灾害共造成全国 3 526.2 万人次受灾，338 人死亡，42 人失踪，142 万人次紧急转移安置。三是台风登陆次数明显偏多。2018 年我国大陆地区共有 10 次台风登陆，较常年（7 次）偏多 3 次。"安比""摩羯""温比亚"在一个月内相继登陆华东并深入内陆影响华北、东北等地，历史罕见。"温比亚"是 2018 年致灾最重的台风，给山东、河南、安徽和江苏等省造成严重的暴雨洪涝；"山竹"是 2018 年最强的登陆台风，给广东、广西、海南等省（区）造成一定的影响。据统计，台风灾害共造成全国 3 260.6 万人次受灾，80 人死亡，3 人失踪，366.6 万人紧急转移安置，2.4 万间房屋倒塌，4.3 万间房屋严重损坏，16.2 万间房屋一般损坏，直接经济损失 697.3 亿元。总的来看，台风灾害与过去 5 年均值基本持平，紧急转移安置人口和农作物受灾面积增加 25% 与 79%，死亡、失踪人数和倒塌房屋数量减少 36% 与 42%。

2019 年入汛以来，据气象水文预测，我国气候状况总体偏差，降水总体呈"南多北少"分布，江淮南部、江南、华南北部较常年明显偏多，西北东部明显偏少。长江中下游、淮河、珠江流域西江和北江等地将发生区域性较大洪水，黄河上中游、海河南系、第二松花江、辽河等将发生局地暴雨洪水；华北和西北等地部分地区可能发生较重夏旱。全年登陆我国台风次数将接近常年，强度偏强。此外，主汛期，我国西部山区特别是川滇地震干旱区可能发生山洪、滑坡、泥石流等重大灾害风险。总的来看，全年防汛抗旱工作面临的形势严峻复杂，保障度汛安全任务艰巨。

截至 2019 年 6 月 10 日，当年全国出现 14 次区域性强降雨过程，累计降水量 163mm，接近常年同期 165mm，全国有 22 个省份不同程度遭受洪涝灾害，广西、江西、福建、广东等省受灾较重。全国洪涝受灾人口 675 万人，比近 5 年均值 1 289 万人少 48%；因灾死亡失踪 83 人（含地质灾害），比近 5 年均值 102 人少 18%；农作物受灾面积 623 千公顷，比近 5 年均值 917 千公顷少 32%；倒塌和严重损坏房屋 1.5 万余间，比近 5 年均值 7.2 万间少 79%；直接经济损失约 100 亿元，比近 5 年均值 170 亿元少 41%。

（2）溺水事故频发。据世界卫生组织 2015 年《全球溺水死亡报告》数字统计，溺水是世界各地非故意伤害死亡的第三大原因，2015 年有 372 000 人死于溺水。中华人民共和国成立以来，兴修水利工程，水灾得到了一定的治理。但由于农村幅员辽阔，人口众多，基础设施较差，救援力量薄弱，每年仍有大量人口溺亡。据不完全统计，我国消防、水利、打捞、海事、河道管理等部门每天出警进行的水域救援高达 400 多起（一年 10 万余次）。

（3）其他事故多发。例如像内河湖泊船舶搁浅、翻、沉、交通工具落水，冰上遇险被困，孤岛、洞穴困人，龙舟翻船等事故也时有发生。例如 2015 年 6 月 1 日，"东方之星"客轮翻覆事件，造成特别重大灾害，导致船上442名人员遇难。2018年4月21日，发生在广西桂林桃花江河段一处翻滚流导致两艘龙舟翻覆，57人落水，17人死亡。

2. 水域救援的相关法律

1950年6月7日，经中央人民政府政务院批准，正式成立中央防汛总指挥部，按照《中华人民共和国防洪法》《中华人民共和国防汛条例》《中华人民共和国抗旱条例》等有关法规，负责领导全国的防汛抗旱工作。以上三个法规的制定，使中国水域应急救援工作走上了法制化的道路。国务院于1991年7月根据《中华人民共和国水法》，制定了《中华人民共和国防汛条例》，全国人大常委会于1997年8月制定了《中华人民共和国防洪法》。国家防汛抗旱总指挥部（以下简称"国家防总"）是领导组织全国防汛抗旱的最高指挥机构，其办事机构国家防总办公室设在水利部。经过60多年的努力，中国已经逐步建立起国家统一领导、各级分工负责、各部门统筹协作的抗灾与救援体制。

2009年5月修订的《中华人民共和国消防法》（也称"新消防法"）规定："公安消防队和专职消防队按照国家规定承担重大灾害事故和其他以抢救人员生命为主的应急救援工作。"将救援职能赋予消防部门。为贯彻落实上述规定，消防部门明确规定实施水上救援时，应当由熟悉水性的人员承担，穿着专用救生防护装备，由具备专业资质的人员操作舟艇；实施潜水救援时，救援人员应当具备潜水员资格证，严格按照规程操作，并采取安全措施。

3. 我国水域事故应急救援力量的构成

水域事故应急救援是一个系统工程，尤其涉及洪涝等自然灾害救援时，需要上下统一、各部门通力合作。国家防汛抗旱指挥部、国家减灾委员会、应急管理部等应会同水利部、自然资源部门、住房及城乡建设部、交通部、电力、市政部门一同做好防汛、抗洪、防治和救灾工作。

我国水域事故的应急力量主要由以下三方面构成。

（1）主要力量。主要力量包括解放军、武警、消防、特警以及预备役民兵等。消防救援队伍为专业化的公共危机应急救援力量，是一支分布广泛、昼夜执勤、反应迅速、装备齐全、训练有素、作风顽强的综合性常备救援力量。解放军、武警、预备役民兵是公共危机应急救援的机动力量，当发生社会影响极大、地域范围广、应急救援时间长、有大量人员伤亡且超出常备力量处置能力时出动。

（2）专业力量。我国现有专业应急救援力量多是本行业或本企业的应急救援力量，也就是说行业管理和灾害专业管理多是一体的。例如，干旱、雨涝、洪泛等气象灾害的专业管理部门是水利部。因此，水利部是洪涝灾害先期处置的主要力量，是应急救援力量体系的重要组成部分。交通运输部负责江河湖海的航运管理，因此，交通运输部门也是水上搜救与打捞的主要应急救援力量。

（3）社会力量。当前，由社会上各类人群、企事业单位救助队伍、志愿者等组成的社会救援力量在灾害事故应急救援中发挥着日益重要的作用。应急管理部将进一步通过健全法律法规、搭建协作服务平台、组织竞赛和评估、建立与专业队伍共训共练和服务保障机制等措施，积极支持鼓励社会救援力量的建设发展，规范、有序地参与救援行动。应急管理部表示："要支持建设一批重点社会救援队，对表现优异、技能突出的个人进行重点培养，纳入国家救援队伍体系，形成国家救援队伍和社会救援队伍良性互动、共同发展的格局，同心协力为构建大国应急救援体系作出新贡献。"

2019年，消防救援队伍作为承担重大灾害抢险应急救援工作的专业队伍，其在城市内涝中承担的应急救援职责和任务早已被《中华人民共和国消防法》（以下简称《消防法》）和《国家突发公共事件总体应急预案》所明确，为处置城市内涝灾害的骨干力量。目前，全国消防救援队伍已组建水域救援专业队285支、队员7 462人，配备水域救援专用救生衣10万件，大流量远程供水系统240套，大流量排水泵84具，推土机121台，挖掘机253台，滑移装载机85台，吊车56台，消防船45艘，冲锋舟2 169艘，橡皮艇3 207艘，随时出动参与抗洪抢险。据统计，2019年5月底以来，全国消防救援队伍共参加抗洪抢险救援800余次，出动指战员8 100余人次，出动舟艇970余艘次，营救被困人员4 342人，疏散被困群众11 890人。

二、水域灾害事故的处置程序

在处置水域灾害事故过程中，只有遵循严密的程序，才能减少疏漏，提高救援效率。通常包括以下几个程序。

1. 侦察检测

（1）查明事故的种类、发生时间、危害程度、波及范围和可能造成的后果。

（2）查明遇险和被困人员的位置、数量、危险程度以及救援途径、方法。

（3）查明水域深度、温度，水面宽度、水流方向、流速，水质浑浊程度，河床形态以及航行船舶等情况。

（4）查明事故现场及其周边的道路、气象以及岸边地形、地貌、建（构）筑物等情况。

（5）评估危害趋势及可能发生的问题，现场救援所需力量、装备器材以及其他资源。

（6）与水上公安、海事、航道、港务、打捞、电力、通信、气象等有关部门、专业力量实现互联互通和信息共享。

（7）船舶搁浅翻沉、交通工具坠水救援时，查明事故船舶和坠水交通工具类型、使用性质、结构，所载物品性质、数量，是否发生泄漏、燃烧、爆炸以及离岸距离等情况。

（8）孤岛救援时，查明孤岛上安全绳固定和舟艇停靠条件。

2. 警戒疏散

（1）依据侦察检测结果，科学、合理地划定警戒区域，设置警戒标志。

（2）协调相关联动单位管制事故水域交通，停止事故水域内无关航行和作业，清除警戒区域内无关人员，禁止无关车辆、现场群众和无可靠安全防护措施的施救人员、装备进入警戒区内。

（3）必要时采取禁火、停电等安全措施。

（4）对事故水域现场、上游和下游进行实时监测。

3. 安全防护

（1）水域救援人员在实施水面救援时，应使用水域救援头盔、水域救援服、水域救援手套、水域救援靴、消防专用救生衣、割绳刀、高音哨等专用装具防护，夜间作业应使用（佩戴式）防水照明灯、防水方位灯等夜间防护用具。

（2）实施入水救援时，应使用水面漂浮救生绳对入水救援人员进行保护，水面漂浮救生绳应与消防专用救生衣快卸部件连接，严禁固定在入水救援人员身体或防护装备其他部位。

（3）实施潜水救援时，水域救援人员应使用与环境相适应的潜水器具进行防护，并采取相应的潜水作业安全程序。

（4）在寒冷水域或污染水域救援时，应使用干式水域救援服或全隔离装备进行防护，必要时佩戴干式救援服、头套和全面罩。

（5）安全员应做好水域救援人员安全防护的检查和记录。

（6）流动水域实施救援时，上游方向必须设置上游观察员，发现险情及时发出预警信号；下游方向必须设置下游安全员，遇有救援人员和被困人员遇险时迅速在下游以抛绳、拦截网、充气水袋、快速充气橡皮艇等措施拦截救援，确保人员安全。

（7）高山河谷地带实施水域救援时，安全员应对山体危险区段、部位进行实时监测，防止滑坡、滚石等造成意外事故。

4. 人员搜救及险情排除

（1）分析判断灾情，评估风险危害，制订作业方案。

（2）根据现场不同情况，采取岸上、舟艇、直升机、入水救援、潜水救援等技术与方法施救。

（3）施救时应按照"就近、就快、先水面、后水下、伤员及老弱病残幼优先"的原则进行。

（4）视情调集其他船舶配合救援作业，抢救疏散遇险和被困人员。

（5）对现场受伤人员应立即移交医疗急救部门进行救治。

（6）船舶搁浅翻沉、交通工具坠水救援时，应采取措施稳固事故船舶和坠水交通工具，防止倾覆移位。利用舱（车）门、舷（车）窗等途径抢救疏散遇险和被困人员，必要时对船（车、机）体进行破拆施救。

（7）实施洪涝救援时，应优先营救被困在水中、树梢、岩壁、屋顶等险恶环境中的遇险人员。要确保伤员在转运之前有足够的个人防护装备并防护到位。

5. 现场管理

（1）选择便于观察、比较安全的人员和装备集结区域。

（2）实施水域救援时，应由指挥员带领编组作业；严禁救援人员单独行动。

（3）视情安排紧急救助小组待命，确保救援人员生命安全受到威胁时能及时组织救援。

（4）实施大面积洪涝救援时，应分区采取舟艇编组方式进行搜救工作，做到搜索时不重复、不遗漏。

（5）实施潜水救援时，应首先确定联络方式及信号，确保潜水员与岸上或水面人员的不间断联络；潜水员着装完毕经安全员再次检查后，方可入水作业。

（6）潜水救援实施搜索时，一般由一名主潜水员和一名备用潜水员负责水下搜索工作，在指定区域采取合适的搜索形式进行搜索；遇有特殊灾害现场，搜索水域面积较大时，可划分区域，由若干潜水团队同时进行搜索任务。

（7）救援结束后，应全面、细致地检查清理现场，视情留有必要力量实施监护和配合后续处置，并向事故单位或者有关部门移交现场。

（8）撤离现场时，应清点人数，整理装备。

(9) 洪涝救援结束后，应对救援人员、装备进行洗消，并加强卫生防疫工作。

三、水域救援的职责任务

1.《消防法》相关规定

我国《消防法》第三十七条规定："国家综合性消防救援队和专职消防队按照国家规定承担重大灾害事故和其他以抢救人员生命为主的应急救援工作。"根据国务院有关规定，国家综合性消防救援队主要承担地震等自然灾害、建设施工事故、道路交通事故、空难等生产安全事故，恐怖袭击、群众遇险等社会安全事件的抢险救援任务，同时协助有关专业队伍做好水旱灾害、气象灾害、地质灾害、森林草原火灾、生物灾害、矿山事故、危险化学品事故、水上事故、环境污染、核与辐射事故突发公共卫生事件等的抢险救援任务。需要强调的是，《消防法》赋予消防部门的职责是"承担以抢救人员生命为主"的救援任务，帮助受困于水中的人员脱离危险，对受伤人员进行现场医疗急救、搜寻死难人员、对死者进行包裹转移等。

2.《执勤战斗条令》相关规定

消防《执勤战斗条令》第八十九条规定："实施水上救援时，应当由熟悉水性的人员承担，穿着专用救生防护装备，由具备专业资质的人员操作舟艇；实施潜水救援时，救援人员应当具备潜水员资格证，严格按照规程操作，并采取安全措施。"

第二节　水域救援的基础知识

一、水域灾害事故类别

（一）内河、湖泊船舶搁浅、翻、沉事故

2014年8月9日，国务院发布《关于促进旅游业改革发展的若干意见》，明确提出优化邮轮出入境政策，继续支持邮轮游艇等旅游装备制造国产化，规划引导沿江、沿海公共旅游码头建设，增开国际、国内邮轮航线等措施，国际国内、沿海沿江等客船旅游业也将迎来高速发展阶段。预计到2030年，中国有望成为全球第一大邮轮旅游市场，邮轮码头供给规模成为世界第一，因此，大型客船安全事故风险不容忽视，迫切需要全面加强客船事故搜救能力，确保人民群众生命财产安全，切实提高客船安全管理和应急救援水平。

目前，海上事故由交通运输部救援打捞局统一领导救援，但我国沿江并未设立专门的救援打捞部门，水上搜救是由政府主导、海事牵头、各部门广泛参与、专业队伍与社会力量相结合的方式，存在水上应急专业化队伍薄弱、港口建设和配套滞后等问题。因此，近年来我国客船的搁浅、触礁和翻沉等事故居高不下，尤其是倾侧和翻沉事故极易造成大量人员被困，难以逃生，人员伤亡和财产损失重大。例如，2015年1月15日，安徽蚌埠籍新造试航拖轮"皖神舟67"在长江福北水道发生自沉翻扣事故。25名落水人员中，3人获救，22人遇难，其中包括8名外籍人员。2015年2月22日，湖南邵阳县资江九公桥地段发生一起沉船事故，当地村民驾驶一艘非生产经营船只，18人外出游玩，遇到湍急水流而沉船，致8人死亡，1人

失踪。2015年3月30日，一艘名为"振和168"的货轮在西犬岛西侧海域发生翻船事故，船上13名船员全部失踪。2015年6月1日晚，客船"东方之星"客轮突遇恶劣天气，在长江湖北监利段倾覆，事故造成442名人员遇难，仅12人获救（见资源1-1案例）。事故发生的肇因和类型有以下几种。

1. 船舶碰撞事故

碰撞是内河湖泊船舶发生率最高的事故，大多发生在航道交汇点、渔区、能见度不良等区域。这些区域具有船舶密集、会遇频繁、航道和自然环境不尽如人意、回旋余地小等特点。碰撞事故的常见原因有船员责任心不强，避让操作技术差；值班时精神不振，会船时紧张过度或漫不经心；瞭望疏忽，局面判断错误；对当时情况和环境及其动态演变估计不足而陷入窘境；违反避碰规则，避让迟缓；使用安全航速不当，特别是在客观条件不允许的情况下盲目高速航行，等等。

1-1 事故案例

2. 船舶火灾事故

火灾是船舶易发事故之一，火灾事故的常见原因有船舶电气设备和线路老化，船员缺乏防火知识和经验，船舶结构不符合船舶建造规范中有关消防的规定，船舶燃油不符合标准，管系、油管等裸露，消防器材和消防物质配备不足。

3. 风浪倾覆事故

虽然气象服务日臻完善，但恶劣天气依然严重威胁着船舶安全，经预报和未经预报的强风大浪等灾害性天气是倾覆船舶的主要力量。船舶风浪事故的原因多是忽视自然环境力量，船舶公司、船长对天气力量的认识不足，或是过于迷信天气预报，不做充分的规避或对抗准备，导致船舶事故发生。

4. 船舶翻沉事故

导致船舶翻沉的原因主要是船舶自身稳性、浮力丧失，或者受恶劣天气和海况、碰撞、触礁、搁浅等外力影响所致，或因人为操作失误引发。一些船舶忽视水密关闭装置的重要性，开航时常常不关水密门，或因维护不良而无法关闭又没有采取有效措施，导致突遭严重横倾或大风浪时来不及关闭而进水倾覆；船舶倾覆更多与货物装载有关，货物不按规定装载，因浪击和操纵产生的横倾力矩引起货物移动而倾覆；货物系固不良，在海浪猛烈袭击下失去控制，撞破船体导致进水翻沉，等等。

5. 污染事故

水域污染对自然环境和人类子孙后代将产生深远影响，污染事故应该引起大家的高度重视。污染事故多是因为检查不认真、发现问题不用心纠正所致。

（二）车辆、列车、飞行器等交通工具坠水事故

1. 交通工具坠水事故

交通工具坠水事故是指车辆、列车、飞行器等交通工具在行驶时发生交通事故而翻掉于水中，造成重大人员伤亡和财产损失的事故。交通工具从小型车辆到飞机等所有形态的运输工具都有可能涉及。

2. 交通工具落水事故

交通工具落水事故可能是由于驾驶员操作失当、判断失误、心力失控等人为因素造成的单纯的事故，也可能是由于恶劣天气、洪水等自然灾害造成的，还有可能是逃逸不法处理、骗取保费等原因。事故发生往往是在行驶过程中的一瞬间，非常突然，从落水直至全部淹没，驾驶员及乘车者短时间内难以做出迅速反应。不管是落入江河湖海、临时积水的低洼地方，发生在天色黑暗等特殊气象条件，还是远离应急救援机构的偏远地区，靠外力及时救助被困人员皆很难实现。落水之后，由于驾驶员处于极度紧张和惊恐中，加上时间急促，往往会错过最佳逃生时机，导致车窗门无法打开也无法击破，最后造成驾驶员及乘车者安全逃生的概率非常低，被困溺亡率极高。

（1）车辆落水的特点。车辆落水具有事故肇因多样、事故突发性强、事故救援困难、事故后果严重等特点。车辆落水后，因为发动机比较重，往往车头会比车尾下沉得快。另外，由于车辆事故的碰撞和落水时巨大的水面拍打力易造成车船门窗变形，故造成车船门窗不易打开。车内的人员很容易被卡夹，车辆碰撞后的变形程度越大，车船内卡夹的人员被卡夹的概率越大，就越难救援。车辆落水后，由于救援人员不能及时抵达，所以落水人员的自救非常重要，只有自救和他救相结合，才能提高救援的成功概率。

（2）车辆落水自救建议。一是迅速解开安全带，逃离车辆。不要浪费时间在打电话和惊慌失措上，车辆下沉前的每一秒都很关键，需要利用每一秒来逃到车外，成功逃到车外以后再打110、119求救。二是先试开车窗再试开车门。车辆落水后，水会在 30 s～1 min 上涨到车窗的底部，这段时间称为漂浮期。由于受水压的影响，打开车门是非常困难的，并且打开车门会使大量的水涌入车内，加速车辆下沉。如果不及时摇下车窗，一旦水压紧压车门框时，车窗就很难摇下了。因此，被困时应该选择先摇下车窗之后再打开车门。三是儿童优先。儿童要在抵抗水流的同时游到车外会比较困难，因此必要时可以将他们从车窗处推出去。如果时间允许，应从最大的孩子开始，最后将最小的孩子抱在怀里一起游出去。四是绝地逃脱。如果不能摇下车窗或者将车窗打碎，也仍然有很小的机会可以逃生。一旦水注满整个车厢，车内外的压力就一样了，这时车门能打开。但是要做到这一点，必须擅长在水压非常大的情况下屏住呼吸、沉着冷静。除非受过专业训练，否则这种情况下逃生的机会微乎其微。（见资源1-2视频）

1-2 视频
车辆落水自救方法

（三）洪涝灾害

1. 洪涝的定义

洪涝是一种自然灾害，俗称"洪水"，是因大雨、暴雨或持续降雨使低洼地区淹没、积水的现象。水灾分为"洪"和"涝"两种："洪"是指大雨、暴雨引起水道激流、山洪暴发、河水泛滥、淹没农田、毁坏环境与各种设施等；"涝"是指水过多或过于集中或返浆水过多造成的积水成灾。

2. 洪涝的分类

洪涝可分为河流洪水、湖泊洪水和风暴洪水等。其中河流洪水依成因不同，又可分为暴雨洪水、山洪、融雪洪水、冰凌洪水和溃坝洪水等类型。影响最大、最常见的洪涝是河流洪水，尤其是流域内长时间暴雨造成河流水位居高不下而引发堤坝决口，对地区发展损害巨大，甚至会造成大量人口死亡。

3. 洪涝的发生机制

在我国，洪涝灾害主要发生在长江、黄河、淮河、海河的中下游地区。洪涝灾害四季都可能发生，从洪涝灾害的发生机制来看，洪涝具有明显的季节性、区域性和可重复性特点。春涝主要发生在华南、长江中下游和沿海地区；夏涝是中国的主要涝害，主要发生在长江流域、东南沿海、黄淮平原，如中国长江中下游地区的洪涝几乎全部都发生在夏季，并且成因也基本相同，而在黄河流域则有不同的特点；秋涝多为台风雨造成，主要发生在东南沿海和华南。另外，东北地区的黑龙江流域、松花江流域在降水量较大的年份，也会发生洪涝灾害；西北地区由于年平均降水较少，干旱少雨，水利设施较差，在突遭暴雨的特殊年份，极易发生洪水与泥石流等灾害。

4. 洪涝的受灾区域

中国大约 2/3 的国土面积都存在不同程度和不同类型的洪涝灾害。年降水量较多，且 60%～80% 集中在汛期 6—9 月的东部地区，常常发生暴雨洪水；占国土面积 70% 的山地、丘陵和高原地区常因暴雨发生山洪、泥石流；沿海省、自治区、直辖市每年都有部分地区遭受风暴潮引起的洪水袭击；中国北方的黄河、松花江等河流有时还会因冰凌引起洪水；新疆、青海、西藏等地也有融雪洪水发生；水库垮坝和人为扒堤决口造成的洪水也时有发生。

中华人民共和国成立以来，洪涝灾害年年发生，只是大小有所不同而已。特别是 20 世纪 50 年代，10 年中就发生大洪水 11 次。

1931 年江淮大水，洪灾危及河南、山东、江苏、湖北、湖南、江西、安徽、浙江 8 省，淹没农田 1.46 亿亩（1 亩 ≈666.67m^2），受灾人口达 5 127 万，占当时 8 省总人口的 25%，死亡 40 万人。1991 年，中国淮河、太湖、松花江等部分江河发生了较大的洪水。尽管在党中央和国务院的领导下，各族人民进行了卓有成效的抗洪斗争，尽可能地减轻了灾害损失，但全国洪涝受灾面积仍达 3.68 亿亩，直接经济损失高达 779 亿元。其中安徽省的直接经济损失达 249 亿元，约占全年工农业总产值的 23%，受灾人口 4 400 万，占全省总人口的 76%。1998 年夏天，百年不遇的特大洪水在中国长江、嫩江、松花江等流域爆发，是 1931 年和 1954 年两次洪水后，20 世纪发生的又一次全流域型特大洪水，是三江 150 年以来最严重的全流域型特大洪水。据统计，包括湖北、江西、湖南、安徽、浙江等 29 个省（自治区）受灾，受灾面积 1.96 亿亩，受灾人口超过 2.23 亿人，受灾农作物 1 000 多万公顷，死亡 4 150 多人，倒塌房屋 685 多万间，经济损失达 1 660 多亿元。

(四) 落水遇险事件

在全球非正常死亡人口中，溺水身亡的比例一直居高不下。据世界卫生组织 2015 年《全球溺水死亡报告》数字统计，溺水是世界各地非故意伤害死亡的第三大原因。

据统计，2014 年中国约有 57 000 人死于溺水，平均每天有高达 150 人溺亡，其中 14 岁以下的未成年人中，40% 的非正常死亡为溺水身亡，而在青少年意外伤害致死的事故中，淹溺事故则成为头号杀手。其中，偏远农村儿童，特别是留守儿童是溺水的高危人群。据世界卫生组织统计，仅江西一省，每年的溺亡人数就高达 4 800 人左右。与发达国家相比，无论是总数还是所占人口比率都比较高。

（五）冰上遇险事件

由于城市化建设，市内的人工湖、河越来越多，在美化城市的同时，也存在着较大的安全隐患。尤其到了冬季，湖面结冰，很多市民会通过冰面行走，车辆通过，更有甚者会到冰上进行滑冰、冬泳、打渔、钓鱼等活动。部分景区周围并无有效的隔离措施和安全劝导人员，导致近年来在市内人工湖不慎破冰落水溺亡的惨剧时有发生。作为水域救援的一种类型，冰上救援较为困难。（见资源1-3案例）

1. 冰难和冰上救援的定义

冰难是我国北方地区经常遇到的一种险情，主要发生在我国华北、东北、西北及青藏高原等严寒地区。它是指在人们的生产生活中，在意外情况下人、畜、车辆等落入冰下的事故。

冰上救援是指在较大结成冰层或流淌一定数量浮冰的水面上，对人员、交通工具、牲畜等发生的溺水、被困、沉落等事故采取的营救行动。

2. 冰上事故的特点

冰上事故具有冰层厚度和承受能力难以确定，冰上事故突发性较强，易患低温症，冰下水情复杂，救援对策难实施，救援器材缺乏，行动措施局限大等特点。

（1）冰层厚度和承受能力难以确定。在严寒季节中，我国华北、东北、西北和青藏高原等地，其室外气温通常都在 −10℃以下，因此，在持续低温作用下水面都结成了厚厚的冰层。经测定，室外气温在 −10 ～ −40℃时，可结成厚度达 10 ～ 25 cm 的冰层，最大可达到 30 cm 以上，此时，其承重能力可保证人员和小型交通工具在冰层上行走。但是，在严寒季节的初期或后期，冻结的冰层还没有达到安全厚度或已经因气温回暖而逐渐融化时，很容易发生破冰落水事故。

另外，根据水域的不同存在形式，其结冰的特点不尽相同。例如，流动水域（如江、河等）的结冰特点通常是先从浅水层开始，即先从江河的两岸开始结冰，然后，随着气温的不断下降，结冰面逐步向江河的中心扩展，其冰层厚度逐步由薄到厚，接近未冻水面处为最薄。在气温骤然下降的季节中，江、河水面上会形成许多不规则、面积大小不一的流动冰块，在流动中如遇狭窄的水道，冰块会迅速集结将整体水面冻结，此种情况下结成的冰层凸凹不平，薄厚不匀。

（2）冰上事故突发性较强，易患低温症。由于北方地区南北端也有差异，结冰期、冰层厚度，以及人们在冰面上活动的时间和范围不同，造成了冰难具有突发性和偶发性的特点。事发紧急，留给救援人员开展救援的时间也比较少。经测定，落水者若在 0℃的水中，经过 15 min 全身即失去知觉；若在 −10℃的冰水中，4 min 即可造成落水者全身肢体麻木，失去自救及配合救助的活动能力；若在 −20℃时，失去知觉前只有 2 min。在实际的救援中，低温同时威胁着被救者和救援人员的生命安全，受现场条件、行驶路线、战斗展开等因素所限，一般很难在短时间内将被困者救出，即使被成功救起，被救者也极有可能由于低温而造成伤亡。即使穿着低温防护服，但救援人员低温作业时间较长，也会引起肢体麻木、动作失误等情况。

（3）冰下水情复杂，救援对策难实施。一般来说，较大的河流冰层下面的水是流动的，水下也可能有回流和激流情况，由于冰层的覆盖，冰上救援人员无法准确判断水流方向，给救援工作造成了极大的不便。而人或交通工具一旦落入冰窟，后果不堪设想，生存概率十分渺茫。市内的人工湖情况相对较好，但是由于建设和管理问题，一些人工湖较深且水草茂盛，也会给救援工作造成不小的困难。

（4）救援器材缺乏，行动措施局限大。恶劣的环境对所使用的救援装备、器材的技术性能和使用功能要求较高。从目前的救援装备器材配备情况看，适用于冰上救援行动的装备器材种类较少，技术性能和使用功能较为单一，对实施救援行动局限性很大。

3. 冰上遇险的自救措施

（1）观察冰层的承载能力。不同季节不同厚度的冰层，厚度和承载能力是不成正比的，这是因为冰层密度不同。从入冬后的第一次结冰到春节前，气温逐渐降低，冰层密度越来越大，强度越来越高，一般连续上冻几天，冰层厚度到 5 cm 就能承载 90 kg 左右的成年人了。如果发现冰面上有较长的裂痕也不必担心，这是冰层在结冰过程中的自然现象，此时冰层内部张力较大，但冰层是绝对封闭的，水不会从裂痕中渗透出来，不会影响冰面强度。春节过后，白天气温回升，冰层开始融化，产生一些细小的孔洞，一旦冰面有开裂，水就会从缝隙中渗出。此时冰层虽厚，但质地疏松，冰难事故大都发生在这个季节。

（2）冰上遇险自救。冰上遇险的自救措施：一是不要惊慌，大声呼救。双脚踩水，避免身体沉入冰水之中，双手及双臂不要乱扑乱打，否则会使冰面断裂的面积加大。细心观察四周破裂冰面，找到冰面最厚且裂纹少的部位。二是寻找合适的身体姿势和上岸位置。身体靠近冰面最厚部位的边缘，双手伏在冰面上，双足打水，使下半身浮起，全身成一条直线。不要上半身压在冰面上，下半身在水下，冰面可能承受不了身体的重量而断裂。三是利用正确的技术安全上岸。双手张开，使全身面积加大，用手肘爬动，身子往前逐渐离水。离开冰窟口后不要立即站立，以防冰面承受不了身体的重量而断裂，要卧在冰上，滚动或爬至岸边再上岸。

4. 冰上救援的主要装备与方法

个人冰上救援装备（图 1-1）和激流救援装备（第三章将详细介绍）有些类似，但也有不同，一般有水面救援头盔、救援靴、救援手套、浮力背心、拖拽式救生衣、冰面救援服、充气浮桥、雪地防滑鞋套冰爪、冰锥、抛绳包、D 形环、鸭鞋板、救援刀、定位灯和口哨。

图 1-1　个人冰上救援装备

（1）香蕉船救援法。香蕉船能够迅速通过水、薄冰或碎冰块、洪水和积雪，执行快速安全的搜索和救援行动，是在诸如沼泽地或海滩等特殊环境下高速、有效的救援工作平台。图 1-2 所示为香蕉船，图 1-3 所示为冰面救援船。

（2）冰上救援板。冰上救援板（图 1-4、图 1-5）是一种非常实用的冰上救援装备。在薄冰上救援时，救援人员可以单人趴在冰上救援板上面，用手冰锥划动接近被困人员，极大地降低了人体对冰层的压强，防止冰层意外破裂。即使冰层意外破裂，冰上救援板的浮力也足以让三个人同时抓住把柄，漂浮在水面上，等待下一步的救援。

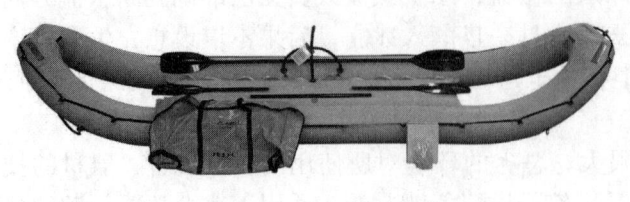

图 1-2　香蕉船　　　　　　　　　图 1-3　冰面救援船

还可把获救人员固定在救援板上快速拖回岸边,直接抬上救护车,省时省力。

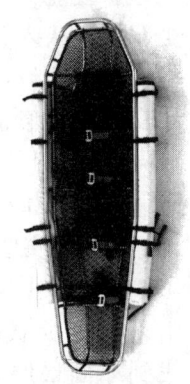

图 1-4　冰上救援板 1　　　　　　图 1-5　冰上救援板 2

（3）绳索救助法。在遇险人员具备一定活动能力、距离较短、现场风力较小的情况下,可以利用绳索和抛投救生器材等方法进行救助。

利用绳索救助时,将带有救生圈（图 1-6）的安全绳索通过缆绳送给遇险人员,待遇险者将救生圈套入身体后,慢慢地将遇险者救出。情况需要时,应派具备一定游泳能力的救援人员着冰上救援服或派潜水员,在做好安全保护的情况下,到水中协助遇险者脱险。

利用抛投法（抛绳枪、抛投包）等救人时,可发射带自动充气功能的救生圈抛投器（图 1-7、图 1-8）。救生圈遇水后 5 s 即可自动充气。

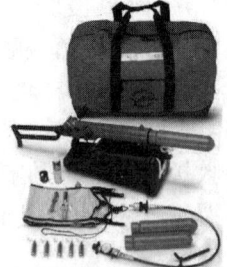
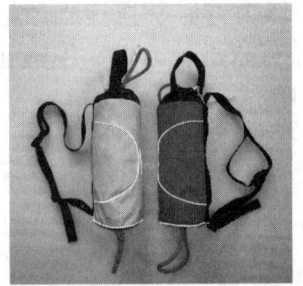

图 1-6　救生圈　　　　图 1-7　抛投器　　　　图 1-8　抛绳包

（4）充气浮桥救援法。充气浮桥（图 1-9、图 1-10）可用救援船艇快速拖带实施救援,因此是面积较大冰面救援的有效装备,并在其他类型的水域搜救方面发挥重要作用。

图 1-9　充气浮桥 1　　　　　图 1-10　充气浮桥 2

（5）竹梯救助法。廉价的竹梯子是一种极好的冰上救援工具。它类似于冰上救援担架，既能利用它的长度将绳索递到被困者的身边，也能伏在上面减小压强，防止冰层破裂，还能利用其浮力当浮力板使用，岸上人员可利用保险绳将被困者从河中冰窟拖回岸边。

（6）充气水带救援法。当在冰面或水面发生多人员遇险时，可利用充气水带救援。将空水带展开，装上专用封盖，连接好高压气瓶，几分钟内即可将 20～40 m 水带充满空气，使之成为具有浮力并保持相当强度的挺拔的浮力器材。根据需要可形成直线或者圆形，在斜向水绳的辅助下，在落水或落冰人员身边实施救援。

（7）浮力提升救助法。在严寒地区经常会有一些交通运输车辆在冰面上行驶时，因对冰面情况不了解，在行驶到薄冰区域时不慎坠落江河中，轻者车辆前部或侧面掉入水中，重者全车坠入水底。如不及时救助，在很短的时间内即可被浮冰冻在冰层下面。因冰层的承重能力小，大型起吊设备很难近距离起吊，应选择重型应急救援车或者卷扬机等设备通过绳索从岸上拉拽。但往往由于水底障碍物多和冰面阻力大，车辆无法从水底直接向岸边牵引。因此，要先利用浮筒或浮力袋等浮力提升装置，将事故车辆浮起，再利用卷扬机在冰面上将其牵引到安全处拖走。

实施这种方法时，救援人员要掌握坠落物体的自重和入水的深度，测算好浮筒或浮袋的浮升力和数量，以免升力不足延误救援时间或造成意外经济损失。

（8）冰潜救援法。对于尚在冰水中的受困者，可以使用以上的冰面和水面手段进行救援与救助，而对于已经沉入冰下的遇险者或者车辆，救援人员只能采取冰下救援的方法进行搜索和救援。冰潜救援法也是基于基本潜水后的一项高级技术，潜水者通过人工或自然形成的冰上的冰面入口进入水下，实施救援和打捞工作，具体技术在第六章中将会介绍。

（9）直升机救援法。航空应急救援在各国防灾抗灾行动中发挥着不可替代的重要作用，是世界上许多国家普遍采用的最有效的应急救援手段，具有快速、高效、受地理空间限制较少等优势。具体来说主要有以下几点：一是场地要求低，救援范围广。许多自然灾害发生在地质复杂的地区，即使没有合适的降落地点，直升飞机也可悬停进行救援。从理论上来讲，航空救援可以在全球任何地点实施，不受地形、海况的影响，特别是一些边远、地形复杂地区和远海孤岛。二是响应速度快，精度高。现代直升机速度可达 200～300 km/h，是汽车和轮船的数倍乃至数十倍，反应快速。加之直升机的悬停高度低，低速飞行性能及操纵性能好，有助于提高空投、空降的精度。三是科技含量高。现代救援飞机一般配备有先进的通信、光电吊舱等救援设备，可以迅速地对预定区域进行搜索，确定目标的位置，从而有效地提高搜索和救援的效率，降低搜救成本，缩短搜索时间，单位时间内可以救助更多的人。

但中国应急救援的直升机数量缺口大，结构问题突出；直升机型号单一，研发能力不足、

飞行技术指标较低；同时，存在使用和维护成本较高等问题，使得应急救援直升机在中国使用效率较低。（见资源1-4案例+视频）

二、水域救援技术分类

1-4 遇险案例

1-4 视频 河北 冰面突然破裂 20 余名冰钓者集体坠河

1-4 视频 美国老夫妇被困洪水 空中救援惊心动魄

1-4 视频 一家人冰上玩耍遭遇冰层断裂 警方派直升机救援

水域发生的灾害事故种类繁多，水域救援的基本技术众多，每种不同类型的事故都需要相应的救援方法。根据救援者是否涉水可以分为间接救援和直接涉水救援；根据救援交通工具的使用方式可以分为船只救援、直升机救援和无人机救援等；根据其他工具可以分为简单的救生浮具和滑轮绳索救援；根据溺水程度可以分为水面救援和水下救援；根据救援对象属性可以分为人员溺水救援和车辆等交通工具救援与打捞。

如上所述，根据不同的救援类型，所需要的救援方法和装备不同，如要掌握所有水域事故救援的技术和装备使用方法，则需要投入大量的时间与精力，培养水域救援人才的周期也会大大增加。根据应急救援的实际情况和需要，训练要有针对性、全局性和实用性。因此，必须抓住水域救援的核心技术，分步骤、分阶段地逐一攻克，掌握基本的水域救援技术，在夯实水域救援基本功的前提下，拓展水域救援的技术水平，提高水域救援的指挥能力，为今后更好地应对各种水域环境、处置各类水域救援任务打下基础。

水域救援技术从自救到救他，从简单装备到复杂装备，主要包括静水救援技术、激流救援技术和潜水救援技术三个阶段的技术训练。

（1）静水救援。静水救援大体可以分为间接救援和直接救援。直接救援又包括蛙泳和自由泳技术、五种救援基本游泳技术、水中救援技术和岸上急救技术。这个阶段训练的主要目的是掌握自救技术和静水救援的能力，为后续学习激流和潜水救援技术打下坚实的基础。

（2）激流救援。激流救援包括岸上救援、抛投救援、船艇救援、绳索系统救援和入水救援等技术。

（3）潜水救援。潜水救援包括初级、中级和高级潜水技术三个阶段的训练。初级潜水技术训练能夯实潜水员基本功，主要包括基本潜水技巧、水面水下沟通方式、基本结绳技术和装备保养与维护。中级潜水技术训练是根据执行水下救援环境实际工作所需，针对潜水意外救援和特殊环境，针对意外发生的特殊环境，如寒冰、污染、较大深度、能见度极低水域搜索和高海拔地区等进行的特殊训练。高级潜水技术训练是以应急救援实际案例为指引与导向，在前期潜水技术训练的基础上，进一步掌握救援及打捞的特殊装备、打捞工作的团队编程及执行程序，从而确保水下救援和打捞工作的顺利进行。

三、水域救援的基本常识

（一）静水救援的基本常识

1. 静水救援的定义

静水救援是指救援人员在湖泊、人工河流或类似泳池的静水环境中，利用救生器具或直接入水将溺水者从平静水域中营救上岸的专门技术。救援人员利用救生器具进行的营救称为间接救助或岸上救助,救援人员入水营救称为入水救援或直接救援。

(1) 间接救助（岸上救助）。间接救助是指救援人员在岸上利用自身的肢体、救生圈、竹竿、绳子等救生器材,对较清醒的溺水者进行施救的一种技术。

(2) 直接救援（入水救援）。直接救援是指不借助任何救生器材,徒手对溺水者施救的方法。在没有救生器材,且溺水者离岸或离船较远,或溺水者已神志不清无法积极配合的状态下,救援人员判断水域环境条件允许的情况下,可选择入水救援。直接救援通常包括入水前的观察、入水、游近和控制溺水者、拖带、上岸、岸上急救等步骤。

2. 开放水域游泳注意事项

开放水域游泳锻炼不仅能锻炼身体,还能更好地培养勇敢顽强的意志品质,但天然水域条件复杂,常会遇到以下一些特殊情况,需要掌握并提高自救能力。

(1) 潮汐。到海滨或近海江边游泳,应事先了解潮汐情况,掌握水流运动的规律。潮汐是因月亮引力而引起的海水周期性涨落变化,分为涨潮、平潮、退潮、低潮,在一天内有两次涨潮和退潮。潮汐的涨落变化因季节和地形的不同而有所不同。一般来说,下海游泳的最佳时间是平潮前后的 2～4 h。一般不宜在退潮时下海游泳,以免被海水卷离海岸。

(2) 波浪。在江河湖海游泳,常会遇到涌浪和风浪两种波浪。涌浪波顶浪顶圆、波谷深,起伏大,有规律。涌浪产生的原因很多,除风、潮汐的作用外,轮船经过也会形成涌浪。风浪外形多不规则,峰顶常破裂成浪花。对付浪花时,要辨别它的方向、速度和大小,以便掌握好呼吸的时机和头的朝向,避免呛水。浪头若从正面来,可在浪到之前深吸一口气,低头入水,等浪过后再换气;浪头若从侧面打来,应将头转到另一侧去吸气;若从后面打来,则应适当地抬高头吸气,如遇不规则的小风浪,换气时可将头部适当地抬高,或采用抬头游泳,如爬泳、蛙泳、踩水等。

(3) 漩涡。江河中凡是水流的方向和速度突然改变的地方都容易出现漩涡,如江峡激流段、两条河流交汇处、桥墩水闸下游、排水管出水口、水底有岩石突起或其他障碍物处。漩涡的中心呈凹形,可将物体卷入水底。漩涡处,水面常有杂物在打转,应避开。如已经接近漩涡,应沿漩涡外延用爬泳快速游过。万一已被漩涡卷住,应身体平卧,用爬泳或侧泳冲出漩涡。切不可直立踩水或潜水。

(4) 淤泥。在缓流地带,靠近岸边或浅滩处多有淤泥。游泳时要避免到这些地方去,如果不慎陷入淤泥,千万不能采取单脚站立企图拔出的方法。应使身体俯卧水面,用两手在体侧连续快速用力压水,脚尖自然伸直,并轻轻拔出,使其脱离淤泥。

(5) 水草。游泳时应避开水草丛生的地方。万一游泳时不慎被水草缠住,应保持冷静,立即平直地仰卧水中,慢慢解开缠住肢体的杂草,然后两臂靠近体侧,用手掌拨动划水,从原路退出水草区。游泳技术不好者或者自己不能解脱者,应及时呼救,千万不可手忙脚乱或直立起来,以免水草越缠越多更难解脱。

(6) 暗流、暗礁。暗流一般出现在河流交汇处,其流动不规律。有暗流的地方,水面上有些翻滚,水流迂回曲折或有些逆流,身体感觉水忽冷忽热。游泳时遇到暗流,不要潜泳,应在水面上游,并向规则水面游去。对于暗礁,应尽早发现,及时避开。到海滨游泳,下水前应观察好周围情况,不要在有暗礁的地带活动;在江河中游泳,要注意观察前方水情。在暗礁前水流一般会突然变向、出现漩涡、水面有浪花涌动,可根据这些特征来识别暗礁,及时避开，以免撞到暗礁而造成生命危险。

（7）船只、木排、竹排。江河中常有船只、木排、竹排来往或靠岸边，应尽量避免到这种水域去游泳。若在游泳中撞到船只、木排、竹排过往，应及早避开，以免被撞伤或卷入水底。

（8）雷电。夏天遇到雷雨天，不宜下水游泳。若在游泳中遇到雷雨时，应迅速上岸，寻找安全地点躲避，千万不能躲在大树下。在空旷地带遇到闪电时，不要互相拉着跑，应分散并蹲下，尽量减少身体高度和缩小身体面积，以免雷击。

3. 水中自救基本常识

掌握必要的水中自我救护基本知识，发生意外时便能够镇静处理当前危机，争取较高的获救机会。下面是自救步骤的介绍。

（1）保持冷静。迫不得已时才下水；但察觉到船只（尤其是比较大的船只）将沉没前，要及早离开，因为船只下沉时有强大的吸力，会把遇险者一起吸入水中。

（2）镇静地观察和利用当时的环境。在触礁后弃船或船艇破坏而入水的情况下，会有少许时间做准备及部署。

（3）预备漂浮物。准备救生圈、救生衣、救生艇、木板、木桶、舢板，或其他可供扶持之漂物。

（4）及时呼救。在水中活动过程中，如遇到意外或危险时，应迅速、及时地发出求救信号，然后再进行必要的自救处理。

（5）要留意附近船只或岸边，发出求救信号。摇手或挥动巾布与旗帜。在水面浮沉中，可高举一手摇动，切勿举起双手，这样做会令人加速下沉。

（6）观察水流及风浪风向。观察水流及风浪的方向；应跟随及顺着水流，与水流成斜角地游向安全地点，切勿逆水前进，浪费体力；留意突发事件，如狂风巨浪，应在不同环境下采用适合自己的自救方式。

（7）靠岸。在水中遇险后，如当时情况许可，应采取积极的自救方式，在有能力的情况下努力向岸边靠近并呼救，靠岸越近获救概率越高。

（8）争取时间。呼救后，如有能力进行自救，可以采取适当的技术自救；如已经不可能进行自救，则应尽量放松身体，采取仰卧姿势使身体漂浮于水面继续呼救，争取更多时间，等待获救。

（9）选择熟悉的环境游泳。不要独自一人外出游泳，更不要到不知水情或比较危险且易发生溺水伤亡事故的地方去游泳。选择好的游泳场所，对场所的环境，如水库、浴场是否卫生，水下是否平坦，有无暗礁、暗流、杂草，水域的深浅等情况要了解清楚。

（10）预防意识。预防意识和预防自救能力必须在平时培养和训练，而在水中遇险之后，又必须建立在沉着、冷静、积极的基础上，运用合理、正确的自救手段和方法，达到自救或被救的目的。

（二）激流洪水救援的基本常识

基本激流洪水救援所应对的环境是河流、激流、洪水等流速较快的水域。水情要素受影响的因素非常广泛，如天气因素、地质因素、水文因素等。因此，救援人员要对河流、流水等基本常识有所了解，才能应对变化莫测的复杂水情。

1. 激流洪水的相关定义

河流是指由一定区域内地表水和地下水补给，经常或间歇地沿着狭长凹地流动的水流。

河道分段为河源、上游、中游、下游和河口。在我国河流的称谓很多，较大的称江、河、川、水，较小的称溪、涧、沟、渠等。

洪水是指由暴雨、急骤融冰化雪、风暴潮等自然因素引起的江河湖海水量迅速增加或水位迅猛上涨的水流现象。当流域内发生暴雨或融雪产生径流时，都依其远近先后汇集于河道的出口断面处。当近处的径流到达时，河水流量开始增加，水位相应上涨，这时称洪水起涨。及至大部分高强度的地表径流汇集到出口断面时，河水流量增至最大值称为洪峰流量，其相应的最高水位称为洪峰水位。到暴雨停止以后的一定时间，流域地表径流及存蓄在地面、表土及河网中的水量均已流出出口断面时，河水流量及水位回落至原来状态。洪水从起涨至峰顶到回落的整个过程连接的曲线，称为洪水过程线，其流出的总水量称为洪水总量。

2. 影响河流水情的因素

水情要素是反映河流水文情势及其变化的因子，它主要包括水位、流速、流量、水量补给情况、泥沙、水温和冰情等。

（1）水位。水位即水面位置或水面高度，河流水位是指河流某处的水面相对于某一基面的高度。观测水位最简便、最常用的方法是在河岸设置水尺［图1-11（a）］，定时读数；还可以通过设置水位监测计［图1-11（b）］自动检测。

（a）河岸水尺　　（b）自动水位监测计

图1-11　水位的观测

因而河槽宽度相应有洪水河宽、中水河宽和枯水河宽，河流水位有洪水、中水、枯水之分，如图1-12所示。

在河流水文研究中，通常用到最高水位与最低水位、平均水位、平均最高水位和平均最低水位、中水位等特征水位值。最高水位是指研究时段内水位最高峰，有日最高值、月最高值、历年最高值等，主要用于防洪。平均水位是指研究时段内的水位平均值，有日、月、年、多年平均水位。平均最高水位与平均最低水位是指历年最高水位的平均值和历年最低水位的平均值。中水位是指研究时段内，水位历史曲线上高位50%的水位值。此外，在防汛工作中，水利部门常根据防洪防汛工作需要，设有防汛水位、警戒水位与保证水位等。

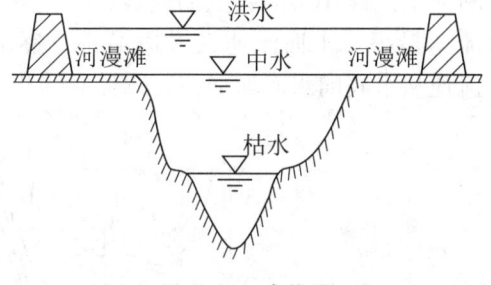

图1-12　水位图

（2）流速。流速是指河流中水质点在单位时间内移动的距离。流速主要受河流分段、河道的弯曲系数、坡地形状、天然河道中的流速分布等因素影响。

1）河流分段。每一条河流都有河源与河口，而较大河流的流程通常按地理特征分为上游、中游、下游三段，即河流共分为五段。河源是河流最初具有地表流水形态的地方，也是全流域海拔最高的地方，一般可为溪、泉、冰川、沼泽或湖泊等。上游是指河源的河段，常穿行于深山峡谷之中，河谷窄，呈"V"字形，河床多为基岩，流速大，多激流瀑布，水位变幅大。中游是指介于上游与下游的河段，河谷宽，呈"U"字形，河床多为粗砂，流速减小，水位变幅小。下游是介于中游与河口的河段，河谷宽广，呈"一"字形，河床多为稀沙或淤泥，流速小，多为浅滩沙洲，水位变幅小。河口是指河流的终点，河流域接收水体的结合地段，接收水体可以是海洋、湖泊、沼泽或上一级河流。

2）河道的弯曲系数。河道的弯曲系数是指某河道的实际长度与该河段直线距离之比值。弯曲系数越大，河段越弯曲，对航运和排洪越不利。

3）坡地形状。流域中水系以外的陆域部分称为坡地。一个流域的水系水面面积约占全流域面积的10%，其余90%左右即为坡地。坡地分为倾斜面、收敛曲面和发散曲面三种类型（图1-13）。

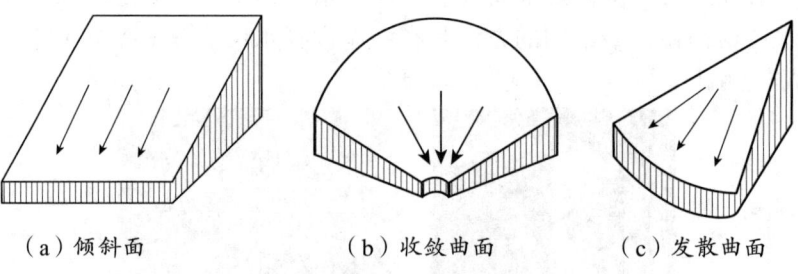

（a）倾斜面　　　　（b）收敛曲面　　　　（c）发散曲面

图1-13　坡地的几何形状

4）天然河道中的流速分布。受河床的地势倾斜和粗糙程度以及断面水力条件的影响，天然河道中的流速十分复杂，呈现出沿垂线流速分布（图1-14）和断面流速分布（图1-15）的趋势。垂线流速分布，即绝对最大流速v_{max}一般出现在水面以下水深$0.1\sim0.3$ m处，平均流速v_{av}出现在水深0.6 m处，水面由于空气的摩擦阻力流速较小，因此河底流速趋于零。断面流速分布，即断面上流速分布可用等流速线表示，等流速线是断面上流速相等的各点的连线，受河底和两岸粗糙程度的影响，流速最小。水面流速在岸边最小，逐渐向最大水深方向增加。流速从水底向水面增加，有冰盖时除外。

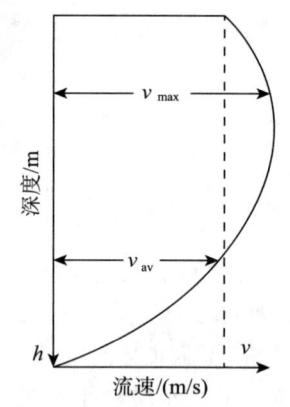

图1-14　垂线上的流速分布

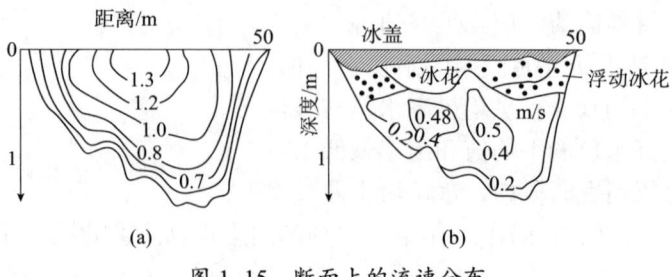

图1-15　断面上的流速分布

（3）流量。流量是指单位时间内通过某个水断面的水量体积。流量是河流的最重要特征，为了便于进行水文分析，常把测得的流量资料绘成曲线图，常用的有流量过程线和历时曲线（图1-16），通常叫作流量关系曲线。流量常受到雨水补给和融水补给的影响。

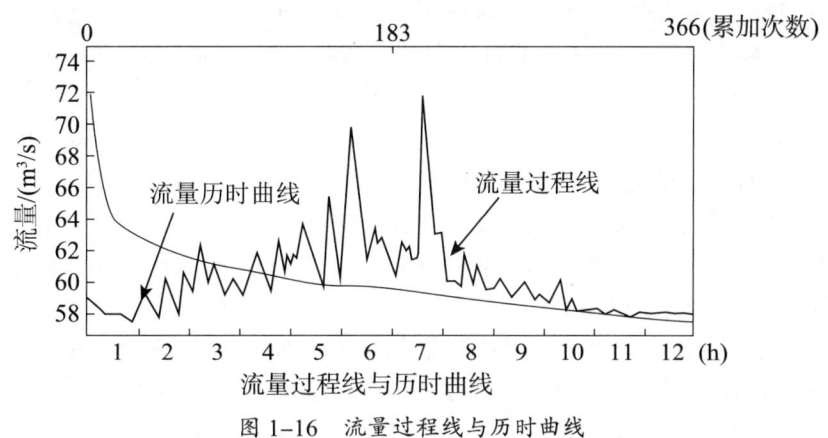

图1-16 流量过程线与历时曲线

1）雨水补给。雨水是全球大多数河流最重要的补给来源，也是我国河流的一种最普遍、最主要的补给来源。尤其东南半壁季风区的河流雨水补给占绝对优势，秦岭淮河一线以南，青藏高原以东的广大地区，雨水补给一般占年径流量的60%~80%。雨水补给时间取决于降水时间，主要发生在雨季，取决于降雨形式（下雨类型又分为夏雨型、冬雨型、年雨型和全年少雨型），如我国大部分地区位处东南季风区，雨水主要集中在夏秋雨季，则夏秋雨季河流多处于汛期；相反冬春旱季处于枯水期。

2）融水补给。融水补给可分为季节性积雪融水补给和冰雪融水补给两种类型。①季节性积雪融水补给主要是在中高纬地区和高山地区。我国北方河流，尤其是东北地区河流积雪融水补给量占较大比重，主要发生在气温回升的春季，并常常形成春汛，正值桃花盛开时节，因此又称为"桃汛"和"桃花汛"。积雪融水补给量大小及其变化与流域的积雪量大小和气温变化有关，补给过程具有明显的时间性和连续性。积雪融化期间，河流水量变化同气温变化相一致，比雨水补给为主的河流水量平稳而有规律。一般每年有两次流量高峰，即积雪消融造成的春汛和雨水补给造成的夏汛，并以夏汛为主。②冰雪融水补给高山地区和两极地区，河流多靠永久积雪和冰川融水补给，尤其是干旱、半干旱地区和高寒地区的冰雪融水，常成为河流的主要补给水源。补给量及变化与太阳辐射和气温变化一致，补给过程具有连续性和时间性。补给水量比雨水补给稳定，河流水量的年、日变化明显，日变化尤其明显。

3. 激流水域的危险点

激流相对于缓流而言，水流比较湍急。河道中可能由于桥梁、涵管、大坝、闸门、跌水等水利建筑物和过流断面、河床底坡、巨石等自然因素破坏均匀流发生的条件，从而造成流速水深的沿程变化，产生了明渠非均匀流动。

"读河"不是一门科学，没有精确的定理公式。要把"读河"作为一门艺术来看待。在礁石与巨浪、涡流与"洞"组成的布满陷阱的险滩上也没有太明显的标志。救援者只能凭经验在激流险滩中选出一条想象中的通道，并力争沿这条通道穿过险区。另外，激流险滩从水平面看时与从崖上看是不一样的，因此，有经验的救援人员会在"读河"时已经确立了备用方案，以便在无法进入原定路线时不致手忙脚乱。

1）河流特征。

（1）险滩的舌部。当河床向下倾斜，平静的水面出现白色的浪花，激流通常是在中心部分河床最深、流速最快的地方，河水受阻而降低流速，便形成了中间水流较快的现象。且中心较快的水流力量较大，进一步冲走了石块泥沙，清除了阻力和障碍，并形成河道中"V"形的舌部，"V"形的顶端通常指向最少障碍、最小阻力的通道。

（2）倒卷浪。完全露出水面的礁石容易发现，但藏在水下的礁石暗藏玄机。当水流过礁石的顶部，汇入礁石后面的憩流时，河水形成反向的流动（即向上游方向流动），这种现象称作倒卷浪，常出现在半隐半现礁石的下游处。当礁石恰好处在水面之下，由于看不到水花，从上游方向很难发觉。要注意激流中较平静的地方，因为水下的礁石会使激流分流，而且水流过礁石表面时是平静不起浪花的。

如果上崖并从下游方向来观察，倒卷浪非常容易识别。如果是较大的被激流覆盖的礁石，在其下游会有较大的倒卷浪，通常叫作"洞"。这种"洞"往往力量很大，可以轻易地把小船掀翻。有些"洞"像抽水马桶一样，一旦误入其中，好像被引力吸住，如陀螺般旋转，很长时间陷在里面。因此，要不遗余力地避开。

（3）直立浪。河水在陡峭下降的河床中流速较快，在较平缓的河床中流速较慢。当流速快的水流遇到流速慢的水流，水流无法及时排走便会叠摞起来，形成高大的直立浪。直立浪的大小与水量和落差有关。如果直立浪很高但坡度平缓，最好船头对准浪尖直接通过。如果直立浪很险，可能造成翻船，应该选择从浪的边际部分通过。因为边缘部分往往角度较缓，高度也较低。区分直立浪和水下礁石的方法是观察浪花。水下礁石在激流冲过时虽也会激起冲天大浪，但浪散乱不齐，而直立浪则显得非常有规律。

（4）转弯。通常，最深和最快的水流在转弯处的外道。河水的趋势是将物体推向转弯外道，正是礁石和其他危险情况较多的地方。

（5）洄水。在礁石后面或两崖突出部分后面，河水的流向与主流相反，向上游方向流动，这称为洄水。河流转弯处里道的憩流也称洄水，尽管此处的水不流向上游方向，在主流和洄水交错的地方有条洄水线。另外在洄水处有两股不同方向的水流相互冲击，遇到强劲的洄水线时很容易翻船。洄水对行船非常有用，可以利用洄水停船上岸、侦察激流险滩、建立营救点、等待落后的同伴等，但那些旋转涡流状的洄水应该注意避开。

2）河道水流的危险点。

河道中水流变化后产生的危险点主要包括覆盖流、白色水域、微笑流、皱眉流、翻滚流、"V"流、倒"V"流、漩涡流（洗衣机流）、横轴环流等。危险水域如图1-17所示。

（1）覆盖流。河流从上游向下游流动时，因河道变窄，使主水流被推向底部，支流则被强压至河道边撞击

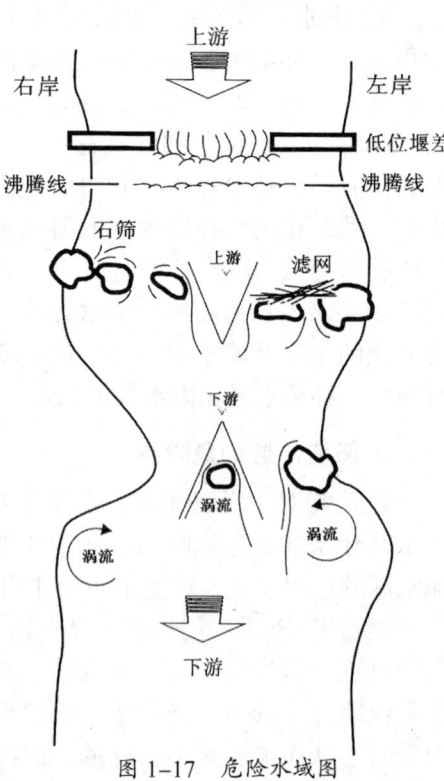

图1-17 危险水域图

弹回，重新覆盖主水流，救援人员遇覆盖流时，以确保姿势可快速通过。

（2）白色水域。水与障碍物碰撞之后混合了60%以上的空气后，即产生白色气泡，因此被称为白色水域。此水域多为不规则浅滩，如若在此区域上游或下游实施救援，岸上人员可以通过在这一区域渡河等方式来到河流对岸，为下一步实施救援做好准备。

（3）微笑流。水流因撞击河道中的障碍，造成水流由中央流向障碍物底部与两侧。若浮力不足时，容易被水流牵引卷入其中，水流会将物体冲吸贴住障碍物并往底部拉扯。人员遇微笑流时，面对障碍物以双腿顺流方向推出即可离开；船只被困时，以机动动力船艇驶往该水流上游约10 m处，操控船艇以"Z字形驾驶法"定位于障碍物前切挡水流，即可使被救船只顺水流往下游流出。救援人员可从障碍物上方制高点抛掷绳包，引导被困人员船只向顺流方向牵引脱困。

（4）皱眉流。因地形障碍的影响，水流面对下游方向撞击平面障碍，造成水流向外侧聚集到中央而产生。皱眉流极为危险，被卷入后会像陷入三角形网袋一样，很难脱困，因此应想办法避免。若无法闪躲时，面对障碍物用脚接触顶开，破坏直线水流推力，再顺水流脱困。人员或船只被水流冲吸入障碍物时，以机动动力船艇驶往该水流上游约10 m处，操控船艇以"Z字形驾驶法"定位于障碍物前切挡水流，即可使被困人员顺水流往下游流出。救援人员可从障碍物上方制高点抛掷绳包，引导往顺流方向牵引脱困。

（5）翻滚流。当水流经过人工建筑物拦砂坝、拦水闸、低水坝等，若落差在1 m以上，主水流向下冲刷碰撞水底而后反弹向上形成快速翻滚的漩涡，形成翻滚流。此水流是造成救援者与受困灾民伤亡最多的一种危险水流类型，被称为激流中的"死亡之最"。若遭遇，应迅速向旁边支流避开；若无法闪躲时，面对障碍物用攻击式和确保式交替，即可顺流离开。人员或船只被水流冲吸入障碍物时，以机动动力船艇驶往该水流下游约10 m处，操控船艇定位，以抛掷袋救援方式顺流拉出受困人员。

（6）正"V"流。正"V"流的形状是尖端向上游，是水流撞击多个水中障碍物形成的。正"V"流从水面上很难发现，但若看见多个障碍物在激流中，应立即避开。若人员或船艇被卷入正"V"流时，以动力船艇驶往该水流上游10～20 m处，操控动力艇定位于障碍物前切挡水流，待水面流速变缓，人员或船艇即可顺水流脱困流出。

（7）倒"V"流。倒"V"流的形状尖端指向下游，倒"V"流是由于水流过两个障碍物之间而形成的。河道中间水流特别快也特别深，无障碍可快速通过，河道两旁布满大小障碍物，应小心避开。

（8）漩涡流。漩涡流（图1-18）也叫作竖轴环流，与主水流及河底垂直，是相对封闭的回旋流，常发生在河道突然拓展的地方，水流被迫围着岸边转弯处、凹陷区域或障碍物流时，会形成漩涡。该水域极易使人困其中无法脱困，像洗衣机滚筒一样，因此又叫作洗衣机流。被困人员由岸边顺漩涡游向上游与主水流交汇处，再以45°攻击式泳姿朝主流方向快速游离漩涡区域。

（9）横轴环流。横轴环流（图1-19）产生于人工建筑物拦砂坝、拦水闸、低水坝等下方，容易产生上下卷绕方式困住人员与物体，是极度危险的水流。以确保方式顺水流方向漂流，待水流再度往下推挤瞬间，朝下游以45°攻击式泳姿游出水流力区。若人员被困且河流较宽时，可采用动力船艇从下游接近实施救援。

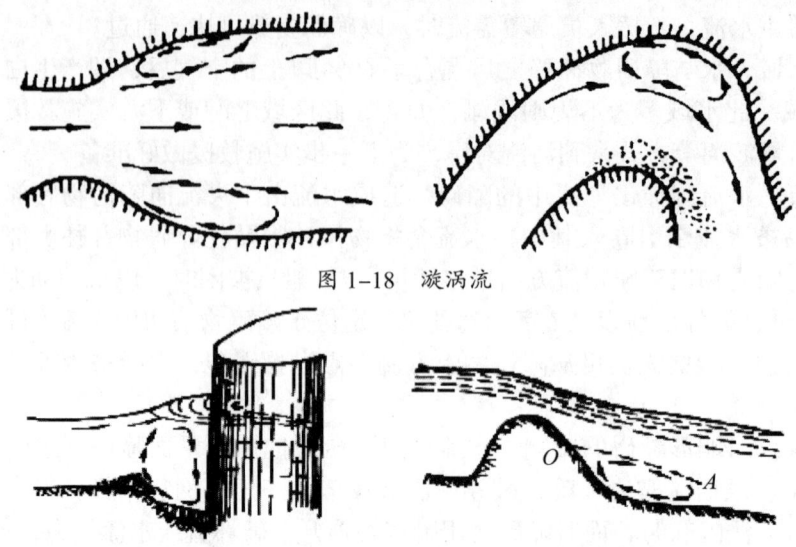

图 1-18 漩涡流

（a）桥墩前横轴环流示意图　（b）拦水堰下游横轴环流示意图

图 1-19 横轴环流

（10）激流水域的避险点。激流水域不仅有危险，也有可以帮助救援人员的避险点，如巨石后面的回流区。回流区产生的原因是水流经过障碍物，由障碍物两侧经过，并向其后部汇合时，由于障碍物后部形状的突然改变，此时障碍物两侧水流会突然转向冲向障碍物的尾部，在障碍物正后方形成滞空回流区，这个区域水流速度很慢且水量较少，因此在水流湍急的河道中，救援人员可以利用滞空回流区作为休息、观察、等待或延缓被冲往下游的安全区域。抵达滞空回流区需要提前观察，把握好时机。

（三）潜水救援的基本常识

1. 潜水救援的定义

潜水救援是针对意外溺水、交通工具落水、人员坠冰等事故，开展的以救援和打捞被救者为对象的救援行动。这类活动的训练包括搜索技巧、遗体处理以及记录遇险者被发现时的遗体位置等细节。此外，也涉及询问目击证人，判断遇险者最后被看到、最后被发现位置等环节，进而缩短必要的搜索时间。

2. 潜水的分类

潜水的类型多种多样，可按照不同的性质进行划分。

1）按潜水装具的类型分类，可将潜水分为工程潜水和自携式潜水。工程潜水是工程类潜水中常用的形式，供气形式是水面供气，配备重潜服，潜水员下水时穿戴和佩挂的装具有头盔、输气管、通信电缆、电话、潜水衣、压铅和潜水鞋等。使用重装潜水装具在水中时，不能悬浮工作，必须脚踏水底实物或手抓缆索，在水底因潜水服中气体过多，失去控制而突然急速上升，造成放漂，危险性大，但使用头盔和水面供气的工程潜水具有的很多优势是无法取代的，因此仍在特殊场合广泛应用。轻潜式是潜水救援人员的最佳选择，尤其是自携式潜水，通过潜水呼吸器向面罩或调节器内供气，潜水员可以灵活方便地在水下活动，不受管线和水下形态的制约。

2）按呼出气的处理方式分类，可将潜水分为三种：一是开放式（open circuit）呼吸系统，将用过的气体直接排放至水中；二是密闭式（closed circuit）呼吸系统，将用过的气体全部回收，经吸收二氧化碳并恰当补充氧后继续使用；三是半密闭式（half closed circuit）呼吸系统，将用过的气体少量排出，大部分回收循环使用。不论哪种装置，其原理都是利用调节器（regulator）把气瓶中的压缩气体转换成可供人体正常呼吸的压力。

3）按呼吸气体种类分类，可将潜水分为空气、高氧气体、氦氮氧气体和其他混合气体潜水。

4）按潜水作业系统分类，可将潜水分为有人潜水系统和无人潜水系统。

5）按照潜水的目的分类，可将潜水主要分为休闲潜水、技术潜水、商业潜水、公共安全潜水、科学潜水和军事潜水六大类。这种分类方式较适用于应急救援。

（1）休闲潜水（recreational diving）。休闲潜水通常是指以水下观光和休闲娱乐为目的的潜水活动，其中又分为浮潜、水肺潜水和自由潜水。

① 浮潜（snorkelling）。浮潜不仅仅是漂浮在水面的活动，更融合了多项技巧与知识的开发，它包含了漂浮、下潜、上升、排水、换气、呼吸、自救与器材选择使用等一系列技巧，除了需要个人的运动神经协调外，更需要系统的教育和练习，要考量到各种危险状况。

② 水肺潜水（SCUBA diving）。SCUBA（self contained underwater breathing apparatus，自携式水下呼吸系统）潜水也称水肺潜水，指的是潜水员自行携带水下呼吸系统所进行的潜水活动。潜水深度不超过 40 m，且维持在休闲潜水计划表或潜水电脑表所规定的免停留极限内的潜水活动。休闲潜水的目的是为了娱乐，因此有训练、装备等方面的限制，是一般人群通过学习进入水底世界的途径。

由于装备和训练规定的不同，潜水员可以在休闲潜水的极限内从事各种各样的潜水活动。例如，深潜、导航潜水、沉船潜水、鱼类识别、干式潜水衣潜水、冰潜、DPV（diver propulsion vehicle，水中推进器）潜水、高海拔潜水（300 m 以上的高山湖泊）、高氧气体潜水、水下摄影等。

③ 自由潜水（free diving）。自由潜水是指不携带任何水下呼吸装备，仅以吸气后进行闭气来实现在水下尽可能长的停留时间，尽可能远距离或尽可能大深度的潜水活动。自由潜水的起源远远早于休闲水肺潜水，在水肺潜水设备没有发明之前，沿海居住的人们就已经开始闭气下海捕捞海货，这是自由潜水初期的萌芽。自由潜水按照运动的性质，可以分为休闲自由潜水（recreational free diving）和竞赛自由潜水（competitive free diving）两大类。休闲自由潜水包括以娱乐、体验、摄影或狩猎为目的的自由潜水活动。竞赛自由潜水包括泳池竞赛项目及开放水域竞赛项目，具体包括静态闭气项目（STA）、泳池动态项目（DYN/DNF）、深度项目（CWT/CNF、VWT、FIM）等比赛项目。

（2）技术潜水（technical diving）。技术潜水是除了传统商业或研究潜水外，带领潜水员超越休闲潜水极限的潜水。进一步定义包含以下一项或多项：深度超过 40 m、需要阶段性减压、在距离水面直线 40 m 的封闭环境中潜水、加速减压潜水或是在单次潜水中使用不同的混合气体。技术潜水根据不同的训练规定和需要又可细分为技术深潜、混合气体（trimix）潜水、洞穴潜水和技术沉船潜水等。各种技术潜水所需的装备和技巧具有很强的互补性，例如，要进行大深度和长时间的洞穴潜水，也要学习技术深潜、混合气体潜水或密闭式循环呼吸器。

（3）商业潜水（commercial diving）。商业潜水是一种在水完成工作任务的潜水，范围包括码头、桥梁施工作业，水库、大坝检测与修复，船体、船坞水下检查维修，水下电焊切割，水下打捞清障，水下管道铺设，水下录像等等，为港口、桥梁、船厂、电厂、水库等各类业主和施工单位提供服务。例如，许多商业潜水员都任职于大型商业潜水公司，像 Oceaneering 和 Comex 这类公司都隶属于拥有石油开采、造船和船只维修、核能、海上建筑工程及类似工业等客户的大型海洋工程公司。

由于作业时间长，强度大，对安全的要求较高，一般采用水面管供的形式。管供潜水，即潜水员呼吸从水面储气装置由脐带气管供给到水下的气体，相对于休闲潜水常用的自携式潜水装备，具有供气量大、作业时间长、应急情况下可由水面回收等优点。

一般的技术工具有水下录像设备、水下电焊切割设备、轻重潜水设备、水下分裂混凝土设备等。潜水技术人员要求取得专业资格证书，具有潜水作业经验。

（4）公共安全潜水（public safety diving）。国际上关于公共安全潜水的定义是：一切运用于公安、消防救援或急救目的的潜水活动。人员主要包括警察、消防员、医护人员或其他公共服务机构人员等。公共安全潜水范围包括搜索犯罪证据和案件中（犯罪）的遇险者、水中救援溺水者、水下灾害和意外事故调查及打捞、水下安全检查以及水下安全警戒等，是需要经过特别训练的专业潜水活动。

国内公共安全潜水的应用主要有三个方面：一是应用在警卫部门涉及水域的要人警卫工作中，主要是利用潜水技术进行水下安检和水下警戒；二是应用在消防部门的救援与打捞工作中，主要是人员的救援与打捞、车辆的打捞、倾覆船只救援等方面；三是应用在公安部门的刑事侦查工作中，主要是水下侦查，赃物、证物及尸体打捞等。

（5）科学潜水（scientific diving）。科学潜水可定义为收集科学资料、支持已收集到的科学资料和提供与水底科学相关的教育。

海洋约占地球这个蓝色星球表面积的71.8%，到目前为止，人类已探索的海底只有5%，95%的海底仍是人类所未知的。因此，潜水已成为科学研究的重要环节，无论是生物学家、海洋学家、考古学家、生态学家等，都依靠科学潜水收集各自领域的水底资料。

科学潜水常采用休闲潜水式的水肺器材，但也有使用全面式面镜、水下无线通信系统和一些技术潜水装备到较深水底和特殊环境进行科学考察研究。

（6）军事潜水（military diving）。军事潜水是指为达到特定军事目的和目标而从事的潜水活动。军事潜水范围极为广泛，从非军事潜水活动到直接影响战事的潜水活动，都可纳入军事潜水范畴。非军事活动包括船舰维护、修缮、检查、救难等；军事潜水活动包括水下侦察、安全巡游、破坏行动、水下战斗、爆炸物处理、搜寻打捞演习武器、军舰或飞机。

3. 潜水技术在应急救援中的应用

中华人民共和国成立后，中国在军用和民用潜水方面均得到了长足发展。潜水应急救援往往面临较为复杂的水域环境，需要特殊的潜水技术才能满足应急救援的需要。因此，近年来，一种介于工程潜水和军事潜水之间的公共安全潜水脱颖而出，成为适应当前应急救援的一种潜水类型。

公共安全潜水最初在美国、加拿大等地区发展迅速，被广泛应用于消防、公安和特警完成水下人员、车辆的救援、打捞和证物搜索等工作。这种潜水形式的专业训练体系符合美国消防协会（NFPA）的1006和1670号规范。目前，美国大部分州郡的消防、加拿大消防和澳大利亚消防部门均把公共安全潜水作为潜水救援训练的最低标准。

4. 应急救援潜水员的选拔条件和技能要求

成为后备应急救援潜水员并非易事。首先，要具备适合成为潜水员的体适能；其次，要掌握应急救援潜水员所需要的、恰当的潜水技能训练；最后，要具备良好的心理素质和判断力。

虽然潜水团队指挥官会根据潜水团队成员的身体状况、装备和技术来决定如何执行应急救援潜水任务，但是若能在前期选拔阶段就挑选身体素质优良、心理素质过硬的人员进行训练，则会尽量减少后期淘汰而造成的人员培训浪费。

（1）良好的体适能。首先，应急救援潜水员应具备良好的身体素质，应急救援潜水是为了完成任务，因此所需要的装备较休闲潜水员多且重，平时训练也需要进行大量的体能训练和潜水训练，频率和强度都远远大于休闲潜水的要求。虽然潜水救援属于低频率的事件，但是一旦开展救援行动，就需要良好的体能作为基础，确保能够发挥出日常训练的救援技术水平。其次，应急救援潜水员应具备良好的游泳基础。虽然游泳水平并非直接影响潜水技术的学习，但水性较好的人员确实能够更加轻松地在水下使用呼吸器具、在水中更加舒适地游进和更加自信地做各种动作。因此，在选拔之初应该尽量选拔具备良好水性、游泳技术较好的人员。游泳最低标准是可独立完成游泳 200 m 或者佩戴蛙鞋和呼吸管游泳 300 m（游姿和时间没有限制）；在没有辅助漂浮设备的前提下，独自完成 10 min 漂浮。当然，随着训练的不断深入和潜水等级的不断提高，需要更加严格的要求。例如，预将成为具备教学资质的潜水教练，除了需要有高超的水性和潜水技术外，还需要掌握各个等级潜水员的理论、平静水域和开放水域的教法。

（2）健康状况。应急救援潜水员应具备良好的健康状况，尤其是空腔、呼吸及循环系统的健康。在进行潜水或者任何水中技巧训练之前，候选潜水员必须填写一份健康申明书，申明书的资料会完全保密。健康申明书的作用是识别有可能因为潜水而引发的医疗状况，所以为了安全和健康起见，候选人必须翔实和完整地填写。健康表上所列出的任何健康问题，教练都会请教医师，确定是否可以从事潜水，或要求候选人提供相关的医师证明资料，证明候选人的身体状况可以安全地从事潜水。

（3）成熟的心理和态度。首先，后备潜水员应做好充分的心理准备。成为应急救援潜水员需要进行很长时间的艰苦训练，并且在救援过程中可能遭遇到重大事件，对心理和生理产生重大影响和压力。做好心理准备的方式很多，较为有效的是直面可能遇到的任务和困难，如通过事先和前辈进行交流，了解潜水员成长阶段中可能遇到的困难，以及尽可能多地了解真实救援现场的情况，确保自己心理上已经准备好克服困难，不断挑战新技能，开始应急救援潜水之旅。其次，应急救援潜水员应具有良好的团队合作能力。应急救援潜水的工作是以团队形式展开的，在救援任务中，团队中每一个成员都必须对自己、团队成员以及执行的任务负责。因此，除了考察潜水团队人员的技能水平外，必须选拔对工作和生活有成熟态度，能够有效进行团队合作的人员。另外，为了最大限度地保障团队的应急能力，保证救援任务顺利完成，团队中的任何一个成员都应该胜任团队中的所有角色，因此在日常训练中，必须经常性地变更角色和任务进行训练。最后，应急救援潜水员应具有良好的自律能力。即使是一般的潜水员，也需要遵守各种安全规定和规则，来确保其潜水的安全性。例如，限制最大潜水深度、某个深度的停留时间、两次潜水中需要的水面休息时间、氮气在身体中达到一定水平时需要进行的安全减压停留时间等。而应急救援潜水所面临的环境将更加复杂，困难重重。例如进行救援的水域多是能见度不佳、冰寒水域或者有污染的水域等，需要遵守更多的安全潜水标准和应急潜水救援程序。而潜水员在水下执行任务时，水面人员只能提供有限的监督和提醒，关键依靠潜水员的判断力和自律能力来确保安全。因此，应急救援潜水员必须具有良好的判断力和自律能力，严格遵守安全潜水所要求的指引和原则。

（4）潜水技术。应急救援潜水任务所面临的环境十分复杂，因此，所需要的潜水技能范围也非常广泛，无法通过某一专长完成所有任务。而每种专长技术一般需要通过若干理论及实践训练才能获得。应急潜水课程所需要的专长技术很多，如干式潜水衣、全面式面罩、双瓶、导航技术、夜潜、搜索、打捞、大深度潜水、沉船潜水、洞穴潜水等技术，需要大量的时间进行训练。但是，根据实践经验，有些专长技术的内容是可以相互交叉的，如果同时学习多种专长技术，便可在同一次潜水训练中交叉训练多种技术，大量地缩减学习所需时间。这就为应急救援潜水候选人提供了一条较为顺畅和便捷的技术提升路线。

（5）年龄。为了最大限度确保安全，根据人体心理和生理的成长规律，潜水训练对每一个潜水等级做出了最低的年龄限制。例如，取得水肺潜水员证书的最低年龄限制为10岁；10～14岁的青少年可以申请青少年开放水域潜水员证书或是青少年水肺证书（由父母或监护人陪同督导潜水，最大深度限制为12 m）；15岁以上可以取得开放水域潜水员或水肺潜水员证书；应急救援潜水员必须具备成熟的生理和心理状态，因此必须年满18岁。

5. 潜水健康

（1）潜水疾病。机体因所处环境气压的降低（减压）速度过快和幅度过大（减压不当）以至于减压前已溶于体内的气体超过了过饱和极限，从溶解状态原地逸出，形成气泡而引起的症状和体征称为减压病（decompression sickness，DCS）。潜水疾病包括肺部的过度扩张伤害和潜水减压病。医学界把肺部过度扩展伤害和减压病归为同一类临床医学项目：减压疾病（decompression illness，DCI）。原因在于两者急救和治疗方法完全相同，治疗时不需要区别对待。

（2）影响因素。影响潜水病的最主要因素是吸收氮气的多少。潜水的时间和深度是影响氮气吸收与排除的主因，次要原因有疲劳、脱水、激烈的运动、寒冷、年龄、生病、受伤、喝酒以及体重过重等。除了以上因素以外，在高海拔潜水以及潜水后的飞行，需要特别的考量和检查。

（3）症状。潜水减压病的症状包括瘫痪、休克、虚弱、头晕、麻痹、刺痛、呼吸困难、不同程度的四肢或关节痛。最严重的有可能失去意识及死亡，症状和症候非常难以琢磨，包括轻微至中度不明的疼痛，通常但不一定发生在关节部位，虚弱、轻微头疼、长时间的疲倦也许是症状。潜水病的发生一般在潜水后15 min～12 h发生，而且情况越变越糟。

【课后思考】

1. 如何应对激流水域危险点？
2. 激流救援人员所需要的技术有哪些？
3. 潜水类型有哪些？哪种类型适合消防潜水员？
4. 应急救援潜水员的选拔条件和技能要求有哪些？

第二章 水域救援组织指挥

【学习目标】

1. 了解水域救援团队的编成及分工。
2. 掌握救援团队内的分工与职责。
3. 掌握水域救援的指挥原则、安全要点及资质要求。

第一节 水域救援的人员编成及分工

救援时,针对不同类型的水域救援,应当采取相应的人员编成及分工形式,一般可以分为静水救援人员编成及分工、激流救援人员编成及分工、舟艇救援人员编成及分工、绳索系统救援人员编成及分工和潜水救援人员编成及分工。

1. 静水救援人员编成及分工

应用静水救援技术时,水域救援组应当由指挥员、安全员、救援人员等岗位人员组成,人员数量一般不应少于4人,静水救援人员编成及分工见表2-1。

表2-1 静水救援人员编成及分工

岗 位	人数	分 工
指挥员	1	负责指挥救援行动和对外联络工作
安全员	1	负责对救援现场进行实时监测,确定安全防护等级,落实救援行动的安全保障,检查救援人员安全防护装备和措施;掌握现场安全状况和救援人员的体力、健康情况,及时向指挥员提出人员替换的建议
救援人员	2	负责对救援现场遇险和被困人员实施救助、救援行动

2. 激流救援人员编成及分工

应用激流救援技术时,水域救援组应当由指挥员、安全员、救援人员、上游观察员、下游拦截员等岗位人员组成,人员数量一般不应少于6人,激流救援人员编成及分工见表2-2。

表2-2 激流救援人员编成及分工

岗 位	人数	分 工
指挥员	1	负责指挥救援行动和对外联络工作
安全员	1	负责对救援现场进行实时监测,确定安全防护等级,落实救援行动的安全保障,检查救援人员安全防护装备和措施;掌握现场安全状况和救援人员的体力、健康情况,及时向指挥员提出人员替换的建议
救援人员	2	负责对救援现场遇险和被困人员实施救生、救助行动

续表

岗　位	人数	分　工
上游观察员	1	负责监测事故水域上游漂浮物、来往船只、洪峰状态及其他影响救援行动安全的水面情况，判断突发险情，及时、准确发出信号，并向指挥员报告
下游拦截员	1	负责在下游预先采取措施，做好准备，拦截救援落水下漂的救援人员或遇险和被困人员

3. 舟艇救援人员编成及分工

应用舟艇救援技术时，水域救援组应当由指挥员、安全员、救援人员、舟艇驾驶员等岗位人员组成，人员数量一般不应少于6人，舟艇救援人员编成及分工见表2-3。

表2-3　舟艇救援人员编成及分工

岗　位	人数	分　工
指挥员	1	负责指挥救援行动和对外联络工作
安全员	1	负责在岸上对救援现场进行实时监测，确定安全防护等级，落实救援行动的安全保障，检查救援人员安全防护装备和措施；掌握现场安全状况和救援人员的体力、健康情况，及时向指挥员提出人员替换的建议
救援人员	2	负责在舟艇上对救援现场遇险和被困人员实施救生、救助行动
舟艇驾驶员	2	负责轮换操作IRB机动艇或橡皮艇

4. 绳索系统救援人员编成及分工

应用绳索系统救援技术时，团队中应当包括指挥员、绳索系统分指挥员、安全员、上游观察员、下游拦截员、绳索架设救援小组、后勤小组等，其中，绳索架设救援小组一般由指挥员、安全员、救援人员、绳索操作员等岗位人员组成，一般不应少于6人，绳索系统救援人员编成及分工见表2-4。

表2-4　绳索系统救援人员编成及分工

岗　位	人数	分　工
指挥员	1	负责指挥救援行动和对外联络工作
安全员	1	负责对救援现场进行实时监测，确定安全防护等级，落实救援行动的安全保障，检查救援人员安全防护装备和措施；掌握现场安全状况和救援人员的体力、健康情况，及时向指挥员提出人员替换的建议
救援人员	1	负责利用绳索系统轮换实施救助、救援行动
绳索操作员	3	负责在对岸和本岸搭建操作绳索系统，需要时进行T/V型沙洲救援

5. 潜水救援人员编成及分工

应用潜水救援技术时，团队中应包括指挥员、潜水主管、潜水安全官、媒体负责人或公共信息负责人、潜水团队、除污团队等。其中，潜水团队一般由指挥员、绳控人员分指挥员、主潜水员、后援潜水员、安全员和后勤人员等岗位人员组成，人员数量一般不应少于6人，潜水团队人员编成及分工见表2-5。

表 2-5 潜水团队人员编成及分工

岗 位	人数	分 工
指挥员	1	负责指挥救援行动和对外联络工作
绳控人员分指挥员	1	进行装备检查、安装、打绳结、潜水计划、搜索作业、水中通信、潜水员管理等工作
主潜水员	1	负责主搜索绳的设置、水下搜索、打捞搜索物和填写相关材料等工作
后援潜水员	1	整装在水面等待，时刻准备为主潜水员提供紧急救援。因此，除了面镜、调节器没有穿戴外，其他装备全部准备完毕
安全员	1	监督所有潜水工作安全进行，如发现任何安全隐患，有权利终止一切潜水活动，使事故或者负伤率降到最低
后勤人员	1	负责装备准备和其他后勤工作

注：团队的人数根据任务的规模和困难程度而有所不同，一般由 3～12 人组成。小型的潜水团队有可能仅由一名水面协调员、两人一组的潜水技术团体（一名主潜水员和一名后援潜水员）组成。大型的潜水团队人数有可能是小型团队的数倍，也可能由若干个小型潜水团队组成。因此，要根据救援现场实际环境和任务需要，对编组人员进行适时的调整。

总之，水域救援团队的人员各有分工，又相互支援，进而将整个团队训练成为一个有效的整体，发挥 1+1＞2 的效果。因此，想要成为水域救援团队成员，不仅要接受救援技术的训练，还要接受团队合作的训练，后期训练都是以团队形式开展的。

第二节 水域救援的组织指挥内容

一、静水救援的救援生存链和救援要点

（一）静水救援的基本类型

国际复苏联盟（international liaision commiftee on resuscitation，ILCOR）将淹溺定义为一种于液态介质中而导致呼吸障碍的过程。当患者被水淹没之后，淹溺水者最初会屏住呼吸，在淹溺过程中，淹溺水者会反复吞水。喉痉挛反射可能会暂时地防止水进入到肺内。然而最终这些反射会逐渐减弱，水被吸入肺内。在很多受溺成年人肺中发现大约有 150 mL 的液体，这个液体量（2.2 mL/kg）已足够引起机体出现严重的缺氧症状。

研究显示，无论肺内水量多少，抑或是吸入海水还是淡水，从临床的角度看并没有实质性区别，这几种情况共同之处都是缺氧，此时逆转缺氧可以防止心搏骤停。很多淹溺患者在心搏骤停前因低氧而出现严重的心率过缓，此时通过给予有效的通气以纠正低氧血症至关重要。

（二）救援生存链

近 20 年来，各国救援部门正在努力改进水域救援系统。以美国为例，由于改进了急救系统，淹溺死亡率已从 2000 年的每 10 万人 1.45 人降低到目前的每 10 万人 1.26 人。欧洲复苏协会提出了淹溺生存链的概念，它包括五个关键的环节：预防、识别、提供漂浮物、脱离水面和现场急救。

1. 预防溺水

根据美国疾控中心（centers for disease control and prevention，CDC）对7 546例淹溺的案例分析，其中致命性案例3 372例，发生地点中江、河、湖、海等自然环境占70%；非致命性有4 174例，泳池淹溺占75%。男性在非致命性淹溺和致命性淹溺中均是女性的2倍与5倍。在浴室淹溺事故中，1岁以下的婴儿比例最高。农村有露天的水井时，会使幼儿淹溺的发生率增加7倍。饮酒、药物、突发疾病、虐待儿童都是淹溺可能发生的原因。一些人喜欢在自由潜泳之前，通过过度换气来增加水下闭气时间，这样导致人体内二氧化碳分压下降，使下丘脑的负反馈呼吸调节功能麻痹，而动脉血氧分压并不会因此而提高。当这些人继续在水中潜泳时，会因缺氧而失去知觉，从而溺水。

有关部门应根据水源地情况制订有针对性的淹溺预防措施，包括安置醒目的安全标识或警告牌，救援人员要经过专业培训。应对所有人群进行淹溺预防的宣传教育。过饱、空腹、酒后、药后、身体不适者避免下水或进行水上活动。儿童、老年人、伤残人士要避免单独接近水源，特别要加强农村留守儿童的监管。游泳前应做好热身、适应水温，减少抽筋和心脏病发作的机会。远离激流，避免在自然环境下使用充气式游泳圈。不建议公众使用过度换气的方法进行水下憋气前的准备。如有可能，应从儿童期尽早开始进行游泳训练。在人群中普及心肺复苏术可大大提高淹溺抢救的成功率。

2. 识别溺水

人员发生淹溺是由于被水淹没导致的呼吸系统逐渐衰竭的过程。通常根据个人和水域情况的不同，从开始溺水到完全溺亡的时间也不尽相同。通常情况下，不识水性的落水人员自救能力都较差，淹落过程很快，全程5～6 min，稍会游泳或懂得一些水中自救措施的人员，就能延续到20～30 min。

救援人员抵达现场时，溺水者可能出现以下三种溺水状况，也是静水事故救援的三种基本类型。

（1）溺水者尚有意识，挣扎求救。这类溺水者尚有意识，还有自救能力，救援时应尽量选择间接救援的方式，也叫作非游泳救援。间接救援是指救援人员在岸上或者在船上，利用救生器材对溺水者进行的救助。这种救助方法的优点是不必涉水，救援人员相对比较安全。

（2）溺水者失去意识，没有挣扎迹象。这类溺水者失去了自救意识，丧失了自救的能力，救援人员必须选择直接救援的方式，也叫作游泳救援。直接救援是指救援人员穿着适当的救生浮漂、携带适当浮力用具，下水直接救援。直接救援难度较大，对救援人员的技能要求很高，不仅要求救援人员掌握娴熟的游泳技术，还必须掌握各种水上救生技能。

（3）溺水者完全消失在水面，沉入水下。当溺水者沉入水下，救援人员通过前面两种水面救援方式已经无法完成救援任务，所以需要采用潜水救援。这里所指的潜水救援有两种方式：一种是在较浅水域的下潜，救援人员通过屏气下潜至较浅深度，一般是4～6 m，直接拖带被救者至水面的方式；另外一种是指被救者沉入了较深水域，通过无装备潜水不能抵达的水域，在潜水救援团队指挥员的带领下，救援人员使用潜水装具，采用适当的潜水技巧，对溺水人员进行的救援、搜索和打捞。

专业救援人员在进行水中救援时，通常会先评估淹溺水者存活的可能性。根据临床研究，如果人员呼吸供氧停止后，1～4 min，尚不会对大脑造成损伤；4～6 min，根据个人身体耗氧量不同，可能出现脑部损伤；6～10 min，很有可能出现脑部损伤；10 min 以上，则会出现不可逆转的脑部损伤。即使救援成活，也极有可能存在残疾或者植物人的后遗症。如果淹没时间少于 10 min，淹溺水者愈后良好的可能性非常高，而如果淹没时间超过 25 min，愈后极差。另外，年龄、急救系统响应时间、淡水或海水、水温、目击状况对于淹溺水者的存活判断并不可靠，但都是影响愈后的因素。长时间淹没于冰水或温水被成功复苏且神经功能完全恢复的案例偶有报道，但目前医学界还未对此做出明确解释，可能和低温对神经细胞的保护有关。因此，冰水中发生淹没可能会提高存活时间窗，因而需要延长搜救时间。另外，还有证据表明，淹溺水者发生颈椎损伤的概率非常低，几乎只有 0.009%，因此，为了避免延误救援，除特殊情况的颈椎伤害外，不需要进行颈椎固定。

3. 离开水面

发现溺水者时，第一目击者应立刻启动现场救援程序，应呼叫周围群众给予援助，有条件的应尽快通知附近的救援人员，同时应尽快拨打 120 急救电话。第一目击者在专业救援到来之前，可向遇溺水者投递救生圈、救生浮漂、木板、水桶、竹竿、衣物、绳索等漂浮物或牵引物，用间接救援的方式迅速为溺水者提供浮力，待专业人员抵达现场后，迅速判断并采取适当的救援方法将溺水者带离水中。

4. 溺水者基础生命支持

溺水分为干性溺水和湿性溺水两种。干性溺水是由于溺水者喉头痉挛、声门闭锁导致的呼吸暂停，因此没有吸入水分；湿性溺水是指溺水者通过呼吸道吸入了大量水分，这些水分已经进入血液循环。以往很多人误以为溺水者必须控水，但研究表明溺水人员不需要控水，控水易引起胃内容物反流和误吸阻塞气道，可能导致肺部感染，延误心肺复苏的时间，使溺水者丧失最佳复苏时机。

溺水者基础生命支持是目击者或者第一到场的医疗人员或非医疗人员，对呼吸心跳已停止者进行的心肺复苏（cardiopulmonary resuscitation，CPR）和使用自动体外除颤器（automatic external defibrillator，AED）。心肺复苏由胸部按压和救援呼吸两部分组成。如若呼吸停止可以进行救援呼吸，如若心脏停跳，单纯的救援呼吸没有用，必须用手按压胸部，代替心脏泵血的作用，让血液循环到全身，为各个身体组织供应氧气。虽然美国心脏协会已经将心肺复苏的顺序更新为 CAB，即胸外心脏按压—打开气道—供气，但是溺水者心脏骤停的原因是呼吸衰竭，身体中严重缺氧，所以仍应按 ABC，即打开气道—供气—胸外心脏按压的复苏操作顺序。

（三）入水救援的要点

直接入水救援是很有效的救援方法，但是风险极高，救援前必须评估现场环境和救援人员的直接救援能力。通常在泳池环境或者类似泳池的开放水域静水环境中使用。

1. 入水前的观察判断

入水前，要对周围环境观察判断，如辨别水流方向、流速、水面的宽窄等，并准确判断溺水者的位置。如果溺水者已沉没，由于挣扎所致，水面会有水波或气泡；在静水中，即可断定溺水者在水波或气泡下面，救援人员应遵循入水后尽快游近溺水者的原则，迅速选定入水点和返回路线。入水前的观察判断要迅速，不可延误救援时机。

2. 入水方式的选择

救援现场的一切救援行动都要根据实际情况而定，要当机立断，不可左顾右盼、犹豫不决，耽误了宝贵的营救时间。入水时，要快速敏捷，既要看清目标，又要注意安全。应根据不同的环境，采用不同的入水方式，主要有跨步式入水、鱼跃浅跳式入水和团身式入水。

在平静水域中发现溺水者时，援救人员应在岸边快速抵达离溺水者较近处入水，下水救援人员尽量携带好浮漂用具，条件允许的情况下，用绳子作为媒介将下水的救援人员与岸上救援人员连接，连接方式必须可随时快速解除。以上方法的优点有：一是就近就快地接近溺水者；二是为了避免在游近溺水者的过程中过早消耗体力；三是救援人员控制住溺水者后，岸上人员能够快速地将救援者与被救人员拉回岸边，节省时间并降低再次溺水的风险。

3. 接近并控制溺水者

入水后，一般采用速度较快又便于观察的抬头爬泳游向溺水者，也可以采用抬头蛙泳接近溺水者。抬头的目的是不断地观察被救者，了解其大致位置和情况，为下一步救援做好准备。

接近的基本原则是尽量减少被溺水者抓、抱的可能。接近溺水者的方式有三种：背面接近、侧面接近和正面接近。通常情况下，采用背面接近最为安全，即救援人员绕游到溺水者的身后去靠近。即便现场只能侧面或者正面接近，救援人员也可以通过一定的技术转化为背面控制。

4. 水中被抓抱时的解脱

接近溺水者的过程中，如果不幸被抓抱，救援人员则需要依靠解脱技术来得以脱身。解脱技术是指救援人员采取合理的技术动作及时解除被抓住或抱持，并有效地控制溺水者的一项专门技术。根据需要解脱位置可以分为头颈部被抱持解脱、腰部被抱持解脱、手臂被抱持解脱等技术。

5. 水中拖带

拖带是指救援人员控制住溺水者后，采用相应技术将其运送到岸边或船边的过程。常用的拖带方法有以下几种：一是双手拖腋拖带，即救援人员仰卧水中，两手抓住溺水者双腋，做反蛙泳的蹬腿动作游进；二是夹胸拖带，即救援人员侧卧水中，一臂从溺水者肩部绕过胸前，抓住另一侧腋下，另一臂在体下划水，两腿做侧泳的蹬剪腿动作游进；三是扣臂拖带，即救援人员身体侧卧，一臂穿过溺水者腋下，经其背部握持住溺水者另一上臂，另一臂在体下划水，两腿做侧泳的蹬剪腿动作游进；四是双人拖带，即两名救援人员分别侧卧于溺水者的左右两侧，各用一臂抓勾住溺水者的上臂，同时做单臂划水的侧泳动作游进。无论采用何种方法，拖带时都要将溺水者托至水面，使其仰卧，保证溺水者的口、鼻露出水面，以便于呼吸。

6. 水中人工呼吸

对于呼吸停止者，尽早开始人工呼吸可增加复苏成功率。专业救援人员可在漂浮救援设施的支持下实施水中通气。不建议非专业救援人员在水中为淹溺水者进行人工呼吸。部分淹溺水者对水中通气这一措施有反应，如果没有反应，救援人员需根据具体情况，如海面情况、到岸边距离、是否有救援船或直升机等，决定是尽快将淹溺水者带往岸边还是继续留在原地实施水中通气,直到救援船或直升机到达接管复苏。有研究表明,在不能即刻上岸或上船的环境中,继续留在原地实施水中通气措施对于淹溺水者的存活率更高。

7. 上岸或上船

当救援人员将溺水者拖带到岸边或船边时,需将其扶拉上岸,以便抢救。如有其他人在场,则可协助将溺水者拉上岸或拉上船。若在船边或游泳池边上岸,无他人帮助则比较困难,一种是利用固定的岸边、船边采用压手提拉的方法;另一种是利用岸边或船边的阶梯,采用背抱上梯的方法。

8. 岸边基础生命支持

临床证明,第一目击者和专业急救人员迅速而有效的抢救可以提高淹溺抢救成功率。岸上急救的目的在于迅速恢复严重溺水者的呼吸和心跳,维持基本生理体征,等待医疗人员到来或送往医院。岸上急救是救援行动的重要环节,若急救及时、方法正确,则可以使溺水者生还;若错过了最佳急救时机,也就是"黄金救援时间",有可能使整个救援行动工作前功尽弃。

溺水者被救上岸后,如已昏迷、心跳停止、呼吸骤停,应立即视情采取急救体位放置、清理口腔异物、打开气道、人工呼吸、胸外按压或使用外部除颤器等急救措施。

9. 脊柱损伤的处理

并不是所有的溺水患者都会发生脊柱骨折,但如果发现溺水者曾有不恰当的入水,头部碰撞到池边、池底或其他硬物,或者出现骨折等症状时,则应考虑采用水面救援担架和躯体固定器进行运送。在搬运溺水者时,为了避免对伤员造成二次伤害,应采用头锁、斜方肌挤压法、改良斜方肌挤压法、胸背固定法、头胸固定法等搬运技术。

(四)静水救援的行动要求

静水救援工作的指导思想以及行动要求是,坚持"防字当头,贯彻始终",消除一切可能发生的事故隐患。在处置静水救援事故时,施救要准,在时间上要争分夺秒,做到就近、就便、就快;在施救方法上,操作要准确、有效,要尽最大努力挽救溺水者的生命。结合我国静水救援工作的具体情况,静水救援的基本原则有以下几点。

(1)岸上救援优于水中救援。岸上救援时,救援人员要占据有利位置,便于观察和锁定救援目标,反应迅速,使用合理、高效的救援方法,提高救助的准确性和有效性,赢得宝贵的救援时间。

(2)器材救援优于徒手救援。在保证救援人员自身安全的前提下,尽量发挥器材救援安全、有效、快速的优势,提高救援效率。

(3)团队救援优于个人救援。团队救援时,若能够最大限度地发挥团队力量和指挥,在救援时间上会更快,抢救操作上会更准确、有效,对溺水者的生命安全更有保障。

(4)先救有意识后救无意识。救援人员面对同时发生的多起溺水事故而救援人手有限的情况下,应先对有意识的溺水者进行救助,再去救援无意识的溺水者。

二、激流救援的安全守则、训练标准和指导原则

1. 激流救援的安全守则

激流救援是风险极大的救援类型，救援人员通过大量的救援实践甚至付出生命代价总结出激流救援的安全守则，务必遵守。

（1）遵守"简单、快捷、安全"的要求。救援人员为了应对可能遇到的复杂危险情况，日常训练中往往会进行大量的复杂救援情境模拟训练，但在救援实际情况中，要根据现场的实际情况，尽量使用简单高效的救援方法，通常按照"先抛、再划、后游"的救援顺序进行评估后再依次进行救援。

（2）使用正确且完整的救援装备。救援时要使用正确且完整的救援装备，尤其是水面漂浮救生衣（简称PFD）和水域专用头盔。PFD是激流和洪水中最重要的漂浮工具，只要是邻水作业的人员都需配备。PFD通常都是通用型的，岸上人员和水中人员的PFD并无差别。无论是岸上人员还是水中人员，都应装备完整，携带适量的救援装备，如绳包、安全钩等。

（3）团队中必须有上游观察员。激流或者洪水中不仅会有很多障碍物，例如浮木、汽车、土石等，还会有突然间增加的水流量、上游来往的船只等。上游观察人员可以通过哨音或无线通信通知指挥官和救援人员避开危险。

（4）必须有备用计划。现场救援情况瞬息万变，当下高效的救援方法，下一秒可能失效。因此，救援人员应准备多种救援方案随时备用。

（5）团队中必须有下游拦截人员。激流救援过程中，无论上游是何种情况，下游都必须有多重的救援部署方案，如部署橡皮艇救援组、抛投绳救援组、拦截网救援组、活饵救援组等。如果上游人员不慎落水或被救者被水流冲至下游，多重的救援关卡将大大提高救援的成功概率。

（6）选择高效、安全的救援方式。救援方法多种多样，如递伸救援、抛绳抛物救援、拦截救援、涉水救援、直升机救援、舟艇救援、入水救援等，这些救援技术的高效性和安全性各有不同。救援时，要兼顾安全性和高效性。

抛绳抛物救援落水人员时，要提前引起被救者的注意。抛绳时，尽量抛至被救者的有效距离之内。舟艇救援落水人员时，舟艇应与落水人员保持适当距离，防止船桨、螺旋桨伤人。实施入水救援时，尽量使用水面漂浮绳对下水救援人员进行保护，救援人员遇到紧急情况时，可以第一时间解脱并自救。救援时，应稳定落水人员的情绪，从侧后方接近落水人员，并采取合理的救助方法。

（7）在激流中保持正确姿势。当进入有可能冲撞或卡夹腿部的环境时，如离开安全的缓流区、活饵救援被困者和激流中有障碍物等情况下，务必把腿部位置抬高至水面附近，以免被水下障碍物冲撞、卡夹或缠绕。若被水冲向下游，保持基本的激流仰卧漂浮姿势，头冲上游，足对下游，膝盖微屈，脚后跟微低于臀部。

（8）搜救人员身上固定绳索必须可以快速卸除。由于激流的水流力量强，如果岸上人员无法拉回，而水中人员无法解脱，则固定绳索往往成为索命绳。以往救援人员没有专门的个人浮力漂浮装置时，常发生固定绳无法卸除而溺亡的案例。当然，个人浮力漂浮装置的释放技术也需要通过大量练习来掌握，否则紧急情况下容易失效。

（9）水面拦截绳、网等拦截工具不能与水流方向成直角。一切贴近水面的绳、网等拦截

救援工具，一旦与水流方向呈 90° 角放置时，就会在水流的冲击下承受最大的水流压力，此时的被救者会与水流形成巨大的对峙力，绳或网就会呈现出 "V" 字形，在水流冲击下被救者难以回到岸边。因此，在拦截救援时，救援绳或网应与水流的角度约呈 45°，使被救者既可利用自然水流推力靠近下游岸边救援点的位置，又不会与水流对抗而无法脱困。

（10）采用绳索系统必须遵守安全规则。绳索系统救援时，固定点必须牢固，安全绳、安全钩等装备器材必须在额定荷载范围内使用。不论是抛投救援绳，还是绳桥救援绳，都具有强大的势能，一旦断裂、脱手或者摆动，均有伤人的威力。因此，救援人员不要站立在绷紧绳的附近或者转弯处。搭建绳桥或水面救援系统时，应选择稳定的锚点。不要将锚点设置在可能发生移位的孤岛或船只上。

（11）其他规则。船舶和坠水交通工具泄漏、燃烧、爆炸事故应按照相应规程处置。

2. 激流救援的训练标准和指导原则

按照国际通行的做法，一般可将河流水域分为 6 个等级，每个等级根据水流的速度、河道障碍物等水流复杂情况加以区分。据此也可将激流救援人员的能力分为 6 个等级，需要进行不同层次的训练以应对不同级别和不同难度的水流状况。

（1）第①级（容易级）：水中有小水波和水流，水下障碍物很少。
（2）第②级（新手级）：水中偶有礁石，中等波浪，能见度好。
（3）第③级（中等级）：水中有大波浪、障碍物和漩涡等危险。
（4）第④级（进阶级）：水中有大且不可避免的波浪，更多危险区域。
（5）第⑤级（专家级）：水中有障碍物多，水流湍急，且有很多险恶涡流。
（6）第⑥级（极端冒险级）：水中有很多障碍物、大波浪和险恶涡流。

三、潜水救援的指挥要点

1. 潜水救援评估

潜水救援评估是持续进行的过程，指挥员应评估会直接影响行动的关键要素，主要包括现场评估、环境评估和救援风险评估，如事件情况的成因、遇险者人数与可能位置、装备、人员状况、现场与环境危险等。

（1）现场评估。现场评估主要是评估现场安全，主要包括救援团队成员、其他救援力量、周边群众和被救者的安全。救援人员到场后，务必先确认现场对自己、团队和所有在场人员都很安全；从抵达现场之前就开始现场判断，抵达之后到救援行动全程，都应持续观察现场。一旦状况发生变化，救援队的目的和目标也要变更。救援策略应不断视现况调整，确保行动安全有效；往往第一位抵达现场的救援人员可先初步判断现场，直到更高指挥权的人员到场后，再移交指挥权。

（2）环境评估。一般潜水环境的评估因素主要是通过自然因素，如天气情况、能见度、水速、深度；潜在的和明显的危险因素，如废弃物地点、铁丝或其他水底缆线、水中的树木、岩石或树桩、进水口、管线、低顶水坝、水底结构、水面船只、周边作业单位；现场便利设施，如船舶停泊点、休息空间、卫生间等因素，综合对现场进行风险评估。例如，当水流速度达到 1 节（1 knot=1.852 km/h）以上，所有的潜水员都要系上安全带。

(3)救援风险评估。未对救援风险妥善评估,贸然下水实施救援,潜水团队有可能会遭受伤亡。因此,要针对救援人员的装备、技术水平和心理状态进行评估,确保所有人员都已达到本次救援所需的生理、心理状态和技术水平。只要有任何条件的评估结果不安全,专业的应急救援潜水员就会中止此次潜水行动。任何人都不准下水!这才是专业的行为!

通过以下三个方面来评估团队整体情况:一是团队是否受过相关训练?二是是否拥有足够的信息和装备?三是团队是否可以安全执行这次的任务?

2. 目击者访谈

2-1 目击者访谈表单

水域救援中,被困或遇难位置的判断非常重要,直接决定了后续行动的开展。因此,目击者访谈成为现场事故的重要信息来源,最好以书面或视频的方式记录访谈内容,以备后查。

(1)目击者的界定。目击者有可能是遇险者的家人、朋友或恰巧目睹事故溺水或其他事件的人。访谈的时候,务必要用固定格式的《潜水救援队目击者访谈表单》记录目击信息,包括所有目击者的身份、目击内容以及目击证词和区域简图(资源2-1图表)。

(2)访谈要点。访谈时应注意以下访谈要点:一是潜水员或受训过的水面支援人员应分开采访目击者,避免访谈时互相影响。二是先询问最重要的问题,如"当事人沉入水中的时间?"等,答案直接决定了潜水团队的救援形式是救援还是打捞,同时也会影响潜水团队的救援程序和行动。三是询问所有相关人员,包括孩童。先收集详细信息,再判断沉入水中的时间。四是利用访谈者了解最后目击地点(LPS),访谈时的地点应为遇险者沉入水中时,目击者当时的所在地点。理想的状况是访谈到从不同角度目击的目击者,潜水队就可以通过三角检验来判断遇险者的位置。五是根据目击者证词,标识浮潜员或船只驾驶停在目击者看到遇险者沉入水中的位置,用浮标标记位置。六是如果目击者当时人在船上,请他们登上类似大小的船,并在他们认为遇险者沉入水中的位置放浮标。七是请目击者利用岸上的物体,如树木、建筑物、竿子等当成参考物,指示遇险者沉入水中的位置。八是以书面或视频的方式记录。记录包括名字、联系方式、与事件的关系、证人签名等事项。视频或音频录像能够记录面谈的实际情况和问题,以便留样备查。九是及时在事发后与目击者面谈,事件的真实性和全面性会得以最大限度地保留。

3. 确定救援模式

应急救援潜水员在执行任务之前,必须先确定任务的救援模式。救援模式是指潜水队根据被救者沉入水中的时间、条件、环境、现场判断、风险分析、标准作业原则、训练程度和其他因素的综合判断,对行动采取应对措施。目前对此行动是救援还是打捞的界定,各国尚无法统一,原因是各国针对溺水者沉入水中多久必须执行救援程序仍没有定论。因此,应根据当地应急救援程序、当地环境、标准作业程序来决定。执行救援模式时,重点是试图拯救他人性命的行动,所有行动都要迅速和安全。执行打捞模式的时间并非最重要的考量因素,行动应确保绝对安全。

4. 确定搜索区域

根据目击者提供的信息,并结合溺水者水中下沉的几个阶段、水下地质结构特点、水流速度和水流方向等信息,潜水团队应初步确定溺水者可能所在区域的大致范围。

5. 制订行动计划

制订行动计划的目的是确保潜水行动既安全、有效率,又有成效,并在救援行动全程给予指示。行动计划一定要有弹性,以应对环境、条件、搜索行动、信息等发生的变化。一旦原计划无法执行,救援者必须"适时调整并克服困难"。另外,除一般行动计划外,还应有备用行动计划和增援计划等,一同保证救援行动的安全性和有效性。

6. 拟订安全措施

潜水救援是一种低频次、高风险的救援类型,因此救援中需要提前拟订安全措施。如联系备用医院,以防万一发生低温症、受伤、潜水病等情况。所有搜索和救援行动都应以全体安全为优先考量。切记,如果每个人都注重自身安全,行动发生意外、人员受伤或死亡的概率就会大幅降低。

7. 救援行动的开展

人员搜索打捞一般要遵循以下五个步骤:确定搜索目标、收集和分析资料、选择合适的装备器材、选择合适的任务执行团队、任务前简介与动员。

(1) 警戒控制并保护现场。警戒控制并保护现场是有效维护现场,避免他人造成污染的措施。常见的警戒工具是警戒标识、车辆和人员。对于严格警戒的区域,应由专人把控,对出入人员进行登记,杜绝非相关人员进入现场。现场的外围设置警戒线,最小半径为 100 m。

对于现场最好采取多重保护措施,根据污染程度可以分为操作区域、缓冲区、外围缓冲区。第一重是操作区域,操作区域被视为污染水域的潜在危险区域,这个区域除了潜水员和绳控人员外,其他人员均不能随便出入。出污染区要进行洗消毒清理。第二重是缓冲区,是后勤人员、其他机构与辅助救援人员所在区域。第三重是外围缓冲区,车辆、人力、医疗支援、陆地支援人员等都应在这个区域待命。

(2) 安全防护。首次到达现场,救援人员最容易犯的错误就是直接进入现场,这样做会带来以下问题:一是将会有可能毁掉重要的证据;二是可能直接暴露在危险中,如有毒蒸汽、空气污染物、碎玻璃、锋利的金属物质、其他尖锐物等。

潜水救援行动的安全防护装备包括:刀具、照明、备用面镜、小气瓶等备用装备、个人浮具、潜水安全带、备用气瓶、带锁钩环、快卸钩扣、全面镜、硫化橡胶干式潜水衣搭配干式手套、救援系统和歧管开关、水面供气系统、通信系统、消毒和冲洗站。

安全防护措施包括:设置安全潜水员、后援潜水员、系绳潜水员等职责,限制潜水员的潜水时间,一般搜索时限为 15~20 min,水质抽样,进行洗消程序,避免感染,医疗人员现场待命,医疗单位和再压舱紧急准备。

(3) 记录现场重要信息。潜水救援和打捞过程中往往会涉及刑事犯罪现场,因此救援和打捞工作通常会牵涉到搜寻被丢弃的凶器、其他证物和案件受害者。如需要,应急救援部门应协助公安刑侦部门的水下刑侦人员进行水下犯罪现场的侦查工作,包括记录重点、为现场证物和其他线索拍照、画出犯罪现场简图等。这项工作的训练不仅包括搜寻技巧训练,还包括依照当地法律规定搜寻、保存和搬运证物。因此,要掌握水下摄影摄像技术,记录犯罪现场,以及运用绘图技巧精确标示出每项证物发现的位置。此外,还要掌握搜索、保存、记录证据链的方法,以便进一步进行检验(如采集指纹)。采集到的证物既不能使证物变形受损,也不能改变证物的温度,最好存放在证物桶或箱中,放置阴凉的地方,避免阳光直射。

犯罪现场照片是技术性照片,在取证时最好用数码相机,拍照后可以马上查看照片或视频。照片应生成 RAW 或 TIFF 格式,也可以生成高级的 JPEG 格式照片,需要注意,作为证据的照片不能经过修改。在较为混浊的水域,有时即使视野不好,或者能见度很低也要照相取证。

对证物进行拍照时,每个证物照片需要三张,整个现场、中间距离、近距离。其中近距离拍照时,需要注意以下两点:一是照片的尺寸要用铅笔、铜币、尺子等物品作为参照物;二是照片要加一个指北针,标记物体的方向,将会使材料显得更准确,给犯罪调查组更好的参考物。同时也对证物是否移动、变形或变化的判断有帮助。

照相之后直接进行现场草图的绘制,草图以俯视图的方式绘制,不需要精确比例。草图中要包含一些额外的信息,如作图人、作图日、事故位置、受害人、案件号码等。草图中的基准点要选择现场永久固定的点。例如,建筑物的棱角、停泊的铁桩、电线杆、桥墩等。

8. 结束潜水后的现场程序

(1)清理污染物。潜水员在水中暴露于自然和化学污染物的风险很大,因此,每次在高度污染的水中进行救援和打捞工作后,必须进行去污洗消。其目的是防止污染,防止化学物品伤害人员、器材装备等。与危险化学品的洗消类似,这是一个必须的程序,需要的话可对水质留样检验。

潜水员的洗消也需要分阶段、分步骤地进行。先用干净的水从头到脚进行冲洗,再到除污池用柔软的刷子从头到脚刷去装备上的异物,然后使用优质的表面活性剂清洗,清洗干净后再冲洗。将清洗完的所有装备放于防水布上,使其干燥。表面活性剂具有降低溶液表面张力和形成胶束,降低溶液的表面自由能,进入胶束中,从而增大溶液中物质的溶解度。冲洗完后进行检查,如若检查确定清洗干净则向更衣室移动;如若清洗不彻底,则从冲洗通道再次返回清洗。所有的装备都要进行清洗和目视检查,如干式潜水衣如果拉链有损毁,应马上修复,否则不能再次使用。最后进行人员洗消及水质留样检验。

(2)移交证物。将水下刑事案件有关的证物妥善保存,移交给公安机关刑侦部门,并将移交手续清单整理后放在潜水报告中保存。

(3)完成潜水报告。如果是刑事侦查现场的救援行动,要注意证物的"保管链",即记录证物从发现、保管、控制、转移、分析到弃置的流程文件。潜水报告包括但不限于潜水计划、潜水记录、证物保管人员交接记录、目击者访谈笔录、水下草图、现场记录及草图、水质报告书、潜水团队成员对潜水现场的补充陈述等内容。

潜水报告的短期作用是确保证据的有效性,为案件调查提供事实依据。长期作用是在若干年后,还能为潜水团队回顾潜水行动提供文书及相关细节。

(4)整理现场。潜水救援任务所涉及的救援人员和装备非常繁杂,清点装备和人员是一项重要工作,不仅有利于发现遗漏的救援物品,同时还可能发现新的线索,完成任务后进行报告可以确保每个重要步骤都被执行。在所有整理现场工作完成之前,不能撤除现场的警戒线。

任务完成后要对救援人员进行心理疏导及安抚、进行救援人员身体检查及疾病预防等各项工作。

【课后思考】

1. 水域救援团队有多少种类型？不同类型的团队人员组成和职责分工如何？
2. 水域救援的安全要点是什么？

第三章 水域救援器材装备

【学习目标】
1. 了解水域救援的基本类型。
2. 掌握各种类型水域救援的个人装备和团队装备。

本章从装备分类入手,将水域救援器材装备分为静水救援装备、激流救援装备和潜水救援装备三部分。

第一节 静水救援装备

静水救援所需要的装备从一般的救生杆、救生圈(球)、救生浮漂、救生衣等,到自然水域使用的冲锋舟、水面救援机器人、微型救援快艇、水上抛投器、15 m 或 30 m 长的绳及绳包、可抓握浮漂器、浮力背心等装备,种类较多。岸上急救时,还会用到面罩或球囊面罩呼吸器、心脏外部除颤器、水面救援担架、肢体固定器等器材。由于激流救援的大部分装备均可用于静水救援中,因此,部分激流救援装备在后面再详细介绍。

1. 救生杆

救生杆(图 3-1)是泳池最为常用的救生器材之一,在湖泊等静水环境中也同样可以使用。救生杆救援的核心是利用一根长杆延伸到被救者附近,使其抓握后再将其拉上岸或舟艇。因此,救援人员在缺少专业救生工具的情况下,也可以用现场水域环境周围的长树枝、竹子等条状坚固物救援。救援时注意不要捅伤或打伤被救者。

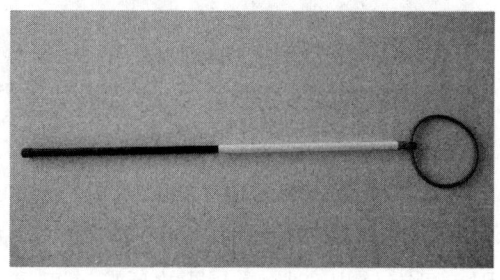

图 3-1 救生杆

2. 救生圈(球)

救生圈(球)(图 3-2)是静水环境常用的救生器材之一,在开放水域中的船艇和涉水环境也常常配备一定数量的救生圈(球),以备溺水时救援使用。救生圈(球)主要采用投掷救援的方法,通常和绳包或长绳连接,当溺水者抓住救生圈(球)后,将其拉回岸边。

3. 救生浮漂

救生浮漂(图 3-3)是国际上普遍采用的救生器材之一。通常是用泡沫材料制成,以红色为主,末端附有手环或扣节。在救援过程中可以将浮漂交给溺水者,救援人员拉住手环或扣节将其带回。

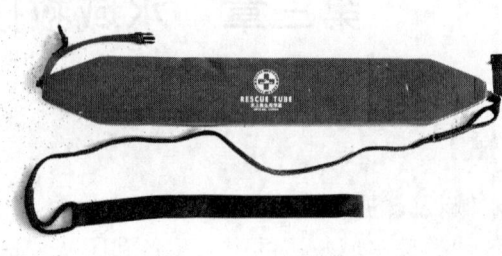

图 3-2　救生圈　　　　　　　　图 3-3　救生浮漂

4. 水面救援机器人

水面救援机器人（图 3-4）的设计理念是利用水面可控制的操作系统，对溺水人员进行快速、安全的救援。目前常见水面救援机器人为防碰撞软体浮力材料，下部船身为玻璃钢纤维材料，可从船上、岸上将无人机投掷入水，可短时间内自动翻正，在波浪中稳定转弯，抗风浪行进，前进速度是救援人员的数倍以上。同时无螺旋桨吸水结构，无伤人危险，使用安全可靠，可在海水、湖水、河水等不同水质环境下使用。机器人质量轻，携带方便，一个人即可完成搬运及快速释放。水面救援机器人拖带人员及遥控器如图 3-5 和图 3-6 所示。

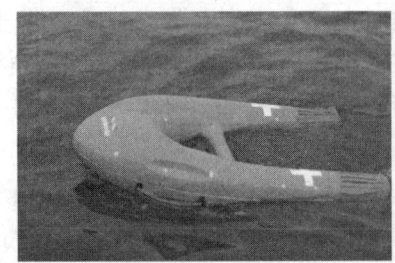  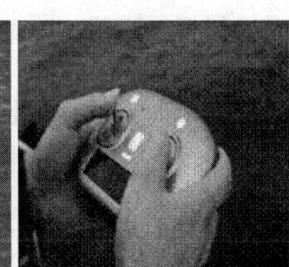

图 3-4　水面救援机器人　　　　图 3-5　拖带人员　　　　图 3-6　遥控器

5. 微型救援快艇

微型救援快艇（图 3-7）可在江、河、湖、海、水库等开放水域的水上及水下救援时使用，可有效提高救援人员的反应速度和接近速度。通常由水下推进器主机、浮力补偿配重、通用连接安全带等组成。

6. 呼吸面罩或球囊面罩呼吸器

（1）呼吸面罩（图 3-8 和图 3-9）是一种较为完善的口对口呼吸方式的装备，具有以下优点：可以使面罩与溺水患者面部密切接触，可靠而不漏气；从根本上避免了救援人员口唇与溺水患者口唇接触，避免了体液或唾液的病毒传染；一些口罩上附加有供氧接头，在向溺水患者吹气的同时可加入高浓度氧气，从而减少人工呼吸的潮气量及

图 3-7　微型救援快艇

其造成的胃膨胀等严重并发症，对保持溺水患者所需的动脉血氧分压提供了有利条件。

使用时要选择适合溺水患者面部大小的型号，面罩封严面部，同时罩住口和鼻，密切观察胃的反流和口腔内情况。

（2）球囊面罩呼吸器（图3-10）是人工正压通气方式的装备，由一个手动充气气囊及一个不可逆流的单向阀门连接在通气口罩上组成，有的还附加有氧气接头，以提高吸入气氧浓度。球囊面罩通气是一项复杂的人工呼吸技术，需要一定时间的技术学习与实践训练。

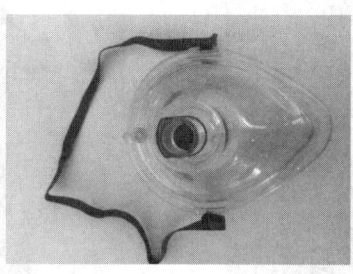
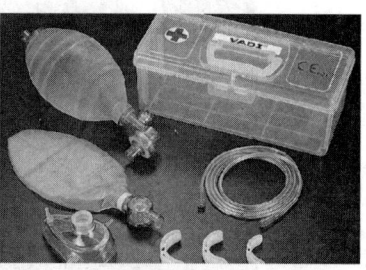

图 3-8　呼吸面罩外观　　　图 3-9　呼吸面罩　　　图 3-10　球囊面罩呼吸器

7. 心脏外部除颤器

心脏外部除颤器又称电复律机（图 3-11～图 3-13），主要由除颤充/放电电路、心电信号放大/显示电路、控制电路、心电图记录器、电源以及除颤电极板等组成，是目前临床上广泛使用的抢救设备之一。它用脉冲电流作用于心脏，实施电击治疗，消除心率失常，使心脏恢复窦性心律，具有疗效高、作用快、操作简便以及与药物相比较为安全等优点。

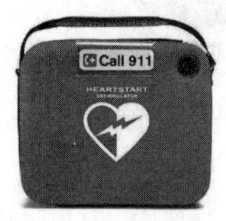

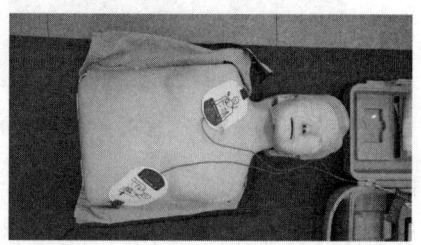

图 3-11　外部除颤器　　　图 3-12　外部除颤器外观　　　图 3-13　外部除颤器贴片放置位置

第二节　激流救援装备

激流救援装备主要分为个人装备和团队救援装备。

一、个人救援装备

个人救援装备如图 3-14 和图 3-15 所示。

图 3-14 个人救援装备（正面）

图 3-15 个人救援装备（背面）

1. 水域救援头盔

水域救援头盔（图 3-16）是必要的防护装备，能够保护耳朵及后脑部位。其以强化聚合物制成，通常可以快速地固定和调节织带，以适应不同头部大小的人群；具备下颌固定带，佩戴时能够稳定固定；内部有衬垫和多个通气开孔，开孔用于透气和排水，为避免妨碍视线和增加阻力，均以无帽檐形式设计，提升舒适性。

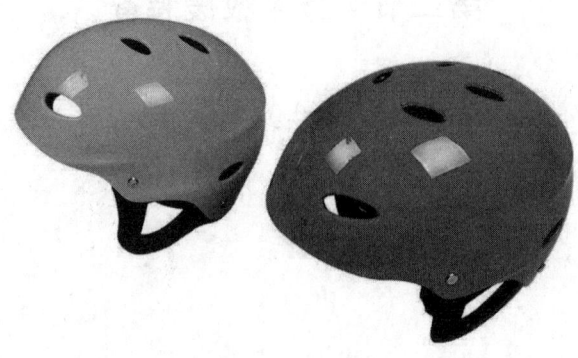
图 3-16 水域救援头盔

2. 水域救援专业救生衣

水域救援专业救生衣（图 3-17 ~ 图 3-19）是个人必备的浮力装备，而模块化浮力背心是较为理想的选择。救生衣应该要合身、牢固，并且可调节。救生衣的种类很多，依据救援团队的规定，将救援专用的救生衣统称为个人救援浮力装置，简称 PFD。一般采用通用型的救生衣，水面和水上人员均可以使用。救生衣至少要有 26 磅（1 磅约等于 0.45 kg）的浮力，可同时承担两个人的重量。浮力背心的背部中央有一个扣环，携带绳索救援时十分方便，而前部的快速释放扣可在遇到紧急情况时快速解开扣环，摆脱绳索。四方形卡扣、2 个口袋以及反光条等可满足携带其他救援设备的需求。肩部可以进行织带式的加固，救生衣前有 4 个固定扣以及至少 11 个可调点，使救生衣更好地固定在救援者的身体上而不发生移位。救生衣采用特殊的尼龙材质纤维制成，能够保证更加的耐磨。拉链式口袋、D 环挂扣、方形固定扣可满足大量救援配件的存放，并保证携带的便携性。

图 3-17　水域救援专业救生衣

图 3-18　水域救援专业救生衣（正面）

图 3-19　水域救援专业救生衣（背面）

永远不要将绳子绑在腰上！很多水域作业者错误地认为绳索保护只需要将一根绳子系在腰上即可，在实际情况下，绳子难以解脱并且没有缓冲，一旦被强劲激流冲击，极容易溺水。

如果救援人员进入水流，或者绳索被树枝、石块、异物缠绕，被迫停留在水中，与激流形成较大的对抗力，无法接近岸边，同时激流会迫使人体倾斜，导致溺水。自逃离装置（图3-20）水域救生衣的独特之处是能帮助救援人员与绳索快速脱离。

自逃离式安全带由安全织带、一个金属日字扣和一个高强度塑料安全扣组成，安全带和腰后固定点连接，用于连接绳索保护。金属日字扣（不锈钢材料，能够防海水、淡水等腐蚀）用于受力时的主要承重，塑料安全扣作为止动部件，使用时，通过拉动前置塑料圆球打开安全扣，安全织带将迅速脱离安全扣和日字扣，实现与自逃离式安全带的快速解脱。

激流安全带可作为人体锚点与绳索连接，这个锚点可以确保拉动救援人员时，人体头部尽可能地浮出水面，同时方便救援人员以安全漂流姿态浮在水面上，双脚抬起（图3-21）。

图3-20 自逃离装置

3. 水域救援靴

图3-21 被救者握绳方式

水域救援靴主要用于保护脚部，便于救援人员在崎岖不平的河床上行走，具有高帮、防滑、贴脚、透气滤水、穿着牢固等优点，是专门为水域救援人员所设计的水陆两用的救援靴。由于水域救援靴需要在各种地形中使用，所以必须具备高强度的鞋底和鞋面来满足需求，一般采用的是7 mm的氯丁橡胶鞋底，具有很好的减震性，踝部也有5 mm的氯丁橡胶鞋面来对足部起到稳定和支撑保护的作用（图3-22）。另外，为了应对湿滑路面和长青苔的石块，避免滑倒，一些水域救援靴采用了毛毡的大底和铁钉设计（图3-23）。

图3-22 水域救援靴（氯丁橡胶鞋底）

图3-23 水域救援靴（毛毡大底）

4. 水域救援服

水中人体失温是空气中的 25 倍。在较低温度中工作时间越长越容易患失温症。水域救援服（图 3-24、图 3-25）可以防止人员出现发抖、疲劳、抽筋、触感降低等问题。可以选择不同厚度的湿式潜水衣，或者是完全隔离水质的干式激流服以适应不同的环境。

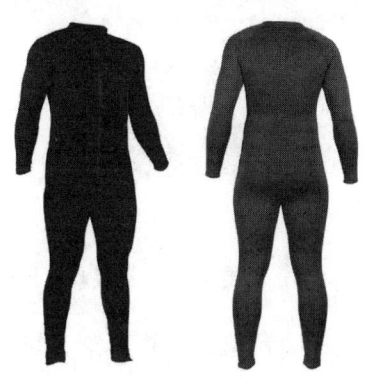 

图 3-24　水域救援服（湿式）　　　图 3-25　水域救援服（干式）

5. 水域救援手套

水域救援手套除保暖、防滑外，还可在攀登或用绳桥、绳索救援时保护手部。为了符合水域和绳索救援工作的特性，一般都采用耐用及坚韧的凯夫拉纤维（图 3-26），纤维覆盖整个手掌部分并延伸至手指，不仅保证潮湿情况下手指极强的抓地力，还具有防刺防割的功能。手腕处的魔术贴（图 3-27）可快速调节和固定，确保手套不会滑落。

图 3-26　水域救援手套（凯夫拉纤维）　　　图 3-27　水域救援手套（魔术贴）

6. 水域救援抛绳包

水域救援抛绳包（图 3-28）直接在岸上抛给遇险人员，是最简单且最有效的救援工具。任何用于水域救援的绳包和绳子均是可漂浮在水面上的，提带设计使抛投更精确轻便，快速释放带扣可迅速把绳子连接至船艇或救生衣上。

水域救援抛绳包外观为包状，当被救人员距离岸边不远时，救援人员可以将绳包抛给被救者实施救援。因此，水域救援抛绳包已普遍成为个人救援装备，可手拿或挂在腰部备用，救援人员往往配备多个抛绳包备用。

水域救援抛绳包绳长约 25 m,绳径为 7 mm 以上,绳带外观长约（40±10%）mm,直径为（13±10%）mm;绳袋布料一般采用高科技聚酰胺纤维,以确保其耐用性、牢固性和防紫外线功能,颜色多为橘、红、黄等;绳袋内装独立发泡体泡棉,使得绳包及内部绳可以漂浮在水面上;绳包上方配有手提带,以使投掷绳包时更为精准;第二次抛投时,可以利用反转式绳结快速抛投。

水域救援抛绳包用完后检查破损情况,如已破损不应继续使用;用清水或中性清洗剂将上面的泥、沙子、油等清洗干净并晾干;摆放整齐,存储在干燥通风处,不能在日光下暴晒,远离汽油等化学品。每次用完都检查是否有割、切、划等损伤,将绳收放到绳包时要自然盘好,不要打结。

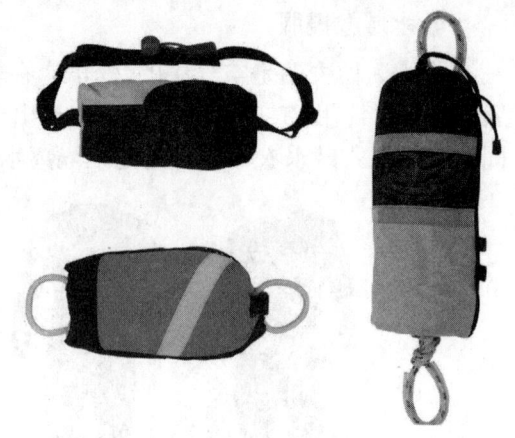

图 3-28　水域救援抛绳包

7. 救援割绳刀

救援割绳刀（图 3-29）可快速切割绳索或障碍物。以单手操作的折叠刀为宜,且有 2 cm 的锯齿部分便于切割物体,刀柄尾端要有腕绳预防掉落。平时应固定收于浮力背心的专用口袋内,避免意外展开伤人或丢失。救援割绳刀背部设计腰带环,可直接穿于配重带上,同时此刀可搭配绑带使用。鞘身和刀身有保险连接,保证下水刀身和刀鞘不会轻易分离,一按式开关设计便于使用。刀刃材料为钛合金,在保证其硬度和强度的同时,能防止海水的腐蚀。

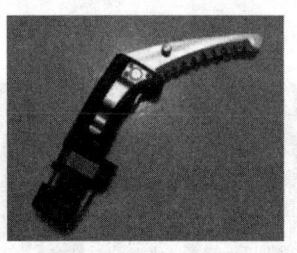 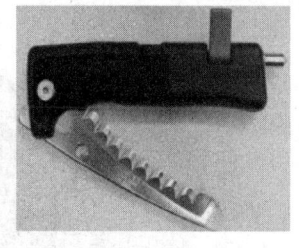 

图 3-29　救援割绳刀

8. 高音哨

高音哨（图 3-30）可在信号联络和求救时使用,是团队救援的必备装备之一,通过约定的哨音来传递救援信息。以无滚珠的哨子为宜,因为滚珠在水中浸泡后很难发出声音。多为 ABS 塑料,耐撞击,设计小巧、平滑。

图 3-30　高音哨

9. 水域救援快速解脱牵引绳

水域救援快速解脱牵引绳（简称"牵引绳"），也称"牛尾绳"（图 3-31）。由一个快挂、一根弹性绳和一块金属环组成。使用时，用金属环替代 PFD 背后的圆环，为了方便携带，快挂与 PFD 前面的挂点连接。牵引绳必须采用弹性绳设计，以减少携带长度，降低作业时缠绕的风险。快挂在 PFD 前端悬挂时，紧急情况下保证可以快速解除悬挂。

在激流水域里不能使用攀岩、潜水、航空等专用救生衣，因为这些救生衣缺少激流中专用的具备快速牵引与解脱装置的牵引绳。

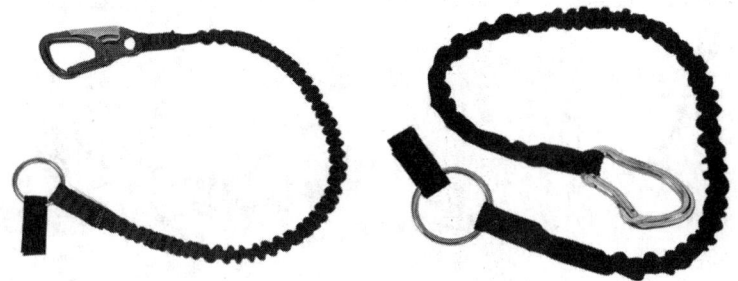

图 3-31　水域救援快速解脱牵引绳

激流救援人员必须掌握使用快速解脱牵引绳的基础技能，主要有以下几点。

（1）人体锚点（图 3-32）。救援人员第一次使用时，应做到了解水流的习性，掌握水中的潜在危险，穿着正确并且能够使用绳索进行保护点固定，在岸上可以利用绳索调节救援人员的位置。

可通过牵引绳搭建个人固定锚点，在岸上进行绳索保护作业。救援人员通过牵引绳和岸上的树木或者其他可固定锚点连接，以防止自己落入水中。同样，也可以用于协助保护水中的救援人员。

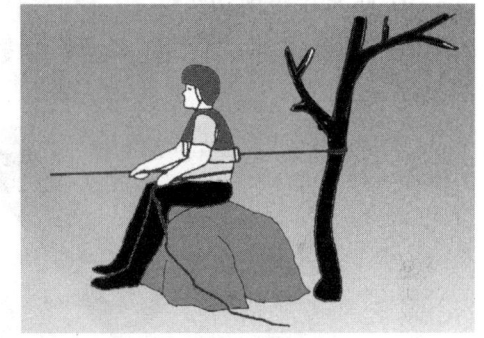

图 3-32　人体锚点

（2）涉水救援（图 3-33、图 3-34）。通过牵引绳与岸上救援人员连接，进行涉水救援时，可以起到稳定和保护的双重作用。

图 3-33　涉水救援 1

图 3-34　涉水救援 2

（3）游泳作业/涉水作业保护。使用活饵救援落水者时，在绳索保护和牵引下，回到岸边。为防止暗礁和异物对绳索线路的阻拦，搭建绳索时，要避开水中的障碍物。活饵救援是激流救援作业中最危险的救援行动之一，该方法主要用于近乎昏迷、过度惊吓、无意识的被救者，因此也是目前使用最为广泛的营救方法之一。

（4）"V"字形营救（图3-35）。救援人员通过身后两个独立的绳索保护，游入水中，接近并抓住被救者，岸上绳索将其拉回岸边。绳索保护的释放，可采取两股绳子同时行动，也可以先使一根绳子吃力，等救援人员漂流到适当位置后，另一根绳子开始将救援人员拉向水中央。该营救方法需要团队严谨的合作，以及对水流形势的判断，必须保证救援人员在被迫脱离绳索保护后的安全。

（5）牵引被救者（图3-36）。身穿带有牵引绳的PFD时，如果身上带有绳包或者绳子，可将绳子一头与救援人员连接，快速牵引小船或者失去自救能力的被救者。

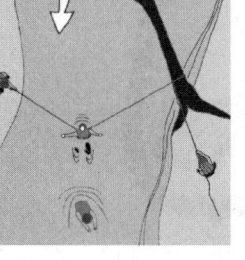

图3-35　V字形营救

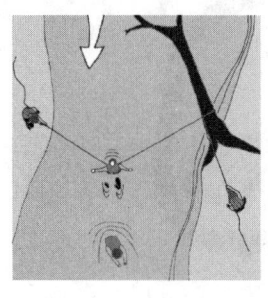

图3-36　牵引被救者

10. 防水手电筒和头灯

防水手电筒和头灯（图3-37）在夜间救援时使用。

（a）防水手电筒　　　（b）头灯

图3-37　防水手电筒和头灯

11. 其他装备

其他装备如防水闪光灯、信号弹、饮用水壶（图3-38）等。

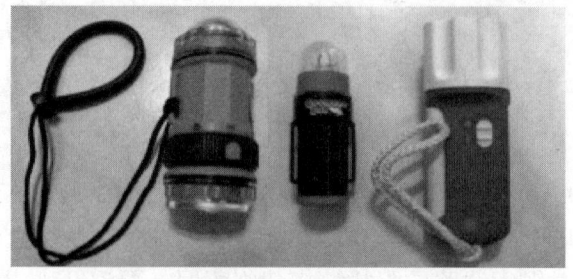

图3-38　防水闪光灯、信号弹、饮用水壶

二、团队救援装备

团队救援装备（图3-39）用于水上救援，内部的组件可以建立省力系统滑轮组来应对需要用到绳索救援系统的救援任务。

1. 水面漂浮救生绳

水面漂浮救生绳（图3-40）用于水面救援，可漂浮于水面，标识明显，固定间隔处有绳结，不吸水，破断强度不小于18 kN。

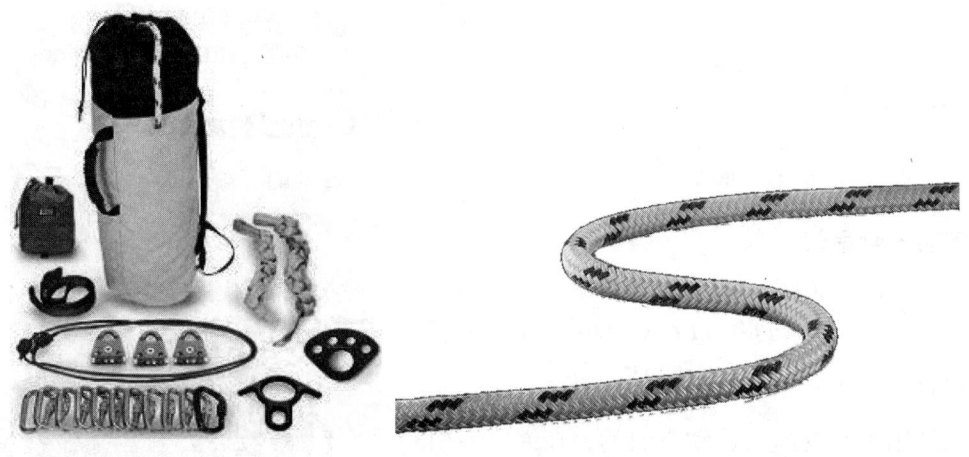

图3-39　团队救援装备　　　　图3-40　水面漂浮救生绳

2. 安全绳

安全绳（图3-41）用于水域救援。绳索系统救援技术用安全绳技术性能应当符合《消防用防坠落装备》（GA 494—2004）的要求。

图3-41　安全绳

3. 鸡爪绳

鸡爪绳（图3-42）用于水域救援。绳索系统救援技术用6 mm鸡爪绳的最小破断强度不小于12 kN，8 mm鸡爪绳的最小破断强度不小于22 kN。

4. 扁带

扁带（图3-43）用于水域救援。绳索系统救援技术用26 mm扁带的最小破断强度不小于15 kN。

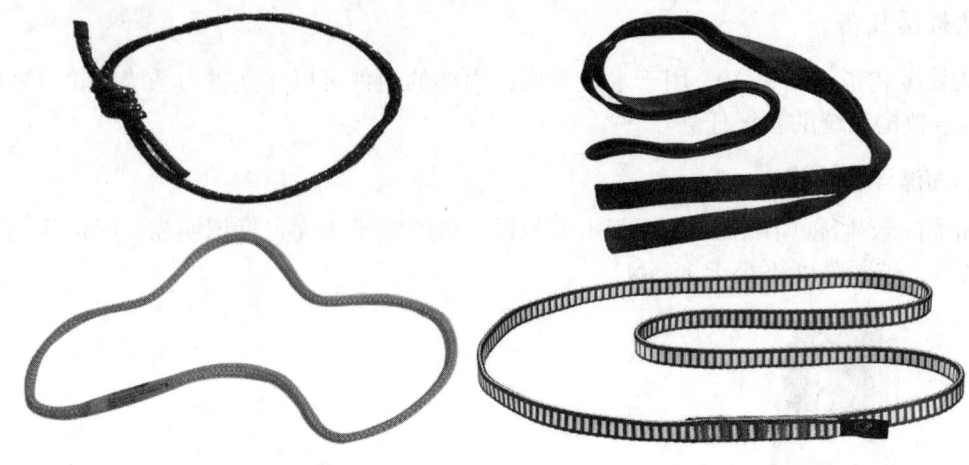

| 图 3-42 鸡爪绳 | 图 3-43 扁带 |

5. 消防安全吊带

消防安全吊带（图 3-44）用于水域救援。绳索系统救援技术用消防安全吊带技术性能应当符合《消防用防坠落装备》（GA 494—2004）的要求。

6. 滑轮

滑轮是用来改变绳索运动方向的，在绳索牵引系统中，产生机械效应的滑轮的尺寸是由滑轮的内直径决定的，实际上就是绳子绕过滑轮的直径。一般来说，如果滑轮的直径是绳索直径的三倍，那么绳索强度损失最小。

为了减轻重量，大多数的滑轮采用铝制材料制成，而钢制和不锈钢的轮子虽比较重，但却能满足在其上使用绳索和钢丝绳的双重要求。常见的滑轮主要有单滑轮、双滑轮和三滑轮。根据功能和用途分类，可以将滑轮分为救援滑轮、万向滑轮、运输滑轮等，如图 3-45～图 3-49 所示。

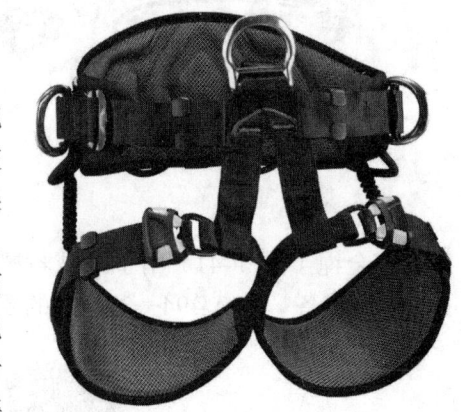

图 3-44 消防安全吊带

滑轮用于水域救援时，其技术用滑轮技术性能应当符合《消防用防坠落装备》（GA 494—2004）的要求。

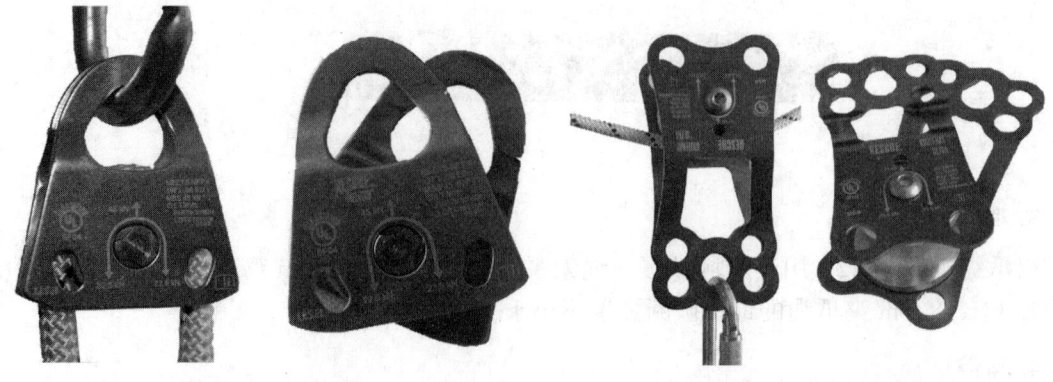

| 图 3-45 单滑轮 | 图 3-46 过结滑轮 |

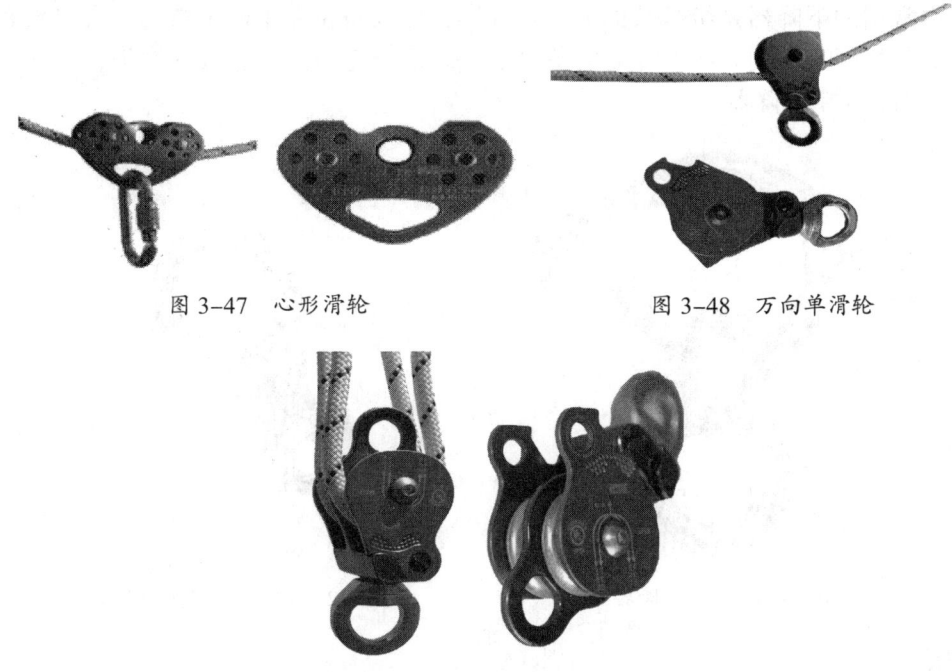

图 3-47 心形滑轮　　　　图 3-48 万向单滑轮

图 3-49 万向双滑轮

7. 安全钩

安全钩（图 3-50）用于系统与系统之间的连接，系统与锚之间的连接，系统与吊带之间的连接。虽然安全钩的强度取决于钩子的大小和形状，最坚固的安全钩是 D 形和偏 D 形，但是不同形状的勾环有不同的优势，如 O 形钩具有荷载统一性的优点；梨形钩开口较大，可有足够的空间让绳索旋转，能使绳结保持居中。目前，制造安全钩的主要材料是钢和铝。安全钩锁的开口分为有锁和无锁两种，绳索救援安全规则中要求，用于救援用途的安全钩应采用有锁的安全钩。锁的形式主要有螺纹锁、自动锁和手动锁三种。

安全钩技术性能应当符合《消防用防坠落装备》（GA 494—2004）的要求，并且产品上应标明基于设计荷载、性能要求而规定是技术型产品还是通用型产品。

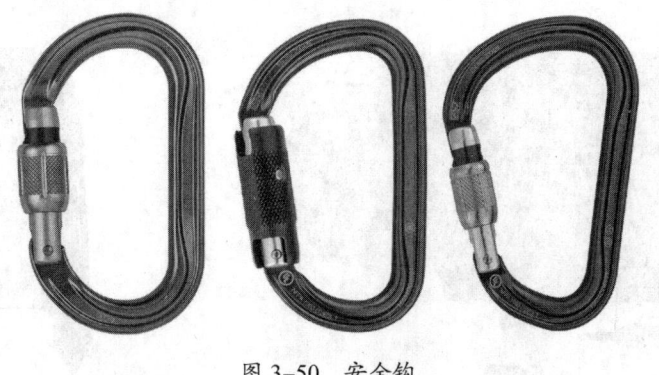

图 3-50 安全钩

8. 8 字下降器

8 字下降器（图 3-51、图 3-52）具有小巧、轻质、方便等特性，在垂降救援中应用广泛。

水域救援中常用的下降器是带耳朵的 8 字下降器，可以防止绳索向上滑动。大多数 8 字下降器是铝质的，在频繁使用 8 字下降器的情况下，为了避免高强度造成的磨损，应该采用具有高耐磨性的钢制 8 字下降器。

图 3-51　8 字下降器　　　　　图 3-52　8 字下降器（微型）

9. 舟艇

（1）非机动充气橡皮艇（图 3-53）。非机动充气橡皮艇主要用于水流湍急、水底地形复杂、狭窄水域以及不适宜使用动力船的水域。船体结构多为对称的"O"形。

非机动充气橡皮艇底部坚硬耐磨，组装操作简单，使用方便。配有 2 个排水阀、2 个长 1.5 m 的船桨、12 V 的电动充气泵、1 个维修包。

（2）充气式机动救援艇（inflateable rescue boat，IRB）（图 3-54）。充气式机动救援艇 IRB 通常配合船外机使用，适用于水面较浅、较窄、较急的溪流、河川和近海，是一种小型马达船，有一对长长的充气管子可浮式船身，管子的内部被区分为数个较小的次要气室，安全性能较高。救援船一般为红色，体积小，质量轻，方便存放在消防救援车上，打开后可直接用随身携带气瓶快速完成充气，充气时间为 5～7 min。另外，其具有高强度软底设计，方便运输和快速部署，在尾部配有内置可开关自动排水阀，可以搭载小型舷外马达来提高速度。其结构组成详见第五章。

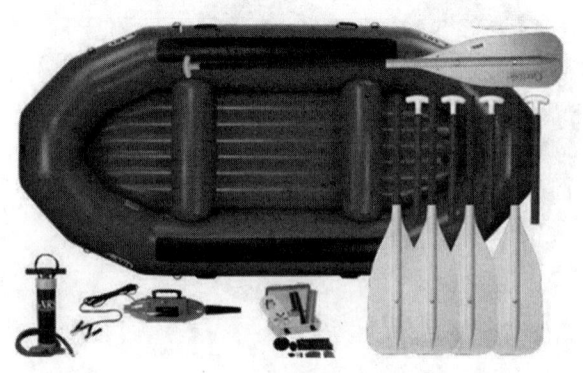 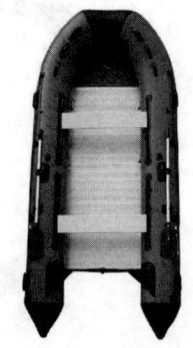

图 3-53　充气橡皮艇　　　　　图 3-54　充气式机动救援艇（IRB）

（3）船外机（图 3-55）。船外机是推动船艇前进的有效机械工具。目前，冲锋舟舷挂机的功率有 15 马力、30 马力、40 马力、45 马力、60 马力、70 马力、120 马力、150 马力（1 马力 =0.735 498 75 kW），可根据船艇尺寸配备合适的功率。

1）油箱。油箱分为硬式油箱（图 3-56）和软式油箱的外置油箱。硬式油箱较为常用，油箱通常有 9 L、12 L 和 24 L（图 3-57），采用 ABS 工程塑料，抗老化、抗冲击、便携、防爆。油箱进气和出油口分离。

 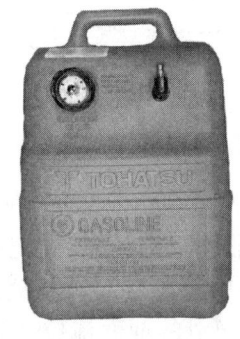 

图 3-55　船外机　　　　图 3-56　硬式油箱　　　图 3-57　9 L、12 L 和 24 L 外置油箱

2）叶片保护罩（图 3-58）。叶片保护罩对发动机的叶片装置进行保护。可根据叶片大小进行定制。

10. 救援发射枪

救援发射枪也叫抛绳枪（图 3-59、图 3-60），可应用于激流救援，冰上救援，船只之间、船岸之间的绳索连接，以及发射锚钩等用途。发射枪的发射距离由其所带的绳索种类、发射瓶的种类、气瓶气压等因素决定。一般来说，绳子直径越小，水平发射距离越远，垂直发射高度越高。救援发射枪主要部件和附件包括绳箱、枪拖、充气管装置、绳索发射瓶、救生圈发射瓶、攀缘锚钩等。

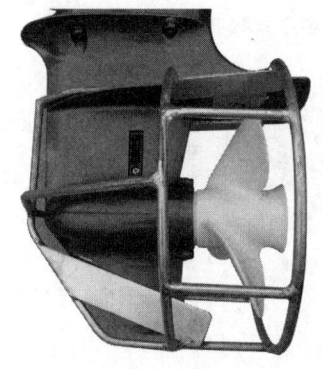 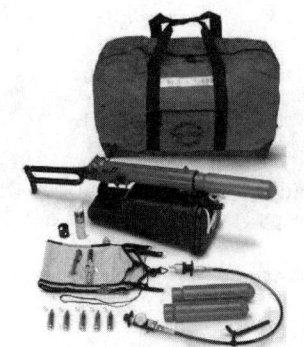 

图 3-58　叶片保护罩　　　图 3-59　抛绳枪 1　　　图 3-60　抛绳枪 2

11. 水面拦截网

水面拦截网（图 3-61）可放置于河道内拦截被救者，同时也可包捆器材，紧急时刻还可以作为绳梯使用。水面拦截网可以将其两端固定在上涨的溪流、沟渠或水坝的两端物体上。网宽 5 m、高 1.22 m，用于帮助无法自救的遇险者，可以将遇险者斜拉上岸，也可垂在大坝

的下部或挂在桥上,把遇险者拉上岸,大大节省遇险者的力气,可多个连接使用。

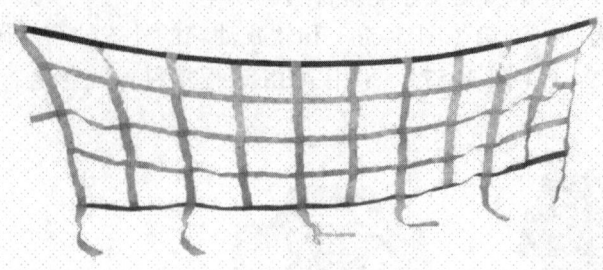

图 3-61　水面拦截网

12. 多功能漂浮救援担架

多功能漂浮救援担架(图 3-62 ～图 3-64)由柔韧塑料制成装有担架用浮力模块,强度高、耐磨性好,有一定的厚度,硬度适中,不会对被救援人体造成伤害。使用此担架可紧紧固定被救助者,垂直或水平吊运或者在光滑的地面拖拉。多功能漂浮救援担架也可卷起存储,使用简单,储存方便。担架规格为 2 440 mm × 920 mm,颜色为橙色,在温度为 –20 ～ 45 ℃时不变形断裂;两侧各有两个提手,左右两边、头部、腿部各一块泡沫浮标。当处于水面救援时,一名救援人员即可将遇险者放入担架内固定并拖至安全地点。

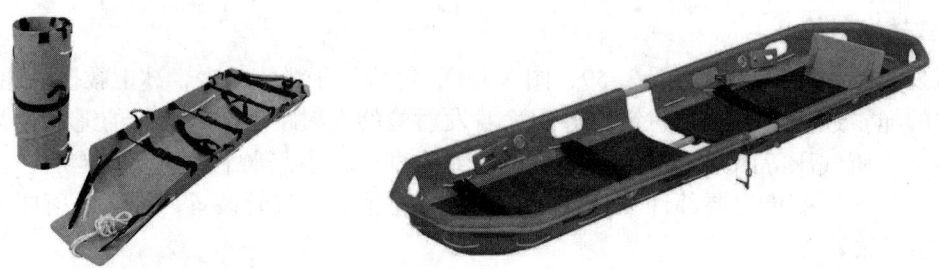

图 3-62　多功能漂浮救援担架(可卷式)　　图 3-63　多功能漂浮救援担架(拼接式)

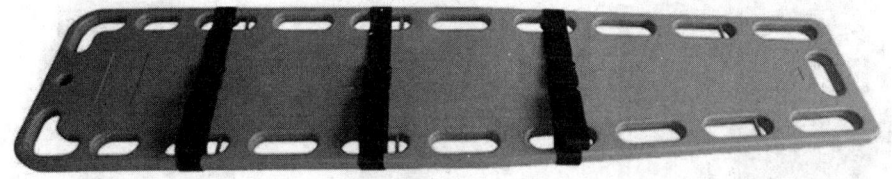

图 3-64　多功能漂浮救援担架(一体式)

第三节　潜水救援装备

根据密闭性分类,可以将水肺装备分为密闭循环呼吸器、半密闭循环呼吸器和开放式呼吸器(循环一般特指 CCR/SCR)。根据气瓶中气体的成分分类,可以将气体分为压缩空气、高氧气体或者混合气体。但其功能和限制条件不同,使用的条件也不同。由于应急救援潜水是以救援人员生命为主的工作，人员尚有生存可能的深度一般在 40 m 以内，因此，既能满足工作需要，人员培训难度又较低的压缩空气和开放式的自携式水肺装备是较优选择。下面主要介绍开放式的水肺系统。

救援环境千变万化，最理想的救援环境是水域温度较高、能见度佳、没有污染的休闲潜水的环境，使用湿式潜水衣和休闲潜水的一些装备就可以完成任务。但在实际工作中，典型的应急救援潜水员所面临的环境往往是寒冷、低能见度和有污染的水域。为了在这类水域中执行应急救援任务，除了会使用到一般休闲潜水装备外，普遍还会使用到声呐、干式潜水衣、开放式呼吸器、全面罩、无线水下通信系统、紧急备用气源、切割工具、打捞工具和绳索等装备来确保安全、有效地完成任务。因此，需要何种应急救援装备是根据任务水域环境及相应的风险评估来选择的。应急救援潜水装备大致可以分为个人水肺装备、特殊装备和后勤保障装备三类。

一、个人水肺装备

个人水肺装备（SCUBA system）使人在水下长时间停留，在水下获得持续不断的空气。现代水肺系统包括气瓶、浮力控制装置、调节器，另外还包括更多的潜水装备，例如面镜、呼吸管、蛙鞋、配重及配重带、防护服/潜水服、潜水靴、潜水手套、潜水电脑表、水中照明灯、水中记录板、潜水日志等个人装备。

（一）气瓶

气瓶（scuba cylinder）（图 3-65）是用于存储高压空气供水下呼吸使用的。为了使气瓶能够适应水下的压力、最大限度的防腐，瓶体一般是铝质的或者是钢质的。钢和铝的材质各有利弊，钢可以承受较大压力，铝可以较好地防潮腐蚀。常见的气瓶尺寸为 6 L、9 L、12 L。气瓶里的压力用单位巴（bar）表示。一个 12 L 的铝气瓶一般充 200 bar（1 bar =0.1 kPa）的气体。同样大小的钢气瓶可以容纳 250 bar 的气体。连接气瓶的气瓶阀目前常用的有 DIN 口和 YOKE 口两种，休闲潜水装备较多使用 YOKE 口，技术潜水多用 DIN 口，也可以通过一个转接适配器来达到通用的效果。

J 型阀门（图 3-66）是以前常用的形式，现在不常见。内部有一个特殊的活门控制结构，在气瓶内压力足够的情况下，活门保持打开；而当气瓶内压力下降到警戒压力时，这个弹簧活门会自动关闭，让呼吸的阻力增大，告知潜水员气瓶内的气量已经不多了，这时潜水者必须拨动气瓶阀门上的拉杆，再次打开旁通阀，并应在空气消耗至剩余极限量（通常为 21 bar）之前尽快上升到水面。

图 3-65 气瓶

图 3-66 J 型阀门

注意：应急救援潜水大多是免减压的潜水类型，也就是说可以直接上升至水面，并不需要进行特别的减压程序，因此气瓶中用的是压缩空气。在特殊的潜水中会用到高氧气瓶或者减压瓶。

（二）浮力控制装置

浮力控制装置（buoyancy control device，BCD）是用于控制水底中性浮力的重要装备。简单地说，它是一个可充气的气囊，通过给BCD充放气，实现调节浮力的作用。它具有三大主要功能：一是控制浮力。可以根据需要往BCD里充气或放气来获得中性浮力。而在水面上时，则可通过完全充气来建立正浮力，保证漂于水面。二是固定气瓶。通过气瓶带使气瓶固定于BCD的背板上。三是连接配件。数量足够、位置合适的配件连接点，如卡扣、D型环等，是不可忽略的细节部位。

1. BCD的类型

BCD按其构造，大致可分为前置可调式（front adjustable）、夹克式（jacket）和背飞式（back float）三种。

（1）前置可调式BCD（图3-67）。前置可调式BCD的气囊位于身体腋下两侧及背后，最大的特色就是肩带、胸前调整带附有快卸扣，可灵活调整尺寸，达到合身的效果，也是目前的主流类型，具有穿脱方便、尺寸可调、干湿衣均可用等特点，但较重。

（2）夹克式BCD（图3-68）。夹克式BCD是目前最流行的款式，就像普通夹克一样穿在身上，气囊分布于身体的前后四周，平衡感和稳定感强，且贴身性好，但由于无法调节尺寸，很难做到湿干衣两用，有很多可挂可装的包。

图3-67　前置可调式BCD　　　图3-68　夹克式BCD

（3）背飞式BCD（图3-69、图3-70）。背飞式BCD气囊集中在背部，易呈水平流线型，且结构精简、便捷。根据潜水环境的不同，其背板和气囊可自由搭配更换，有利于控制身体水平，保持平衡姿态，因此，水下摄影、大深度、沉船/洞穴潜等技术潜水员多选择此类BCD。

2. BCD 的材质

水下气囊的撕裂可能会引起严重的安全事故，因此应急救援潜水员要使用坚固、耐磨损、耐撕裂的 BCD。通常，前置可调式 BCD 和夹克式 BCD 一般使用单层 600～1 000 D 的尼龙面料，便携式旅行款使用 210 D 的面料，质量一般控制在 3 kg 以内，优化了收纳设计，在耐用度上会有所牺牲。因此，若连续长期使用，破损概率较大。背飞式 BCD 的外囊一般使用 1 000～1 500 D 的面料，内囊则使用 420 D 的面料并且涂有 PU 涂层（图 3-71）。内囊不需要太厚的材料，一方面导致 BCD 整体质量的增加；另一方面较厚材料质地相对更硬，长期褶皱会导致内囊上的 PU 涂层脱落。

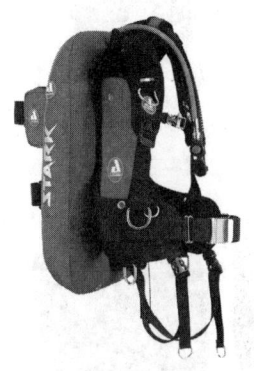
图 3-69　背飞结构

图 3-70　背飞式 BCD

图 3-71　PU 涂层材质

3. BCD 的主要功能

大部分 BCD 从结构上看都有一些共同特点，包括不可或缺的功能性部分，以及更强调安全或便捷性的附加功能。

（1）气囊。气囊通常和气瓶的背架系统或有束带的背心结合在一起。为了使身体和器材在水面有充足的浮力，不论何种款式都应保证能拥有足够的空气容量。BCD 至少需要满足 16 kg 的容量才能用于救援。

（2）低压充气与排气系统。通常附有大口径充气和排气管，配备以口吹或从气瓶上充气的机械装置。按下充气按钮，就可直接对 BCD 充气；按下排气按钮，可使用口吹充气。排气时需将排气管朝上高举过肩，按下排气按钮时，空气会从口吹气阀中排出。充排阀可分为标准式、一体式和自动充排气系统等多种形式。

标准式充排阀（图 3-72）。K 型阀符合人体工程学设计，易单手控制充放气，45°排气口便于口吹。

一体式充排阀（图 3-73）。一体式充排阀有整合备用二级头的设计，兼具了紧急呼吸的功能。

自动充排气系统（图 3-74）。自动充排气系统能够在不改变身体姿态的情况下，顺利而迅速地控制浮力。同时用外凸/内凹状来区分充排气按扭的设计，可减少潜水员慌乱中充排气的操作失误。

（3）泄压排气阀。泄压排气阀的数量和位置也是重要特性，每个 BCD 必须装配有一个以上的泄压排气阀，用来防止意外过度充气或上升中空气膨胀所导致的气囊破裂。有的泄压排气阀附有手动排气阀（图 3-75），一般置于肩部和下后摆部位，可以拉一条拉绳来打开排气阀。

（4）集成配重系统（integrated weight system）（图3-76）。现在多数BCD都有集成配重系统，更加简便和舒适。其口袋可用来装铅块，也可快速拆除。需注意配重系统的位置和解除方式。

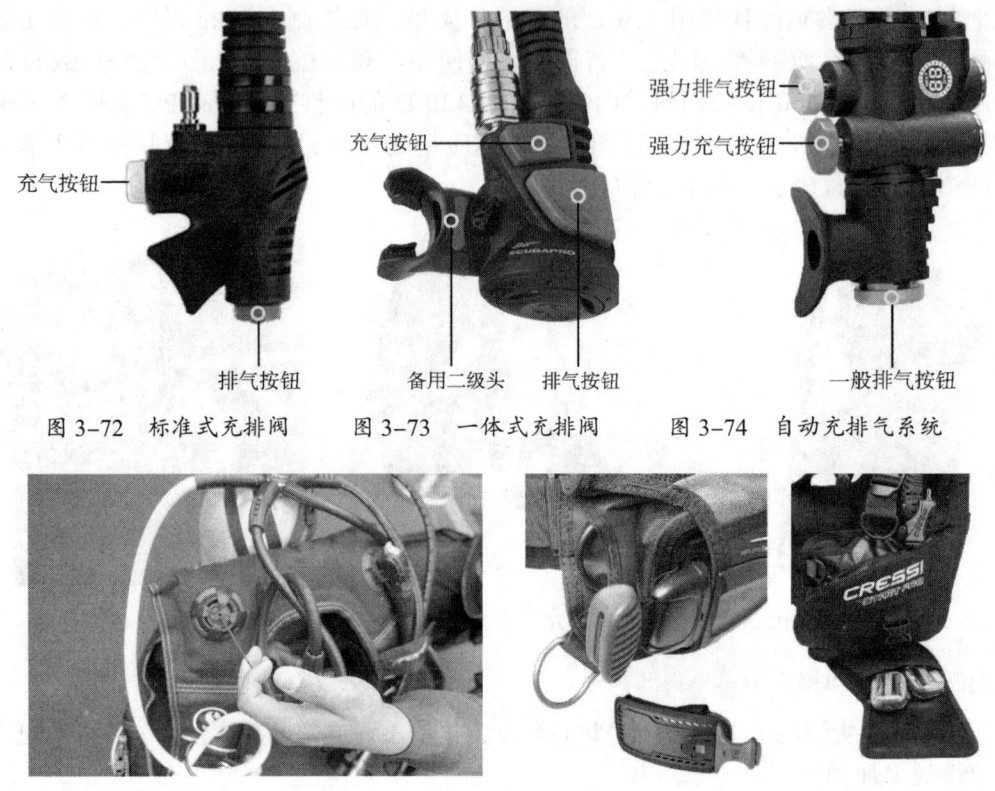

图3-72　标准式充排阀　　图3-73　一体式充排阀　　图3-74　自动充排气系统

图3-75　手动排气阀　　　　　　　图3-76　集成配重系统

（5）配件口袋和D形环（图3-77）。配件口袋和D形环可放置或扣挂写字板等配件，有助于释放潜水员的双手，对应急救援潜水员很实用。一些BCD还有专用口袋或卡扣，用来挂二级头及压力表。一般来说，D形环越大，且越靠近BCD前方，越便于使用。

图3-77　配件口袋和D形环

（三）调节器

呼吸调节器简称调节器（regulator）（图 3-78、图 3-79），是潜水员在水中呼吸必不可少的装备，潜水员靠它来完成水下呼吸这一关键动作。调节器可以说是水肺系统中最复杂、最关键的部件，也是最精密的装备。调节器主要由一级减压装置（一级头）、二级减压装置（二级头）和中压管组成，通常还配有一个备用二级头，与气瓶组合形成一组空气供应系统。调节器最主要的功能是将存储于气瓶内的高压空气，通过两级减压装置，自动调节为与潜水者所在深度相适应的压力，以供潜水员呼吸。调节器包含以下五个部分。

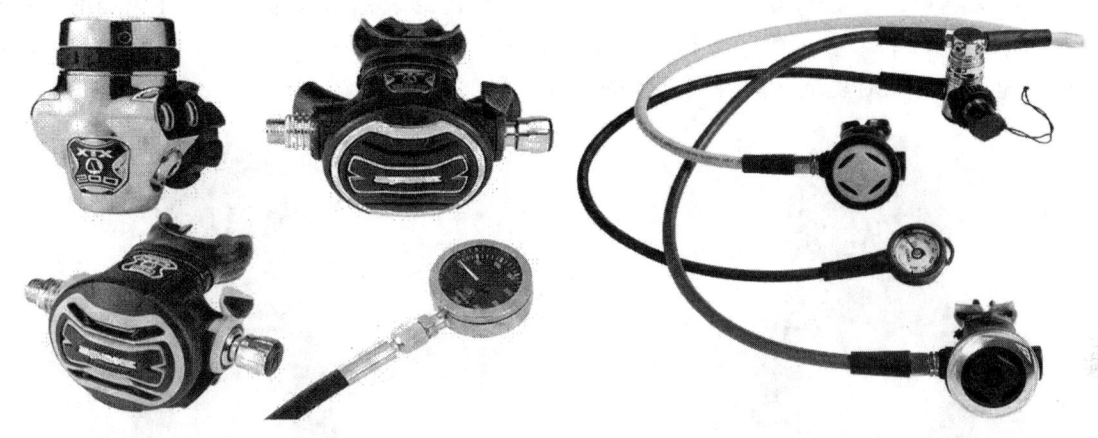

图 3-78　调节器（分解）　　　　图 3-79　调节器（组合）

1. 一级头

一级头（图 3-80）是调节器连接到气瓶的部分，在一级头上除了连接到气瓶的进气口外，还可以见到以螺丝密封的孔洞，这些孔洞则分为高压出气孔及低压出气孔，一般包含 2 个高压端口和 5 个高流量低压端口，它的功能是将气瓶里的高压空气降至 9～11 bar 的相对中间压力，再将其导入其他数个管线中。一般一级头常连接残压表或仪表组。低压端口负责连接二级头、备用二级头、BCD 管、干衣充气管或其他附件。调节器的高低压出口，孔洞直径大小有所区分，孔位的排列方式没有一定标准，一般常见的有辐射状排列和左右对称式排列。

图 3-80　一级头

每个一级头都有一个连接器与气瓶相接，主要分为 YOKE 规格和 DIN 规格。目前亚洲地区普遍使用 YOKE 规格，此类型通过一级头的螺丝夹持压紧瓶阀，所能承受的最大压力一般为 200 bar。DIN 规格则通过螺丝直接锁入气瓶阀，更为安全，且能承受气瓶压力可达 300 bar，被广泛用于技术潜水和公共安全潜水区域。

在有污染或者冰寒的水下救援时，需要有隔绝环境和防寒抗冻的功能。特殊的一级头具有扩展温度交换设计，可以提高冷水抗冻性，避免低温环境下影响活塞性能，更加适合救援使用。

一级头的压力机械结构主要分为活塞式和隔膜式。活塞式的压力感应是由外部水压直接传送至活塞;隔膜式的压力感应是由水压传送至弹性隔膜,由隔膜内的连杆传递受压后的运动来控制阀的动作。阀的形式可分为平衡式和非平衡式。非平衡式阀尽管发生故障率较小,但空气的输出量会受气瓶压力或水深的影响;平衡式阀则不会,能够稳定维持气流供应的效能,因此现已基本采用平衡式阀。

(1)平衡活塞式(图3-81)。平衡活塞式机械结构供气量大,在气瓶相对低压时仍能提供稳定的空气流量,结构简单,维修、更换零部件的成本较低,必须导入海水接触活塞,每次使用后需要特别注意泥沙的清洗,容易劣化。

(2)平衡隔膜式(图3-82)。平衡隔膜式机械结构内部敏感部位与周围水环境隔绝,有效避免了海水中泥沙的影响,在低温和污水环境中有较佳表现,耐久性出色,中压的输出稳定且反应快速,结构相对复杂,需要更细致的保养。

 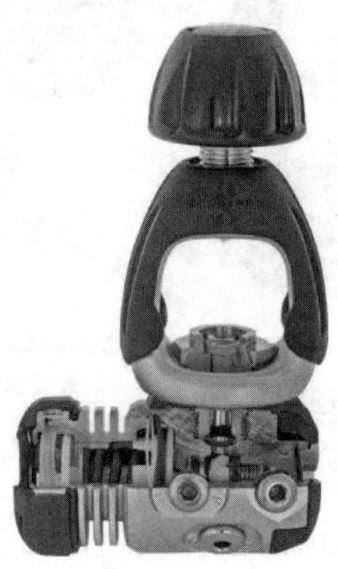

图3-81 平衡活塞式　　　　　图3-82 平衡隔膜式

2. 二级头

二级头通过软管与一级头相连,将一级头送来的中压空气调节至与周围环境相同的压力后送给潜水员。现代的调节器一般都是活塞式顺流阀设计,可以通过平衡周围水压使潜水员自主式地呼吸。也就是说呼吸时才送气,这使得潜水员在水底的呼吸与在陆地上几乎无异。

二级头带有咬嘴和排水按钮,其操作原理是借由吸气时的负压,使得膜片向内挤压,从而推动连杆打开进气阀,让空气自管线流入二级头内。

(1)阀门类型。阀门类型分为顺流式阀门和平衡式阀门两种。

顺流式阀门(图3-83)。顺流式阀门是最普遍的类型,其原理是以弹簧直接抵消来自管线内的中压压力,当吸气时,连杆利用力矩原理拉动弹簧开启阀门。其构造简单、稳定性高,即使调节器发生故障,也会持续地供应空气,不会发生气源中断的现象。但吸气时,需要一定的吸力克服弹簧张力打开阀门,因此具有一定的呼吸阻力。

平衡式阀门(图3-84)。将中压存储于一长条形的平衡室,阀门打开后,来自管线的中压与平衡室里的压力配合环境水压供气。其特点是:可提供较大的空气流量,呼吸更加顺畅,动阀门的力量来自一级头空气压力,实现最小呼吸阻抗,结构较复杂,维修和保养的要求高。

图 3-83 顺流式阀门

图 3-84 平衡式阀门

(2)顺流式 +VAD(涡流助力)(图 3-85)设计。阀门打开后,中压空气与旁通管中的气体一起配合环境水压供气。气体流经旁通管形成一股涡流,将呼吸阻抗降低近乎为零,有效降低呼吸阻抗,确保轻松顺畅的呼吸。

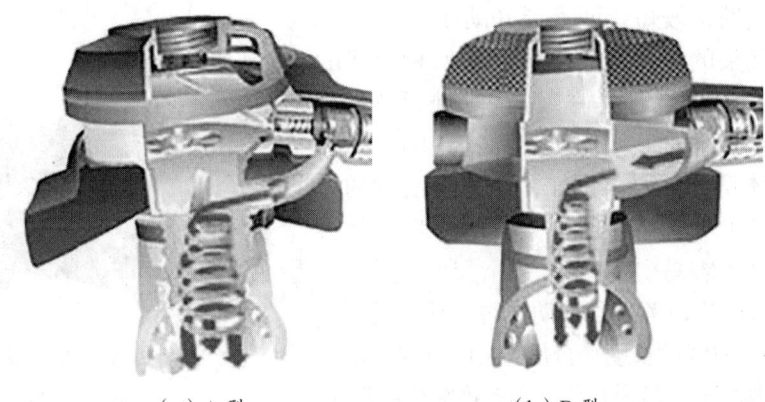

(a) A 型　　　　　　(b) B 型

图 3-85 涡流助力

一些二级头还有额外的微调设计,包括出气调整旋钮装置等,可根据下潜情况和水深调节吸气阻抗,防止调节器自行排出气体,即 free-flow 的发生。

注意:在正常情况下,调节器应调整在最容易呼吸的状态,增加呼吸阻抗可能会导致潜水意外的发生。另外,休闲潜水所用的传统调节器二级头与外界的水环境直接接触,属于外置式调节器,所以,在污染环境中应该避免使用。要达到全密闭,需要使用内置式调节器,通常可以使用全面罩。

3. 备用二级头

备用二级头用于紧急备用以及给主二级头供气用,或是当自己的主用调节器出现问题时使用,是完善整套呼吸系统的最理想搭配。备用二级头的软管比主用二级头稍长,且一般用鲜明的颜色便于快速识别。

(1)备用二级头的类型。备用二级头主要有传统式、改良式和整合式三种。传统式备用二级头(图 3-86)的外形通常和二级头相似,它的隔膜及排水按钮位于前方,咬嘴在背面上方,具有固定颚上部及下部的功能。若颠倒位置使用时,水会在吐气时经由泄水阀进入装置中，从而影响呼吸。

改良款（图3-87）备用二级头在低压管入口对面有隔膜与排水按钮，其最大的优势是正反均可使用，有效规避了由于紧张不慎，将备用二级头反向放入咬嘴中而造成的影响。同时，改良款二级头小巧且轻便。

图 3-86　传统式备用二级头　　　　图 3-87　备用二级头改良款

整合式备用二级头和 BCD 低压管整合于一体（图3-88）。需要供气的时候，潜水员用排气管上的咬嘴把主二级头递给潜伴使用。优势是少了一根备用二级的管线，精简拖挂。弊端是主二级头的管线通常较短，两人展开动作不便。

（2）备用二级头的呼吸顺畅度。无论何种形式的调节器，最优先的考量点都是呼吸是否顺畅和舒适。通常来说，好的调节器是呼吸阻抗小而稳定的，另外应该考虑潜水员体型的需要。例如，让大肺活量的人使用特别高性能的调节器，也许只是浅吸一口，就会导致吸入过多空气，容易引起咳嗽。

选择调节器时还应该考虑各种动作时，呼吸是否平顺、咬嘴是否舒适、管线的长度是否足够、呼气时气泡是否挡住视线、排水按钮是否容易操作、排水效率是否高等。

图 3-88　整合式二级头

此外，还可以根据 ANSTI 呼吸效能测试仪（图3-89）上的客观数据来考察调节器的性能指标。该仪器模拟通过呼吸气量所需功率（J/L）来判断呼吸阻抗，其数值越低，代表呼吸阻抗越小。一个安全的标准调节器，在残压为 50 bar、水深 50 m 的环境下，所耗能量必须小于 3 J/L（欧洲标准值为 1 J/L）。将测试仪所得到的结果作为参考。

（3）调节器的咬嘴（图3-90）。调节器如果与嘴型不合，长时间潜水就会带来咬合不适。因此，现代的调节器咬嘴在设计上更加人性化，可让使用者灵活根据牙形进行塑模。

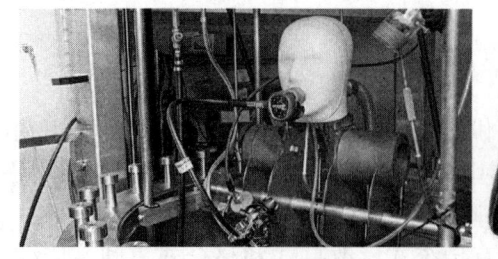　　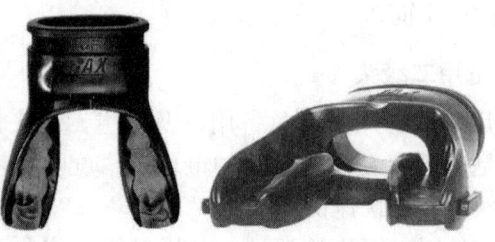

图 3-89　呼吸效能测试仪　　　　图 3-90　调节器咬嘴

（4）调节器的材质。调节器的材质极为重要，决定了其耐久性、抗锈蚀等性能。而由于采用不同的材质，其质量相差可达 1 kg 以上。

传统采用的不锈钢和黄铜材质较重，调节器内部会因水汽影响而产生铜绿锈蚀，所以必须注意保养工作。钛合金材质的调节器（图 3-91）材质坚固、质量轻、耐腐蚀，因此携带及保养维护也较为方便。

4. 低压软管

一根低压软管连接到 BCD，为 BCD 充气用。如果救援人员穿着干式潜水衣，潜水时需要给干式潜水衣充放气，则需要多一根连接干衣的低压软管。

图 3-91　钛合金材质的调节器

5. 压力表

依据压力表的设计和功能不同，有不同的组合方式及功能。按其组合方式分类，压力表通常有单表、二联表、三联表和四联表之分，多联表可以同时显示剩余气量、深度、指北针、温度等水下信息，不仅简化了潜水程序，而且集多种功能于一体，使用方便。依据功能分类，可将压力表分为残压表、深度表、指北针等。

（1）残压表（图 3-92）。残压表直接连接在呼吸调节器的一级头上，用于显示气瓶中气体的存量，功能类似油表，可随时监控气瓶的剩余空气量。刻度上使用有颜色的刻度，以警告气瓶空气量的减少。潜水员应养成经常查看残压表的习惯，这样才能有效地控制潜水计划。最常使用的残压表为波登管式。它经由高压管与调节器一级头的高压出口相连接。为了不造成高压气浪冲击表盒引发爆裂事故，故要缓缓开启 / 关闭瓶阀，并将表的表面远离面部。

观察残压表表盘不难发现，水肺潜水残压表的量程一般都可达 300 bar，每一个刻度间格为 10 bar。在 0～50 bar 的刻度范围内，也被称作"红色区域"，使用红色来告示气瓶空气量不足。

图 3-92　残压表

潜水残压表属于一种深水压力表，大部分为波登管式，也有弹簧棒状式。其基本结构是由带有刻度的表盘、弹簧管（波登管）、机芯、齿轮、连杆、指针等部位组成。残压表下方装有支持器及管接头，便于与其他设备连接。波登管式残压表应用的是波登管的工作原理，是利用管的弯曲变化或测量压力的弹性敏感元件，选材上一般有黄铜合金、不锈钢、磷铜合金、合金

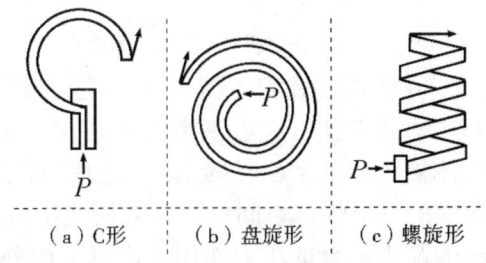

（a）C 形　　（b）盘旋形　　（c）螺旋形

图 3-93　波登管

钢等高弹性合金；而更高精度则可采用铍铜、镍铁铬合金等。波登管是一段中空管，它的一端固定并连接着进气口，一端活动且密封。最常用的波登管为 C 形，此外还有盘旋形、螺旋形等（图 3-93）。其工作原理是：内部充压逐渐胀成近圆形；活动端向外扩张，产生与压力大小成一定关系的位移，一般 C 形波登管的移动范围是 2～5 mm，而盘旋形或螺旋形的位移范围更

大；活动端带动指针偏转，指示压力的大小。

残压表的示数单位也多采用巴（bar）为单位，100 bar 约等于 100 kg/cm², 1 kg/cm² = 98.07 kPa = 0.980 7 bar，可近似 1 kg/cm² = 100 kPa = 1 bar。

残压表常出现三种故障：一是进水（图 3-94）。由于受到外部冲撞，引起内部波登管龟裂，造成很小的孔穴，使表盘与玻璃面板之间空气泄漏。二是结露（图 3-95）。由于空气湿度及器材表面温度与环境温度差过大，使过多的水蒸气析出凝成水珠。三是腐蚀（图 3-96）。由于残压表与高压管相接的地方没有定期加以保养，接头转动部分泄漏，造成仪表工作紊乱失灵。四是密封圈损坏或安装、润滑不当，造成漏气。

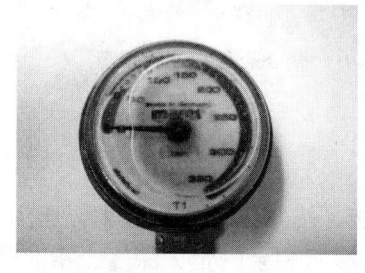  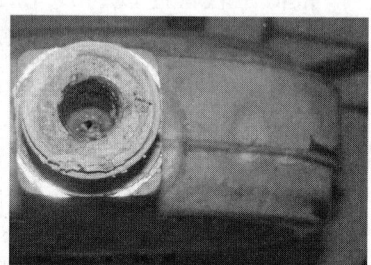

图 3-94　进水　　　　　　图 3-95　结露　　　　　　图 3-96　腐蚀

（2）深度表。深度表显示在水中所处目前位置的深度及当次潜水所下的最大深度。常见样式有波登式深度表和数字式深度表（图 3-97、图 3-98）。波登式深度表主要是以开放式波登管与外界的水接触，但容易受到砂粒或沉积物堆积而发生故障。数字式深度表精确度较高，且大部分可自动调整海拔高度。

图 3-97　波登式深度表　　　　　　图 3-98　数字式深度表

开放式波登管（图 3-99）主要靠与外界的海水接触感知。由波义耳定律得知气体体积和压力成反比，随着下潜深度加深，水压增加，气体体积减小。例如，当在水下 10 m 处，气体被压缩至水面时的 1/2，此时外界的海水通过感知接口进入波登管中间部位，以弥补被压缩的一半气体空间。波登管所受压力用箭头表示，向外的箭头示意的压力作用于外壁，向内的箭头示意的压力作用于内壁，内外壁均匀受压，而外壁弧的受力面积越大则受力越大，使得波登管弧度向外扩张，活动端带动指针偏转。因此，深度越深位移越大，指针指向的数值也越高。其工作的基本原理是：隔膜受压后向上产生一定范围内的变形，使得隔膜内的齿轮偏转，从而带动指针运动（图 3-100）。由于能提供精确的深度指示，从而成为现在市场上的主流类型。

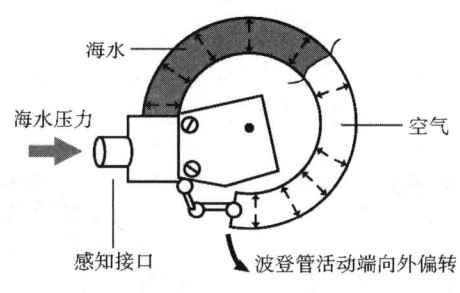
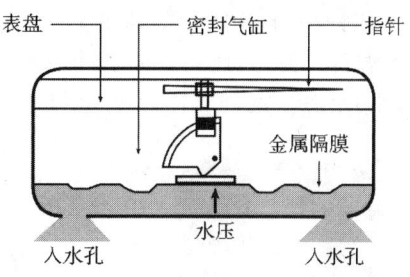

图 3-99 开放式波登管　　　　图 3-100 隔膜受压基本原理

大部分的模拟式深度表都提供潜水最大深度指示，通常以一根指针指示目前深度，而另一根指针用来指示潜水最大深度。下潜时，主要指针将推动次要指针偏转；上升时，次要指针将停留在曾到达的最大深度。因此，在每次潜水前需要手动调整将最大深度指针归"0"。

一般深度表都是以海平面压力为准来加以校正的，因此在高海拔地区，模拟式仪表受温度和气压的影响，深度表会出现指示不准确，甚至损坏的情况。数字式模拟深度表（图 3-101）运用数学运算模块使潜水电脑提供更多、更全面、更精确的信息，其独有的报警和提示功能可降低潜水风险和减压病的发生概率。其形式可以与其他表组搭配在一起使用，也可以独立穿戴在手腕上，携带方便。

（3）指北针。指北针方便掌握方向，指北针导航是潜水员必须掌握的技巧。因为在水底，既没有道路也没有标识，相比陆上环境更容易感觉完全迷失。指北针一般采用机械式，由充油式外壳、指北磁针、指示方向的基准线，以及可以转动的定位外

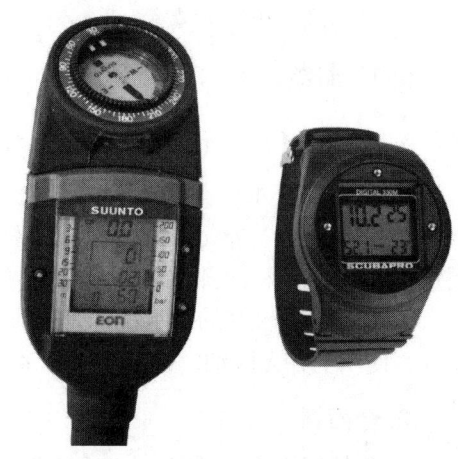

图 3-101 数字式模拟深度表

圈指针等部位构成，以指示方向。当进行潜水时，预先转动定位外圈指针，使其与指针相对，如此一来即可保持以直线前进。指北针有不同的佩戴形式。腕表式指北针（图 3-102）是最常见的一类，可以像戴手表一样戴在手腕上。可伸缩式指北针（图 3-103），即挂钩和指北针中间是一根可伸缩的线，挂钩一端可挂在 BCD 上，用时拉出，不用时缩回。板式指北针（图 3-104），即板上有基准线的延长线，也用挂钩拴在 BCD 上。

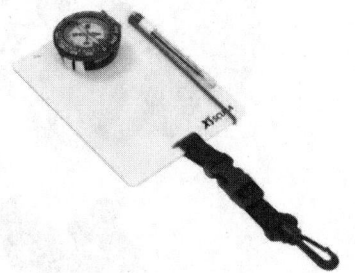

图 3-102 腕表式指北针　　图 3-103 可伸缩式指北针　　图 3-104 板式指北针

（4）联表式（图 3-105）。指北针与残压表、深度表组合置于表组内，多为二联或三联，

有利于将指北针与身体中心线对准。

（5）水温计（图3-106）。水温计虽不是基本的潜水仪表，但可提供水温方面的数据，可协助潜水员判断水温，选择合适厚度的潜水衣。如今这一信息也可在潜水电脑中显示。

图3-105　联表式　　　　　　　　　　图3-106　水温计

（四）面镜

1. 半面镜（half mask）（图3-107）

人的眼睛在水中无法聚焦，加之海水或污染的水可能刺激损伤潜水员的眼睛，因此，潜水面镜必不可少。潜水面镜覆盖了潜水员的眼睛和鼻子，保证眼睛和鼻子不接触水的同时，还可以调节面镜和面部空腔的压力。

现在市场上较好的潜水镜都是硅胶材质，无毒无味、柔软、耐用。外形上主要分双镜片、单镜片，使用上并无区别，视野也差不多，双镜片的好处是可以配近视镜片。

2. 全面罩

应急救援潜水员需要配备全面罩（full mask），此种类型面罩的设计使潜水员不必把呼吸器含在口中，使调节器与外界环境隔绝开，水面上可以打开空气阀门与大气连通，在水面下可以结合通信接口，实现水下通话的功能，多用于应急救援潜水。

目前较好的全面罩（图3-108）由透明的聚碳酸酯材料制成，可见光对遮护罩的穿透率达到了92%，可以抗击6.35 mm的钢球以540 km/h的速度的撞击。全面罩镜片的两侧都涂有硅

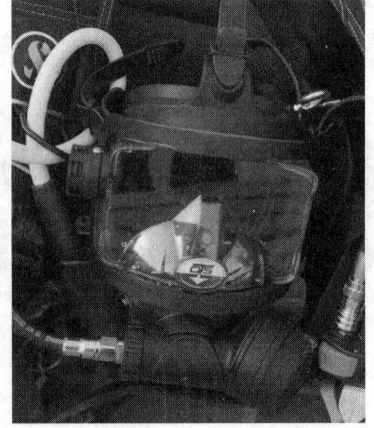

图3-107　半面镜　　　　　　　　　图3-108　全面罩

氧烷树脂以提高防划痕和耐化学性能。为保证全面罩的视野更好，它面部的设计更宽，头带直接附加在护面罩上，使得压力可以沿着面罩外衬平均地分布。头带的六条固定带将面罩牢固地固定于头面部。每条固定带的顶端较宽，即使戴着氯丁橡胶手套也易于抓握。

（五）呼吸管

虽然呼吸管（snorkel，图 3-109）不是必须配备的装备，但使用呼吸管有三个优势：一是当潜水员在水面时，将调节器换成呼吸管可以节省气瓶的气体；二是使用呼吸管在水面浮潜时可以防止水涌进嘴里；三是当气瓶气不足时，可以轻松游回船上或岸边。

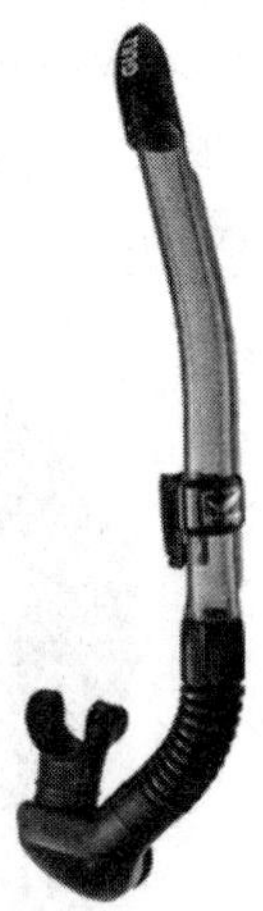

（六）蛙鞋

潜水时一般不用手臂，而是用打腿提供推动力。使用蛙鞋（fins）可以增加踢水面积，大大增强推进力。

1. 蛙鞋的材质与设计

常见的脚蹼有橡胶、塑料和复合材料三种材质。橡胶材质最大的优势是利用橡胶特有的反弹力得到更有效的推动力，同时又不会给脚带来过度的负担。塑料脚蹼色彩丰富、造型设计独特、塑料柔软轻便。

图 3-109　呼吸管

复合脚蹼由橡胶和塑料两种典型的材料融合制造而成，其特点是综合了橡胶材料的高弹性和塑料材质的设计感。

脚蹼靠划水前进，通常蛙鞋的叶板和导流槽设计可减少阻力，增大推动力。蹼面通常较宽大，简言之，蹼片越大，踢水一次便可游得更远，但与此相对的是需要更大的踢水力。

2. 蛙鞋的款式

蛙鞋有众多款式，从结构上主要分为调整式（图 3-110）和套脚式（图 3-111、图 3-112）两种。套脚式是直接套穿于赤脚或者脚蹼袜上，常用于浮潜。套脚式的蛙鞋和传统调整式蛙鞋的蛙鞋带很容易松脱。为了避免水下蛙鞋松脱和调整带断裂，应急救援潜水员普遍选择具备不锈钢弹簧带的蛙鞋。同时为了避免水下蛙鞋扣带等与鱼线、水下植物等的纠缠，常用胶带对扣带等进行粘贴。

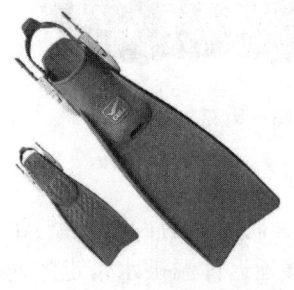
图 3-110　调整式蛙鞋

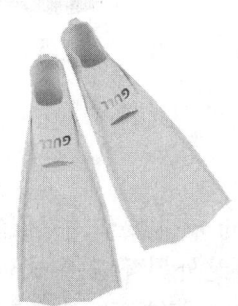
图 3-111　套脚式蛙鞋 1

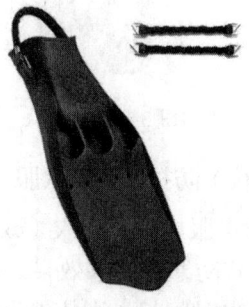
图 3-112　套脚式蛙鞋 2

（七）配重及配重带

潜水员在没有配重（weight）的情况下，穿上潜水装备后呈现正浮力，因此，需要配重来中和浮力帮助下潜。这样的配重装置需要有快卸的功能，潜水员需要能够随时快速丢弃，并紧急上升至水面。目前，主要的配重系统有配重带（weight belt）和整合式配重系统（integrated weight）两种（图3-113、图3-114）。配重带一般由腰带和铅块（图3-115）组成。但现在很多浮力控制装置都集成了整合配重系统，也就是将配重设计到了BCD中，从而无须单独佩戴配重带，提高了穿着的舒适度。

图3-113　配重带

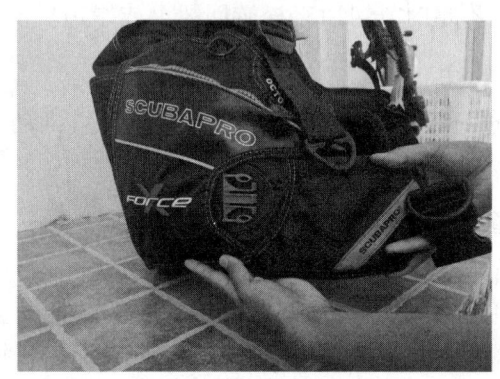

图3-114　整合式配重系统

还有一些比较特殊的配重，如气瓶配重和脚踝配重这些小型的配重装置，用来调节潜水员水中的工作姿态。例如脚铅（图3-116），是一种可绑在脚踝上的配重，这种配重适合需手持重物在水下工作的潜水员，因为将一部分的配重转移至脚踝处，可以有助于整体重量的平衡，在工作时增加了稳定性。

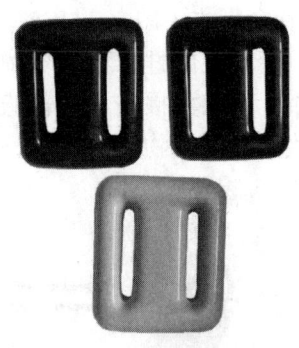

图3-115　铅块

图3-116　脚铅

（八）防护服/潜水服

潜水服也称防寒衣（exposure suit），主要作用是保温和防护，防寒衣有两种类型：干式和湿式。干式防寒衣防寒效果好，且可隔绝外界环境；湿式防寒衣能够延迟体温被水带走的速度，但如果潜水时间长，则依然会感觉寒冷。防寒衣的选择主要由潜水环境决定。例如，带有潜水帽的全套潜水服可在24℃的水中待2h，但如果超过3h，则需要干式潜水衣才不会冷，冰下潜水则需要穿着干式潜水服。

1. 湿式防寒衣

湿式防寒衣（wet exposure suit）（图 3-117）通常是氯丁橡胶和尼龙等材料结合而成的。根据厚度不同，分为 3 mm、5 mm、7 mm 等规格。

2. 干式防寒衣

作为应急救援潜水员，全防护隔离是一个重要的考量因素，干式防寒衣（dry exposure suit）（图 3-118）是与污染环境隔离的最佳选择。干式防寒衣就是让潜水员从颈部到脚底（除了头手之外）完全与水隔绝的连体防护服。另外，专业防污染干衣的材质与干式防寒衣不同，且头套是一体式的，戴全面罩后无任何区域与外界接触。

图 3-117　湿式防寒衣

图 3-118　干式防寒衣与专业防污染干衣

（九）潜水靴

救援时任务环境复杂，有可能需要穿戴好装备行走一段距离，礁石或者崎岖的道路很容易摔倒或伤害潜水员的足部，因此需要穿着潜水靴进行保护。一般厚度有 3 mm 与 5 mm 两种（图 3-119、图 3-120）。橡胶底较柔，穿着舒适。塑料底较坚固，建议潜水靴要与蛙鞋配合使用。

图 3-119　潜水鞋 1

图 3-120　潜水靴 2

（十）潜水手套

救援时，浸在水中的手容易受伤，因此潜水手套（图3-121）主要用来防止被有刺生物、锐利岩石和金属碎片割伤；同时也有防寒保暖、保持手部灵敏性的作用。根据水温的不同，可选择不同薄厚的手套。手套也分为干式和湿式，干式手套和干式防寒衣有结合的接口。一般情况下为了使身体与周围环境完全隔离，要穿戴干式手套以及与干衣相连的头罩。在应急救援潜水工作时，除了使用干式潜水手套外，潜水员一般使用由乳胶手套、氯丁橡胶手套和外层手套组合的三层潜水手套（图3-122）来隔绝寒冷与伤害。

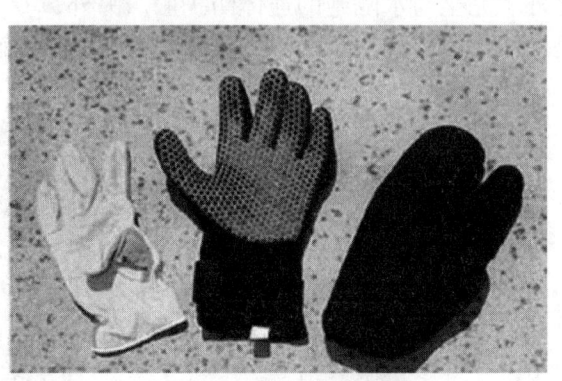

图3-121　潜水手套　　　　　　　图3-122　三层潜水手套

（十一）潜水电脑表

潜水电脑表（dive computer）诞生以前，潜水员为了保证潜水安全，用潜水转盘来计算身体内氮气量和水面休息时间，但使用起来比较复杂，要计划一个多层潜水活动会非常烦琐。而现代科技产品取代了潜水转盘，一个电脑表就可以集潜水时间、气瓶余量、水质环境、深度、温度、时间、免减压极限、多层停留时间、指南、警告等潜水相关的信息于一体，大大提高了潜水的安全性。小巧、携带方便的同时，功能也非常强大。如果需要，还可以配备无线传输功能，实时传输气瓶压力数据，及时报警，最大限度地降低潜水疾病的发病概率。每次潜水完毕可以存储潜水资料，自动形成潜水日志。

1. 潜水电脑表的类型

常见的潜水电脑有腕表式和管联式两种。

（1）腕表式潜水电脑（图3-123）。腕表式潜水电脑多为表盘样式，类似电子手表，可独立戴在手腕上，非常便携。可配置无线罐压传感器来实现侦测气瓶内的空气压力的功能。压力传感器安装在呼吸调节器上，通过发送无线传输信号被潜水电脑接收，并将其转换为数字信息显示在表盘上。

（2）管联式潜水电脑（图3-124）。管联式潜水电脑与残压表或其他仪表进行整合，通过高压软管连接在呼吸调节器的高压出口处，可直接测试气瓶内的空气压力。

2. 潜水电脑表的功能

（1）潜水模式。潜水电脑可提供的潜水模式大致分为空气模式、自由潜水、高氧、混合气潜水、CCR潜水等。每种模式都有众多常规的基础信息。潜水员可按照响音警示、水中自动启动、自动显示安全停止时间、电池的更换方式、是否可作高氧潜水、是否兼容无限传感器等进行视检。

（2）免减压极限。一般在下潜前作潜水计划之用，输入计划深度、下潜模式、海水盐度等，潜水电脑会自动计划出从下水到开始上升最大容许免减压时间，目的是水下活动开始之前就要做好充分准备。

图 3-123　腕表式潜水电脑　　　图 3-124　管联式潜水电脑

（3）深度。利用微型压力传感器侦测外部水压，按每 10 m 水深等于一个大气压的原理换算出当前的水深，显示电脑所在的当前深度。

（4）时间。可以有效管理在水中的潜水时长，以及水面的休息时间等。

（5）剩余免减压时间。剩余免减压时间是潜水电脑最重要的功能特性，数字应该大而醒目。这是一个时间限制，且实时变化。一般用 NO DEC TIME、NO DECO 或是 NDL 表示。下潜深度越深，免减压时间就越少，反之免减压时间就越长。在 NDL 时间以内，可以随时直接上升到水面，不需要进行复杂的减压停留。应该时刻关注这个数字，预留充分时间回到较浅的地方。一旦发现这个时间小于 10 min，就一定要开始执行上升程序，执行 5 m 3 min 的安全停留，以此规避减压病的风险。

潜水电脑是一个在大概率下提供的安全参考，需要贴身佩戴。不要和潜伴共用一块电脑表。

（6）上升速度。休闲潜水中，安全的上升速度不应超过 10 m/min。上升太快，可能引起肺部压伤的潜水病。一般来说，这项功能以柱状线进度条表示，柱状线越长表示当前上升速度越快。当超过最大允许的上升速度时，柱状线的下半部分开始闪烁（图 3-125）。

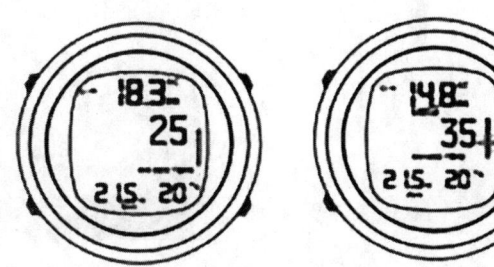

图 3-125　电脑表上升速度显示

（7）紧急减压。对于免减压潜水而言，如果需要做减压停留，则被视作紧急情况处理。一旦超过免减压时间，必须立即结束本次潜水。在紧急减压模式下，潜水电脑将会精确地计算出最小减压深度（CEILING）和停留时间（STOP），帮助潜水员安全到达水面。

（8）潜水记录（图3-126）。存储是潜水电脑的必备基本功能之一。内容包括每一次下潜的数据，例如潜水日期、下潜时间、潜水深度、底部停留时间、外部环境等。通过查看和分析潜水中存在的问题，也为日后潜水等提供晋级的依据。

（十二）水中照明灯

在夜间光线不足或能见度较低的水域进行救援和打捞时，水中照明灯可以补充光源，是水下必备的装备之一。照明灯常采用加厚抗压钢化玻璃，具有抗海水、防腐蚀的功能。为了安全起见，夜间照明灯一般至少要配备两个，一个主用手电（图3-127）、一个备用手电（图3-128），至少保证水下持续照明2h以上。

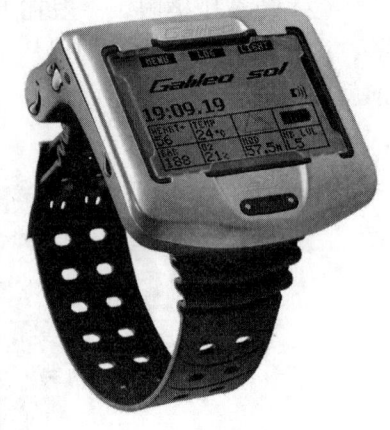

图3-126　潜水记录

图3-127　主用手电

图3-128　备用手电

（十三）水中记录板

水中记录板是水底重要的通信工具之一，通常使用塑料制成，上面附有一支系绳的笔。水中记录板除了作为一种水下沟通方式外，还可以记录一些重要的水下信息，如时间、深度、减压程序、工作环境绘图等。无论选择哪种记录板，都必须固定好，才不会丢失或是纠缠而造成麻烦。可以放在BCD的口袋里、挂在BCD上，还可以固定在手臂上（图3-129、图3-130）。

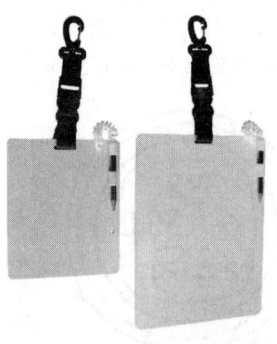
图3-129　伸缩式记录板

图3-130　手臂挂式记录板

（十四）潜水日志

潜水日志（dive logbook）（图3-131）告诉潜水长或潜水船上工作人员有关潜水次数、潜水类型以及曾经经历过哪些潜水环境等,这是一份潜水员潜水经验的证明文件。

二、特殊装备

为了完成水下救援任务,应急救援潜水员除了需要配备以上基本潜水装备外,还应该根据水下的不同情形,准备应急救援所需的救援装备,如声纳、水面水下通信系统、水下遥控机器人、绳索、浮标、敛尸袋、打捞袋、水下剪切工具、水下摄影机等。这些特殊的装备如果能够配备当然更好,如果没有也可以向相关单位租借使用。可以通过"特殊装备清单"进行记录。

为了完成水下搜索和打捞,潜水团队还应该根据水下的不同情形准备搜索、打捞所需的救援装备。

图 3-131　潜水日志

(一) 水下成影系统

传统的光视觉系统包括水下摄像机、照明等设备,用来满足获取光学图像和视频信息等基本的要求。目前水下探测装置和先进的水下机器人已经具备了快速、准确地获取水下目标的相关信息,并对信息进行实时处理,将处理结果反馈给计算机,从而指导机器人进行正确的作业。图 3-132、图 3-133 所示分别为头戴式水下摄像机与水下成影系统(underwater vehicle)。

图 3-132　头戴式水下摄像机

图 3-133　水下成影系统

(二) 绳索

潜水中使用的绳索(ropes)必须和水面激流救援所使用的绳索有所区别,潜水使用的绳索必须在水中呈现负浮力,因此不能使用漂浮绳。潜水牵引绳(图 3-134)是专门为潜水设计的绳索,牵引绳与潜水员直接连接,水面联络人员控制另外一头,用作生命线或安全线,带有反射标记,绳索在水中很显眼。绳子需要能够承受一定的重量,常使用直径为 8 mm 的绳子。较粗的绳子可以防止与小物体发生纠缠,并且提高潜水员水下触摸感。在使用引导绳之前必须进行目视检测,使用完毕需要及时清洗、晾干、保存。

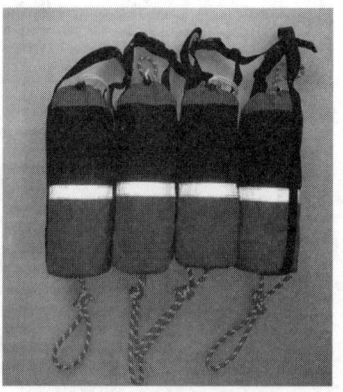

图 3-134　潜水牵引绳

（三）象拔系统

完整的象拔系统主要由象拔主体、连接线和双头钩组成，使用、操作简单，也比较方便携带。

1. 象拔

象拔（图3-135）最为常用，也叫水面信号浮标（surface marker buoy，SMB），又叫做充气棒，充气后，在水面较为明显。

（1）象拔的材质和颜色。常见的象拔有橙色和黄色两种，按材质可以分为尼龙布象拔和PVC象拔。目前多数象拔是尼龙附上TPU涂层，就是所谓的聚氨酯尼龙。聚氨酯尼龙耐用、抗磨损，PVC材质的象拔比较轻薄，但不够耐用。常见的象拔长度一般有1.2 m、1.5 m、1.8 m等。象拔越长，体积越大，能提供的浮力也越大。另外，还有夜潜使用的信号镜（signal mirror）、信号灯和闪光灯。

（2）象拔的构造。象拔主要由聚氨酯尼龙主体、顶部塑料条、防爆阀（快卸阀）、口吹充气阀、底部单向阀、连接带、皮筋等部分组成。聚氨酯尼龙主体上印有潜水标志和"DIVER BELOW"等警示语，水面的支持人员就可以清点潜水员人数及停留情况，其顶部塑料条可以允许潜水员将信息写于其上，然后通过将塑料条随象拔释放到水面，向水面人员传递信息，也可以夜潜升水后，在水面将荧光棒、手电等信号装置塞在这里便于被发现，有些象拔顶部还带有反光条，更易于被发现。防爆阀（快卸阀）的功能和BCD或背飞的防爆阀（快卸阀）一样，为防止象拔充爆可通过防爆阀排出多余气体。口吹充气阀用于口吹方式给象拔充气，这个象拔的口吹充气阀同样可以连接低压充气管。底部单向阀用于二级头给象拔充气。连接带用于连接象拔和线轮（图3-136），有些象拔此处还带有一个小型D环，也是为了方便连接。

（3）象拔的功能。一根1.4 m长的象拔最大能提供12 kg左右的浮力，一根1.8 m长的象拔最大能提供22 kg左右的浮力。象拔的作用非常多，不仅可以使用在结束潜水升水时、安全停留时、控制速度上升时、下潜之前、夜潜时、突发情况时、遭遇强流时、水面搜救时、提供紧急浮力时、拖拽水面人员时、与水面人员通信等情况下，还能作为训练参考绳和小型打捞袋。

图3-135 象拔

图3-136 线轮+象拔

2. 潜水线轮

潜水线轮具有多种用途，可以用来进行水底搜索、拖带潜水器或是测量尺寸。潜水打捞时，线轮常常被作为标准配件和打捞袋一起使用。在技术潜水中更是被列为洞潜、沉船穿越潜水中不可缺少的工具。线轮单独可以用作捆绑、测距、潜伴绳、布置参考绳等。也可以和象拔一起使用，发挥象拔的各种功能。图 3-137 和图 3-138 所示分别为圆形线轮和三角形线轮。

图 3-137 圆形线轮

图 3-138 三角形线轮

（1）潜水线轮的材质及大小。常见的线轮材质有塑料、塑钢、铝合金、不锈钢等。线轮的大小是指线的长度，常见的有 15 m、25 m、30 m 等，线越长，线轮体积越大。

（2）潜水线轮的功能。休闲潜水常用 30 m 的线轮作为连接象拔的工具，特殊情况下可以用作引导绳。技术潜水员从 30～250 m 不等，作为引导潜水员回到入口和水面的准绳。目前有些线轮带有握把、摇柄、自锁结构等。

（四）水下遗体袋

水下遗体袋是潜水员将被救者从水底带至水面的工具，主要是可滤水的包裹袋，可以配合水下固定担架使用，如图 3-139 和图 3-140 所示。

图 3-139 敛尸袋

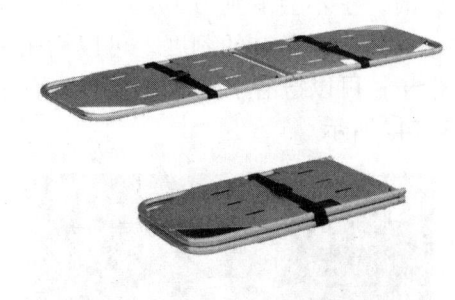

图 3-140 水下担架

（五）浮力提升袋

一般来说，重物质量超过 4 kg 就必须使用打捞袋。打捞袋类似于小型的热气球，是由非常耐用、不透气的布料制成，在使用的时候要先将物品与打捞袋固定在一起，然后利用备用二级头或特别的充气工具给打捞袋充气。品质较好的打捞袋都有排气装置，可以排出膨胀的空气，借以控制打捞袋上升到水面的速度。打捞袋的尺寸和质量有很多的类型，一般有承载 25 kg～1 t 等不同尺寸，如图 3-141 和图 3-142 所示。

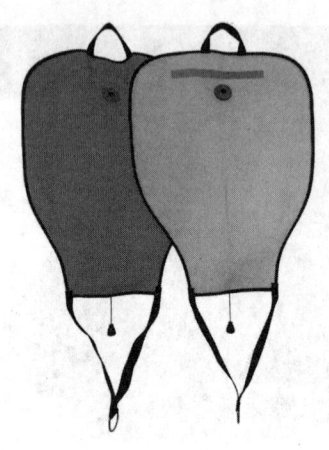

图 3-141　50 kg 浮力袋

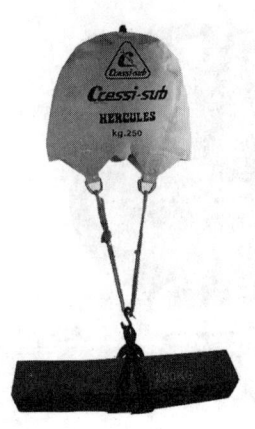

图 3-142　250 kg 浮力袋

（六）水下剪切工具

水下剪切工具主要包括潜水刀、Z 字形潜水刀和潜水剪刀。

1. 潜水刀

潜水刀用途很广泛，既可以用作切割工具，又可以用来撬动物品或测量。潜水刀的外形尺寸大小不一，有像波一刀的大型潜水刀，也有可以放在肩膀或前臂上的小型潜水刀。潜水刀与其他刀具最主要的差别在于材质、握柄的设计和刀鞘。根据经验，越锋利的刀刃越容易生锈，因此必须在抗腐蚀和刀刃锐利度之间取得很好的平衡。如果在海水中潜水后没有清洗干净，即使是不锈钢刀也会生锈。因此，不少厂商推出了钛金属或镀钛的潜水刀，虽然价格昂贵，却在海中潜水多年也不会生锈。选择潜水刀时要注意刀柄的部位，潜水刀的刀柄要够长，握住持刀时，手不会滑到刀刃处。一般潜水刀，一面是锯齿刀刃，另一面是平滑的潜水刀片。刀片上有公制或英制的刻度，可以用来测量。几乎所有的潜水刀都有刀鞘，一般刀鞘上会有两条带子，可以把潜水刀绑在腿上、手臂上或 BCD 上，刀鞘绑带多具有伸缩性，如图 3-143、图 3-144 所示。

图 3-143　潜水刀及配件

图 3-144　钛金属潜水刀

2. Z字形潜水刀

在应急救援的潜水中,一般还需要用到Z字形潜水刀(图3-145)和潜水剪刀。Z字形潜水刀的外形像个钩子,钩子中有一片锐利的薄刀片,适合用来切割细绳或安全带,刀片外的钩形设计可有效地降低意外割伤自己或装备的风险。

3. 潜水剪刀

潜水剪刀(图3-146、图3-147)可以迅速地剪断绳索,被鱼线缠绕住时是很好的救援工具。潜水剪刀和其他的切割工具务必放在身体上双手都能拿到的地方。一般来说,潜水剪刀放在小腿内侧,便于拿取,也可以避免纠缠。较小的刀具可放在手臂配重带、腰带或是BCD的肩部。Z字形潜水小刀一般固定在潜水员BCD的肩带上或绑在潜水员的手腕上。

应急救援潜水员在水下至少要携带两种以上的切割工具,必须可以快速地割断所有正常潜水员可能会遭遇到的纠缠物,并且将其放置在任何一只手都可以拿得到的地方。

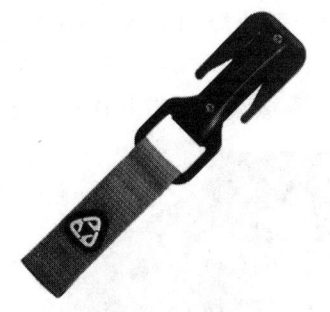 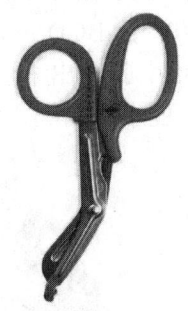 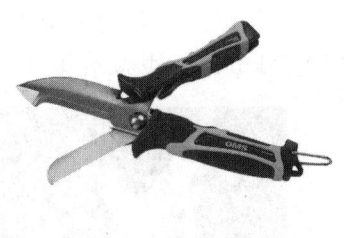

图3-145 Z字型潜水刀　　图3-146 潜水小剪刀　　图3-147 潜水剪刀

(七)水下通信系统

较好的水底通信系统是全面式的面罩。水底通信器由于其形式、范围频率、作业时间、深度、电池类型等不同而各具特色。水下通信系统主要可以分为无线通信系统和有线通信系统。

1. 无线通信系统

无线通信系统(图3-148)是水下通信的高科技产品,通过水介质来传播声波。优点是实现水面以下的通信联络,及时掌握水下救援人员的情况,在需要时及时给予援助。缺点是无线通信系统采用的是按键通话功能设计,必须按住按键通话;无线通信装备在传输装置和转换器之间,如果有障碍物,信号会因为障碍物而减弱;电池供电的方式也限制了通话系统的使用时间。

2. 有线通信系统

有线通信是潜水员和操绳员之间的连线,优点是始终保持连接通话的状态,操绳员可根据潜水员的话语、呼吸状态等判断潜水员的状态,并能及时与潜水员对话,减轻潜水员的压力和不安。

图3-148 无线通信系统

（八）金属探测器

从个人手拿式的小型探测器，到需要大型船只拖行的磁力计，都属于水底金属探测器的范围。如果搜索物品是金属制品，可以利用特殊的金属探测器来进行搜索。金属探测器（图 3-149）常用的类型有两种：一种是一块电磁金属板连接一根长把手，当金属干扰磁场形态时，便会发声或显示在仪表上；另一种是探测器发送电测脉冲，当探测器发现金属物品时，电磁脉冲就会发生变化。

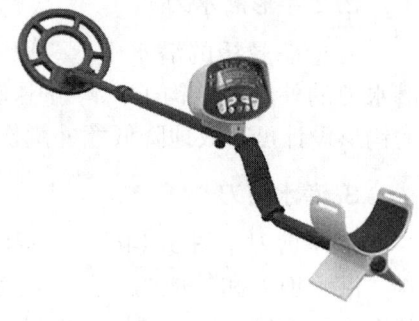

图 3-149　金属探测器

（九）潜水安全带

潜水安全带为潜水员提供了一个安全的系着点，将一条拴绳系在潜水员身上来增加安全性，在紧急情况下可以实施一定的保护。根据不同的设计，可以将潜水安全带分为全身式（图 3-150）和胸背式（图 3-151）。胸背式背心是应急救援潜水最优先的选择。安全带与其他潜水装备是分开的，穿着时要穿在 BCD 下方，让 BCD 可以在不需要松开拴绳的情况下脱除。

潜水员可以在紧急情况下迅速从水中脱离出来。OSHA（职业安全与健康标准）规定 1 节（1.852 km/h），也就是 0.514 m/s 以上的水流情况，潜水员一定要穿戴安全带并连接绳子。

图 3-150　全身式安全带

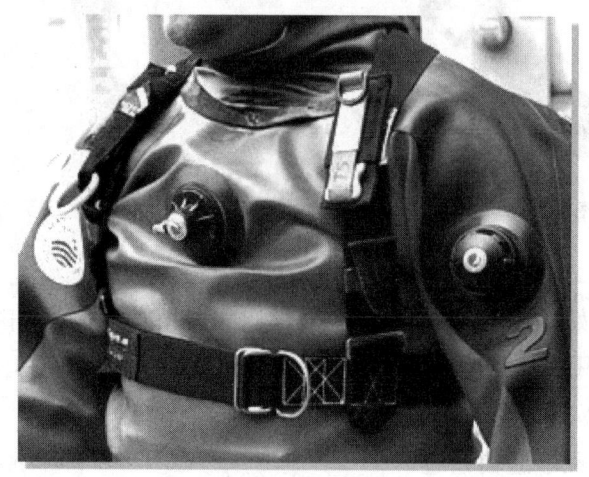

图 3-151　胸背式安全带

（十）水下推进器

水下推进器（diver propulsion vehicle，DPV）被称为水中摩托车，可以使潜水员不用费劲踢水，就可以快速地在水下游动。正因为它非常节省体力，因此，能够大大降低空气的消耗量，可以让潜水员完成更多的搜寻任务。

典型的 DPV 由一颗充电电池、附有手柄和一个单筒螺旋桨组成。DPV 有两种不同的类型：一种是比较小型的（图 3-152），一次充电可以推进 1～2 h；另一种是大型的（图 3-153），每次充电可以推进 6～8 h 以上。

图 3-152 小型水下推进器

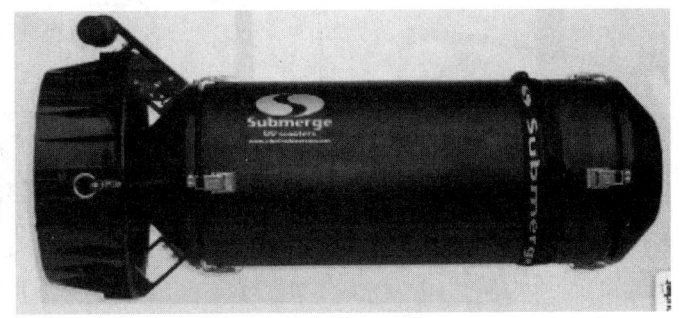
图 3-153 大型水下推进器

（十一）水下探测器

目前投入实战的水下探测器（图 3-154）采用高像素摄像头，安装有多个高亮夜视灯和高清显示屏、传输线和操作仪，可以在较深的水域进行探测，大大加强了水下打捞的效率，减少了消防和其他水下工作人员水下作业的危险。

（十二）供气装备

在极其特殊的情况下，如有顶的环境、密闭环境、大深度长时间潜水作业时，往往采用管供的方式供气，确保充足的空气和增加潜水员的安全感。管供是指潜水员利用水面供气的方式进行的水下作业。管线作业

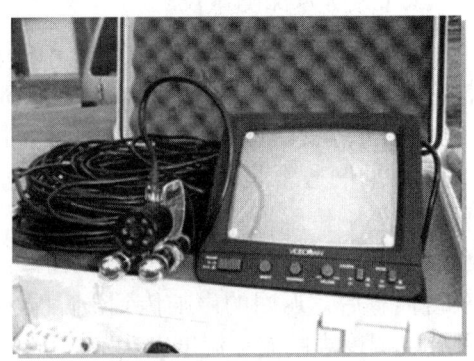
图 3-154 水下探测器

时需要配合潜水头盔（图 3-155）。脐带（图 3-156）两端接头可直接与各种潜水头盔、潜水电话和配气盘等连接。空气潜水脐带由一根测深管、一根呼吸气管和一根水下加强专用电话线组合而成。其中水下专用电话线经过特别加强并有足够的拉断力，可作为安全绳使用，在关键时刻将潜水员打捞出水。图 3-157 和图 3-158 所示分别为水面供气盘和空压机。

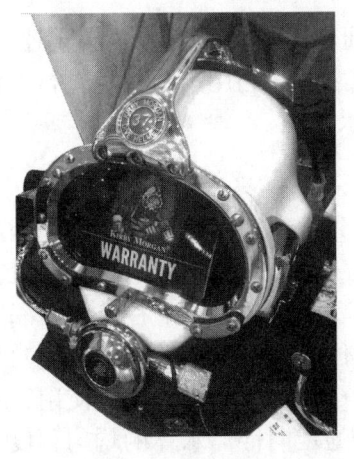
图 3-155 头盔

图 3-156 脐带

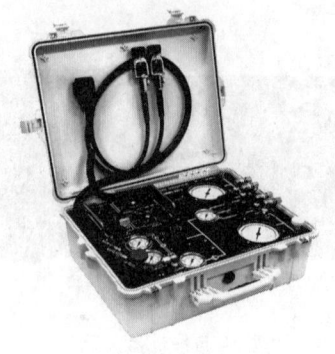
图 3-157 水面供气盘

图 3-158 空压机

（十三）水深测量仪

水深测量仪（图 3-159）用于测试水深和水温，重量轻，操作非常简单。可以快速测出 0.7～60.1 m 范围内的水深，精度较高，并且在按按钮后可以给出即时的水温。

测量仪通常是液晶显示器（手电筒）、具有声呐传感器。只需将声呐传感器（探头）投入水中，声呐传感器接触水后就会发出单束声呐（成 20°，垂直发射）；打开液晶显示器的电源，获得信息后，返回的声呐传到液晶显示器后可得到信息。注意不要把温度声呐放在温度大于 50℃的物质中，否则会损害仪器。

（十四）声呐

声呐是英文"SONAR"的音译，其中文全称为声音导航与测距（sound navigation and ranging），是一种利用声波在水下的传播特性，通过电声转换和信息处理完成水下探测和通信任务的电子设备。它可以对水下目标进行探测、定位和通信，是水声学中应用最广泛、最重要的一种装置。声呐有主动式和被动式两种类型，属于声学定位的范畴。

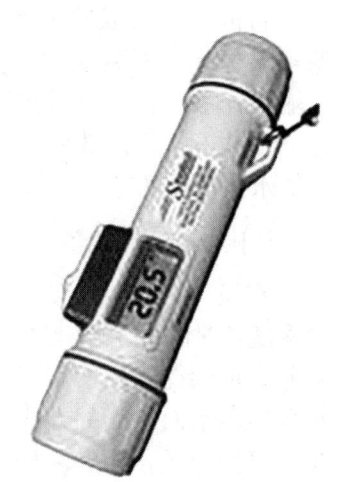
图 3-159 水深测量仪

随着海洋高新技术的介入和装备的不断升级，水下地形声学探测技术获得了迅速的发展，现已成为世界各海洋国家在海洋测绘方面的重要研究领域之一。利用声呐技术进行海洋测绘的设备有侧向扫描声呐仪、立体声呐、前视声呐和手持潜水声呐。

1. 侧向扫描声呐仪

侧向扫描声呐仪简称侧扫声呐（图 3-160）是测图像分辨率较高的一种声呐，因此常用于地质研究、航道测绘和打捞搜救。侧扫声呐（side scan sonar）主要由拖体、主机、电缆和记录仪组成。目前的侧扫声呐分辨率较高，总扫测范围可达 400 m 左右，工作深度可达 300 m 左右，左右两侧船舷图像均可显示，为了实现不同位置真实的声波反射强度对比，声呐设备有两个重要的反射波强度放大调节旋钮 gain 和 TVG，通过两者的配合使用，可使海底声呐图像的灰度一致。侧扫声呐的发射和接收具有较强的定向性。水体的均匀程度、水体的泥沙含量和水底的反射波等都会对声呐的工作产生影响。使用声呐的人员需要进行专门的训练，以提高声呐图谱识别技术水平。

2. 立体声呐

相较于侧扫声呐,立体声呐(C3D)能够形成较为形象的三维立体图形,如图 3-161 所示,具有水下探测系统的探测功能,提供清晰的影像,通过声呐和水下摄像头快速确定目标位置与捕捉实时图像。例如,在黑暗或浑浊的湖水或河水中可协助救援人员进行水下人员和车辆的搜索,更易于辨识。除此之外,系统还可以实时显示日期、时间、船速、水深和水温。

图 3-160 侧扫声呐   图 3-161 三维立体图形

3. 前视声呐

前视声呐(图 3-162)为多波束成像声呐,可提供实时的水下清晰声纳图像,无论是移动探测还是固定地点安装,均能实时传输图像和数据,也可远距离(300 m)探测和成像。

4. 手持潜水声呐

手持潜水声呐(图 3-163)是一种便携式、独立的声呐系统,专为潜水员水下定位物体。该声呐小巧、轻便,潜水员可用一手操作。该装置也可选择杆装式接口,以便救援船艇的上船操作,工作深度可达百米,具有主动和被动两种探测模式,用于探测物体和声波发射器。

 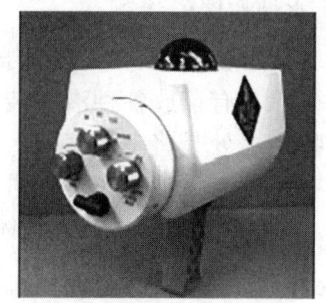

图 3-162 前视声呐   图 3-163 手持潜水声呐

主动模式中,声呐装置发射连续传输调频(CTFM)信号,根据物体反射的信号强度,判断物体的方位和距离。由于不同物体密度不同,会造成反射信号的差异,潜水员用声音和频率的高低变化找到遇险者的尸体。

被动操作模式中,声呐装置可定位声波发射器或指点信标(如失事飞机的信标)。在该模式中，声呐装置仅能够提供方位信息。

（十五）水下遥控机器人

水下遥控机器人（remote operated vehicle，ROV）（图 3-164），适用于管道、河流、海洋搜索、危险或污染地带进行水下侦查、水域搜索、水下打捞等作业，以减少派遣潜水员下水作业的危险性。

ROV 采用高抗撞强度的聚丙烯合成材质制成，其材质完全防腐蚀，不需要特殊保养。机器人由模块组成，任何部件都可以更换，与 ROV 的集成设备也可以直接用螺栓固定到架构上。ROV 一般配备有监控器、视频记录器和彩色摄像机，还可以增加声呐、功能机械手、水下定位系统、应答器等装置，如图 3-165 所示，可及时给水面提供航向、日期和时间、倾斜位置、深度、集合探针数据和导航数据等。

图 3-164　水下遥控机器人

图 3-165　水下遥控机器人组件

三、后勤保障装备

为了完成水下救援任务，应急救援潜水员除了以上的一般装备和特殊装备外，还需要配备水域救援车、空气压缩机、潜水减压舱、水面信号装置、采集袋、备用零件组合、备用气源、备用小气瓶等保障性装备。这些后勤保障装备为完成水下搜索和打捞提供了持续而良好的保障。

（一）水域救援车

水域救援车（图 3-166）有别于其他模块化的抢险救援车，除了有摆放各种潜水装备的模块化设计外，它的特别之处是将备用气瓶、空气压缩机、急救用具等补给装备设计在车上，可以随时在野外为气瓶充气，为潜水员提供充足的气体支持。

（二）空气压缩机

潜水装备的维修保养和充气是后勤保障的重要方面，因此，有条件的应该加强充气室和保养站等基本设施建设。定期为空气压缩机进行维护保养，更换过滤装置，对气瓶进行视检和水压测试，确保其性能良好。

图 3-166　水域救援车

空气压缩机（air compressor）（图 3-167）是气源装置中的主体，它将原动机机械能转成气体压力能，是压缩空气的气压发生装置。空气压缩机的种类很多，可分为容积式、往复式、离心式、活塞式、杠杆式等类型。空气压缩机的额定排气压力分为低压（0.7～1.0 MPa）、中压（10～100 MPa）、高压（100 MPa以上），可根据实际需求来选择。潜水瓶一般工作压力都是20 MPa，空气压缩机输出是0.8 MPa，用空气压缩机能使潜水瓶储气量达到最大值。

（三）潜水减压舱

潜水减压舱（图3-168）是口语，一般专业术语习惯用"加压舱"来描述。加压舱是为了应对潜水期间发生减压病或其他潜水导致的疾病所配备的。有别于医院的高压氧舱，潜水减压舱至少能承受0.5 MPa（6 ATA，50 m）的压力；或在最大潜水深度超过90 m（0.9 MPa，10 ATA）时的压力。

图3-167 空气压缩机

大型潜水培训机构，应根据需要建设减压舱或联系附近医院，完善医疗保障服务。根据减压舱的容量规格，减压舱一般可分为大型、中型、小型和微型。根据减压舱可否移动，又可以分为固定减压舱和移动减压舱，潜水减压舱内部如图3-169所示。

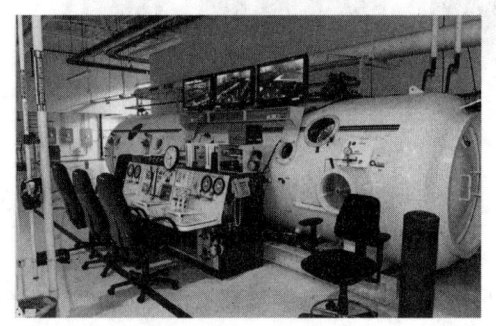

图3-168 潜水减压舱

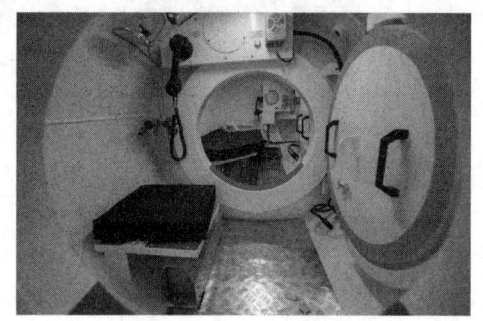

图3-169 潜水减压舱内部

（四）水面信号装置

1. 船支携带的信号装置

（1）潜水旗。潜水旗用来提醒来往船只，绕行所在区域。依照各地潜水法规的不同，有红底白斜纹的三角潜水旗（图3-170），或是蓝白双尾三角潜水旗（图3-171）。旗子必须大到至少100 m远也能看清楚。在某些情况下，可能要同时使用两种旗子，特别是在做船潜时。有时候为了能清楚地看到潜水旗，潜水员可以利用铁丝把潜水旗撑开，成"飘扬"状，旗杆最少要有1 m。

为了确保安全，潜水员最好待在潜水旗方圆15 m以内的范围，而船只则要在距离潜水旗30～60 m以外的地方活动。此外，除非确实有潜水员在水中，否则不要悬挂潜水旗。各国各地区有关潜水旗的使用规定不尽相同，可以参考当地有关潜水旗的法律。

（2）水面下潜漂浮平台。水面下潜漂浮平台可以起到协助潜水员下潜、水面休息、支撑潜水旗、存放附属装备等作用。需要一条至少30 m长的尼龙绳作为拖带或下锚使用，如图3-172、图3-173所示。

图 3-170　红底白斜纹三角潜水旗

图 3-171　蓝白双尾三角潜水旗

图 3-172　水面浮球

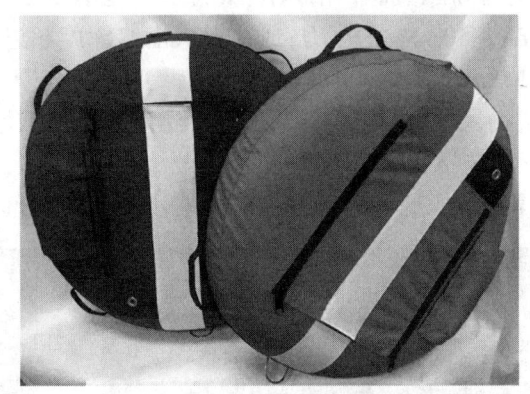
图 3-173　水面平台

2. 潜水员携带的信号装置

潜水员信号装置有水面信号装置（视觉和听觉）和水下信号装置 [潜水员 GPS（全球定位系统）]。

（1）视觉信号装置。视觉信号装置分为浮力棒（也叫信号棒）、镜子、水面染色剂、紧急闪光灯、信号弹。其中象拔最为常用，也叫水面延迟信号装置，前面已介绍过。应急救援潜水员会随时在他们的 BCD 口袋里放一个信标。既可以用来标志潜水员潜水位置，也可以用来标志某个物品的位置。在应急救援中，用途广泛，效果显著。经常用来标志失踪人员、落水车辆的位置，也可以用来标志需要进一步搜索和已经完成搜索的水域，如图 3-174 所示。

（2）听觉信号装置。发声装置有哨子和蜂鸣器。哨子（图 3-175）是最基本、最可靠的发声装置，有的是口吹式，有的要以低压充气阀启动，最好把它固定在 BCD 充气管上或其他伸手就可触及的地方，既不碍事，发生紧急状况时又可以随时使用。

图 3-174　浮标

蜂鸣器（图 3-176）需要借助气瓶内的空气，所以，最好搭配哨子使用，以防遇到气瓶空气用完的窘境。

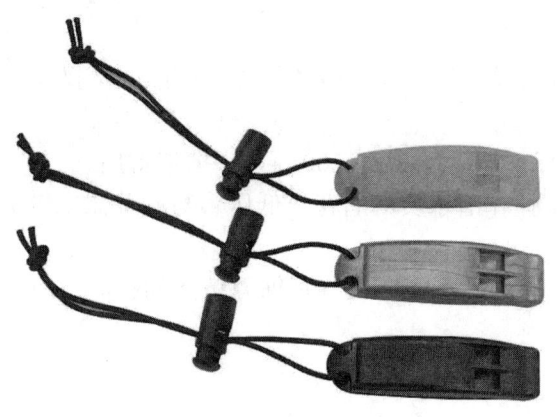
图 3-175 哨子

图 3-176 蜂鸣器

（3）潜水员救援 GPS。当潜水员需要救援，通过简单操作就可以用 GPS 精确定位到潜水员的位置，精确程度可达 1.5 m，并将潜水员求救信号发至所有 55 km 以内装备 AIS（automatic identification system，船舶自动识别系统）的船只，深度可达 130 m。

（五）采集袋

采集袋（图 3-177）有多种不同尺寸和样式，典型的采集袋是由尼龙网制成的，所以能够快速排水，袋子上端设有一个铁框作为袋口开关。大部分的采集袋都有一个开关装置，可以把袋口固定在关闭位置。

（六）备用零件组合

备用零件组合就是把各种故障、损坏或遗失的替换配件和一些基本工具存放在一个防腐的盒子里，然后摆放在装备袋内。刚开始时不需要为此准备太多的空间。备用零件组合主要的备用配件有面镜带、蛙鞋带、橡胶气密圈、矽胶润滑剂、呼吸管固定环、修补潜水衣的结合剂、防水塑带、快卸扣、小刀、钳子、活动扳手、起子、备用太阳眼镜、防晒油、晕船药等，如图 3-178、图 3-179 所示。

图 3-177 采集袋

图 3-178 潜水工具

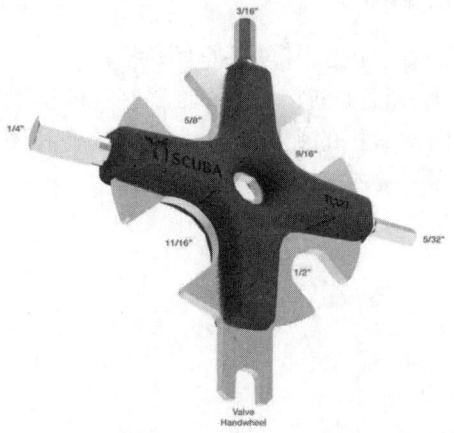
图 3-179 潜水多功能工具

(七) 备用气源

由于考量到水中可能发生的紧急状况,如果没有后备气源,按照安全操作规范是不能下水的。

备用气源(图3-180)的最小容积不能少于3 L(200 bar),携带备用气源的方法有两种:一是挂配在潜水员的肩膀或胸前;二是挂在潜水员的后背,低压管与调节器二级头相连接,缠绕在脖子或连接于1/2转换头处。

压力极大的紧急状况下,惊慌的潜水员不能完成特别细微精巧的技能,所以紧急反应潜水应该将复杂化降到最低。

(八) 备用小气瓶

备用小气瓶(图3-181)又叫作自携式上升用气瓶,属于备用援助系统,是自带完整调节器组件的独立小气瓶,因此,可以自用也可以他用,是很好的救援设备。但小气瓶中的空气有限,只能提供较浅处的潜水员安全抵达水面的空气量。

图3-180 备用气源　　图3-181 备用小气瓶

【课后思考】

1. 静水救援常用的装备有哪些?
2. 激流救援的个人装备有哪些?团队装备有哪些?
3. 潜水救援的个人装备、特殊装备和团队装备有哪些?

第四章 静水救援技术

【学习目标】

1. 了解救援技术的类型。
2. 掌握静水救援技术的训练步骤和方法。

静水救援技术是水域救援第一阶段的技术训练,包括基本游泳技术训练、实用游泳技术训练、间接救援、直接救援、岸上急救等。这个阶段训练的主要目的是让学员掌握自救技术和静水救援的能力,为后续学习激流和潜水救援技术打下坚实的基础。

第一节 基本游泳技术

一、熟悉水性与游泳中常见情况的处置

(一)熟悉水性

熟悉水性是游泳教学中的一个重要环节,对于初学者来说,它是一个不可逾越的重要阶段。让初学者了解和体会水的特性,逐步适应水的环境,即习惯水的浮力、压力和阻力,习惯游泳时身体姿势的改变,消除怕水心理,培养对游泳的兴趣,并掌握一些水中的基本技能,如水中行走、呼吸、浮体和滑行等,为进一步学习和掌握各种泳式技术打下良好的基础。

熟悉水性与其后各式游泳技术的学习并不是截然分开的,在初步掌握了水中活动的基本技能后,就可以逐步开始学习各式游泳技术,在学习的过程中再进一步熟悉水性。

1. 水中行走

在齐腰的水中做各种行走和跑的练习,用双手维持平衡,初步掌握在水中站立和行走维持身体平衡的方法。练习的目的是使初学者体会并适应水的环境。

动作要领:侧对池壁,单手扶池边,向前、向后迈步行走;或面向池壁,双手扶池边,向左、向右迈步行走。

注意:速度不宜太快,身体重心的移动要与腿的动作协调一致。(视频 4-1:水中行走)

2. 呼吸

呼吸训练是熟悉水性阶段的重要内容。掌握好水中特别的呼吸技巧,是打开游泳世界大门的金钥匙。总的来说,水中的呼吸要按照"快吸、稍闭、慢呼、猛吐"这一特殊的节奏进行。(视频 4-2:呼吸)

动作要领：站立水中，上体略前倾，两腿略下蹲，两手扶池边或扶大腿，水面上张大嘴巴吸气后，低头将脸浸入水中，闭气片刻，然后开始呼气，并向上抬头，当口露出水面时，迅速将气吐尽，而后紧接着快速吸气。（视频 4-3：水下呼吸动作）

注意：开始时可慢速进行，而后适当加快速度，做到连贯而有节奏。每组做 20~30 次呼吸，或持续 1~2 min，反复进行训练直至熟悉呼吸技巧。

呼吸时常见的错误与纠正方法：① "假呼吸"。呼气不尽，吸气不深，大部分空气只是在口腔和气管之间流动，并没有真正进入肺部实现气体交换，因此总感觉憋气。纠正时应强调"呼尽气再深吸"。② "呼气完憋气"。气呼完后没有紧接着快速吸气，而是先憋了一下，再吸气，造成身体因来不及吸气而沉入水中。纠正时应强调"呼完紧接着吸"。③ "含水"。吸气后口没有合拢，在水下口张开向外呵气，结果口内总是充满水，无法充分换气，还容易发生呛水。纠正时应强调"水下口合拢"。④ "抽吸"。吸气时口缩得很小往里抽气，好像是通过一根细吸管来吸气，造成吸气慢，来不及完成快速换气的动作。纠正时应强调"张大口用力快吸气"。

3. 浮体漂浮

浮体练习可以进一步熟悉水性，体会水的浮力，适应身体无固定支撑的悬浮姿势，初步掌握在水中控制身体平衡的能力，进一步消除怕水心理，增强学习的信心。漂浮练习可以通过抱膝浮体和展体漂浮来练习。

（1）抱膝浮体。

动作要领：水中原地站立，深吸气后闭气蹲下，低头屈腿抱膝团身，双膝尽量贴近胸部，前脚掌轻蹬池底，身体就会自然漂浮于水中。站立时，两臂前伸下压的同时抬头，两腿下伸，脚触池底站稳，两臂在体侧拨开水保持平衡。（视频 4-4：抱膝浮体水下动作）

（2）展体浮体。

动作要领：水中开立，略下蹲，两臂放松自然前伸；深吸气后闭气，身体前倒并低头，两脚轻轻蹬池底后上摆，自然伸直稍分开，身体成俯卧姿势漂浮于水中。站立时，先收腹屈腿屈膝，然后两臂下压，抬头，同时两腿下伸，脚触池底站稳。

注意：要使身体漂浮起来，首先是要吸足气，并保持屏息；其次是要放松。做浮体动作时，应使人体像一个充满气的皮球在水面上。吸气不足则胸腔没有充分扩张，或是在浮体的过程中把气呼出，或是身体紧张肌肉僵硬，因而很难漂浮起来。（视频 4-5：展体浮体）

4. 滑行

滑行是熟悉水性阶段的重要内容，可以帮助初学者掌握在漂浮状态下维持身体平衡的能力，体会游泳的基本身体姿势。滑行练习可以通过蹬底滑行和双腿蹬壁滑行来练习。

（1）蹬底滑行。

动作要领：两腿并拢站立水中，两臂前伸并拢，深吸气后上体前倒，一腿向前迈出，略屈膝下蹲，头和肩浸入水中后，两脚掌依次用力蹬池底；两腿随即伸直上浮并拢，使身体成流线型向前滑行。（视频：4-6 蹬底滑行站立）

（2）双腿蹬壁滑行。

动作要领：两脚并拢背对池壁站立水中，两臂并拢前伸，深吸气后闭气低头，上体前倒成俯卧姿势浸入水中，头夹在两臂之间，两腿同时轻蹬池底向上屈膝收腿，迅速将两脚掌贴在池壁接近水面处，臀部提高至水面；两腿随即用力蹬壁，全身充分伸展成流线型，贴近水面向前滑行，当滑行速度慢下来时，先收腹屈腿屈膝，然后两臂下压并抬头，两腿同时下伸，脚触池底站稳。

注意：滑行时，既要保持良好的身体流线型，又要使腰、腹部肌肉适度紧张。臂、腿伸直并拢，头夹在两臂之间，注意不要过分抬头或低头，不要屈髋、屈膝或勾脚尖。滑行时，要尽量延长闭气时间，努力增长滑行距离。

滑行时常见的错误与纠正方法：① 漂离池壁。蹬壁滑行开始时，身体过于前扑，腿收不紧，脚贴不上池壁，或是单、双腿过早蹬伸，都会使身体漂离池壁，造成蹬不到壁或滑行不远。纠正时应强调上体前倒低头入水是在原位进行的翻转动作，腿要收紧，全身像一个被压紧的弹簧紧贴在池壁上。② 向上窜。蹬壁滑行开始时，上体没有前倒入水，脚贴壁的位置太低，臀部提不高，造成蹬腿时身体向前上方跃出水面。纠正时应强调上体前倒至水中，臀部提高至水面后再蹬壁。（视频 4-7：蹬边滑行）

（二）游泳中常见情况的处置

在游泳训练过程中，难免会遇到抽筋、皮肤过敏、头晕头痛、耳朵进水等常见的意外情况，必须学会应对。沉着地采取一些应急措施摆脱困境，千万不可惊惶失措，以致出现更大的危险。

视频 4-7：蹬边滑行

1. 肌肉痉挛的解除

肌肉痉挛也称抽筋，是游泳时常遇到的一种突发状况。痉挛是肌肉突然发生强直收缩，同时产生剧痛，破坏了正常的动作节奏。此时，如果游泳者惊慌，则易发生溺水事故。

解除肌肉痉挛的有效办法就是设法将痉挛部位的肌肉拉长伸展，然后配合按摩让痉挛缓解。常常出现肌肉痉挛的部位主要是手指肌肉、小腿或脚趾肌肉、大腿肌肉和腹部肌肉，可以采用以下方法解除。

（1）手指肌肉痉挛的解除法。游泳时手指痉挛较常见。痉挛时，可将痉挛之手握成拳，然后用力张开，重复数次即可缓解。（视频 4-8：手指抽筋解除）

视频 4-8：手指抽筋解除

（2）小腿或脚趾肌肉痉挛的解除法。游泳时，小腿或脚趾肌肉痉挛也较常见。痉挛时，可站立浅水，迅速到岸边或深吸一口气仰卧水中，用抽筋腿对侧的手握住痉挛腿的脚趾，并用力向身体方向回拉；同侧手压在痉挛腿的膝部使之伸直，直至痉挛消除。同时可轻轻揉捏抖动小腿肌肉，使痉挛缓解。（视频 4-9：小腿抽筋解除）（视频 4-10：脚趾抽筋解除）

视频 4-9：小腿抽筋解除

（3）大腿肌肉痉挛的解除法。先深吸一口气卧于水中，痉挛之腿弯曲，双手或单手抱住小腿使之与大腿折叠紧，并尽量使大腿贴近胸部；然后松手，用力将腿伸直展开。反复进行，直至痉挛消除。（视频 4-11：大腿抽筋解除）

视频 4-10：脚趾抽筋解除

（4）腹部肌肉痉挛的解除法。有时在游泳时腹部会隐隐作痛，甚至发生腹肌痉挛。除了腹部慢性疾患外，这种现象多半是由于准备活动不充分，或下水后运动强度突然增大而引起的。由于心脏功能尚未充分运动起来，搏动无力，影响静脉血液回流，再加上呼吸节律没调整好，呼吸短浅，胸内压上升，造成腹腔内血液不能顺利通过门静脉和肝静脉向心脏汇集，引起肝脾肿胀，因而产生反射性腹痛。

视频 4-11：大腿抽筋解除

预防腹痛的办法是做好准备活动，下水后的运动强度应逐渐增加，以逐步克服内脏器官的惰性。如果在游泳时发生腹痛，可上岸休息片刻，症状即可缓解。如果不能就近上岸，可放慢速度，动作尽量放松，并注意调整呼吸，加大呼吸深度，症状会逐渐消失。

2. 皮肤过敏

有些人下水游泳后受到冷水的刺激或被风吹会出现皮肤过敏，轻者皮肤发红，起疙瘩，重症者会出现头晕、眼花、头痛等现象。如出现上述情况，应及时上岸，洗净并擦干身体，穿好衣服，注意保暖，喝点开水，出点汗，一般能很快恢复。若反应严重，则应请医生诊治。

3. 头晕、头痛

在游泳中，有时会出现头晕，尤以初学游泳者和女性为多。引起头晕的主要原因包括下水后身体受冷水刺激引起血管收缩，造成脑部暂时供血不足；人体在水中散热快、体力消耗大、游泳时间过长而造成血糖下降过多；水中呼吸方法不正确，脑部缺氧，或进行呼吸练习时二氧化碳过量呼出等。以上几种情况都是正常的生理反应，休息片刻便能很快恢复。通过各种练习适应水环境后，一般不会再出现头痛现象。头痛严重者应立即上岸休息，还应到医院检查有无潜在的疾病。

4. 外耳道进水

游泳时外耳道进水是正常现象，但如果水滞留耳中，不仅会带来不舒服的感觉，影响听力，还容易引起中耳炎。因此，游泳后，应及时将耳内的水排出。可以采用以下几种方法简便而有效地排出耳内积水。

（1）吸水法。用消毒棉签或卷成细条的柔软干净的吸水纸轻轻伸进外耳道，将水吸出。这种方法一般在游泳结束后采用。

（2）甩头法。先把头偏向进水耳的异侧，然后迅速甩向进水耳一侧，重复几次，即可将耳内积水甩出。这种方法简单易行，随时可用。（视频4-12：甩头法）

（3）压引法。将头偏向进水耳一侧，用同侧手掌紧压在耳廓上，不留空隙，屏住呼吸，然后迅速拉开手掌，重复几次，水就会被吸引出来。（视频4-13：压引法）

（4）跳空法。站在岸上，将头偏向进水耳一侧，使进水的耳朵朝下，口微张开，用同侧腿在原地连跳数次，水就会被震出来。（视频4-14：跳空法）

（5）灌甩法。将头偏向一侧，使进水的耳朵朝向上的位置，用手指沾几滴干净的水注入进水的耳朵，轻轻晃动头部，使水滴一直流进耳道深处，与里面的积水汇合。然后将头朝进水耳一侧用力甩，水就会被甩出来。（视频4-15：灌甩法）

视频4-12：甩头法

视频4-13：压引法

视频4-14：跳空法

视频4-15：灌甩法

二、蛙泳基本技术及训练

蛙泳，身体俯卧水中，两臂同时并对称地划水，两腿同时并对称地做收、翻、蹬夹动作。蛙泳的身体姿势平稳，动作省力，呼吸自然，能持久，特别适合于长时间、长距离的游泳。蛙泳还具有动作隐蔽、易于观察目标和转换方向的特点，有很大的实用价值，在水上救护、武装泅渡及水上作业等方面有着广泛的应用。蛙泳训练可以分为蛙泳身体姿势、蛙泳腿部技术、蛙泳臂部技术和完整配合技术等方面。（视频4-16：蛙泳配合）

视频4-16：蛙泳配合

(一) 蛙泳身体姿势

蛙泳的身体姿势不是固定不变的，而是随着臂、腿及呼吸动作的周期性变化而不断变化。在一个动作周期中两臂前伸、两腿向后蹬直并拢时，身体是几乎水平地俯卧于水中，头部夹在两臂之间，两眼注视前下方，腹部与大、小腿位于同一水平面上，臀部接近水面。要求胸部自然伸展，稍收腹，微塌腰，两腿并拢，脚尖伸直，两臂并拢尽量前伸，全身拉伸成一直线。图4-1所示为蛙泳漂浮姿势，图4-2所示为蛙泳抬头姿势。

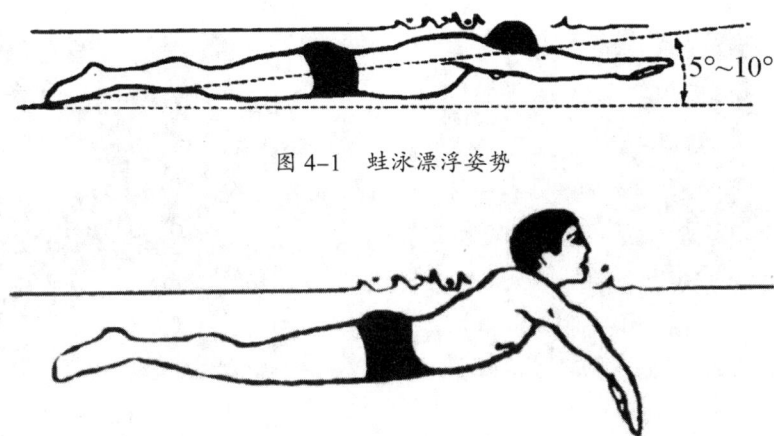

图 4-1　蛙泳漂浮姿势

图 4-2　蛙泳抬头姿势

在游进过程中，身体位置会按一定的节奏上下起伏。在划水和抬头吸气时，身体会向前上方抬起，肩和背部的一部分露出水面，此时躯干与水面的角度较大。当两臂前伸、两腿向后蹬夹时，随着低头的动作，肩部又浸入水中，身体恢复比较平直的流线型姿势向前滑行。对于初学蛙泳者，不宜过分追求在划水和吸气时拉高身体的动作。如果抬头过高或过分挺胸，会造成下肢下沉，迎角增大，使身体在前进方向上的投影截面增大，身体流线型变差，从而增大游进时水的阻力。

(二) 蛙泳腿部技术

蛙泳的腿部动作是推动身体前进的一个重要因素。尽管现代蛙泳技术强调以臂为主，但腿部的作用不容忽视，对于初学者更是如此。蛙泳腿部技术可以分为收腿、翻脚、蹬夹腿、滑行四个紧密相连的动作阶段。

（1）收腿（图4-3）。收腿是翻脚、蹬夹腿的准备动作，是从身体伸直成流线型向前滑行姿势开始的。收腿时，腿部肌肉略为放松，大腿自然下沉，两膝开始弯曲并逐渐分开，小腿和脚躲在大腿后面向前运动。收腿时，踝关节放松，脚底基本朝上，脚跟向上、向前移动，向臀部靠拢，两腿边收边分开。两小腿和两脚在收腿的过程中要落在大腿的投影截面内，以避开迎面水流，减小收腿的阻力。收腿动作应柔和，不宜太用力。在收腿的过程中臀部略下降，收腿结束时，两膝内侧的距离约同肩宽；大腿与躯干的角度为130°～140°，大、小腿折叠紧，小腿接近于水面垂直，为翻脚和蹬夹做好准备。目前，许多优秀运动员收腿时大腿的动作幅度变小，收腿结束时大腿与躯干的夹角增大至150°左右，小腿更加靠近臀部。这种技术收腿的动作较快，有利于加快动作频率，同时有利于减小收腿时水的阻力。

(2）翻脚（图4-4）。翻脚的目的在于使腿在蹬夹时有一个良好的对水面。在蛙泳技术中，翻脚动作很重要，翻脚的好坏直接影响到蹬夹的效果。当收腿时脚跟接近臀部时，大腿内旋，两膝稍内扣，小腿向外张开，两脚背屈使脚掌勾紧向外翻开，脚尖转向两侧，使小腿和脚的内侧面向后，形成良好的对水面，为蹬夹动作做好准备。翻脚实际上是收腿的结束动作和蹬腿的开始动作。不是收好腿再翻脚、翻好脚再蹬夹腿，而是在收腿接近完成时就开始翻脚，翻脚快完成时就开始蹬夹腿。收、翻、蹬、夹四个动作紧紧相连，一环扣一环，形成一个连贯圆滑的鞭状动作。

图4-3 收腿

图4-4 翻脚

（3）蹬夹腿（图4-5）。蹬腿动作是推动身体前进的重要动力来源。蹬夹腿动作的推进效果主要取决于蹬夹腿的运动方向、对水面的大小及运动速度。蹬腿动作在翻脚即将完成时就已开始。由于翻脚动作的惯性，脚在后蹬的开始阶段是继续向外运动，完成充分的翻脚。随后，由腰腹和大腿同时发力，依次伸展下肢各关节，两脚转为向后向内运动并稍下压，两腿蹬直并拢的同时，完成弧形的鞭状蹬夹，蹬夹动作几乎同时开始和完成。蹬夹腿过程中，蹬腿动作是"蹬"与"夹"的结合，两腿是边后蹬边内夹，当两腿蹬直时两膝也已并拢。既不是完全向后蹬，也不是向外蹬直再内夹。

图4-5 蹬夹腿

（4）滑行。蹬夹腿结束后，腿处于较低的位置，脚距离水面为30～40 cm。此时两腿伸直并拢，腰、腹、臀及腿部的肌肉保持适度紧张，使身体成良好的流线型向前滑行，准备开始下一个腿部动作周期。滑行中，要注意保持两腿较高的位置，若腿部下沉，将会使游进阻力增大，降低游进速度。

蛙泳的腿部动作是整个技术的基础。腿部动作做得好，不仅可以产生较大的推进力，还利于身体保持水平姿势，使呼吸动作能顺利完成。因此，教学中要下功夫打好腿的基础，使学员掌握正确的收腿、翻脚和蹬夹技术并形成慢收快蹬的正确节奏。

1.陆上蛙泳腿部模仿训练

陆上模拟训练是水中训练的基础，可以引导学员掌握正确的技术动作，通过跪撑翻脚压腿、仰坐模仿蹬腿、俯卧模仿蹬腿、站立模仿蹬腿等陆上模仿练习来强化腿部动作的肌肉记忆。

（1）跪撑翻脚压腿（图4-6）。

动作要领：两脚分开跪于垫上，两膝间的距离同肩宽，勾脚，脚尖朝外，小腿和脚的内侧贴地，两手后撑，慢慢颤压。这一练习可以提高膝关节、踝关节的柔韧性，帮助体会正确的翻脚姿势。

图4-6 跪撑翻脚压腿

（2）仰坐模仿蹬腿。

动作要领：坐池边，上体后仰，两手后撑，模仿蛙泳腿的收、翻、蹬夹动作，尤其注意做好翻脚。先分解后连贯。（视频4-17：陆上仰坐模仿蹬腿）。

视频4-17：陆上仰坐模仿蹬腿

（3）俯卧模仿蹬腿。

动作要领：俯卧于条凳、浮板或出发台上，模仿蛙泳腿的收、翻、蹬夹动作。可由教员或同伴站在后面抓住练习者的双脚，帮助练习者体会收腿路线、翻脚姿势和蹬夹路线。（视频4-18：俯卧蛙泳腿模仿）

视频4-18：俯卧蛙泳腿模仿

（4）站立模仿蹬腿。

动作要领：陆上原地站立，一腿支撑，另一腿模仿蛙泳腿的收、翻、蹬夹动作。注意蹬腿时尽可能保持小腿和脚的内侧面朝下，往另一腿站立地面处下压。先按3拍做分解的收、翻、蹬夹动作，初步体会动作后，连贯进行。（视频4-19：站立蛙泳腿模仿）

视频4-19：站立蛙泳腿模仿

2. 水中蛙泳腿部训练

水中蛙泳腿部训练可以通过扶边蹬腿、扶板蹬腿和滑行蹬腿来巩固。

（1）扶边蹬腿。

动作要领：两手抓池边，两手肘部水下撑住池壁，身体俯卧水中，做蛙泳腿的收、翻、蹬夹动作，可由教员或同伴在后面抓住练习者的双脚，帮助体会和纠正动作，注意限制两膝的宽度，使翻脚时足背屈、脚尖摆向两侧，小腿和脚的内侧面向后蹬水。（视频4-20：扶边俯卧蹬腿）

视频4-20：扶边俯卧蹬腿

（2）扶板蹬腿。

动作要领：俯卧水中，两臂前伸，两手扶在漂浮板的两侧，做蛙泳腿的动作向前游进。可配上呼吸动作，逐渐增长练习距离。（视频4-21：扶板蛙泳腿模仿）

视频4-21：扶板蛙泳腿模仿

（3）滑行蹬腿。

动作要领：蹬边滑行后，继续低头闭气，做蛙泳腿的动作向前游进，体会连贯的收、翻、蹬夹和滑行的动作。

注意：强调蹬腿后的滑行效果，可采用规定距离计动作次数的方法来鼓励学员不断改进动作，提高蹬腿效果。（视频4-22：滑行蛙泳腿模仿）

视频4-22：滑行蛙泳腿模仿

（三）蛙泳臂部技术

蛙泳手臂的动作是推进身体前进的重要因素，现代蛙泳尤其重视发挥手臂划水的作用。游蛙泳时，整个手臂动作都是在水下完成。对于游泳者自身来说，手的划水路线近似于两个相对的"桃心形",即两手从"桃心"的尖顶开始,不停顿地划动一周回到尖顶(图4-7)。为便于分析,将蛙泳的一个划水动作分为外划、下划、内划、前伸四个紧紧相连的动作阶段。

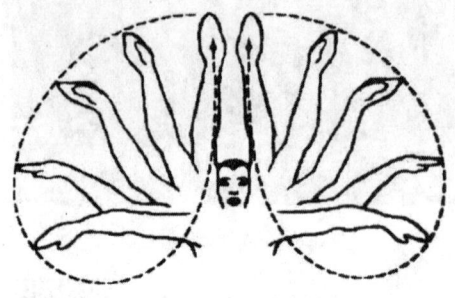

图4-7 蛙泳臂部划水动作

(1)外划(图4-8)。外划是从两臂前伸并拢、掌心向下的滑行姿势开始的。外划时两臂内旋,两手掌心转向外斜下方,略屈腕,两臂向外横向划动至两手间距离约为两倍肩宽处。外划的动作是准备阶段,速度较慢。

(2)下划。手臂在继续外划的同时,前臂稍外旋,肘关节开始弯曲,转腕使掌心转为朝后下方,以肘关节为轴,手和前臂加速向下、向后划动。在下划的过程中,手和前臂的运动速度快,幅度大,而上臂的移动不多,前臂与上臂之间的夹角迅速缩小。下划结束时,肘关节明显高于手和前臂,手和前臂接近垂直于游进方向,肘关节屈成的角度约130°。

(3)内划(图4-9)。内划是手臂划水产生推进力的主要阶段。随着下划的结束,掌心迅速转向内后方,手臂加速由外向内并稍向后横向划动,屈肘程度进一步加大,肘关节也同时向下、向后、向内收夹至胸部侧下方。两手划至胸前时几乎靠在一起。

图4-8 外划

图4-9 内划

(4)前伸(图4-10)。当内划接近完成时,两手在继续向内、向上划动的过程中逐渐转为向上、向前弧形运动至颌下。此时两手靠拢,两掌心逐渐转向下,手指朝前。接着,肘关节不停顿地沿平滑的弧线前移,推进两手贴近水面向前伸出。与此同时迅速低头,将头夹于两臂之间。伸臂动作完成时,两臂伸直并拢,充分伸肩,两手掌心向下,呈良好的流线型向前滑行。

实际上,蛙泳手的运动轨迹相对于静止的水是一条复杂的三维曲线。手在划水时,并没有大幅度地后拉运动,而主要表现为明显的横向和上下方向的运动,好像是手握着一个固定的把手将身体拉引向前。

1. 陆上手臂模拟训练

陆上模拟训练是水中训练的基础,可以引导学员掌握正确的技术动作。强化手臂动作的肌肉记忆。

动作要领:陆上两脚开立,上体稍前倾,模仿蛙泳两臂划水的动作,着重体会"桃心型"划水路线和屈臂高肘技术。刚开始训练时,为了掌握动作,可将蛙泳手臂动作分解为外划、内划和前伸

图4-10 前伸

三个动作环节,然后再进入到连续动作。

要求划臂过程圆滑,前伸后稍停,然后再开始下一个动作。(视频4-23:站立手模仿)

2. 水中蛙泳手臂训练

可以通过水中原地划臂、行进间划臂、托腹划臂和夹板划臂来巩固。

(1)水中原地划臂。

视频4-23:
站立手模仿

动作要领:两脚开立,站在齐胸深的水中,上体略前倾,做蛙泳两臂划水的动作。体会屈臂高肘技术和"桃心型"划水路线。(视频4-24:原地划臂)

注意:刚开始训练时,为了掌握动作,可将蛙泳手臂动作分解为外划、内划和前伸三个动作环节,然后再进入到连续动作。

(2)行进间划臂。

动作要领:做蛙泳两臂划水,可配合呼吸动作,借助划水所产生的反作用力向前行进。(视频4-25:行进间蛙泳手)

视频4-24:
原地划臂

注意:要求动作连贯圆滑,两臂前伸并拢后稍停,可配上呼吸动作。

(3)托腹划臂。

动作要领:俯卧水中,由同伴站在侧面托住髋腹部,做蛙泳两臂划水和呼吸的配合动作。在两臂外划的过程中借助水的反作用力顺势抬头呼气,两臂内划和下划时快速吸气,两臂前伸时低头闭气。(视频4-26:托腹划臂)

视频4-25:
行进间蛙泳手

(4)夹板划臂。

动作要领:俯卧水中,大腿夹住打水板使下肢上浮,做蛙泳两臂的划水动作向前游进。可闭气练习或配上呼吸,体会划水时身体被拉引向前的感觉。

注意:由慢到快加速划水,每次划水后手臂前伸并拢稍滑行,待前进速度明显下降后再开始下一次划水动作。(视频4-27:夹板蛙泳手 水下动作)

视频4-26:
托腹划臂

(四)完整配合技术

蛙泳是由臂、腿、呼吸交替做动作,从而推动身体前进的,其配合技术比较复杂,完整配合技术是学习蛙泳的一个难点。配合不协调,会直接影响臂、腿的动作效果和游进速度的均匀性。正常蛙泳一般采用1:1:1的配合技术,即在一个完整动作周期中,蹬腿1次,划臂1次,呼吸1次。配合游时应在充分发挥臂、腿力量的基础上,努力做到协调、连贯、有节奏,尽量保持匀速前进。蛙泳主要包括呼吸与臂、臂与腿两个方面的配合。(视频4-28:蛙泳完整配合)

视频4-27:
夹板蛙泳手

呼吸与臂的配合。蛙泳的呼吸是和手臂的划水动作紧紧结合在一起的,主要有早吸气和晚吸气两种类型。早吸气配合技术是利用划水开始阶段手臂向外、向下划动所产生的向上的反作用力,使头部比较容易抬出水面,整个呼气和吸气的时间较长,动作比较从容。早吸气配合技术比较适合于初学者。晚吸气配合技术有利于减小水的阻力,同时有利于更好地发挥手臂划水的力量,动作紧凑连贯,前进速度均匀。运动水平较高者一般都采用晚吸气配合技术。但晚吸气配合技术的吸气时间较短,初学者不容易掌握。

视频4-28:
蛙泳完整配合

臂与腿的配合。蛙泳臂和腿的配合是一种交替进行稍有重叠的技术。目前,优秀蛙泳运动员在距离较短的比赛中,一般都不做或只做很短的滑行。蹬腿动作刚结束,两臂就紧接着开始外划，甚至在两腿的蹬夹动作尚未结束时，两臂就已开始外划，当蹬腿结束时两臂正好开始做下划动作。这种配合技术，动作紧凑连贯，频率高，臂、腿动作产生的推进力紧密衔接，动作周期间的减速不明显，因而游进速度均匀，有利于提高运动成绩。

但对初学者来说，蹬腿后的滑行具有十分重要的作用，只有在长滑行的从容游进中，才能掌握配合技术的要领，形成正确的动作节奏。初学者可以经常做规定距离计动作次数练习来检验自己臂、腿动作的效果。

蛙泳的完整配合技术如图 4-11 所示。

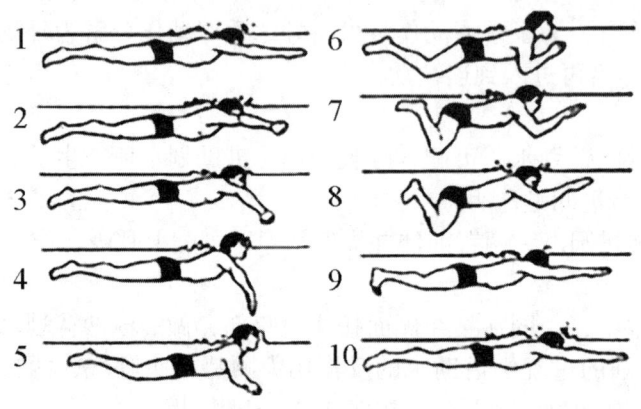

图 4-11　蛙泳配合

1. 陆上蛙泳配合模仿训练

陆上蛙泳配合模仿训练（图 4-12）是水中训练的基础，可以引导学员掌握正确的技术动作，强化配合动作的肌肉记忆。（视频 4-29：陆上配合模仿）

视频 4-29：
陆上配合
模仿

动作要领：原地站立，两臂上举并拢，掌心向前。先按 4 拍做两臂和单腿配合的蛙泳模仿动作。1 拍，两臂向侧下分开划动，腿不动；2 拍，两臂向内划至胸前，一腿屈膝上提做收腿和翻腿动作；3 拍，两臂向上伸直；4 拍，腿向下弧形蹬夹，还原成预备姿势。练习由分解逐步过渡到连贯。

图 4-12　陆上蛙泳配合模仿训练

2. 水中蛙泳配合训练

水中蛙泳配合训练可以通过臂、腿分解配合游，完整配合游来巩固。

（1）臂、腿分解配合游。

动作要领：蹬夹滑行后继续低头闭气，两臂做一次划水动作前伸并拢后，两腿再做一次收、

翻、蹬夹动作，臂、腿交替进行；建立先伸臂再蹬腿的动作概念。（视频 4-30：一次手一次腿水下动作）

（2）完整配合游。

动作要领：在臂、腿连贯配合蛙泳的基础上，加上抬头吸气的动作，形成完整的配合技术。（视频 4-31：蛙泳完整配合游）

注意：划水动作不要太快，抬头动作不要太猛，可先练臂、腿配合两次，呼吸一次的动作，然后过渡到臂、腿配合一次，呼吸一次的正常蛙泳。在动作基本正确的基础上，逐渐增长游距，在反复的练习中不断改进动作，力求熟练、放松。

三、自由泳技术及训练

自由泳时身体俯卧水中，两腿上下交替打水，两臂轮流划水后提出水面经空中前摆入水，侧面转头呼吸，整个动作犹如在水中爬行，所以自由泳也称爬泳。游泳竞赛规定，在自由泳比赛中可以采用任何一种泳式。由于自由泳技术结构合理，动作自然省力，泳进阻力小，速度均匀，是各种泳式中速度最快的一种，人们几乎无一例外地都采用爬泳来进行比赛。（视频 4-32：自由泳技术）

由于自由泳或抬头自由泳速度快而具有较大的实用价值，在水中救护、强度激流等需要快速游进时多采用自由泳。

（一）自由泳身体姿势

游自由泳时，身体几乎水平地俯卧水中，躯干肌肉适度紧张，身体自然伸展成良好的流线型，身体纵轴与水平面成很小的迎角，头部保持自然稍后屈的姿势，1/3 头顶处露出水面，两眼注视前下方，如图 4-13 所示。

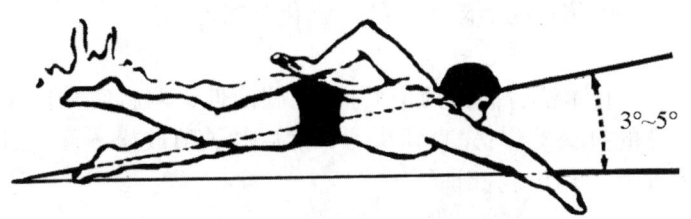

图 4-13 自由泳身体姿势

游自由泳时，要注意避免过于抬头或含胸低头的错误。过于挺胸抬头会出现背弓，造成臀部和下肢下沉，使身体在游进方向上的截面增大，从而使游进阻力增大。而含胸低头则会使头肩沉于水中，不仅容易造成屈髋打腿，增加转头吸气的困难，而且破坏了身体良好的流线型，影响游进速度。

在游进中，由于划臂、打腿和转头吸气的需要，身体会围绕纵轴有节奏地左右转动。身体绕纵轴的合理转动有以下几个方面的作用：一是有利于完成手臂的出水和空中移臂动作，缩短移臂的转动半径，减小移臂动作使身体侧向摆动；二是有利于另一臂在水下更有效地划水，使手臂的划水路线比较靠近沿身体纵轴的纵切面；三是有利于完成转头吸气动作；四是可以抵消移臂时身体侧向摆动的趋势，有利于维持身体的平衡，使身体保持良好的流线型。

（二）自由泳腿部技术

自由泳的打腿技术能抬高下肢位置，维持身体平衡，使身体保持良好的流线型，以减小游进阻力，起到配合两臂协调用力的作用。自由泳的打腿是两腿交替进行的，以髋、膝、踝关节为支点的多关节运动，即以髋关节为轴，大腿发力，通过膝关节带动小腿和脚掌上下鞭状打水。踝关节的灵活性对打腿动作的实效有很大的影响。打腿时，腿要稍内旋，踝关节要自然放松，脚掌伸直并略内转，使脚背形成良好的对水面。

自由泳的打腿基本上是在纵切面上绕横轴进行的，左右两腿的动作一样，由向上打水和向下打水两个阶段构成。（视频 4-33：徒手自由泳 腿部技术）

视频 4-33：
徒手自由泳
腿部技术

（1）向上打水。向上打水开始时，大腿带动小腿和脚直膝上抬，踝关节自然放松。当脚跟抬到与臀部基本处于同一水平面时，小腿和脚由于惯性作用而继续上移。向上打水结束时，脚跟达到水面最高点，膝关节自然弯屈形成较大角度。

（2）向下打水。随着屈髋程度的加大，大腿继续发力下压，带动小腿和脚掌向下打水，膝关节逐渐伸直。此时，水的阻力使踝关节趾屈、脚掌内转，形成一个良好的对水面。当大腿下压至膝关节略低于髋部水平时，即停止下移而转为上抬。此时股四头肌用力收缩，使膝关节迅速伸直，小腿和脚继续向下加速运动，完成最后的鞭打动作。向下打水结束时，脚离水面 30～35 cm。接着大腿又带动小腿和脚直膝上抬，开始下一个打腿动作周期。

打腿的幅度，即两脚尖在上下方向的垂直距离为 30～40 cm。打腿时，大腿的上抬和下压始终应先于小腿与脚的上抬和下打，这是做好鞭状动作的关键。无论是快打腿还是慢打腿，直腿上抬和屈膝下鞭的动作都要有鲜明的节奏。

1. 陆上自由泳腿部模仿训练

陆上自由泳腿部模仿训练是水中训练的基础，可以引导学员掌握正确的技术动作。可以通过坐撑仰卧打腿、俯卧模仿打腿等陆上训练来强化肌肉记忆。

（1）坐撑仰卧打腿。

动作要领：坐池边，上体稍后仰，两手后撑；两腿前伸，两脚掌稍内旋，脚尖自然伸直，模仿自由泳的打腿动作；先直腿练习，然后膝关节放松，逐步过渡到鞭状打腿。（视频 4-33：坐撑自由泳腿部训练）

视频 4-33：
坐撑自由泳
腿部训练

（2）俯卧模仿打腿。

动作要领：俯卧凳上、浮板上或出发台上，直腿模仿自由泳上下打水动作，逐渐过渡到直腿上抬、屈膝下打的鞭状动作。

2. 水中自由泳腿部训练

水中自由泳腿部训练可以通过扶边打腿、滑行打腿和扶板打腿进行练习。

（1）扶边打腿。

动作要领：两手抓住池边，两手肘部在水下撑住池壁，身体呈水平姿势俯卧水中，可低头或抬头；两腿伸直稍内旋，脚尖自然绷直，做直腿的快频率小幅度上下打水动作；逐步过渡到直腿上抬、屈膝下打的鞭状打腿。（视频 4-34：扶边自由泳腿部训练）

视频 4-34：
扶边自由泳
腿部训练

注意：反复练习，逐步延长每次练习的时间，使动作趋于熟练、放松、自如。

(2)滑行打腿。

动作要领:蹬边滑行后继续低头闭气,一臂前伸,另一臂放体侧,做两腿上下交替的鞭状打水动作向前游进;需要换气时,采用侧转身体的方式进行换气。(视频 4-35:徒手自由泳腿部训练)

注意:侧转换气的方向朝向前伸手臂的异侧。

(3)扶板打腿。

动作要领:身体呈水平姿势俯卧水中,两臂前伸,双手扶住打水板,略抬头;两腿做鞭状打腿动作向前游进。(视频 4-36:扶板自由泳腿部训练)

注意:逐渐延长练习距离,不断提高打水实效。

视频4-35:
徒手自由泳
腿部训练

视频4-36:
扶板自由泳
腿部训练

(三)自由泳臂部技术

自由泳的划水是推进身体前进的主要动力。为了便于分析,可将自由泳臂的一个划水周期分为入水、划水(抓水、拉水、推水)、出水和空中移臂几个动作阶段,如图 4-14 所示。

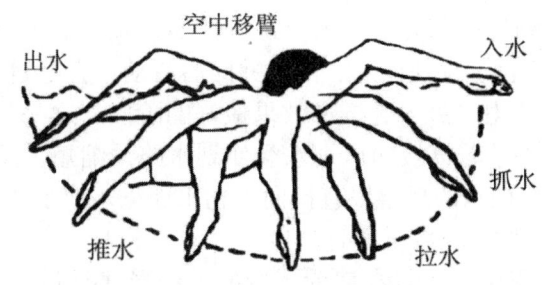

图 4-14 自由泳臂部划水路线

图 4-15 入水

(1)入水(图 4-15)。手臂入水时,手指自然伸直并拢,臂稍内旋,肘关节微屈并高于手,掌心朝外斜下方,使手掌与水平面形成较小角度,以拇指领先斜插切入水中。手的入水点在头前、身体中线与同侧肩的延长线(通过肩关节与身体纵轴平行的直线)之间。臂入水的顺序是手、前臂、上臂。这样入水可以减小水对手臂的阻力,并为后面的抓水创造有利的条件。

不正确的入水动作对游进速度有很大的影响。入水时,如果屈腕勾手,则会增大手的入水截面,造成掌背正对迎面水流,使阻力增大。入水点若超过身体中线,则手臂开始划水时所产生的反作用力会造成身体侧向摆动,破坏身体良好的流线型。入水点若过于偏外,则会缩短划水路线,降低划水动作的实效。入水点若太近,则手臂在水下前伸的距离势必增长,会增大阻力而降低游进速度。此外,入水动作过猛、直臂拍水等都会造成身体不必要的上下起伏,增大波浪阻力。

（2）划水。划水指的是手臂从入水结束到提肘出水前在水下的整个动作过程。自由泳时手在水下的划水路线是一条稍弯曲的"S"型。通常将划水大体分为抓水、拉水、推水三个阶段。

1）抓水。手入水后，手腕自然伸直掌心转向下，手臂在水面下积极前伸，充分拉开肩带肌肉以延长划水距离。当手臂接近完全伸直时，手腕向下弯曲，同时屈肘，形成肘关节高于前臂和手的姿势，像抱住一个圆筒，将自己的身体拉引向前。

手臂入水后有利的抓水动作能起到推进作用，还能使手和前臂以较大的截面入水，为拉水和推水创造有利条件。但在划水周期中，它又是相对放松和缓慢的部分。做抓水动作时，应避免手过快地下滑或向外滑开。

2）拉水。拉水指的是手臂从抓水结束划至肩的横切面这一阶段。拉水应紧接着抓水进行，中间不能停顿。

3）推水。当手臂拉水至腰部时，即转入推水阶段。推水应紧接着拉水进行，中间不停顿。推水的前半部分，掌心转为朝外后方，手掌几乎直接由胸下向腰下推水。这一阶段的划水，上臂向后移动速度比前臂和手掌快，肘关节边向后边向体侧靠近，使前臂和手掌基本保持垂直向后的有利姿势。当手划过髋部时，肘关节迅速伸展，腕关节稍放松，掌心转为朝外上后方，手掌保持着良好的对水面，加速向外、向上并向后滑动，直至划近大腿侧下方。

推水是划水全程中发挥力量最大、推进效果最好的阶段。这一阶段应注意避免直接向后或直接向上划水的错误。手掌若直接向后划水会使划水路线缩短，无法利用到划水升力，将会降低推进作用。手掌若在推水的后半段直接向上朝水面划水，水的反作用力会使臀部下沉，造成身体上下起伏，增大水阻力，降低游进速度。

在一个完整的划水过程中，手臂在肩前、后的动作形式是相反的。拉水时，手臂外旋，肘关节逐渐弯屈，手和前臂的运动领先于手和前臂；推水时，手臂内旋，肘关节逐渐伸展，上臂的运动领先于手和前臂。从抓水、拉水到推水，要连贯进行，逐渐加速，中间不能停顿，在推水接近结束时手达到最高速度。

在自由泳整个水下划水过程中，手相对于静止的水的运动轨迹实际上是一条复杂的三维曲线，在横切面、纵切面及水平面上均呈现不同的形状。在划水过程中要不断地调整手掌方向，使手掌平面在不同阶段都能与手的运动方向形成合适的迎角，从而产生较大的推进力，推进身体向前快速游进。

（3）出水。手掌划至大腿侧下方时，手臂在运动惯性的作用下很快接近水面，掌心逐渐转向大腿。此时肩部三角肌收缩，手臂放松，微屈肘，由上臂带动肘部向外上方拉提，将前臂和手提出水面。手掌出水时小指侧向上，可以把阻力减到最小程度。整个出水动作应迅速、柔和、放松，手臂不要在体侧停顿。

在这一阶段应注意避免使掌心朝上直臂向上兜水。这种错误不仅会造成手臂出水困难，还会由于水的反作用力引起髋部下沉，增大游进阻力。

（4）空中移臂。臂出水后紧接着经过空中前移，中间不能停顿。移臂动作要自然放松，与身体的转动及另一臂的划水协调配合，尽量不破坏身体良好的流线型。

移臂的一般方式是高肘移臂。移臂开始时，肘关节微屈，手腕放松，掌心朝后上方，手掌接近水面，三角肌和斜方肌收缩，由上臂带动肘关节向上、向外、向前移动。当手前移过肩的垂直面后，肘关节转为向下、向内、向前移动，前臂和手肘部向前伸出，掌心朝外斜下方准备入水。在移臂过程中，肘部应始终高于手和肩。

移臂时应避免宽平移臂的错误。手臂绕肩关节直臂宽平前摆的转动半径较大，因而具有较大的角动量。根据力学中的角动量守恒定律，宽平移臂动作势必引起腿部向相反方向运动以保持动量恒定，从而造成身体明显的侧向摆动，使压差阻力增大，降低游进速度。

1. 陆上自由泳手臂模仿训练

陆上自由泳手臂模仿训练可以通过原地模仿划臂和原地模仿转头呼吸等陆上训练来强化肌肉动作记忆。

（1）原地模仿划臂。

动作要领：陆上原地站立，上体略前倾，一臂前伸不动，另一臂模仿自由泳的划水动作；先分阶段，慢速单臂练习，然后左、右臂轮流做划水动作。（视频4-37：自由泳原地模仿划臂）

视频4-37：自由泳原地模仿划臂

注意：练习时，最初可暂不强调动作细节，初步体会动作后再强调屈臂高肘技术和"S"型划水路线。

（2）原地模仿转头呼吸。

动作要领：陆上或者水中开立站立，上体前倾，两手扶膝，做侧转头呼吸的动作。

注意：在转头时张嘴快吸气，将头转正时稍闭气，然后慢慢呼气。转头吸气时眼看后上方，注意不要向前抬头。（视频4-38：原地转头呼吸）

视频4-38：原地转头呼吸

2. 水中自由泳手臂训练

水中自由泳手臂训练可以通过原地划臂、原地划臂配合呼吸、行进间划臂、夹板单臂划臂等训练来巩固。

（1）原地划臂。

动作要领：水中原地站立，上体略前倾，一臂前伸不动，另一臂做自由泳的划水动作；注意体会屈臂高肘姿势和"S"型的划水路线。（视频4-39：单臂+呼吸）

视频4-39：单臂+呼吸

注意：先左、右臂轮换，熟练后做自由泳双臂连贯交替的划水动作，要求两肩绕身体纵轴适当转动。

（2）原地划臂配合呼吸。

动作要领：水中原地站立，上体前倾；一手扶池边，另一臂划水，做侧转头呼吸动作。（视频4-40：站立水中划臂）

视频4-40：站立水中划臂

注意：头绕着身体的纵轴转动，转头时脸侧贴着水面，按"快吸、稍闭、慢呼、猛吐"的节奏反复进行练习。

（3）行进间划臂。

动作要领：两腿弓步姿势站立，上体前倾，做自由泳两臂连贯交替的划水动作向前行进。

注意：划水时适当用力，体会加速划水的动作要领，可配合侧转头呼吸动作。（视频4-41：行进间自由泳手臂训练）

视频4-41：行进间自由泳手臂训练

（4）夹板单臂划臂。

动作要领：大腿处夹打水板，低头闭气，身体水平俯卧水中；一臂前伸不动，另一臂做 2～3 次划水动作后前伸，与保持不动的手臂并拢，然后再换另一臂划水。这一练习有助于体会手臂前伸抓水的动作要领，改进屈臂高肘技术，提高划水效果。（视频 4-42：夹板单臂自由泳）

（四）自由泳配合技术

两臂的配合。自由泳两臂正确合理的配合是保持身体匀速前进的重要条件。自由泳两臂的划水是交替进行的，可以产生比较均匀的推进力，减少了时快时慢耗费在加速度上的体力支出，这是自由泳比其他泳式游得快的一个重要原因。根据划水时两臂所处的相对位置，可以把自由泳两臂的配合大体上划分为前交叉（图 4-16）、中交叉和后交叉三种形式。（视频 4-43：前、中、后交叉）

视频 4-42：夹板单臂自由泳

图 4-16　前交叉

视频 4-43：前、中、后交叉

"前交叉"是指当一臂入水时，另一臂处于肩前方，进入拉水阶段的配合形式，这种配合形式比较容易维持身体平衡，有利于转头呼吸和掌握两臂交替的动作，所以适合于初学者采用。但因一臂空中移臂和入水时，划水臂尚未进入最有效的划水阶段，在这个两臂都不产生推进力的空隙，游进速度将会下降，影响速度的均匀性。

"中交叉"是指当一臂入水时，另一臂划至肩部下方，处于拉水结束推水开始的配合形式。这种配合形式可以使手臂在另一臂推水结束前就完成抓水，因而两臂有效的划水阶段略有重叠，从而能持续不断地产生推进力，保持身体匀速前进。

"后交叉"是指当一臂入水时，另一臂划至腹部下方，与水平面构成的角为 150° 左右，处于推水阶段的配合形式。这种配合形式，一臂提肘出水时，另一臂前伸抓水，两臂的交替比较连贯紧凑，两臂的有效划水阶段基本能互相衔接，因而速度均匀性比"前交叉"要好。但因抓水和拉水开始阶段产生的推进力不大，所以在此期间仍会出现一个短暂的减速，对游进速度有一定的影响，故推进效果不如"中交叉"。

（1）完整配合技术。自由泳臂、腿、呼吸协调一致的配合，是保持游进速度均匀性的基本条件。由于手臂的动作是推进力的主要来源，因而呼吸及腿的动作都是紧紧围绕臂的动作进行的。正常自由泳一般采用 6∶2∶1 的配合技术，即在一个完整动作周期中，打腿 6 次（左右腿各 3 次），划水 2 次（左、右臂各 1 次），呼吸 1 次。

（2）呼吸与臂的配合。游自由泳时，是随着两臂交替划水时躯干绕身体纵轴自然转动而侧转头吸气的，一般是朝自己习惯的一侧转头，但最好能掌握向两侧轮流转头吸气的技术，以便在比赛中观察两侧对手，同时也有利于平衡两臂的划水效果。

转头呼吸的方法是，当吸气侧的手臂入水后，脸浸入水中用口、鼻缓缓呼气。当该臂划至肩下开始向后向外向上划水时，随着身体往吸气侧的转动，头也开始向吸气侧转动加速呼气。当该臂提肘出水、身体转动达到最大程度时，脸部侧对着水面，口处于游进时所产生的头波的波谷之中，此时迅速张口吸气。当吸气侧的手臂经空中前移超过肩的横切面准备入水时，躯干开始朝另一侧转动，此时转头还原使脸部浸入水中做短暂的闭气，然后又开始下一个呼吸周期。（视频 4-44：转头呼吸）

吸气要注意头应随着身体的转动而转动，不要向前向上抬头；转头的动作也不宜过大过猛，以免造成身体扭曲，破坏身体良好的流线型。

（3）手臂与腿的配合。以"中交叉"技术为例，采用 6：2：1 配合技术的自由泳，其 6 次打腿与 2 次划臂有着严格对应的配合时相（图 4-17）。两腿的 6 次上抬和下打，分别对应于两臂划水的 3 个环节。具体地说就是，一臂入水时，异侧腿做 1 次下打；当手臂前伸抓水时，同侧腿做第 2 次下打；当手臂开始拉水时，异侧腿做第 3 次下打；当手臂开始推水时，同侧腿做第 4 次下打；当手臂推水结束时，异侧腿做第 5 次下打；当手臂出水经空中前移时，同侧腿做第 6 次下打。

除了 6：2：1 的配合技术外，在中、长距离自由泳比赛中，还常采用 4：2：1、2：2：1 或交叉打腿的配合技术。这几种技术的打腿次数少，降低了能量消耗，有利于充分发挥臂划水的力量，加快划水频率。同一名选手在比赛的不同阶段变换配合形式的情况也很常见。例如，途中采用 2 次或 4 次打腿配合，终点冲刺用 6 次打腿配合；途中采用 2 次划臂 1 次呼吸（一侧转头）或 3 次划臂 1 次呼吸（两侧转头），终点冲刺则减少呼吸次数甚至完全不呼吸。

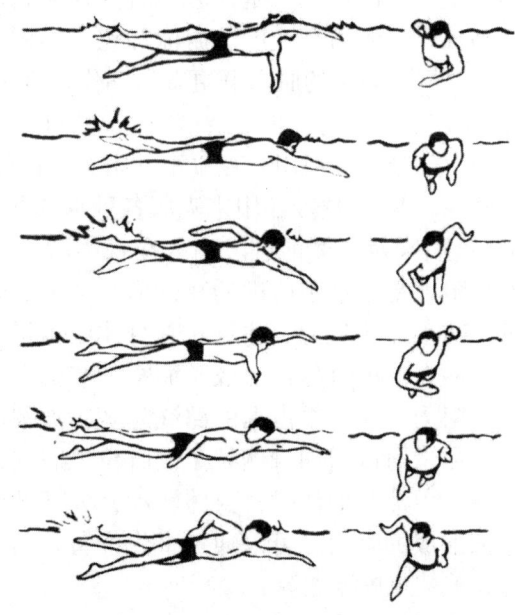

图 4-17　手臂与腿的配合

1. 陆上自由泳配合模仿训练

陆上自由泳模仿训练是水中训练的基础，可以引导学员掌握正确的技术动作，强化配合动作的肌肉记忆。（视频 4-45：陆上自由泳配合模仿）

动作要领：原地站立，两臂上举并拢，掌心向前。先按 3 拍做一臂和腿的配合模仿动作。1 拍，一臂前伸不动，划水一臂在头前抓水，左腿打 1 次；2 拍，划水一臂在胸前拉水，右腿打 1 次；3 拍，划水一臂在大腿旁推水，左腿打 1 次，并还原成预备姿势。练习由两臂的分解逐步过渡到连贯，先单手练习，再双臂练习。

2. 水中自由泳配合训练

水中自由泳配合训练可以通过臂、腿分解配合游、完整配合游来巩固。

（1）臂、腿分解配合游。

动作要领：滑行后低头闭气，一臂前伸不动，另一臂做划水动作；按照 1 次划水配合 3 次打腿的动作，两臂做左 3 次划水，右 3 次划水的分解练习。建立严格对应的自由泳臂与腿的配合时相。（视频 4-46：自由泳分解 3 比 3）

（2）完整配合游。

动作要领：在臂、腿连贯配合的基础上，加上换气动作，形成完整配合技术。

注意：划水动作不要太快，转头动作要同身体转动配合。可先练臂多次、呼吸1次的动作，然后过渡到臂3次、呼吸1次的自由泳动作。在动作基本正确的基础上，逐渐增长游距，在反复的练习中不断改进动作，力求熟练、放松。

第二节　现代游泳技术及训练方法

游泳是一项技术性的运动。相比游泳，跑步和自行车运动是使用比较简单的本能的动作方式与幅度进行的运动，是比较适合人体结构的运动，只要通过多练、狠练，一般就能大幅度地提高技术、耐力和速度。游泳却完全不同，游泳是周期性、重复性运动项目中最复杂的一种，游泳需要动用的肌肉群更多，动作幅度更大，配合要求更加准确协调。

水的密度比空气大800余倍，在跑步时，消耗的大部分能量都能用于前进。而游泳时，所付出的大部分能量都用来克服水的阻力。即使世界一流水平的运动员，最多也只能获得9%的前进效率，其余91%都用来克服各种形式的水阻力。水平较低的运动员则效率更低，只有2%的能量用来使身体前进。当人在水中游进时，主要有三种阻力作用于人体。一是形状阻力。形状阻力是在水中前进的物体形状造成的阻力，减少物体与迎面水流接触的前端截面面积，可以减小形状阻力。这意味着身体应尽量呈现完美的流线型，即应在任何时候都保持接近水平，并在前进时尽量形成长而窄的姿势。二是波浪阻力。波浪阻力是由于身体制造波浪而形成的阻力。在水中占据的路线越宽，波浪就越大，克服波浪阻力需要的能量就越多。在游泳时，尽量通过增加身体处于侧卧位的时间来减少平卧的时间，形成较窄的前进路线。这也就是在自由泳和仰泳时，身体转动并处于侧卧位的原理。三是表面阻力。表面阻力是水与身体摩擦形成的阻力。可以通过事先准备合力用器材来减小它，如使用高科技材料制成的泳具，像穿着鲨鱼皮泳衣等。

在学会游泳之后，可以通过一些特定的训练方法提高游泳技术。

一、身体平衡练习

总的来说，平衡的身体姿势是头、躯干和下肢在一条直线上，并与水平面平行，这种姿势可以最大限度地减少游泳者遇到的形状阻力。优秀运动员不采用打腿使髋部和下肢抬到水面的方式，因为大腿需要耗费太多的能量。当在水平获得平衡时，无论俯卧、仰卧、侧卧，头部只有1/4～1/3露出水面，其他部分都在水面以下。另外，还可以尝试按压身体内的"浮漂"。肺脏像浮漂一样使身体向上漂浮，相反重心容易使髋部和腿部下沉。一端升起时，另一端就会下沉，因此，可以尝试按压身体内的浮漂，使上体略向下倾斜，有种向下俯冲游泳的感觉。这种俯冲的感觉可以通过静力平衡和动力平衡练习来掌握其要领。

1. 俯卧平衡练习

动作要领：俯卧蹬边，两臂放在体侧，两腿轻松打水，头顶与脊柱在一条直线上，鼻尖指向池底；轻轻按压身体内的浮漂，使髋部上升至水面；需要吸气时，直接向上抬头，吸气后再低头恢复到原来位置与脊柱呈一条直线，并再次按压浮标；当抬头吸气时，髋部和腿会迅速下沉，应迅速低头使脊柱成直线并按压浮标，就能很快恢复平衡。（视频4-47：俯卧平衡练习）

（视频4-47：俯卧平衡练习）

注意：当身体形成平衡姿势时，后脑勺、肩峰和臀部露出水面。

2. 侧卧滑行平衡练习

动作要领：侧卧蹬边，下边手臂前伸，上边手臂放在体侧，鼻尖朝上自由呼吸；开始轻松打水，后脑勺要尽量碰到前伸的手臂；当需要吸气时，侧转身体向侧边呼吸，吸气身体恢复到原来位置，并再次按压浮漂；整个过程保持侧卧，脸朝上，两侧轮流练习。（视频4-48：侧卧滑行平衡练习）

注意：形成俯卧平衡姿势后，放在体侧的手臂从肩到腕始终有部分肌肤露出水面；以腋窝为支点向下倾斜，可以起按压身体内浮漂的作用，有助于达到平衡姿势，前伸的手臂应没有重量感，当身体平衡时，头的位置与俯卧平衡时完全一样，头的1/4～1/3露出水面。

视频4-48：侧卧滑行平衡练习

3. 垂直打水练习

目的：垂直打水在纠正错误技术方面的速度是目前所知道最快的方式。因求生的本能可以使神经肌肉系统迅速识别，保持头和口位置的最有效动作。

要点：身体呈垂直姿势，两臂抱于胸前，两腿交替打水，头部维持在水面上，口和鼻露出水面，背部、头部正直，避免身体前倾；髋部发力打水，膝关节在水的压力作用下略微弯曲，踝关节放松，用小幅度、快频率的打水方式打水 15 s；然后扶池边或扶泳池线休息 15 s。

注意：刚开始可以做 6 组 15 s 打水，每组休息 15 s。待动作熟练后，再增加重复次数，可以通过改变手臂位置来加大练习难度和负荷，如两手露出水面、两手放在头顶或两臂向上伸直呈流线型。

二、现代蛙泳技术及训练

蛙泳的技术形式和风格最为多样化，几乎有多少蛙泳教练就有多少种技术风格。但优秀蛙泳运动员的技术都有一些共同的特征：一是每个周期中，身体有一定时间的滑行过程，滑行时身体呈流线型姿态，充分伸展，并以最高效率前进；二是从划水开始动作逐渐加速，在手臂前伸呈流线型之间没有任何停顿；三是髋关节始终保持在较高位置；四是以强有力合脚的鞭状夹水结束蹬水动作；五是头的姿势控制好，下颌始终收紧。

以下提供一些蛙泳技术训练的方法，当掌握这些基本方法后，可根据自己的特点形成不同的技术风格。

1. 垂直身体蛙泳划水

目的：培养正确的蛙泳划水技术，提高划水速度，并纠正划水幅度过大或划水速度过慢的错误动作。

动作要领：用腿夹浮板在深水区练习，身体保持正直，头露出水面，两臂前伸，两手的大拇指并拢，掌心朝向外下方；两手向外划水至两倍肩宽，手指仍指向前方。手掌向内旋转，肘关节向胸部曲屈，手向内划水。当两手并拢，两肘至体侧时，手臂在水面快速前伸至开始姿势。

注意：手臂向外、向内划水时，应使身体升高至少使胸部的上半部分露出水面。练习时注意观察自己的双手，始终看到双手在肩前。移动划水结束时，两肘靠近身体或夹紧两肘。

2. 蛙泳划水与自由泳打腿

目的：掌握正确的蛙泳划水技术，并强调必要的速度和升力以及头部位置的控制。

动作要领：俯卧做自由泳打水；两臂并拢前伸，数3下后，用上一个练习介绍的划水动作快速划水并伸臂。（视频4-49：蛙泳划水与自由泳打腿）

视频4-49：蛙泳划水与自由泳打腿

注意：头的姿势有三种方式需要练习，第一种是下颌保持在水面，不要没入水中。这种姿势的目的是强调划水速度。第二种是眼睛刚好露出水面，在划水时收下颌，眼睛的视线向前，与水平成45°角并保持该角度。第三种是眼睛刚好位于水面下，视线向下与水面呈45°角并保持；手臂在前方分开时形成一个"窗口"，始终能够通过这个"窗口"看到池底，收紧下颌，头的角度要保持稳定。

3. 控制滑行时间的蛙泳配合

目的：掌握正确的配合时机和身体的伸展。（视频4-50：控制滑行时间的蛙泳配合）

视频4-50：控制滑行时间的蛙泳配合

动作要领：按照一次划水、一次蹬水并滑行的节奏游进，头向下与水平面成45°角滑行时，额头的上部与水面齐平；每个动作结束后数3下（约3秒），用尽量少的划水次数完成相同的距离。

注意：距离越短滑行也越少，距离越长滑行越长。一般来说，不同距离的滑行时间不相同。一般竞技比赛中200 m滑行时数2～3下，100 m滑行时数1～2下，50 m滑行时最多数1下。

4. 蛙泳划水与蝶泳打腿

目的：结合蛙泳和蝶泳动作的特点，练习波浪式蛙泳。这个练习并非适合所有运动员，但可能对许多人都非常有效。（视频4-51：蛙泳划水与蝶泳打腿）

视频4-51：蛙泳划水与蝶泳打腿

动作要领：俯卧成流线型做蝶泳打腿，做一次蛙泳划水动作，并在划水时吸气；向前伸臂时，将臀部向上拉起，然后做上下的蝶泳打水；手臂要尽量伸直，打水后再做下一次划水；根据熟练程度决定打水节奏，非常熟练时可以用很快的节奏进行。

注意：为获得良好的节奏感，可以每2～3次划水吸气1次。每次打腿，臀部和腿要保持较高位置，避免身体下沉。

三、现代自由泳技术及训练

多数运动员在自由泳比赛中用爬泳游进，因为如果姿势正确，它是最快和最有效的一种泳姿。自由泳除了是最快的姿势外，还具有最容易教和学的特点。初学者在学会自由泳技术后，可进行以下的分解训练，将整体动作分为几个部分单独进行练习，熟练后再将动作结合成一系列协调的动作。

1. 以侧卧姿势游泳

人在水中侧卧时遇到的阻力比较小，因此，游自由泳时应该尽量延长身体位于侧卧的时间，减少俯卧位的时间。躯干和髋部的转动是推动力的原动力，肩臂和手的作用主要是传送器而不是发动机。在游泳的时候，髋关节转动时，躯干部的肌肉群绕脊柱伸展和扭转。当这些肌肉收缩时，髋关节和躯干转动产生的巨大合力通过肩和上臂传递到前臂和手，而前臂和手的主要任务是在水中寻找并把握一个支撑点，使髋关节和躯干转动的力量以线性方式作用于水，推动转动的身体克服水阻力而前进。另外，身体的转动可使肌肉更多地参与运动，通过实验发现转动身体可以比平卧时多动员5倍的肌肉参与运动。

（1）侧卧－俯卧－侧卧练习。

动作要领：以俯卧姿势蹬离池壁，下面手臂前伸，上面手臂放在体侧，鼻尖朝下，按压身体内浮漂，以保持平衡；轻松打水，做划水动作，身体的转动与手臂的划水同时进行，当身体转动到与开始时相反的侧卧位时，划水结束；在侧卧姿势下继续打水数下，转动头部回到原位，并将手臂回到向前伸直，两腿继续在俯卧姿势打腿数次并呼吸，身体转动并做另一臂划水动作。（视频4-52：侧卧－俯卧－侧卧练习）

注意：在侧卧平衡姿势，一臂从肩到腕露出水面。头和身体一定要作为一个整体来转动，而不能先转头后转体，转动时头和臀部要同时转动，当在鼻尖朝上的位置时，头后脑要尽量与前伸的手臂接触。

（2）侧卧滑行自由泳。

目的：是侧卧－俯卧－侧卧练习的另一种形式，只是去掉了俯卧滑行阶段。

动作要领：蹬边后，身体呈侧卧，平衡姿势并打水，鼻尖朝下；经空中向前移臂，经过头上时，身体开始向另一侧转动，手臂继续前移，准备入水；当身体达到侧卧姿势时不要停留，继续向另一侧转动，使头与身体一起转动；前伸的手臂开始划水，身体的转动和手臂的划水同时结束，头转动到鼻尖朝上的位置，但在这个位置不要停留，吸气后再转回到鼻尖朝下的位置，并继续打腿10次或10次以上。（视频4-53：侧卧滑行自由泳）

注意：随着动作的熟练，逐渐减少在侧卧时打水的次数，并练习不同的呼吸方式，当适应这个练习后，在不吸气的条件下，连续做几次划水，鼻尖始终朝下。一般常用的呼吸方式是每划水2次或3次吸气1次。

2. 手臂划水练习

多数初学者和中等水平游泳者使用的是后交叉配合，纠正动作时采取矫枉过正的方式是比较有效的。

（1）手套想象训练法。

动作要领：在做这个练习时，一般想象前伸的手上带了一支宽松的手套，另一臂划水移臂后，伸进手套内，一臂再离开手套开始划水。（视频4-54：手套想象训练法）

注意：用这种方法将手套在两只手之间转换，目的是让移臂的手尽量追逐前伸的手。

（2）划水3次加滑行练习。

目的：这个训练介于分解和配合之间，要求划水3次后在侧卧位置暂停。

动作要领：蹬边后，呈向右侧或平衡姿势，并打水，鼻尖朝下；身体平衡后，左臂移臂，身体向左转动，右臂划水，整个动作与侧卧滑行练习一样，但鼻尖始终朝下；当身体转到左侧位后，右臂划臂，身体向右转动，左臂划水至身体向右成侧卧位；以此类推每3次划水动作转头呼吸并停留，在侧卧位置打水几秒钟。

注意：每次转动和划水时，有意识地使肚脐朝向两侧的池壁，两臂要采用中前交叉配合，身体呈侧卧时，应立刻感觉到一臂露出水面。如果不能则说明头抬得过高，应该通过按压浮漂调整姿势。

3. 完整技术练习

游泳是最为复杂的一种重复运动项目，需要在头脑中有一些清晰的技术表现，才能使技术更有效。下面介绍几种分解练习或游泳技术中的技术表现要点。

（1）拉线木偶式高肘移臂。

动作要领：想象自己是一个拉线木偶，身上只有一处地方被线牵引，即移臂手肘的关节处；肘关节直接向上移动而上臂和手放松，指尖接近水面和身体；当移臂向前移过头部横轴线时，手直线前移到入水点，拉线器断开，手臂的整个木偶结构破坏，手向前下方斜插入水。（视频4-55：拉线木偶式高肘移臂）

视频4-55：拉线木偶式高肘移臂

（2）身体转动的开关（激光光束）。

动作要领：想象有一条激光光束，与头顶相切，当肘部被拉线拉起时，身体应该保持在侧卧位置，另一臂前伸；当前移的手越过激光光束时，就是身体开始转动的信号；正如按动开关一样，身体开始转动后，移臂的手继续前伸，另一臂开始划水。用这种表象方式练习，可以做出几乎完美的中前交叉配合技术。

（3）髋部快速转动。

动作要领：身体在水中游得快，必须很快地转动髋部，从一侧转向另一侧的速度越快，一臂划水的速度就越快；划水力量越大，身体前进的速度就越快，侧卧位滑行的距离就越远；这是体会核心力量的表现方式。（视频4-56：髋部快速转动）

视频4-56：髋部快速转动

4. 前臂垂直划水

划水时，前臂尽可能保持与池底垂直姿势，并将这种姿势保持得越长越远越好。注意肘关节的位置要高于肩和腕之间的连线（称为高肘划水）。游泳者常见的错误动作是划水及前臂接近水平姿势导致手臂对水面积减小，划水时会产生很多气泡，只有很小的推进力。

第三节　救援实用游泳技术

救援实用游泳技术是指在水上用最快的速度和合理的方法将溺水者救出水域的一种专门技术。掌握这些救援实用游泳技术对挽救他人生命、保护自己，都有着十分重大的意义。

救援实用游泳技术通常是指非竞技泳式，但具有救援实用价值的游泳技术。救援实用游泳技术包括踩水、反蛙泳、侧泳、抬头自由泳、潜泳，是在蛙泳和自由泳两种竞技游泳技术的基础上，向着水域救援技术迈进的必经阶段，为开展水域救援其他技术训练奠定基础。

一、踩水技术及训练

踩水又称"立泳",是一项实用价值很高的游泳技术,也是救援人员应掌握的自救技术之一。踩水技术动作简单、方便、省力、能持久。在水中救护溺水者时,掌握踩水技术后,便于救援人员在水中休息、观察、变换方向或救助溺水者,对在水中拖带溺水者的救助工作起重要作用。(视频4-57:踩水)

(一)身体姿势

踩水动作类似于直立蛙泳,身体略向前倾斜直立漂浮于水中,头部始终在水面上,下颌接近水面,稍屈髋,两臂稍屈处于胸部水平,掌心向下。

视频4-57:踩水

(二)腿部技术

踩水时,双腿的蹬压动作是产生上升力的主要因素。踩水腿的蹬压动作与蛙泳腿的蹬压动作十分相似,但大腿的动作幅度较小,主要靠小腿和脚掌做动作。蹬压时,两腿始终处于弯曲状态,没有明显地并拢伸直。整个蹬压动作要连贯圆滑,周而复始。

蹬压动作开始时,略屈髋,翻腿姿势与蛙泳翻脚姿势基本相同。蹬腿时,大腿略下压,膝关节内扣,以小腿和脚的内侧面向下弧形蹬压水,在膝关节尚未完全蹬直时,小腿即向大腿折叠,大腿转而稍上抬,紧接着向外翻脚,准备做下一次蹬压动作。在一个收腿、翻脚、蹬压的动作周期中,脚的运动路线近似于一个椭圆形。

踩水腿的蹬压方式有两种:一种是两腿同时蹬压、同时收翻。这种方式更接近于直立蛙泳,动作比较简单,容易掌握,蹬压动作有力,但身体的上下起伏比较大。另一种是两腿交替做收翻和蹬压的动作,即一腿向下蹬压时,另一腿向上收腿翻脚,两腿连贯交替。这种方式对动作的协调性要求较高,身体比较平稳,没有太大的起伏,但身体会稍微左右摇摆。

(1)陆上踩水腿部模仿训练。陆上踩水腿部模仿训练是水中训练的基础,可以引导学员掌握正确的技术动作。可以通过坐池边模仿踩水等模仿练习来强化腿部动作的肌肉记忆。

(2)坐池边模仿踩水。

动作要领:坐在池边,脚浸入水中,模仿踩水的腿部动作,注意体会小腿和脚的内侧面向下蹬压水的感觉。(视频4-58:坐池边模仿踩水)

(3)扶边踩水腿部训练(图4-18)。

动作要领:双手扶边,上体略前倾;双腿同时或交替做向下弧形蹬压、向上收腿翻脚的连贯动作。

视频4-58:坐池边模仿踩水

要求:以小腿和脚的内侧面蹬压水,注意动作连贯,周而复始地进行。

(三)臂部技术

踩水时,两臂稍屈平举于胸前,两手同时做平行于水面向外、向内的弧形拨压水动作。向外拨压水时,掌心朝外下方向;向内拨压水时,掌心朝内下方。整个动作要连贯圆滑,有节奏地周而复始。弧形拨压时手掌要有压水的感觉,与水平面呈一定角度,动作主要是前臂和手的摆动,上臂的动作幅度不宜过大。(视频4-59:臂部技术)

视频4-59:臂部技术

图4-18 扶边踩水腿部训练

手臂沿水面来回滑动时,水对手臂的反作用力是由手臂运动方向相反的划水阻力和与手臂运动方向垂直的划水升力构成的。划水阻力平行于水面,由于两臂同时向外或向内运动,两臂上的划水阻力相互抵消,不引起身体的位移。而两臂上的划水升力垂直于水面,起着克服重力使身体向上升起的作用(图4-19)。

1. 陆上踩水臂部模仿训练

陆上踩水臂部模仿训练是水中训练的基础,可以引导学员掌握正确的技术动作,并通过站立池边模仿等模仿练习来强化腿部动作的肌肉记忆。

动作要领:站在池边,身体稍微前屈,两臂稍屈平举于胸前,两手同时做平行于水面向外、向内的弧形拨压水动作。(视频4-60:踩水手臂模仿练习)

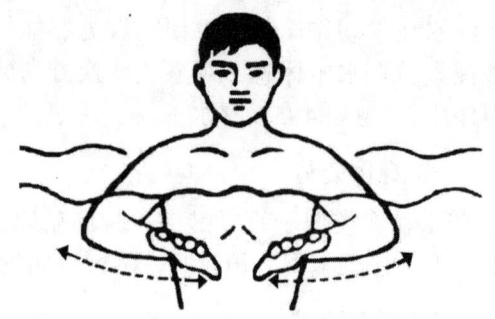

图4-19 踩水臂部技术

2. 水中踩水臂部训练

水中踩水臂部训练可通过站立划水来训练。

动作要领:站立齐胸深水中,双臂稍屈举于前胸,做有节奏的外向、内向弧形拨压水的动作,体会水对手臂的反作用力。(视频4-61:站立划水)

(四)完整配合技术

视频4-60:踩水手臂模仿练习

踩水时,头部始终露出水面,可以自然呼吸,要与动作有节奏地配合进行。踩水时,腿和臂的动作要协调配合。若采用两腿同时蹬压技术,则两腿向下蹬压时两臂向外弧形拨压,向上收腿翻脚时,两臂向内弧形拨压。若采用两腿交替蹬压技术,则一腿向下蹬压时,两臂向外弧形拨压,另一腿向下蹬压时,两臂向内弧形拨压。如此有节奏地往复做动作,使身体平稳地漂浮于水中。

视频4-61:站立划水

用踩水动作可以朝某一方向慢慢游进。向前游进时身体略向前倾,腿稍向后蹬,两臂也稍向后划;侧向游进时,身体应侧对游进方向并稍侧倾,异侧腿动作应大些、用力些。

1. 助浮踩水

动作要领:在深水区,用浮条圈在练习者腋下,身体略向前倾斜直立漂浮于水中,下颌接近水面,稍屈髋,两臂稍屈处于胸部水平,掌心向下,手臂模仿体会"8"字形的手臂划水动作,用连贯圆润、周而复始的动作划水,利用划水升力的作用支撑身体,双腿同时或交替做蛙泳蹬腿的连贯动作。

注意:逐步减少浮条圈数,过渡到不用浮条助浮的踩水。

2. 持续踩水

动作要领:在深水区持续踩水,动作尽量放松。可以规定踩水时间,进行间歇性踩水训练,如2组×1min踩水练习。

注意:踩水和其他各种成水平姿势的泳姿不同,是靠臂、腿动作产生上升力来克服人体的重力使身体漂浮于水中的。由于人体浸入水中后本身就受到向上的浮力作用,所以在掌握踩水技术后,只要臂、腿稍做动作就能使头部浮出水面。技术娴熟者踩水时"如履平川",可以仅靠腿的动作使身体浮起来而腾出双手来持物。

二、反蛙泳技术及训练

反蛙泳又称"蛙式仰泳",也称"仰式蛙泳",其动作简单,呼吸自然,动作省力,容易学习和掌握,游起来既省力又持久。在长时间、长距离游泳时,反蛙泳还是一种较为轻松的调整和休息方式。(视频4-62:反蛙泳)另外,反蛙泳具有很大的实用价值,在水中托运物品、拖带溺水者时常采用这项技术。游反蛙泳时,身体仰卧水中,两腿同时做蛙泳腿的蹬夹动作,两臂同时经空中前摆,入水后从体侧同时向后划水。

视频4-62:
反蛙泳

(一)反蛙泳的身体姿势

仰卧水中,腹、背肌适度紧张,使身体自然伸直,身体纵轴与水平面形成一个不大的角度,后脑浸入水中,脸露出水面,下颌微收。

(二)反蛙泳的腿部技术

反蛙泳腿的蹬夹动作是推动身体前进的主要因素。腿的动作从身体伸直仰卧滑行姿势开始。收腿时,略屈髋,臀部稍下沉,膝关节弯曲,小腿放松下沉向大腿后面折叠,两腿同时向两侧向后对水。翻脚结束时,大、小腿间的夹角小于90°,两脚跟间的距离宽于两膝间的距离。紧接着,髋关节展开,大腿前侧和内侧肌群发力,使膝盖关节开始伸直,小腿和脚保持良好的对水面向后方弧形蹬夹水,两腿边后蹬边内夹,整个蹬夹动作要加速进行。在蹬夹的最后阶段,踝关节伸直,完成脚掌向后、向内、向下的鞭打动作。两腿在蹬直的同时并拢,保持适度紧张,进行滑行阶段。

收腿、翻脚、蹬夹腿三个环节是紧紧相连的。收腿尚未完成就开始翻脚,在翻脚开始阶段继续完成收腿;翻脚尚未完成即开始蹬夹,在蹬夹的开始阶段继续完成翻脚。整个动作要连贯,中间不能有明显的停顿。尤其应注意的是,在收腿、翻脚、蹬夹腿的过程中,膝关节不能露出水面。

1.陆上反蛙泳腿部模仿训练

陆上反蛙泳腿部模仿训练可以通过坐池边模仿蹬腿来训练。

动作要领:坐池边,上体稍后仰,两臂后撑,两脚浸入水中,模仿反蛙泳的收、翻、蹬夹动作。(视频4-63:反蛙泳模仿蹬腿)

2.水中反蛙泳腿部训练

视频4-63:
反蛙泳模仿
蹬腿

水中反蛙泳腿部训练可以通过反抓槽蹬腿、扶板蹬腿、滑行蹬腿等训练来巩固。

(1)反抓槽蹬腿。

动作要领:仰卧于水中,身体尽量展平,反臂抓住池边水槽。做蹬腿动作时,髋关节不宜过于弯曲,两膝不要露出水面。

(2)扶板蹬腿。

动作要领:仰卧水中,双手抱浮板于腹前,做反蛙泳腿的动作向前游进。

（3）滑行蹬腿。

动作要领：仰卧蹬壁滑行后，两臂贴于体侧，做反蛙泳腿的动作向前游进，体会连贯的腿部动作。

（三）反蛙泳手臂技术

两臂动作从贴于体侧的滑行姿势开始。首先以拇指领先，两臂自然伸直提出水面，并放松地沿体侧的垂直面经空中向前摆动。两臂摆过脸部上方时，开始内旋，使小指侧转向下。然后，两臂伸直在肩前（肩延长线上或者稍外侧）同时入水。入水后应尽量向前伸肩以延长划水路线。然后，两臂向两侧分开，略屈腕使掌心朝向脚的方向，先直臂向外、向后划水。当划至两侧接近肩横线时，肘关节稍弯曲下沉，形成"倒高肘"姿势，使前臂和手掌形成良好的对水面，并继续用力在体侧向后推压水至大腿旁。划水结束时，两臂贴着体侧，掌心朝向大腿，身体伸直成良好的流线型向前滑行。

1. 陆上反蛙泳臂部模仿训练

陆上反蛙泳臂部模仿训练可通过站立模仿划臂来训练。

动作要领：原地站立，模仿反蛙泳两臂的划水动作。（视频 4-64：陆上反蛙泳臂部动作）

视频 4-64：陆上反蛙泳臂部动作

2. 水中反蛙泳臂部训练

水中反蛙泳臂部训练可以通过夹板划臂训练来巩固。

动作要领：仰卧水中，双腿夹板伸直并拢，连续做反蛙泳两臂划水的动作，向前游进，体会将身体向前拉引的感觉。（视频 4-65：夹板划臂）

视频 4-65：夹板划臂

（四）反蛙泳配合技术

游反蛙泳时，脸部始终露在水面上，因而呼吸不受限制，但也要与臂、腿动作协调一致。一般是在空中移臂时吸气，臂入水后稍闭气，臂划水时用口、鼻均匀地呼气。

反蛙泳的臂、腿动作也是交替进行的，蹬腿与划臂轮流起着推动身体前进的作用。配合方式是，两臂提出水面经空中前移时，做收腿和翻脚的动作；两臂摆至头前即将入水时，两腿开始向后蹬夹；蹬夹结束两腿伸直并拢时，两臂在体侧向后划水；划水结束后，两臂贴于体侧，身体自然伸直向前滑行。俯卧蛙泳是在两臂前伸后做短暂的滑行，而反蛙泳则是在两臂划至大腿旁后进入滑行的。

1. 陆上反蛙泳配合模仿训练

动作要领：原地站立，两臂上举并拢，掌心向后。先按 2 拍做两臂和单腿配合的反蛙泳模仿动作。1 拍，两臂向后下分开划动推水，腿不动；2 拍，两臂向内划至胸前，一腿屈膝上提做收腿和翻腿动作；3 拍，两臂向上伸直；4 拍，腿向下弧形蹬夹，还原成预备姿势。练习由分解逐步过渡到连贯。

2. 水中反蛙泳配合训练

（1）多次腿一次臂配合。

动作要领：仰卧水中，两臂贴于体侧，做 2~3 次蹬腿动作后，接一次划臂动作，每次蹬腿后要稍做滑行。

（2）完整配合游。

动作要领：身体仰卧水中，两臂由体侧开始，大拇指领先出水，双臂经空中前摆大臂夹住耳朵入水，后在体侧同时向后划水，两腿同时做蛙泳腿的收、翻、蹬夹动作。（视频 4-66：反蛙泳 水下动作）

视频 4-66：
反蛙泳 水下动作

三、侧泳技术及训练

侧泳又称"侧卧泳"，是身体侧卧水中向前游进的一种泳式，是从侧身蛙泳演变而来的。该技术动作自如省力，具有很大的实用价值，常用于在水上拖运物品和溺水者。

游侧泳时，两臂交替划水，两腿做蹬剪水动作，结合蛙泳蹬腿和自由泳划臂的一些特点，不仅速度较快，而且呼吸自然，动作轻松，容易掌握。

（一）侧泳身体姿势

游侧泳时，身体侧卧水中，稍向胸腹一侧倾转，头的一侧浸入水中，身体纵向与水平面构成一个不大的迎角，腿部位置略低于肩部水平。游进时，躯干会随着臂的划水动作而有节奏地绕纵轴来回转动。这种转动不仅有利于发挥臂划水和腿蹬剪水的力量，还有利于顺利完成空中移臂和呼吸动作。根据个人的习惯，侧泳可以采用左侧卧姿势，也可以采用右侧卧姿势（图 4-20）。

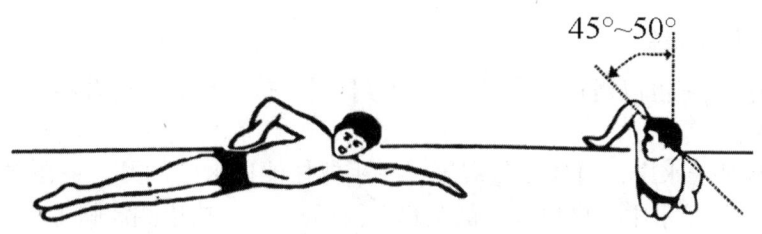

图 4-20 侧泳身体姿势

（二）侧泳腿部技术

侧泳腿的动作是推动身体的重要因素，尤其在腾出双手拖带溺水者时，几乎全靠腿的动作使身体前进。侧泳腿的动作可分为收腿、翻脚、蹬剪三个紧密相连的阶段。为便于描述，将靠近水面的腿称为上侧腿，而另一只腿称为下侧腿。（视频 4-67：侧泳）

视频 4-67：
侧泳

（1）收腿。侧泳腿的一个动作周期从两腿伸直并拢、身体侧卧向前滑行的姿势开始。收腿时，上侧腿膝关节弯曲，大腿与水面平行向前提收，踝关节自然放松，小腿跟在大腿后面向前移。此时，下侧腿保持展髋姿势，膝关节弯曲，小腿向大腿后面折叠，使足跟靠近臀部。收腿结束时，上侧腿的大腿与躯干约成 90°角，小腿与大腿之间成 45°～60°角；下侧腿髋关节伸展，大、小腿折叠成 30°～40°角 [图 4-21（a）]。

（2）翻脚。翻脚是介于收腿和蹬剪水之间的一个过渡动作。当收腿动作接近完成时，上侧脚勾脚尖，膝关节开始伸直，小腿与水面平行稍往身前伸出，将脚底和大腿后侧面向后对准蹬水方向。下侧腿则绷脚尖，使脚背和小腿的前侧向后对准剪水方向 [图 4-21（b）]。

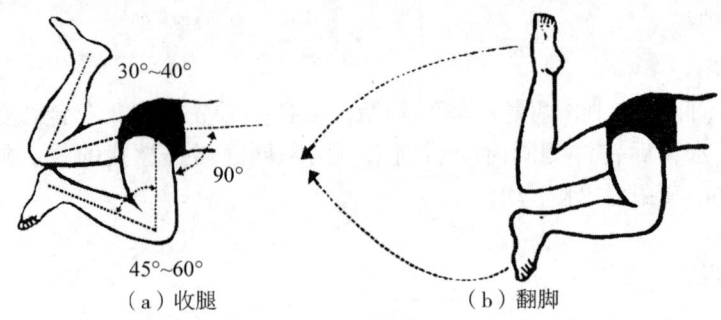

图 4-21　侧泳腿部姿势

（3）蹬剪。蹬剪紧接着翻脚动作，上侧腿用力伸髋，大腿后摆使膝关节继续伸直，以大、小腿的后侧及脚底与水面平行地向后加速弧形蹬夹。与此同时，下侧腿用力伸直膝关节，以脚背和小腿前侧面对水向后剪蹬。随着两膝关节的伸直，上、下两腿形成剪刀状的剪绞动作，直至两侧伸直并拢进入滑行阶段。

滑行时，髋关节、膝关节和踝关节都自然伸直，腿部肌肉保持适度紧张以形成良好的流线型姿势。

1. 陆上侧泳腿部模仿训练

动作要领：侧坐在池边或浮板上，双手扶在身体一侧，做侧泳腿的动作。（视频 4-68：陆上侧泳腿部模仿）

2. 水中侧泳腿部训练

水中侧泳腿部训练可以通过扶边打腿、滑行打腿、扶板打腿进行练习。

（1）扶边打腿。

动作要领：侧卧于水中，身体尽量展平，一手抓住池边水槽，另一手在水下撑住池壁，身体水平侧卧水中，做侧泳腿的动作。（视频 4-69：扶边侧泳腿）

（2）滑行打腿。

动作要领：蹬壁滑行后，侧卧于水中，身体尽量展平，下侧手前伸，上侧手放在体侧，身体水平侧卧水中，做侧泳腿的动作。

（3）扶板打腿。

动作要领：仰卧水中，前伸手抱浮板于体前，做侧泳腿的动作向前游进，体会连贯的腿部动作。（视频 4-70：扶板侧泳腿）

视频 4-68：陆上侧泳腿部模仿

视频 4-69：扶边侧泳腿

视频 4-70：扶板侧泳腿

（三）侧泳臂部技术

侧泳臂的动作有两种形式：一种是两臂都不出水；另一种是有一臂出水。平时常用的是后一种形式，即一臂划水后提出水面经空中前移，另一臂划水后在水下收手前伸。为便于理解，将靠近水面的手臂称为上侧臂，而另一只手臂则相应地称为下侧臂。

（1）上侧臂动作。上侧臂的动作可分为入水、划水、出水和空中移臂四个紧密相连的阶段。动作要领同自由泳手臂动作类似，但是在划水的过程中，身体逐渐转回侧卧姿势，移臂的后半段，躯干逐渐转动，以使手的入水前移，增长划水路线。

（2）下侧臂动作。下侧臂的动作可分为划水、收手、前伸三个紧密相连的阶段。动作要领同蛙泳手臂动作类似，但是手要划至腹部下方，肘关节靠近体侧，接着以手指领先贴近水面不停顿地向前伸出，掌心逐渐转向下，直至肘关节伸直。整个收手和前伸的动作要做得连贯圆滑。

1. 陆上侧泳臂部模仿训练

陆上侧泳臂部模仿训练可通过原地模仿划臂来训练。

动作要领：两腿开立，上体稍前倾、稍侧屈，模仿侧泳两臂的划水动作。着重体会两臂不同的动作路线及两臂交叉配合的时机。（视频 4-71：侧泳手臂模仿）

视频 4-71：侧泳手臂模仿

注意：侧泳两臂的动作是交替进行的。上侧臂提出水面经空中前移时，下侧臂前伸；上侧臂入水时，下侧臂收手；上侧臂划水时，下侧臂前伸，两臂在胸前有一个交叉的过程；上侧臂划水结束贴于体侧时，下侧臂在头前伸直。

2. 水中侧泳臂部训练

水中侧泳臂部训练可以通过站立水中原地划臂、侧向行进划臂进行练习。

（1）站立水中原地划臂。

动作要领：两腿开立，上体稍前倾、稍侧屈，做侧泳两臂的划水动作。划水不要太用力，主要体会两臂的划水路线和屈臂高肘技术。基本掌握动作要领后，加上转头呼吸的动作。

（2）侧向行进划臂。

动作要领：上体稍前倾、稍侧屈，做侧泳两臂交替的划水动作，朝侧向行进，适当用力，借助划水动作产生的反作用力向侧移步，可结合转头呼吸动作进行练习。（视频 4-72：泳行进间划臂）

视频 4-72：泳行进间划臂

（四）侧泳配合技术

上体侧屈，靠近池底的手臂做蛙泳划水动作，另一侧手臂做自由泳划水动作，两臂交替划水向前行进；腿部进行剪夹腿的动作，即一腿勾绷压水，一腿绷脚尖踢水。（视频 4-73：侧泳配合）

动作要领：蹬离池壁后身体转成侧卧姿势，做侧泳臂、腿配合的动作向前游进；逐渐加上有节奏的呼吸，形成完整的配合技术。

视频 4-73：侧泳配合

四、抬头自由泳技术及训练

抬头自由泳技术是指在自由泳基础上，把头抬出水面的一种游泳姿势。该技术实用价值较大，可使头露出水面，随时观察水面的情况，救助溺水者时能迅速准确地接近溺水者，为抢救生命赢得宝贵时间。其技术要领和自由泳相似，下面重点讲解不同之处。由于其训练过程和自由泳相同，在此不再赘述，请参考自由泳训练部分。（视频 4-74：抬头自由泳）

视频 4-74：抬头自由泳

1. 抬头自由泳身体姿势

抬头自由泳技术与自由泳技术基本相同。而不同之处是身体位置比自由泳高，因为头抬出水面必然会造成身体仰角比较大，迎水面会造成比较大的阻力，所以下肢容易下沉。

身体俯卧水中,头部露出水面,身体尽量保持平衡(身体姿势比自由泳身体姿势稍高)并成较好的流线型;身体可围绕纵轴有节奏地转动,两眼注视前方目标以保持身体平稳前进。要注意的是,头抬出水面,不要左右摆(晃)动,双眼要注意前方目标(如溺水者)。

2. 抬头自由泳腿部技术

良好的腿部动作可以维持身体平衡,以保持流线型的身体姿势,与两臂划水动作紧密配合,并能起到一定的推进作用。在训练方面需要加大腿部位的训练,增加打腿的实效性。

两腿自然伸直,两腿稍内扣,以增大打水面积,踝关节放松。打水时髋关节先发力,以大腿带动小腿做鞭状上下交替打水动作,打水幅度以两脚跟的垂直距离 30~40 cm 为宜。脚不要打出水面,打水效果取决于鞭状发力大小和踝关节的灵活性,两腿要用力打水,才能保持较高的身体位置,发挥抬头自由泳技术的优势。

3. 抬头自由泳手臂技术

臂划水是推动身体前进的主要力量,臂的技术和自由泳臂部动作相同,也是由入水、抱水、划水、出水和空中移臂五个环节组成的,但由于头部要露出水面,手臂入水点近,划水路线短。要注意手臂入水后肘部不能下沉,臂的动作不能停顿,要保持臂的划水内部循环动作有节奏地进行,要快而有力地划水和推水。由于两臂所处的位置不同,两臂配合技术和自由泳手臂相同,有前交叉、中交叉和后交叉之分。一般常采用前交叉配合技术游进。

4. 抬头自由泳配合技术

抬头自由泳的完整技术由 6 次打腿、2 次划臂和 1 次呼吸组成,这种配合能保持腿、臂的协调配合,并使身体保持在较高位置,以保证整个配合动作的稳定性。

抬头自由泳配合时,为了时刻观察前方水域和溺水者的状况,必须"抬头看路",所以一般情况下是稍微抬头露出眼睛,通俗地称为"鳄鱼眼",即仅双眼露出水面观察情况,只有当需要换气时,才将嘴巴露出水面。(视频 4-75:两眼注视前方)

视频 4-75:
两眼注视前方

五、潜泳技术与训练

这里所指的潜泳是不使用专门器材,在屏气的状况下下潜游进。该技术常用于水下搜寻或救助溺水者。潜泳技术可分为潜远和潜深两种技术。潜泳具有一定的危险性和复杂性,在救援中主要运用蛙式潜泳和长划臂潜泳。

潜泳技术要领和蛙泳相似,下面将重点讲解不同之处。由于其训练过程和蛙泳相同,在此不再赘述,请参考蛙泳训练部分。

(一)蛙式潜泳

蛙式潜泳(图 4-22)是在水下用蛙泳方式游进的一种技术,它的动作上基本与水面"平航式蛙泳"动作相同。在游进中为了避免身体上浮,头的位置应稍低于蛙泳,

图 4-22 蛙式潜泳

头与躯干成一直线。臂划水的幅度要比蛙泳小，收腿时屈髋较小，配合动作与"平航式蛙泳"相同，只是滑行时间稍长。

1. 蛙式潜泳的身体姿势

在潜泳中，为了保持潜泳的深度，避免过早上浮，躯干应始终正对游进方向，头部稍低，使头和躯干呈一直线。头起着升降舵的作用，想往深处潜时应低头，希望浮出水面时应抬头。

2. 蛙式潜泳的腿部技术

蛙式潜泳的腿部动作也和蛙泳腿一样，分为收腿、翻腿、蹬夹腿和滑行四个紧密相连的阶段。但为了尽可能地保持身体的流线型以减小阻力，收腿时屈髋的幅度及两腿向侧分开的程度都比正常蛙泳小一些。

3. 蛙式潜泳的手臂技术

蛙式潜泳的臂部动作也和蛙泳手一样，分为外划、下划、内划和前伸四个紧密相连的阶段。但两臂划水的幅度可以稍大于正常蛙泳，以产生较大的推进力，弥补因躯干固定而导致的蹬腿力量不足。两臂前伸时应贴近下颌，使臂的前伸动作尽量在躯干的横截面内完成，以达到减小阻力的目的。

4. 蛙式潜泳的配合技术

蛙式潜泳臂、腿的配合技术与正常蛙泳完全一样。但由于在水下潜泳有效地减小了波浪阻力，故可以适当放慢频率，延长滑行时间，充分利用臂、腿动作产生的推进力向前游进。

（二）长划臂潜泳

长划臂潜泳的身体姿势和腿部动作与蛙式潜泳完全相同，只是在划臂方式和完整配合技术上略有差异（图4-23）。

长划臂潜泳是采用蛙泳转身后，在水下潜泳的长划臂和蹬腿动作向前游进的一种泳姿。其臂、腿配合方式是两臂划水时，两腿自然伸直并拢；划水结束后，两臂贴于体侧，掌心朝上，身体呈良好的流线型向前滑行；在收手前伸的同时做收腿、翻脚的动作；两臂向前伸直的同时，两腿用力向后蹬夹；蹬夹结束后，可立即开始划臂，也可以保持臂、腿伸直的姿势再次稍做滑行。（视频4-76：长划臂潜泳）

长划臂潜泳不仅能有效地减小波浪阻力，而且能增长划水路线，充分发挥臂划水的肌肉力量，因而游进速度比正常蛙泳和蛙式潜泳都快。但由于在一个完整动作周期中，有相当一段时间是以头部领先，在水情复杂、水质混浊、能见度低的情况下，采用这种技术应格外谨慎，以免头部撞伤而危及生命安全。因此，最好改用蛙式潜泳。

视频4-76：长划臂潜泳

图4-23　长划臂潜泳

第四节　静水救援技术要领

静水救援是指救援人员在静水环境中进行的救援行动，采用徒手或使用器材，间接或直接将溺水者施救上岸。

间接救援也叫非涉水协助救援，是指救援人员使用救生器材，如救生竿子、救生圈、救生浮漂等对溺水者进行的救助行动，是在判断形势后，保证自身安全的前提下，优先选择施救的一种赴救技术。非涉水协助救援是最为安全的一种救援方式，在激流救援训练中会详细介绍。

因此，在没有救生器材、溺水者离岸或离船较远，或者溺水者已神志不清、极度恐慌无法积极配合救援工作时，救援人员在判断水情后，可以采用游泳救援技术。游泳救援技术根据其技术环节，可以分为入水技术、接近控制技术、水中解脱技术、水中拖带技术、水中通气技术、上岸技术和溺水者基础生命支持。

一、入水技术

入水时，要快速敏捷，既要看清救援目标，又要注意安全。应根据现场救援环境，采用合适的入水方式，主要有跨步式入水、鱼跃浅跳式入水、团身式入水和探滑式入水。

1. 跨步式入水

在不熟悉的水域，宜采用跨步式入水。这种方式既能始终盯住目标，又因入水浅，能避免撞到石头或暗桩，比较安全。（视频 4-77：跨步式入水）

动作要领：一脚紧扣池边，另一脚用力蹬地并前跨。在空中两腿一前一后呈弓步状，上身含胸前倾，两臂在体侧前下方平举，掌心向前下方。入水时（入水瞬间），两手向前下方抱压水，同时两腿用力做剪夹动作，形成使身体向上的合力。入水后救援人员的头部始终保持在水面上，眼睛始终不离赴救目标。

视频 4-77：跨步式入水

2. 鱼跃浅跳式入水

在熟悉的平静水域或游泳池，可以在原地或跑动中做类似于出发台出发的鱼跃式入水，这种入水方式速度快、便于起游。起跳后的入水角应小一些，便于迅速地来到水面，眼睛迅速地捕捉救援目标。这种入水技术不可用于水情不明、水域浑浊的区域，避免使头部和脊柱受到水下不明障碍物的撞击，导致受伤。（视频 4-78：鱼跃浅跳式入水）

视频 4-78：鱼跃浅跳式入水

动作要领：可在岸边、船上直接起跳或者助跑起跳，两腿蹬离池岸，两臂前摆，躯干伸展入水，要注意入水不宜过深，头部尽快露出水面。

3. 团身式入水

若从距水面较高处跳入深水，可以采用低头屈腿抱膝的团身式入水。臀部先入水，既可以防止入水时拍伤身体，又不至于下沉过深。

动作要领：起跳后屈膝，双手环抱双腿，臀部向下作为入水点，增大接触水的面积。

4. 探滑式入水

如水底情况不明,则可采用坐在岸边用脚探索慢慢滑入水中的探滑式入水。

动作要领:坐在水边,用脚边试探边下水,最后探到合适的位置安全地进入到水中。

二、接近控制技术

入水后,一般采用速度较快又便于观察的抬头自由泳游向溺水者,也可以采用抬头蛙泳接近溺水者。

若溺水者尚在水中挣扎,则救援人员游至距溺水者约 1 m 远处应急停,改为踩水,稳定住情绪并保持体力,细心观察溺水者的动态后再进行施救。这样做既可以避免直接冲压溺水者而使其进一步呛水或下沉,又可以避免救援人员盲目施救而被溺水者抱持住,造成救援困难。如果溺水者神志尚清醒,此时救援人员应大声劝慰溺水者,使其镇静下来以配合施救。然后,迅速接近并设法控制溺水者。

接近溺水者的方式有背面接近、侧面接近、正面接近和沉底接近四种。

1. 背面接近

通常情况下,救援人员接近溺水者时,最为安全的方式是绕游到溺水者的身后去靠近溺水者。

动作要领:救援人员绕游到溺水者的身后去靠近被救者(图 4-24),从后方接触溺水者的腋下(图 4-25),然后,以手托起腋下使其脸部露出水面,转入拖带(图 4-26)。

图 4-24 背面接近

图 4-25 双手托住腋下

图 4-26 托出水面

注意:通常采用背面接近最为安全,可以最大限度地避免溺水者的抓抱。同时可以以最快捷的方式直接进入拖带。

2. 侧面接近

在江、河、湖、海或浑浊水域中,溺水者尚在水面挣扎时,采用此法较宜。(视频 4-79:侧面接近)

视频 4-79:侧面接近

动作要领:救援人员看准并果断、利索地用同侧手抓握住溺水者近侧手腕部;迅速使其转体 180°,将溺水者转成背对救援人员,将其拉向胸前,然后以手托起腋下使其脸部露出水面,进行水中拖带。

3. 正面接近

若从正面接近较为方便,或溺水者始终面向救援人员时,则可以采用正面的方式游近,然后转为水中拖带。(视频 4-80:正面接近)

视频 4-80:正面接近

动作要领：救援人员正面游至离溺水者 3 m 左右处急停，深吸一口气后，采用下潜技术潜入水中，至溺水者髋部以下，双手抓其髋部将溺水者转体 180°，随后以手托其腋下使其脸部露出水面，转入拖带。

注意：游近和下潜动作衔接要快，托住溺水者髋部旋转至背对救援者的安全姿势后，再进行拖带。

4. 沉底接近

沉底接近是针对溺水者消失在水面的一种快速搜索方式，如果溺水者所在深度不深，则可以采用闭气潜水的方式沉入水底接近溺水者。

动作要领：如果溺水者已沉至水底，则救援人员在游近沉溺位置时应改为踩水；做一两次深呼吸后立即下潜搜索，直接下潜至溺水者身旁；发现目标后，双手托其腋，双脚用力蹬水底，或用一手夹住溺水者上体后拽住其衣服，另一手向下划水，两腿向下蹬夹水，将溺水者带至水面，然后进行水中拖带。（视频 4-81：沉底接近）

视频 4-81：沉底接近

三、水中解脱技术

接近的基本原则是尽量减少被溺水者抓、抱的可能，但如果不幸被抓抱，救援人员则需要依靠解脱技术来得以脱身。水中解脱技术是指救援人员在救援过程中因接近失败，被溺水者抓握或抱持后，立即采取合理的技术动作，迅速从溺水者抓握或抱持中解脱出来，并进行有效控制的一项专门技术。

被救者抓抱的方式多种多样，不论采用何种方式解脱，必须遵循以下基本原则：一是要保持头脑冷静，准确判断被抓部位及应该采用的解脱方式，不要因惊慌失措导致解脱方式错误；二是在解脱方式的运用上，要利用反关节、推击和扳拉等技术原理，做到举一反三，灵活运用；三是用力的大小要根据解脱的具体部位确定，不能对溺水者造成二次伤害。一般对于解脱手腿部动作时，用力要快而有力，对于转动头部的解脱，要求慢慢加力不能快，否则会对溺水者造成颈部伤害。

根据需要可以将解脱位置分为头发被抓解脱、头颈部被抱持解脱、手臂被抱持解脱、腰部被抱持解脱等技术。由于解脱技术涉及的动作多，在水中进行练习难度大、不容易组织，往往因救援人员技术不过硬，导致在实际的救援过程中发生危险。因此，采用正确的教学训练方法提高救援人员水中解脱的技能水平非常重要。

为了便于记忆和练习方便，在解脱动作的教学中可以按由上到下、每个部位按先前面再后面、先陆上模仿后水中练习的顺序进行教学。

（一）陆上模仿动作练习

可以先在陆上进行模仿练习，熟练掌握技术动作后再转入水中训练。陆上的模仿练习可以采用两人一组的方式进行，一人充当救援人员，一人充当溺水者。扮演溺水者的人员随机使用各种抓握和抱持动作，由救援人员扮演者进行解脱。

（二）水中练习

解脱练习的最终目的是在水中运用。当在陆地上解脱技术掌握熟练以后，可以转入水中练习，水中练习要求遵循水深由浅到深，动作难度从易到难的原则。浅水区练习是降低难度的解脱练习方法,基本方法与陆上练习相同,以两人一组的练习为主,要求练习者必须没入水中,体会水下解脱的感觉。待动作熟练后,可进行深水区动作训练。要求救援人员必须熟练、灵活运用。

1. 头发被抓解脱技术训练

(1)压腕扳指法。

动作要领:一手紧握被抓头发的手腕,另一手则用力扳被溺水者抓头发手的手指;同时,头部随扳拉手指方向用力向前下方顶,迫使溺水者抓头发的手由于反关节无法用力而松开;解脱后,及时将溺水者转体至其背部贴救援人员前胸,采用夹胸动作进行控制。(视频4-82:压腕扳指法)

视频4-82:
压腕扳指法

(2)扳指推肘解脱法。

动作要领:一手紧握被抓头发的手的手腕,另一手则用力推击溺水者的肘部,迫使溺水者抓头发的手由于反关节无法用力而松开;解脱后,及时将溺水者转体至其背部贴救援人员前胸,采用夹胸动作加以控制。(视频4-83:扳指推肘解脱法)

视频4-83:
扳指推肘解脱法

2. 颈部被抱持解脱技术训练

(1)上推双肘解脱法。溺水者尚未抱紧救援人员时,可采用此法。

动作要领:当被溺水者抱住颈部时,应及时内收下颌,以防气管被卡;迅速将身体下沉,双手用力上推溺水者的双肘,同时头部向下和腋下抽出;趁势抓握住溺水者的一手腕,将溺水者转体至其背部;紧贴救援人员前胸,采用夹胸动作进行控制。(视频4-84:上推双肘解脱法)

视频4-84:
上推双肘解脱法

(2)压腕上推单肘解脱法。

动作要领:当被溺水者抱住颈部时,应内收下颌,保护气管畅通;同时分清溺水者哪只手压在上面,若左手在上时,则用右手紧压溺水者的左手腕部,左手手掌根部突然发力上推溺水者左臂肘部,头部也随之向左侧转出;同时左手紧握溺水者的右手腕向右方猛拉,用右手抓住溺水者的左肘猛推;利用一拉一推的合力,迫使溺水者背部紧贴救援人员前胸,采用夹胸动作控制溺水者。(视频4-85:压腕上推单肘解脱法)

视频4-85:
压腕上推单肘解脱法

3. 手臂被抱持解脱技术训练

(1)转腕法(同侧手)。

动作要领:当异侧手被溺水者抓住时,可用被抓手上提转腕外翻下压解脱,并用另一手顺势抓住溺水者手腕部并拉近溺水者,使其背部紧贴救援人员前胸,另一手夹胸控制住溺水者。(视频4-86:转腕法)

视频4-86:
转腕法

(2)推击法(异侧手)。

动作要领:当同侧手被溺水者抓住时,可用虎口推击溺水者手腕部。撞击时应迅速、有力;解脱后应仍紧握溺水者手腕部,并及时把溺水者背部紧贴救援人员前胸,并夹胸控制住溺水者。上臂被抓时也可采用此法。(视频4-87:推击法)

视频4-87:
推击法

(3)虎口解脱法(单手被双手抓)。

动作要领:当溺水者双手从上抓住救援人员的一只手腕时,救援人员则可采用先推后肘击或先肘击后推的方式解脱。

(4) 双手顺势被抓解脱法。

动作要领：当溺水者双手从上抓住救援者两手腕时，可双手握拳向溺水者的拇指方向外旋回收，两肘内敛，即可解脱。

(5) 双手交叉被抓解脱法。

动作要领：当双手交叉被溺水者抓握时，可采用上面一个手臂（以右臂为例）的肘部，撞击溺水者的另一侧（左手）腕部，先解脱救援人员的左手，然后转腕解脱右手；趁势将溺水者向右面拉出，使其转体180°后背部紧贴救援人员，另一手夹胸控制。（视频4-88：双手顺势被抓解脱法）

视频4-88：双手顺势被抓解脱法

4. 腰部被抱持解脱技术训练

(1) 夹鼻推颌解脱法。夹鼻推颌解脱法是针对腰部正面被抱持的解脱技术。

动作要领：上手用食指和中指紧夹溺水者的鼻子，掌根托溺水者的下颌，下手紧抱溺水者的腰部；然后上手用力向前上方推出，同时下手用力向自己身体紧压，迫使溺水者头部后仰并松开双手；将溺水者转体180°背部紧贴救援人员，一手夹胸控制。（视频4-89：夹鼻推颌解脱法）

视频4-89：夹鼻推颌解脱法

(2) 扳指解脱法。扳指解脱法是针对腰部背面被抱持，而手臂没有被抱持的解脱技术。

动作要领：首先分清溺水者抱持时哪一只手在外，然后抓住溺水者外侧手的一个手指（中指或食指为好），并突然发力向外扳；紧接着用同样方法外扳另一只手的手指，使之两手松开后用力向外展开；如溺水者用手指交叉方法锁住救援人员时，可同时抓住溺水者两手的手指，做扳指解脱动作；抱持解脱后应立即控制溺水者。（视频4-90：扳指解脱法）

视频4-90：扳指解脱法

(3) 弓身抽手扳指法。弓身抽手扳指法是针对腰部背面被抱持，并且手臂也被抱持的解脱技术。

动作要领：当背面双臂肘关节以下和躯干同时被抱持时，先含胸收腹、臀部后顶；同时双臂前推，趁隙先后抽出两臂，再采用同上的"扳指解脱法"进行解脱与控制。（视频4-91：弓身抽手扳指法）

视频4-91：弓身抽手扳指法

5. 双人抱持解脱技术

双人抱持解脱技术是指溺水者由于恐慌，抓、抱住邻近的游泳者或救援人员时，另一位救援人员进行的协助解脱的技术。

动作要领：解脱前必须认清溺水者，然后救援人员双手托住溺水者腋下，同时两脚紧贴被抱持人胸部，用柔力蹬离（避免被抱人受伤），将二人的抱持松解开，并采用夹胸动作加以控制。

四、水中拖带技术

拖带是指救援人员控制住溺水者后，采用各种拖带方法将其运送到岸边或船边的过程。

不论采用何种方法，拖带的重点都是要将溺水者托至水面，使其仰卧，保证溺水者的口、鼻露出水面，以便确保呼吸道在水面保持畅通。

1. 双手拖腋

动作要领：救援人员仰卧水中，两手虎口张开，拖住溺水者双腋下，做反蛙泳的蹬腿动作游进。（视频 4-92：双手拖腋）

注意：拖带过程中，救援人员要将自己尽量保持成水平姿势，尽量减少拖带时的水阻力。

视频 4-92：
双手拖腋

2. 夹胸拖腋

动作要领：救援人员侧卧水中，一臂从溺水者肩部绕过胸前，抓住另一侧腋下，另一臂在体下划水，采用侧泳的泳姿，两腿做侧泳的蹬剪腿动作游进。（视频 4-93：夹胸拖腋）

视频 4-93：
夹胸拖腋

3. 扣臂拖带

动作要领：救援人员侧卧水中，一手臂穿过溺水者腋下，经其背部握持住溺水者另一上臂；另一臂在体下划水，两腿做侧泳的蹬剪腿动作游进。（视频 4-94：扣臂拖带）

视频 4-94：
扣臂拖带

4. 双人拖带

动作要领：两名救援人员分别侧卧于溺水者的左右两侧，各用一臂抓勾住溺水者的上臂；同时做单臂划水的侧泳动作游进。（视频 4-95：双人拖带）

五、水中通气技术

水面有效的人工通气也叫水面救援呼吸，是迅速纠正淹溺人员缺氧的关键。水面通气需要有一定的条件，首先救援人员和被救者要具有一定的浮力，通气的整个过程中，被救者面部都要保持在水面上；其次被救者的呼吸道要处于被打开的状态；最后救援者给予被救者通气的时候，要捏住被救者的鼻子，通过口对口或者口对呼吸面罩的方式进行有效的通气。

1. 利用浮力背心或漂浮物提升浮力

动作要领：利用救生圈、浮力背心等可以提供浮力的装备，快速给被救者穿上或携带上，确保被救者保持仰卧姿势漂浮在水面上，口鼻保持在水面。（视频 4-96：利用浮具）

注意：此技术一般在水面拖带救援距离上岸或上船地点 5 min 以内时使用，同时也要考虑救援人员快速拖带的能力。

视频 4-96：
利用浮具

2. 打开被救者呼吸道

动作要领：以救援人员在被救者右手边为例，救援人员右手托住被救者颈部，左手用掌部下切被救者额头部位，让被救者额头后仰，使得呼吸道打开。

3. 通过呼吸面罩或口对口进行通气

动作要领：若有呼吸面罩，则在打开气道时给被救者戴上，救援人员在被救者头部后方，利用双手用"OK"式抬住被救者下颌部，拇指和食指压住面罩边缘准备通气；若没有呼吸面罩，救援人员则在右侧打开气道后，右手托住被救者颈部，左手拇指和食指捏住被救者鼻子，准备通气。通气的方式是最开始先通气2次，后则是每5 s供1次气，遇到中途必须停止供气的情况，则在停止前和恢复通气后先通气2次，再接其他操作。

六、上岸技术

当救援人员将溺水者拖带到岸边时，应尽快将其运送到岸上，采取进一步的急救措施。如有其他人在场，则可协助将溺水者拉上岸。在自然水域中的上岸方法有压手提拉法、救火员搬运法、背带搬运法、阶梯上岸法、伤员固定抬板上岸法、吊带牵引法等。至于采用哪种方式则取决于起水地点、救援人员的体力及是否有足够人员等因素。

1. 压手提拉法

目的：压手提拉法适用于单人、有固定支撑的岸边或者船边上岸时使用。

动作要领：救援人员拖带被救者抵达岸边后，一手拉边，一手托住被救者腋下，控制被救者，将被救者调整至面对岸边；救援人员在其后方用支撑腿控制其口鼻在水面上，将溺水者的两手叠加相互压在岸边后，救援人员上岸的同时压住溺水者的双手，使溺水者固定在岸边；待救援人员上岸之后，用交叉握住手腕的方法将被救者背对岸边提拉上岸后，双手夹耳，控制头部，轻轻放下。（视频4-97：压手提拉法）

视频4-97：压手提拉法

2. 救火员搬运法

救火员搬运法适用于浅水区域上岸。

动作要领：救援人员用肩背挑起溺水者的躯干（图4-27），双手分别绕过溺水者的两手和两腿之间，双手拉回并固定（图4-28）。

图4-27　挑起溺水者的躯干　　　　　图4-28　双手拉回并固定

3. 背带搬运法

背带搬运法常使用在没有固定岸边的搬运，浅滩上岸。

动作要领：将被救者背在背上，双手从肩部上方越过并抓住被救者的两手腕（图4-29）。

4. 阶梯上岸法

阶梯上岸法适用于有上岸（船）扶梯的水域救援，且救援者比较强壮。

动作要领：救援人员将溺水者拖带至池边扶梯处后，采用十字交叉对面抱住的姿势，将溺水者放置于大腿上，保持溺水者坐的这条腿始终处于较高位置，呈弓字步向上阶梯上岸，把溺水者带离水面（图4-30）。

图 4-29 背带搬运法

图 4-30 阶梯上岸法

5. 伤员固定抬板上岸方法

（1）水中急救板固定运送法。用急救板固定和运送溺水患者至少需要两名救援人员。若救援人员人数充足，则拯救行动更容易、更快捷。

动作要领：救援人员（1号）先固定溺水患者颈部，将其拖带到岸边。救援人员（2号）则把急救板垂直压入水中，放在溺水患者身下；当救援人员（1号）利用手钳固定溺水患者的颈部时，抓住下颌的手保持不动，而另一手移至急救板下面；若使用手臂固定法时，则要将托在溺水患者肩膀下的手移开；而救援人员（2号）应同时使用手钳（一手放在溺水患者的胸骨和面颊，另一手放在急救板下面）固定颈部；救援人员（1号）利用其上臂及胸部顶住板的顶部，双手固定在板边，然后用颈套固定颈部；救援人员（2号）利用固定带将溺水患者固定胸部，依次再固定其他部位。

注意：压急救板时，双手把板垂直插入水中，始终保持溺水患者颈部与身体呈一直线。

（2）急救板上岸技术。

动作要领：将急救板移至浅水池边，顶部与池边呈 90°角；两名救援人员站在急救板两侧，将顶部缓缓抬上岸；一名救援人员快速上岸拉板顶部，另一名救援人员在水中推尾部，合力上岸。

6. 吊带牵引法

吊带牵引法适用于有一定绳索及吊带工具，有岸上或船上支援的情况。利用绳索和吊带等装置将溺水者拉上岸。

动作要领：提前在船上或岸上高点位置利用绳索制作牵引绳，将有吊带和三角吊带的一端放入水中，让救援人员给被救者穿戴好，提升牵引绳将人员脱离水中。

七、溺水者基础生命支持

岸边生命支持的目的在于第一目击者和专业急救人员在第一时间迅速而有效地通过现场急救，迅速恢复严重溺水者的呼吸和心跳，维持基本生理体征，等待医疗人员到来或送往医院。岸边基础生命支持是水域救援工作的重要环节，若急救及时、方法正确，则可以使溺水者生还；若错过了最佳急救时机，则可能会使整个救生工作前功尽弃。

岸边生命支持包括首要救护和次要救护。首要救护是针对紧急伤病救护而言，紧急反应员对伤病者的初步判断是紧急伤病救护的第一步，是判断伤病者是否处于生死攸关的状况，是否需要马上急救，如果需要提供首要救护给生命垂危的伤病者，主要是 CPR（心肺复苏）和体外自动除颤。除此之外，还要注意严重失血、休克和脊柱受伤等情况的处置。这些急救方法即使不是医疗人员，也可以通过简单的理论和实操训练掌握，并且救援时和专业人员所做的同样有效。但是一段时间荒废不用，技巧也会退步，因此要勤加练习。

1. 判断意识，检查呼吸

首要评估是紧急伤病救护的第一步，是判断伤病者是否处于危及生命状态，是否需要马上急救。救援过程中，现场若有专业的医疗人员，则让医疗人员进行急救程序。如果现场没有专业的医疗人员，则让最有经验的救援人员进行紧急伤病急救。若伤病者没有反应也没有呼吸，请别人通知120，并拿体外自动除颤器。

注意：救援人员在进行急救时，要做到以下几点：一是在训练范围内给予救护；二是征求伤病者接受救助的许可，如果伤病者已经无意识、无反应，则默认已经允许；三是出于善意采取的行动；四是要谨慎行事，不要鲁莽行事或疏忽轻视；五是一旦开始救助伤病者，就不要轻易放弃，除非是因受到了即时的危险而必须放弃。

（1）判断意识（图4-31）。没有反应的伤病者是指不会动，对轻拍锁骨或大声说话等刺激没有反应的伤病者。没有正常呼吸是指一个没有反应、濒死呼吸的成人、儿童或婴儿。在心脏停跳前几分钟，伤病者可能气若游丝或者呼吸带有喘息声，似有似无，缓慢且带有杂音。不要将这种呼吸和正常呼吸混淆，应立即施行CPR。

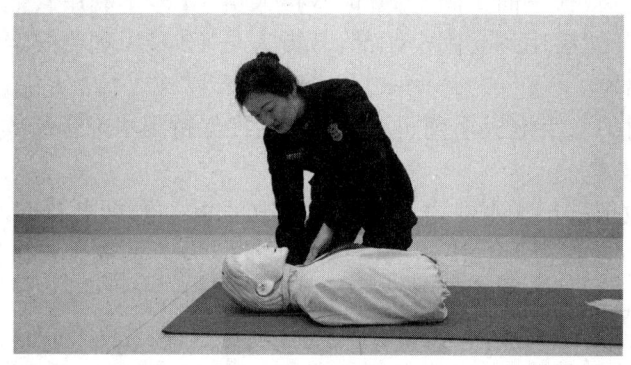

图4-31 判断意识

多项研究显示，即使是医疗人员也很难判断没有反应的伤病者是否有脉搏，并且检查脉搏会浪费太多时间，因此可以把检查脉搏的时间省下来施行CPR。

通常若伤者是儿童，或问题是由于溺水或其他呼吸问题所致，则要采用急救优先，即先对伤病者施行CPR，尤其是救援呼吸，然后再通报医疗急救单位。

动作要领：救援人员将溺水者拖带或者背上岸后，应轻拍溺水者肩部或锁骨，高声喊"你还好吗？"等，以试其反应；若伤病者没有反应，则迅速地说明"我是紧急反应员，是否能够帮助你？"等，如果对方没有反应，则视为默认同意，迅速开始救援。

（2）检查呼吸（图4-32）。通过"一听二看三感觉"的方式判断伤病者的呼吸。

动作要领：维持开放气道位置，用耳贴近溺水者口鼻，脸朝胸部一侧转；眼睛观察溺水者胸部有无起伏，感觉面部溺水者呼吸道有无气息排出，耳听溺水者呼吸道有无气流通过的声音。

注意：要注意分辨临终呼吸和正常呼吸的区别。一般心脏停止跳动的人不会呼吸，但有些人可能会上气不接下气，或像是在打鼾的情况，看起来像在呼吸，或者呼吸气若游丝，像在喘息，这就是临终呼吸，如果和正常呼吸相混淆，就会错失应该进行CPR和救援呼吸的时机。

图 4-32 检查呼吸

2. 体位放置

技术要点：在对溺水者进行 CPR 时，应事先将溺水者放置正确抢救体位，即仰卧位。溺水者头颈部与躯干保持一线，头部不能高于心脏的位置，双手置于躯干两侧。溺水者的背部一定要放在平整而坚实的平面上，如急救板、木板、地板、硬沙地等。不可以将溺水者平仰在柔软的物体上，如沙发、海绵及松软的缓冲物体上，以免直接影响胸外心脏按压的效果。

注意：救援时体位分为急救体位和复苏体位。急救体位用于急救时，复苏体位用于被救者恢复意识后。

3. 清理口腔异物

做人工呼吸前，应先查明并清理口腔中的液体和异物，对于溺水程度较重的遇险者，尤其是溺水于水草、淤泥等，有可能需要清理溺水者口鼻内污泥、痰涕，有假牙的取下假牙。

技术要点：将溺水者头部转至侧放，迅速打开其口腔，用一手食指和中指清除咽内、鼻内异物。

4. 打开气道

呼吸道又称气道。引起气道阻塞的常见原因是溺水者意识丧失，肌张力下降或消失，舌根与会厌后坠均有可能阻塞咽喉。在无知觉的溺水者中，舌根后坠是造成气道梗阻的最常见原因。常采用压额抬下巴法和推举下颌法打开呼吸道。

（1）压额抬下巴法（图 4-33）。

目的：利用压额头和抬下巴的方式打开呼吸道。

技术要点：救援人员一手置于溺水者前额，手掌向下压，使溺水者头部向后仰，其呼吸道即可有不同程度的伸展，梗阻也可能会得到减轻；将另一只手的食指及中指放在下颌部的颌骨体上，向上抬起下颌而使颏向前。可使已经后坠而抵达咽后壁的舌根及会厌软骨远离咽后壁，从而解除上呼吸道梗阻。

若怀疑溺水者有颈部创伤，则禁忌使用这种手法，因其有造成或者加重颈段脊髓损伤的危险。切忌手指不要压迫颌下软组织。疑有颈椎损伤者，先上颈托，以免进一步加重颈椎损伤。

（2）推举下颌法（图 4-34）。急救者保持双手置于溺水者头部两侧面部，双肘部支撑于溺水者头侧的平台。其拇指置于溺水者口角或下唇部，余指紧握其下颌角处。然后双手抬举，使溺水者下颌向前向上移位。这种开放气道的技术非常有效，其效果超过压额抬下巴法。但对于救援人员来说，是一种难度较大的技术。另外，推举下颌而使气道开放的手法与压额抬下巴法相比，最大的优点还在于，操作过程中溺水者无须仰头，颈部不会过伸。

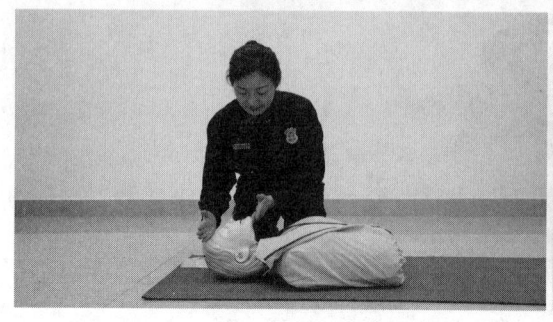
图 4-33　压额抬下巴法

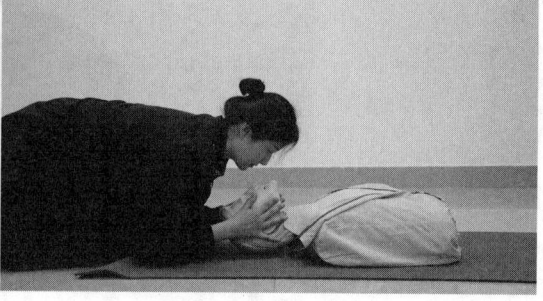
图 4-34　推举下颌法

5. 救援呼吸

救援呼吸之所以有用，是因为人类每次呼吸时吐出的大量未使用的氧气可以帮助没有呼吸的伤病者。所呼吸的空气中含有 21% 的氧气，而每次呼吸只用掉 5%，因此在每次救援呼吸时，还能提供非常高比例的氧气。

救援人员最担心感染到三种血液传染性病原，主要是 C 型肝炎病毒、B 型肝炎病毒和艾滋病病毒（AIDS）。所有血液和体液都有可能传染疾病，因此为了避免感染，尽量采用隔离装置，避免触碰到别人身上流出的干湿物质，如血液和体液。也可以戴手套，使用呼吸面罩、护罩、眼罩或面罩，接触过伤病者后，用抗菌肥皂或清水清洗双手和其他接触部位。

如果伤病者是溺水或其他呼吸方面问题造成的呼吸暂停，则先给他两次救援呼吸后，再进行胸外按压。两次救援呼吸，每次持续 1 s 以上，气量不要过大，大于 1 000 mL 可造成胃充气而反流。成年人 CPR 一个周期是压胸部 30 次后，吹气两口，即 30∶2。若伤病者有脉搏、无呼吸，每 5 s 吹一口气。

（1）口对口人工呼吸。

技术要点：将溺水者仰卧平放在地上，利用上述两种方式将呼吸道打开；将拇指和食指靠在一起做出开枪一样的动作，将拇指和食指放置在伤病者下颌轮廓；将拇指放置在伤病者嘴唇下方，食指横置于伤病者的下巴，用拇指、食指和中指打开伤病者嘴唇；其他手指离开颈部的软组织（图 4-35）；救援人员跪蹲在溺水者一侧，一手捏住溺水者的鼻子，另一手拖住其下颌；深吸一口气后，用嘴将溺水者的口全部封住，吹气时不可漏气，使其胸腔明显隆起（图 4-36）。

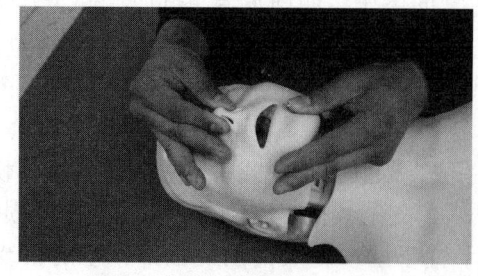
图 4-35　开枪式打开气道

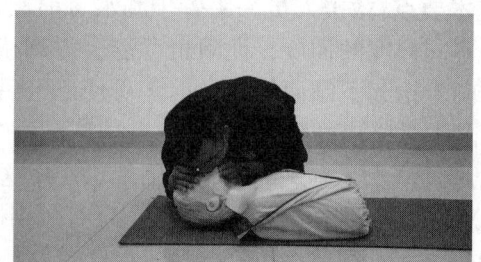
图 4-36　口对口人工呼吸

注意：打开呼吸道的姿势不正确是导致肺部无法充气的最常见原因。如果第一口气无法令伤者胸部隆起，在吹下一口气之前，应先再次尝试打开呼吸道。不要为了让伤病者胸部隆起，而连续尝试两次以上的救援呼吸，尽可能不要延误胸部按压的时机。因此，在两次救援呼吸后，无论胸部隆起与否，都应开始胸部按压。

（2）口对鼻子人工呼吸（图4-37）。

图4-37　口对鼻子人工呼吸

技术要点：如果伤病者的脸部或下巴受伤，则应保护受伤部位，将嘴巴轻轻合起，将隔离护具放在鼻子上，用嘴巴覆盖隔离护具，透过鼻子施与救援呼吸。

注意：以下三种情况不宜直接做口对口人工呼吸：有传染病者；服毒药者；口部严重被损伤者。可用单向呼吸阀或专用面罩。虽然使用隔离护具进行CPR能够有效地起到隔离作用，但不应因没有隔离护具而延误救人的时机。

（3）口对面罩人工呼吸。这是一种较为完善的救援呼吸方式。它可以使面罩与溺水患者面部密切接触，更为可靠而不漏气，从根本上避免了救援人员口唇与溺水患者口唇接触。有些型号的口罩上附加有供氧接头，在向溺水患者吹气的同时加入部分气体，提高吹入氧气的浓度，从而可以减少人工呼吸的潮气量及其造成的胃膨胀等严重并发症，也对保持溺水患者所需的动脉血氧分压提供了有利条件。

技术要点：使用时将面罩置于溺水患者面部，救援人员用双手拇指与食指围绕面罩边缘并向面部方向施压以形成完整的密闭，其余手指推举下颌角并使其头后仰（疑有颈椎损伤的溺水患者禁忌仰头伸颈）以开放气道，救援人员吸气后口含面罩嘴向溺水患者吹气。

注意：应选择适合于溺水患者面部大小的型号，面罩封严面部，同时罩住口鼻，密切观察胃的反流和口腔内情况。

6. 胸外按压

胸外按压的作用是以手按压胸部代替心脏泵浦作用，让血液循环到全身，可迫使充氧血液从心脏经由动脉流到身体各个重要器官。徒手胸部按压只能输送1/3的正常血量到全身各部位，因此CPR只能暂时延长伤病者存活的时间。一旦确定伤者没有呼吸，就不需要再检查脉搏，而延误施行CPR的时间。

CPR停止的前提：一是紧急医疗人员抵达并接手；二是使用AED为伤病者去颤时；三是伤病者恢复意识并开始正常呼吸；四是另一位救援人员接手执行CPR；五是救援人员已经力竭，无法施救。

技术要点：确保患者仰卧在坚固的平坦表面上，救援人员跪坐在患者一侧；将一只手的掌根放在患者胸部的中央，两乳头连线中点（图4-38），将另一只手的掌根置于第一只手上，双手交叠；伸直双臂，使双臂位于双手正上方，肩、肘、腕在同一条直线上，手肘不要弯曲，确保垂直按压患者的胸骨；运用身体的重量来施压，用力快速按压；按压深度至少达到胸腔深度的1/3，成年人至少达到5 cm；按压速度每分钟至少100次（图4-39）；每次按压结束后，确保胸壁完全回弹，按压和回弹的时间大致相同，尽量减少中断。

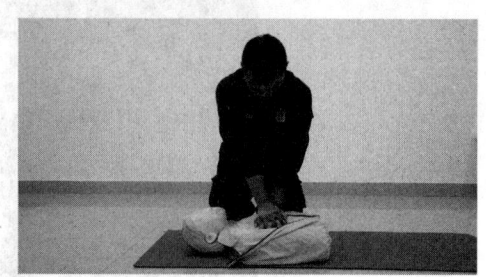

图4-38 按压部位和动作　　　　　图4-39 按压力度与深度

注意：CPR是心肺复苏术的简称，是由救援呼吸和胸部按压两个步骤组成的救命术，用来救助没有呼吸和心跳的伤病者。进行救援呼吸是为伤病者恢复呼吸，而进行胸部按压是使伤病者的血液流到身体各部位。但需要注意的是，大多数时候即使施行CPR，伤病者的心脏也不会再跳动，救援人员也应做好心理准备。

7. 自动外部除颤器

心脏是受到电脉冲的刺激才持续产生心跳的，一旦自然的电脉冲失去作用，心脏就会变得不规律，产生所谓的心室纤维性颤动。颤动表示心脏出现抽搐和痉挛。救护人员必须使用体外电击，才能使心脏停止不规律颤动，使心脏恢复正常心跳。施行电击的动作就叫作去纤维性颤动，简称去颤。AED是电脑化装置，可以识别需要电击的心脏节律并施以电击，优点是易于操作，允许非专业人员和医疗人员安全地尝试除颤。

使用AED时，需要考虑到以下几个因素：一是电极板和皮肤的接触是去颤成功的关键因素。因此，伤病者若胸毛太多，则需要提前将电极板放置之处的胸毛剃除，尽量不要延误放置电极板和使用AED的时间。二是若伤病者安装过心脏起搏器，则绝对不要将电极板放在起搏器上，至少离开2～8 cm的位置放置。三是放置电极板时必须直接接触皮肤，如果伤病者的胸部潮湿或出汗，要先擦干再放置电极板，伤病者若有药用贴片和绷带等阻隔，则需先将其取下，再贴电极片。四是截至目前，研究表明电击并不会对孕妇和胎儿有负面的影响，因此，孕妇也同样可以使用AED。五是请不要在易燃和可燃物质附近使用AED。

技术要点：将AED放在伤病者的身边和救援人员同一侧（图4-40）；打开AED电源，遵照装置的提示进行操作（图4-41）；露出伤病者的胸部，取出除颤器电极板，撕下电极板上塑料护膜，一面电极放在胸部右上，锁骨下方胸骨旁边，一面放在胸部左下，乳腺左下方，侧边肋骨的位置（图4-42）；依照AED提示分析伤病者的心率，在进行除颤之前，AED会进行心率分析，所有人员离开伤病者（图4-43）；如果需要电击除颤，救援人员应依据电击指示，给予一次电击；如果提示需要电击，则所有人员离开伤病者，救援人员依据指示给予一次电击；一般AED会先等2 min，然后再度分析伤病者心率，若伤病者还没有正常呼吸，则会再次进行电击；重复以上步骤，直到医疗人员抵达为止。

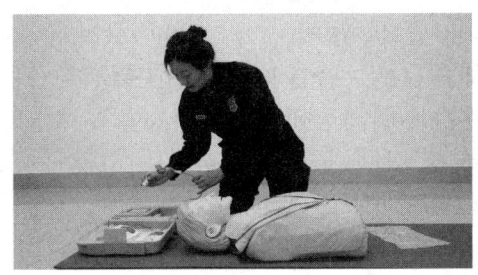
图 4-40　AED 放置

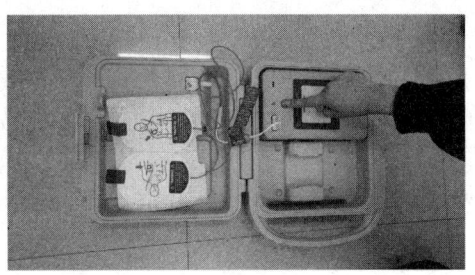
图 4-41　打开电源

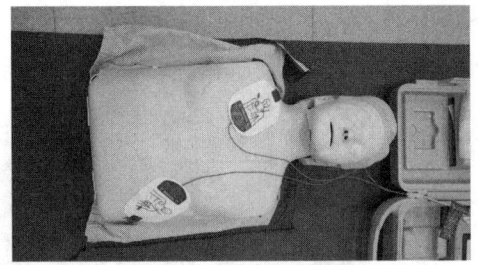
图 4-42　电极片放置位置

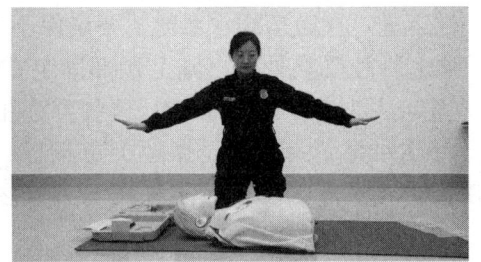
图 4-43　所有人离开

注意：若把电极板的位置放反，不需要取下，因为电流仍会通过伤病者传输。调换电极板的位置会浪费救援时间，同时也会影响到电极板与皮肤的接触程度。

8. 严重失血处理

严重失血会致命，必须在首要评估时就发现并给予处理。成人的身体中大约含有 6 L 血液，快速失血 1 L 就会致死。必须会分辨是什么程度的失血，分辨动脉失血、静脉失血和微血管失血。动脉失血最严重，失血速度最快，跟随着心脏律动，从伤口喷出大量鲜红色血液，若没有马上处理，1 min 内就会死亡。静脉失血也会致命，必须加以控制，一般伤口很深，流出的血呈深红色，血流速平稳，而不是跟随着心率喷出。微血管失血是一种缓慢的失血和渗血，比较容易控制。

技术要点：首先使用正确的隔离装置，如手套、护目眼罩、个人面罩和呼吸罩等，保护救援人员和伤病者不受疾病传染。在伤口上放一块干净的布或消毒包扎布，对出血部位进行施压；若没有消毒包扎布，就用戴着手套的手压住；若有止血绷带，则绑在消毒包扎布上，并继续对伤口直接施压，协助控制失血。不要拿下血浸湿的绷带，其上的凝血块有助于止血。

9. 休克处理

休克是一种会致命的病症，起因是由于受伤或疾病使人体的心血管系统运作困难，无法向各重要器官提供足够的含氧血液，而造成身体组织细胞缺氧。任何轻重伤病或身体压力都可能导致休克。即使伤病者没有呈现休克的症状，也要视为休克来处理。

技术要点：使用手套与隔离装置来保护自己和伤病者不受疾病传染。进行首要评估监视伤病者的生命体征。如果伤病者有反应，以他最舒服的姿势坐下或躺下；遇到无反应或无意识的伤病者时，尽可能不要移动；扶住伤病者的头部，避免颈部移动；根据气候条件、天气情况，来保持伤病者适当的温度；如果确定没有脊柱受伤或腿部骨折，则可以将腿部抬高 15～30 cm，让血液回流到心脏。

10. 脊柱受伤处理

人体的脊柱神经是用来连接大脑和其他身体器官的，脊柱神经分布在颈部和脊柱的脊柱骨中。因此，当脊柱神经受到损伤时，会导致终身瘫痪甚至死亡。如果在首要评估时，发现伤病者可能是脊柱神经受伤，那么在实行 CPR 或者其他救援时，要支撑住伤病者的头部，尽可能不要移动伤病者的身体。有可能引起脊柱受伤的情况主要包括交通意外，从高处坠落，头部、颈部、背部受重击，水中的撞击等。

并不是所有的溺水患者都会发生脊柱骨折，但如果发现溺水者曾有不恰当的入水，头部碰撞到池边、池底或其他硬物，或者出现骨折的症状时，则应考虑采用水面救援担架和躯体固定器进行运送。在搬运溺水者时，要确保不会对伤员造成二次伤害。

（1）陆上脊柱受伤处理。陆上颈部固定技术有头锁法、斜方肌挤压法、改良斜方肌挤压法、胸背固定法、头胸固定法等。这些方法主要是在救援人员对溺水患者带颈托、搬运上急救板、处理呕吐物时使用。在实际操作中，多采用双人或多人配合技术。

1）头锁法（图 4-44）。

用途：维持颈椎自然位置，配合改良推颌法，可使昏迷溺水者气道畅通，并方便配戴颈托。

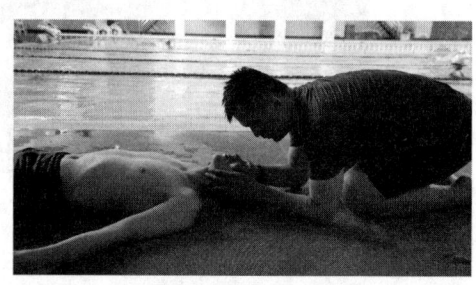

图 4-44　头锁法

技术要点：双膝跪在溺水患者头顶后方，并与其身体呈一直线，先稳固双手肘关节，放在大腿上或地上，双手掌放在溺水患者头两侧，拇指轻按前额，食指、中指按面颊，无名指和小指放在耳下，但不要超过耳垂。

注意：溺水患者身体处于未固定状态，头锁是最不固定的方法。

2）斜方肌挤压法（图 4-45）。

用途：适用于在侧转溺水患者或上急救板时，头部和身体仍能保持同一直线。一般在移动溺水患者时较常用此方法。

技术要点：双膝跪在溺水患者头顶后方，并与其身体成一直线；稳固双手肘关节，放在大腿上或地上，双手虎口张开，在溺水患者头部两侧插入肩下至斜方肌；掌心向上，压紧斜方肌，用双手前臂紧贴溺水患者头部两侧，使其固定。

注意：在移动溺水患者身体时，必须用前臂稳固溺水患者的颈部。

3）改良斜方肌挤压法（图 4-46）。

用途：当斜方肌挤压法不能完全固定溺水患者头颈时，或转动溺水患者时采用此方法。

动作要领：双膝跪在溺水患者头顶后方，并与其身体成一直线；稳固双手肘关节，放在大腿上或地上，一手用斜方肌挤压法锁紧其斜方肌，另一手则用头锁固定法固定溺水患者的颈部，手掌与前臂需同时用力将其颈部固定。

注意：在转动溺水患者时，需至少一只手固定在地上或膝上。若另一肘关节需要离开地面或膝部时，则应尽量将手臂紧贴身体。

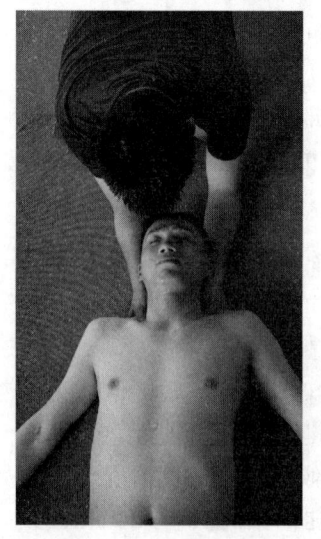

图 4-45　斜方肌挤压法

4）胸背固定法（图4-47）。

图4-46 改良斜方肌挤压法

图4-47 胸背固定法

用途：固定溺水患者的颈部。

技术要点：站在溺水患者的侧面，用肘关节与前臂放在溺水患者胸骨上，虎口张开，拇指及食指分别按压其面颊，另一手臂放在其背部脊椎骨上，手掌托住后枕，手指锁紧头部。

注意：按压面颊的手不能盖住溺水患者的口鼻，以免影响呼吸。

5）头胸固定法（图4-48）。

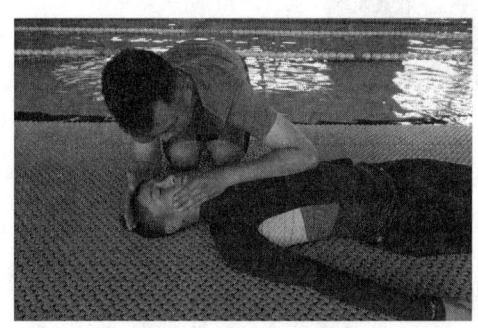

图4-48 头胸固定法

用途：处理仰卧溺水患者时，方便头顶后的救援人员转换其他固定方法，作为一种转换的中介。例如，由头锁法转为改良斜方肌挤压法，带颈托时放置或拿掉头部两侧固定物等。

动作要领：双膝跪在地上，在溺水患者头肩位置；肘关节和前臂放在溺水患者的胸骨上，手掌放在溺水患者面颊上，另一手掌放在溺水患者额头上，稳固地施压，避免头及颈部移动。

注意：切勿转动头颈部或捂住溺水患者的口鼻，以免影响呼吸。

以上几种方法在使用颈托和急救板固定溺水患者时交替使用。在双人配合交替时，当接替者已稳固，并有明确的口令后，方可松手，以减少溺水患者头颈部不必要的移动。

（2）水中脊柱受伤处置。当怀疑溺水患者可能颈部受伤时，必须加倍小心处理，因为其脊髓可能因处理不当而受到损害，造成终身瘫痪，甚至死亡。应注意在水中固定脊柱的方法。

1）溺水患者俯卧位（图4-49）。

技术要点（以救援人员在溺水患者的左侧为例）：救援人员游近溺水患者身旁，然后固定其颈部，使其头颈与身体呈一直线；救援人员的左手臂从溺水患者的左腋下穿至其胸前，肘关节紧贴其胸部，手紧握溺水患者的下颌；右手肘关节紧贴溺水患者背部，手掌紧托其后枕；然后将被救者转身翻转面部朝上。

2）溺水患者仰卧位。

技术要点：救援人员同样用双手固定溺水患者的头颈与身体，方法与溺水患者面部向下相同，但要先用在水下的手固定溺水患者的背部和后枕，

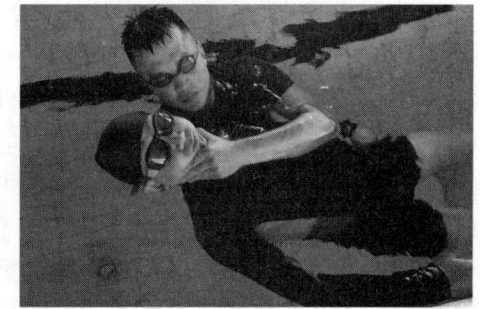

图4-49 溺水患者俯卧位

然后再用另一手固定其胸部和下颌。

注意：先用下手固定溺水患者背部和后枕，然后用上手固定胸部和下颌。手握溺水者下颌时，应避免完全封住其口鼻。

3）手臂固定法。

技术要点：救援人员将溺水者双臂前伸并固定其头部，保持头颈部与身体呈一直线；然后缓慢地向前推进并使其整个身体浮在水面上；最后将溺水者朝向自己身体一侧翻转，使其面部朝上，救援人员手臂拖住溺水者两臂，继续使溺水者颈部与身体成一直线。

11. 复苏体位（图4-50）

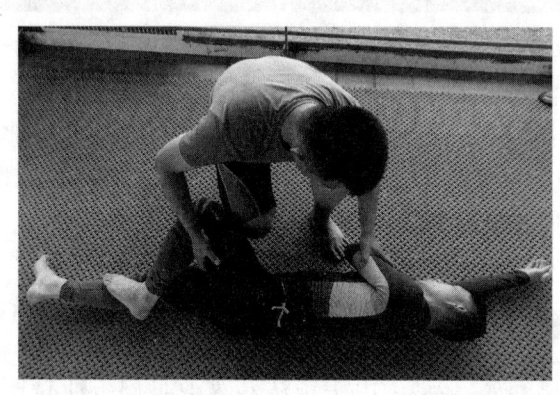

图4-50 复苏体位

目的：让伤病者侧躺，使液体能从嘴巴流出。将伤病者压在身体下的手臂放在头部附近或下方，以求稳定，确保呼吸道顺畅，没有阻碍。

技术要点：跪在伤病者身旁，确定伤病者双腿伸直，让伤病者远离救援者一侧的手臂与身体成直角，手肘弯曲手掌朝上；让伤病者接近救援者一侧的手臂横过胸前，手背靠在脸颊，托住较近一侧的腿部的膝盖往上抬，使脚跟来到另一侧膝盖旁，脚底保持在地面；侧推伤病者来到侧躺，调整大腿姿势，让膝盖弯曲和臀部成直角；将伤病者头往后抬确保呼吸道畅通，必要时调整以保持头部倾斜的姿势；若伤者保持复苏体位超过30 min，则换一侧躺来释放身体压力。

12. 儿童和婴儿在急救方面和成人的异同

紧急伤病时需要考虑到患者的年龄，针对不同年龄段，所使用的急救方法有所区别。通常将成人定义为超过12岁成熟的成人。儿童为1～12岁的孩子。婴儿为不满1岁的幼儿。在进行紧急救护时，如果不确定被救者是成人或儿童，就视为成人对待。

（1）关于AED使用的区别。到目前为止，对婴儿使用AED尚且没有明确的研究支持，因此不建议非专业医疗人员在婴儿身上使用AED。儿童偶尔也需要AED来电击去颤，儿童除颤需要儿童专用去颤器，1～8岁的儿童有专用的电极板。儿童专用电极板放置的位置和成人不同。一片放置在儿童背部中央与两肩胛骨之间，另一片放在胸部中央。若没有儿童专用除颤器，可将成人的AED用于儿童，但成人不可以使用儿童专用电极板。

（2）采用急救优先。对于儿童和婴儿，应采用急救优先的程序，急救优先是指如果发现伤病者没有反应或没有正常呼吸时，若只有救援人员一个人在场，则先实行"一小段时间"的CPR，然后再通报医疗急救单位。求救优先是指如果发现伤病者没有反应或没有正常呼吸时，只有一个人在场，则先通报医疗急救单位，然后再施救。

另外，如果伤病者的问题是由于溺水或其他呼吸问题所致，应采取急救优先，先对伤病者施行 CPR，尤其是救援呼吸，然后再通报医疗急救单位。"一小段"在不同区域有不同的规定，对亚洲区域而言，"一小段"通常定义为 2 min，而欧洲复苏协会则定义为 1 min。

（3）关于 CPR 的区别。对儿童进行胸部按压时，可采用单手胸部按压的方式，将胸骨按下至少达到胸腔深度的 1/3，约 5 cm。胸部按压和救援呼吸比值为 30∶2 或 15∶2（如果现场有两名施救者）。对婴儿进行胸部按压时，可用两根手指，放于胸骨两乳头连线正下方的位置，将胸骨按下，至少是胸腔深度的 1/3，约为 4 cm。胸部按压和救援呼吸比值为 30∶2 或 15∶2（如果现场有两名施救者）。在给婴儿进行救援呼吸时，救援呼吸的方式可用嘴唇封住伤病婴幼儿的口鼻来进行，救援呼吸通气方式比较像喷气，每次持续 1 s 以上，空气要足以令胸部隆起。

第五章　激流救援技术

> 【学习目标】
> 1. 了解激流救援的内容和类型。
> 2. 掌握激流救援技术的训练步骤和方法。

激流救援技术是第二阶段的水域救援技术，内容包括岸上救援、抛投救援、入水救援、船艇救援、基本绳结、锚点制作、倍力系统及绳桥垂降救援等技术。这个阶段的训练目的是全面培养救援人员水面救援能力，使救援人员具备激流救援和孤岛被困救援等能力，以满足目前全国水域救援任务中最为艰巨的抗洪抢险救援任务的需要。

快速救援被困者通常采用抛过去救、划过去救和游过去救的原则，结合现场情况，通常有一个救援参考距离。当救援距离在 20 m 以内时，考虑采用抛绳救援；当救援距离在 20～25 m 时，在确保人员安全的情况下，考虑采用涉水、活饵等救援；当救援距离在 25～75 m 时，考虑采用船艇、救生抛投器等救援；当救援距离超过 75 m 时，考虑采用机动船艇救援。

第一节　岸上救助技术

岸上救助技术也叫作间接救援技术。使用前提是遇险者尚有自救意识，能配合救援人员进行自救。原理是利用浮力用具、绳子或其他工具将遇险者救助回岸边或船上的技术。下面主要介绍接触救援技术、抛投救援技术和水面拦截救援技术。

一、接触救援技术

接触救援是指救援人员利用仪器、器材或徒手接触遇险和被困人员的施救行动。

1. 水面救援机器人救援

当有人员落水或者洪涝灾害遇险被困时，救援人员无须下水，在岸上通过遥控水上救生机器人（图 5-1）快速下水施救。

要点：水面遥控救援人员要精确操控定位，既要避免机器人冲撞到被救者，又要使其足够接近被救者实施救助。

2. 徒手救援

要点：为避免救援人员落水，救援人员应降低身体重心，宜俯卧在岸边地面上，徒手接触救助落水人员（图 5-2）。救援人员可利用水域救援牛尾绳连接岸边固定支点，一手紧紧握住岸边固定点，或由其他救援人员提供保护，避免自己落入水中。提供保护的救援人员应当随时监控被保护救援人员和落水人员的情况。

3. 递物救援

要点:为避免救援人员落水,救援人员应当降低身体重心,宜俯卧在岸边地面上,使用船桨、蒿杆、树枝、梯子等器材物品,接触救助落水人员(图5-3)。救援人员可利用水域救援牛尾绳连接岸边固定支点,一手紧紧握住岸边固定点,或由其他救援人员提供保护,避免自己落入水中。提供保护的救援人员应当随时监控被保护救援人员和落水人员的情况。

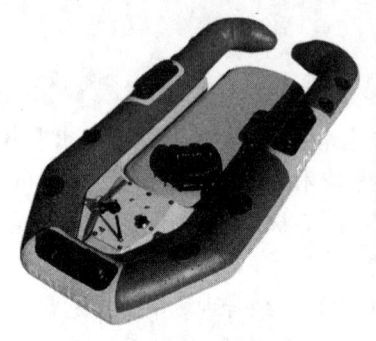

图 5-1 水面救援机器人

图 5-2 徒手救援

图 5-3 递物救援

二、抛投救援技术

抛投救援是指救援人员使用救生抛投器,抛投安全绳、水面漂浮救生绳、救生衣等器材至遇难和被困人员进行施救的行动(图5-4、图5-5)。常用于离岸边20 m内,或因冲锋舟无法靠近被救者的情况。

图 5-4 抛绳

图 5-5 抛绳救援

目的:通过训练,使救援人员掌握绳或绳包救助水面遇险人员的基本方法和操作规程,提高救援人员间的协同作战能力。

(一)抛绳救援

1. 三种抛绳技术

(1)低手抛绳技术。低手抛绳技术是最简单、最准确的方式,常用于抛投绳圈和抛投绳包。救援人员若站在没过膝盖的水中,抛投效果会受影响。初学者容易抛得够高但不够远,需要精确定位训练。(视频5-1:低手抛绳)

视频 5-1:低手抛绳

(2)过肩抛绳技术(图5-6)。过肩抛绳技术是一种短距离较为实用的、需要精确定位的抛投方法。使用过肩抛绳技术时需要注意头顶的障碍物或危险。初学者容易抛得低和近,需要精确定位训练。

(3)侧手抛绳技术(图5-7)。侧手抛绳技术多在抛绳圈时使用,能够在大风时校正风力对抛物的影响。初学者容易抛偏,需要精确定位训练。

图5-6 过肩抛绳　　　　　图5-7 侧手抛绳

2. 第一次抛绳

技术要点:检查并避开障碍物,如头顶树木或电线电缆;打开抛绳包,将抛绳包中绳头抓结拉出,取出3 m左右长的绳子,用非投掷手抓住绳索绳头,另一手提住绳袋;通过高声大喊或用哨声引起落水者的注意,利用抛投技术,将绳包抛投至落水者能目视且第一时间伸手可及的范围内,让落水者抓住。

注意:抛绳时需要考虑风向,抛绳距离应稍微远过溺水者的位置,以溺水者"可视且能第一时间抓住"为原则,确保绳包落下时越过落水人员的位置。绳索应抛在被救者伸开双手可触及的范围内。(视频5-2:一次抛绳救援成功)

3. 第二次抛绳

技术要点:第一次抛绳后,若溺水者未拉到绳袋,应注视溺水者并跟随往下游移动;快速使用顺序缠绕法或蝴蝶缠绕法将绳索收于手掌后,再次将绳抛给溺水者;救援人员第一次抛绳失败后,应在20 s内收绳并抛绳。(视频5-3:二次抛、侧手抛)

两种收绳方法:顺序式缠绕法和蝴蝶式缠绕法。

注意:为了避免抛绳时绳索打结而影响快速救援,应在收绳的过程中保持绳子的有序缠绕,每次收绳长度尽量保持一致,可通过手臂长度提前测算个人每次收绳长度。二次抛绳时,根据第一次抛绳距被救者距离调整。抛绳包括单人抛绳和多人配合抛绳救援技术。不能将救生绳缠绕在手臂上。如果拉拽时摩擦力不够,可以利用降低重心保护,采取坐下或向预期方向用力等方式增加摩擦力,也可适当增加救援人员。

(二)钟摆救援

技术要点:大声呼喊或用哨声引起落水者的注意;将抛绳包中抓节拉出,一手抓握抓结固定,另一手提住绳袋;利用抛投技术,将绳包抛投至落水者能目视且第一时间伸手可及的范围内,让落水者抓住;待溺水者抓住绳索后,引导溺水者采用仰卧姿势抓绳漂浮的方式,顺流到达下游岸边。

注意：静水中，救援人员直接拉回绳索；激流中，为避免落水者受水流冲击或撞击障碍物，救援人员应利用水流以"钟摆"的方式，通过适当放绳，使被救者顺流到达下游岸边。（视频 5-4：二次抛绳救援成功）

（三）引导拉绳救援

在下游存在危险或钟摆距离非常有限的情况下，在主绳上增加一个向岸边的分力，快速回到岸边。

技术要点：使用一个安全钩，将导引绳连在钟摆的主绳上，在主绳受张力作用的影响下，向岸边产生一个分力；引导拉绳人员边向下游移动，边向岸边拉绳，将被困人员拉回（图 5-8）。

（四）散射救援

在狭窄、湍急的水域，当救援人员在短时间内需要向两名被困人员快速、连续投掷时使用。这种技术适用于平整、通畅的河道，可以实施动态保护（图 5-9）。

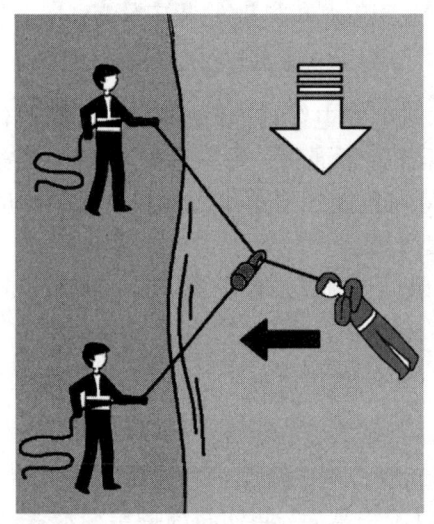

图 5-8　引导拉绳救援

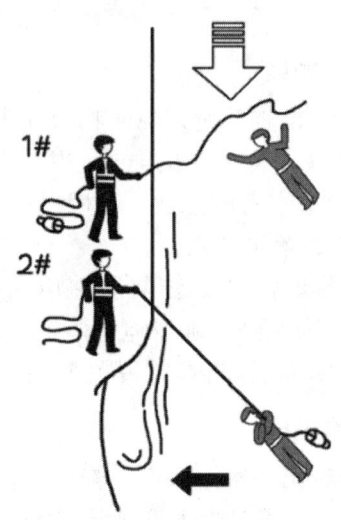

图 5-9　散射救援

技术要点：将绳包中的绳索拉出，直到找到绳索中间位置，在绳索中部打一个蝴蝶结，一端抛向一名被困人员，另一端投给另一名被困人员。

注意：不要将绳索环绕在救援人员的手或身体上，一方面被救者有可能将救援人员拖下水；另一方面绳索可能形成死结伤害救援人员。仅使用手臂实施绳索保护很可能导致救援人员肩或手臂受伤，因此，最好有多名备用人员或者观察员，装备条件允许的情况下也可以采用紧绳器。

（五）抛物救援（以救生圈救助为例）

绳包抛投救援往往是在岸上最简洁有效的救援方法，如果手边没有抛绳包，救援人员可利用救生圈、救生衣等其他工具，救助水中的被救者。

技术要点：利用一根 4 m 的水面漂浮绳，将绳索两端打成双 8 字节，其一端与 D 型环连接；一根 50 m 的水面漂浮绳一端打成双 8 字节，并与 4 m 水面漂浮绳的一端连接；给予信号后，投掷给被救者；待被救者抓牢救生圈后，收紧绳子。

三、水面拦截救援技术

水面拦截救援技术主要有水面拦截网救援、水面拦截绳救援和消防充气水袋拦截救援三种技术。

（一）水面拦截网救援技术

在激流下游水道的两岸，设置水面拦截网，对激流中的被困者或救援人员进行拦截救援。可以使用有一体成形的拦截网，也可以通过斜绳系统、D形钩、扁带等制作。

技术要点：救援人员将拦截网（见图3-61）布置在河流的两岸，根据河流的宽度可多个拦截网相连接；为了让拦截网覆盖水面和水下一定的区域，要使用铅块坠在拦截网下端；上面保持比水面高40～50 cm。

注意：使用拦截网时必须注意水流速度，架设拦截网需要与水流呈45°夹角，并充分考虑拦截网的固定、入水深度、架设地点以及回收等问题。

（二）水面拦截绳救援技术

1. 单绳拦截救援技术

单绳拦截救援技术是将拦截绳架设在河流中，当被救者被冲到拦截绳处时进行救助的方法。

技术要点：将拦截绳与水流方向呈一定的倾斜角度（约45°）横过水面；如果水流流速太快，可以使用两根拦截绳分别在下游进行部署，间距5～10 m，第一根拦截绳起减缓被救者向下游漂流速度的作用，第二根则负责救援被救者上岸。

注意：不要将拦截绳与水流方向垂直设置，以免被救者受到二次伤害。

2. 稳定绳索拉绳救援技术

稳定绳索拉绳救援技术（图5-10）是通过绳索向上拉升被困人员躯干的方式，稳定住被困人员，并将被困人员的呼吸道抬高出水面的一种技术。

技术要点：将一根绳子横穿过被困人员所在位置的下游；两岸救援人员控制绳索向上游移动来到被救者处，同时向上移动绳子直到被困人员的躯干被支撑住，并且呼吸道位于水面之上；如果需要可以将两根绳子连在一起延长救生绳。在没有其他救援人员或绳索的情况下，被困人员可以通过救援人员拉绳到上游而获救。

3. 漂浮装置拉绳救援技术

稳定绳索需要具有浮力，能漂在水面。漂浮装置拉绳救援技术（图5-11）是利用漂浮装置提供给被困人员一个较大的漂浮目标，使被困人员能够抓取和漂浮，从而脱离困境。

技术要点：将一根绳子横过被困人员所在位置的下游，在主绳索上连接一个漂浮装置或救生衣，并在漂浮装置上连接另一根投掷绳；移动漂浮装置到被困人员正下游的位置，向上游方向移动绳索，直到被困人员抓到漂浮装置；被困人员可以通过拉绳到下游方向获救，或在循环水域横向沿沸腾线向河边移动。

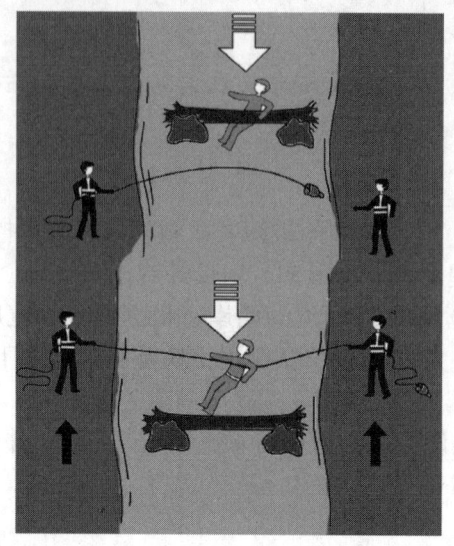
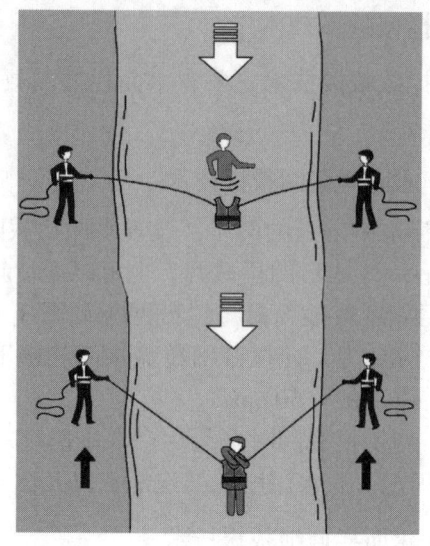

图 5-10　稳定绳索拉绳救援技术　　　图 5-11　漂浮装置拉绳救援技术

4. 加重联绳拉绳救援技术

目的：将两个加重的抛绳包连接在一起，用于拖拽脚部被困的人员（图 5-12）。

技术要点：将两个抛绳包用安全钩连接，并用石头或者潜水铅块加重绳包；在被困人员下游位置设置好绳索，向上游方向移动绳索；两岸保护人员同时向上游拉绳，提升被困人员位置，使被困人员脚部脱困。

注意：重心尽可能地降低，最好能降到被困人员膝盖以下的位置，这样便于将绳索移到被困人员脚下。在水下形成的角度要尽可能小，以便顶点处能有最大的力量。被困人员有可能被冲向下游，因此，在下游处要准备拦截系统或救援船艇以便完成救援。

5. 双绳圈（开放式）拉绳救援技术

目的：利用两岸相互配合，制作开放式的绳圈救援被困人员（图 5-13）。

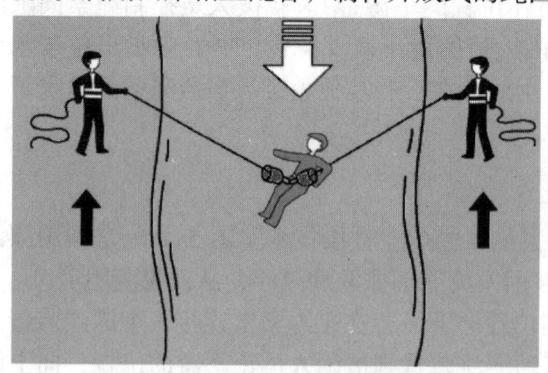
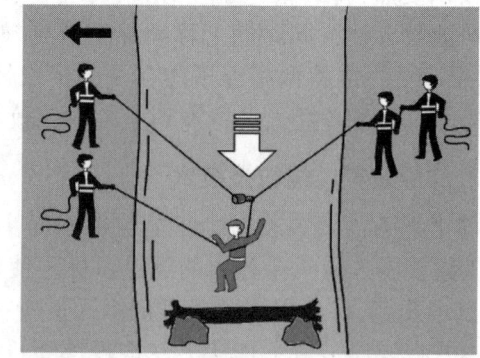

图 5-12　加重联绳拉绳救援技术　　　图 5-13　双绳圈（开放式）拉绳救援技术

技术要点：两根抛投绳分别从两岸向对岸抛投，两绳分别在被困者上、下游；一侧绳包的末端用可锁闭的安全钩，挂在另一根绳子上，拉紧绳子，制造一个开放的绳环；两岸的保护人员向上游走，使中间形成的角度尽可能小，使绳环围绕住被困人员，利用绳圈将其拉到岸边。

注意：这个系统可以转化成一个封闭式绳圈，只要拉保护绳的救援人员向上游方向移动，使保护绳从下方穿过救援绳,然后保持适度张力。如果有更多救援人员,一个加重联绳系统可以加入这个系统,以解除被困人员脚部缠绕的情况。

6. 双绳圈(封闭式)环拉绳救援技术

目的: 两岸相互配合,制作闭合式的绳圈救援被困人员(图5-14~图5-16)。

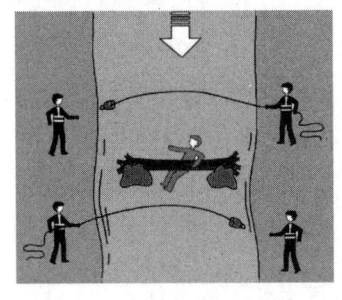 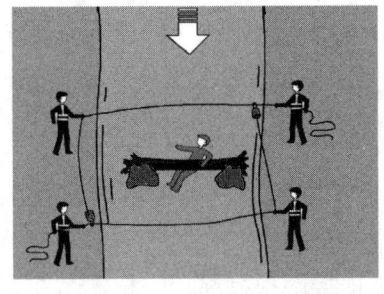 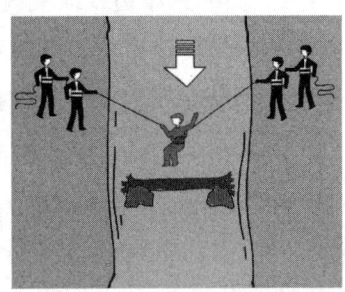

图5-14 两岸相互抛绳　　图5-15 利用挂钩形成圆环　　图5-16 将被困者运送回岸边

技术要点: 两根抛投绳分别从两岸向对岸抛投,两绳分别在被困人员上、下游。每根绳包的末端均用可锁闭的安全钩挂在另一根绳子上,制造一个封闭的绳环。两岸的保护人员向上游走,使中间形成的角度尽可能小,使绳环围绕住被困人员,稳定后,左、右岸人员分别在两岸形成相对上游和下游,利用45°水流,上游人员释放绳子,下游人员收紧绳子,将被困者送至下游岸边。

注意: 这种救援方法是一种不可释放系统,只能作为最后一种救援手段使用。可额外加入绳索用于拉开环绳或用于向上游拉出被困人员。

7. 单一岸边拉绳救援技术

目的: 利用单侧岸边拉绳技术,解救离岸边15 m以内的被困人员。

技术要点: 将两个抛投包连接在一起同时抛出,使绳索形成一个开放式的绳圈将被困人员围绕(图5-17);同时轻拉两根绳索,直至收紧,形成一个开放式的绳圈;尽可能远地向上游方向呈一定角度拉两根绳索,用力方向尽量与合力方向一致,可以轻晃绳索,以便使被困人员脱困;必要时可在上游绳索底部连接一个安全钩,加入一根引导绳,用来改变力量方向,脱困后可以"钟摆"的方式回到岸边(图5-18)。

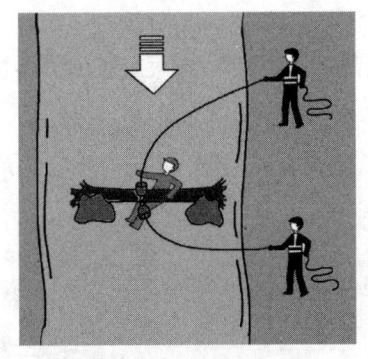 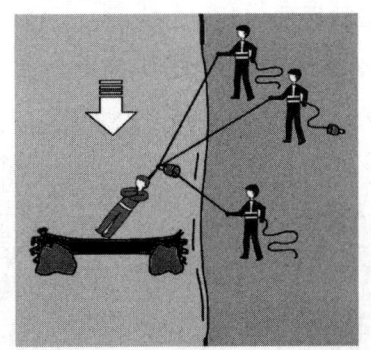

图5-17 抛出绳包　　图5-18 开放式绳圈和钟摆导向绳

8. 法兰西救援法

目的：用来解救离河岸 10 m 内的被困人员。

技术要点：抛一个抛绳包到上游，让其漂流并经过被困人员。使用抓取装备将绳索的另一端拉回岸边。第三保护人加入拉绳，确保被困人员回到岸边或改变现有力量方向（图 5-19）。

注意：抓取绳索的另一端时，可以使用带倒钩的绳子来抓紧。

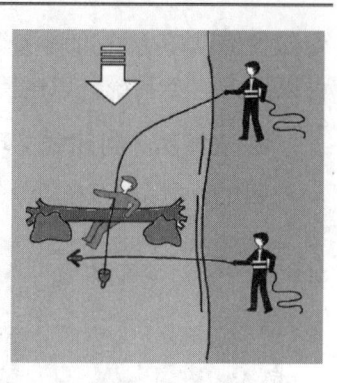

图 5-19　法兰西救援法

（三）消防充气水袋拦截救援技术

1. 水带圈形救援技术

目的：用以圈住并拦截水面昏迷的溺水者或多名落水者，因其优越的浮力可同时提供多人水面漂浮浮力。

技术要点：在消防水带的一端连接两根抛绳，一根绳吊在主岸将充气水带往回拉，另一根绳往对岸位置拉；通过充气水带圈住被困人员后，立即将被困人员拉到安全的地方（图 5-20）。

注意：救援人员要在河道的两岸实施救援。用充气水带包围和勾住被困人员，但在救援意识模糊甚至失去意识的人员时，并非绝对有效。

2. 水带系绳吊带法

目的：若能利用桥梁将水带安放在被困人员下游，将是非常有效的拦截救援方法，同时也可以作为救援中的一道防线进行部署。

技术要点：将充气水带的一端固定在岸边锚点上，使用两根抛绳系在消防水带的另一端，从桥上放下并到达指定位置；控制消防水带位于水面之上，直到上游的观察员看到被困人员快要到达时，再释放水带至指定位置，指导被困人员抓住充气水带；收到信号时将充气水带拉成圈状，围绕被困人员并救至岸边（图 5-22）。

3. 编梯救援法

目的：编梯救援法是一种快速创建简易充气救援通道的方法。

技术要点：将一条短充气水带的两端用封盖系紧，通过环绕一个轻质梯子并充气形成简易充气救援通道。

4. 环形水带救援法

目的：环形水带救援法（图 5-22）是利用充气水带的浮力，创建一个可漂浮的救生圈，可以在静水或海水中救助多名落水人员。

  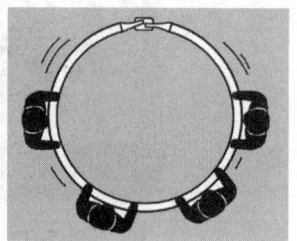

图 5-20　水带圈形救援　　图 5-21　水带系绳吊带法　　图 5-22　环形水带救援法

技术要点：连接充气水带的两端并充气，形成一个较大的救生圈，投掷到指定位置进行救助。

注意：当救助对象较多时，需要引导被救者比较均匀地分布在充气水带的周围，避免由于出现局部压力过大而不稳的情况。

第二节　船艇救援技术

船艇救援广泛应用于水上抢险救援，实施水上救生等，具有反应快速、机动、便捷、高效等特点。

一、船艇分类

1. 按动力类型划分

船艇按动力类型划分，主要可以分为动力艇（图5-23）、帆艇（图5-24）、机动艇（图5-25）三类。其中机动艇分为舷外挂机艇和艇内装机艇，艇内装机艇又分为小汽艇和豪华艇两种。

图 5-23　动力艇　　　　图 5-24　帆艇　　　　图 5-25　机动艇

2. 按材质类型划分

船艇按材质类型划分，可分为橡皮艇（图5-26）、玻璃钢艇（图5-27）、铝质艇（图5-28）三种。橡皮艇又称快速充气艇，与玻璃钢艇最大的区别是充气艇由多个部件组成，可泄气压缩，可拆卸，方便携行。其优点是完全翻覆后，能够立刻浮起、翻正，洪水激流救援时非常适合；而玻璃钢艇和铝制艇均属于整体结构，重量大，不能压缩，不易携行，比较适合大型水域的备勤。其优点是耐用、承载能力强、速度快及适航性较好，常用于城市内涝救援和人员运送。

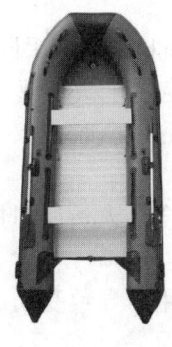  

图 5-26　橡皮艇　　　　图 5-27　玻璃钢艇　　　　图 5-28　铝质艇

二、快速充气式橡皮艇救援技术

快速充气式橡皮艇又称快速充气艇,可快速充放气,可拆卸,方便携行。尤其在动力船艇无法到达的水域,如水下障碍物多且不明,容易对机动船艇造成破坏、翻船等,可使用快速充气式橡皮艇对被困人员实施救援。

快速充气式橡皮艇主要技术包括橡皮艇搬运技术、橡皮艇划艇技术、水中翻船自救技术、艇上救援落水人员和救援船艇绳索固定技术。

(一)橡皮艇搬运技术

操艇包括扶艇、提艇、扛艇、顶艇、举艇和抛艇。

目的:通过艇操训练,使救援人员掌握操艇的基本动作与划艇方法,学会正确操作和移动船艇。

(1)扶艇(图5-29)。扶艇一般需要4~6名操艇人员,分配人员时要考虑船艇两侧人员身高尽量一致。操艇人员在开始之前应站立于橡皮艇的把手处,当听到"扶艇"的口令时,操艇人员外侧腿向前跨一步成高跪姿,内侧腿膝盖接触地面,内侧手握住船边绳或把手,外侧手置至于艇上。

(2)提艇(图5-30)。扶艇姿势下,当听到"提艇"的口令时,操艇人员运用腿部的力量起立将船提起,与此同时操艇人员将外侧脚收回成立正姿势。

图5-29 扶艇

图5-30 提艇

(3)扛艇(图5-31)。操艇人员处于操艇姿势,准备扛艇;当听到"扛艇"的口令时,操艇人员外侧腿向前跨一步成高跪姿,内侧腿膝盖接触地面,内侧手握住船边绳,外侧手置于膝盖上;外侧手抓住船舷手把,内侧手掌心向上,托住艇底,外侧手掌心向下,由外向内拍打气室,操艇人员运用全身力量,将船艇置于肩上,收外侧腿同时起立。

(4)顶艇。在扛艇的基础上进行顶艇;当听到"顶艇"的口令时,操艇人员双手同时用力,将艇举起放于头上;双手掌心向上,以双手辅助,托住艇底,使船艇稳定置于头顶部。

(5)举艇(图5-32)。在顶艇的基础上进行举艇;当听到"举艇"的口令时,双手同时用力,将艇举起双手掌心向上,手臂打直托住艇底。

(6)抛艇。在举艇的基础上进行抛艇;当听到"抛艇"的口令时,全体人员同时抛起船艇越过障碍物。

注意:搬运橡皮艇时要保持正确的身体姿势和用力方式,以免错误用力导致受伤。

图 5-31　扛艇　　　　　　　图 5-32　举艇

（二）橡皮艇划艇技术

划艇包括有桨划艇和无桨划艇两种。

目的：使用合适的划桨方式及正确的坐姿执行各项任务。

1. 有桨划艇

（1）船艇人员配置（图 5-33）。划桨人员若为单数时，最后一人坐于船尾担任舵手；划桨人员若为双数时，两两对称而坐。

（2）坐姿。乘坐于船中的救援人员下半身坐于船身内侧，双脚分开以脚掌固定稳住身体，双腿置于船内，不可跨坐在气室上，脚不可插入气室夹缝内；划桨时由船长指挥，左右划桨人员控制船桨的切水角度。

（3）拿桨方式。外侧手实握距离桨叶一拳的位置，内侧手握桨顶，利用正桨、反桨、挡水、平桨等动作控制左右方向变化。

（4）划桨（图 5-34）。划桨时，切水以 90°角为标准，勿切水太深；出桨时保持桨面平衡；当出现小方向偏差时，由舵手调整方向；当出现大方向偏差时，由 1、2 号桨手（船尾端两名人员）兼导航手调整，一方正桨，一方反桨。

图 5-33　船艇人员配置　　　　　　　图 5-34　无动力划艇划桨

2. 无桨划艇

无桨划艇又称无动力划艇（图 5-35），运用于当船艇上无桨可用时，或者翻船后船桨遗失，可采用无桨划艇的方式。

技术要点：利用船上可用的器材作为船桨替代品，若船艇上没有其他物品，则可用手掌代替；操艇人员平趴，外侧腿屈膝横跨于船艇两侧气室上，内侧腿稳定跪在船舱内，并稳固身体；

内侧手抓住或者扶住前侧救援人员的 PFD，用外侧手跟随口令有节奏地划水，将整个手臂伸入水中用力划水。艇上人员配合艇长指示操作，动作协调有序。

（三）水中翻船自救技术

水中翻船自救技术包括水中自救、水中上船和水中翻船扶正技术。

目的：当救援人员在激流中进行救援时，若不慎翻艇，应快速将船艇扶正，人员迅速上船继续救援。

技术要点：模拟流动水域中船艇翻覆，除操艇人员外其他所有人员快速进入水中，操艇人员抓住翻正绳将

图 5-35　无动力划艇

橡皮艇翻覆扣置于水面（图 5-36）；橡皮艇翻覆后，落水人员应当迅速抓住艇周围的确保绳，1 名救援人员应迅速找到并将橡皮艇所系的翻正绳抛掷到另外一侧（图 5-37）；1 名救援人员利用绳子爬上浮在水面但已翻转的橡皮艇侧面，在橡皮艇侧边站起来，并使身体向后下坠，利用橡皮艇的侧部的压力和绳子的牵引力，使橡皮艇翻转恢复（图 5-38）；1 名救援人员利用船桨顶起橡皮艇固定翻正绳支点一侧，与翻正船艇的救援人员合力翻正橡皮艇；其他救援人员如有条件可于橡皮艇翻正时，借力上橡皮艇，然后协助其他救援人员上艇（图 5-39）。

图 5-36　翻覆橡皮艇

图 5-37　找到翻正绳

图 5-38　翻正橡皮艇

图 5-39　协助人员上艇

（四）救援被困人员上艇

技术要点：舟艇接触救援被困人员时，救援人员应当引导被困人员背向船艇，抓住其上衣肩部或拖住其腋下，身体重心后移向上提拉被困人员至船艇上；同时，其他救援人员协助保持船艇平衡（图 5-40）。

注意：船艇靠近被救者过程中，应当向被困人员递送船桨、篙杆或抛投救生衣、救生圈等

器材，确保其安全后再施救。

注意：救助流动水域被困人员时，无动力船艇应当从上游入水，行驶方向与水流方向保持45°角；动力船艇应当从下游入水。船艇上指挥员应当实时观察被困人员及水面情况，指挥船艇驾驶员操作。船艇接近被困人员时应当减速，防止冲撞被困人员。控制船艇侧面靠近被困人员，并与被困人员保持适当距离，防止船桨、螺旋桨伤人。

图 5-40　被困人员被救上船

（五）救援船艇绳索固定技术

使用绳索固定救援船艇，可以使船艇易于控制。这个系统需要大量人力用于操控橡皮艇。绳索固定救援船艇有两点固定、V形固定、X形固定和四点拉绳技术。

1. 橡皮艇两点固定

技术要点：用两根绳子固定在艇的左右相对挂点上，岸上拉绳人员控制船的位置（图5-41）。

注意：两点固定时应考虑船艇释放方向，应从上游向下游沿水流方向45°角顺流。

2. 橡皮艇 V 形固定

技术要点：非对称结构的橡皮艇必须船头朝向上游方向，而对称结构的橡皮艇则无此要求。在船体两侧前端的挂着点上连接两根绳索，需要时通过绳索移动橡皮艇（图5-42）。

图 5-41　两点固定

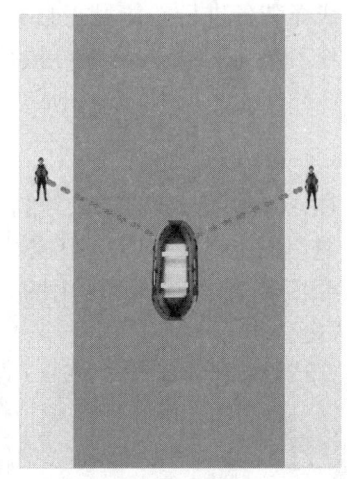
图 5-42　V形固定

3. 橡皮艇 X 形固定

技术要点：船艇一端与前面V形固定相同；另外两根绳索固定在橡皮艇末端两个挂着点上，增加对橡皮艇方向的控制能力（图5-43）。

4. 橡皮艇四点拉绳技术

通过四点岸上拉绳技术，可使橡皮艇从岸边一侧转移到另一侧（图5-44）。

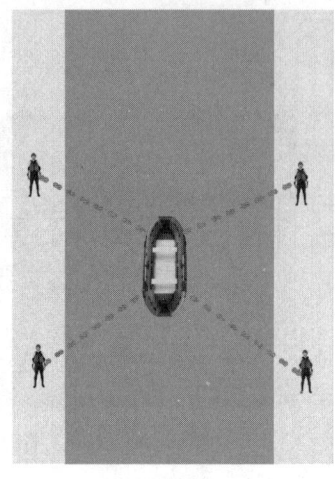
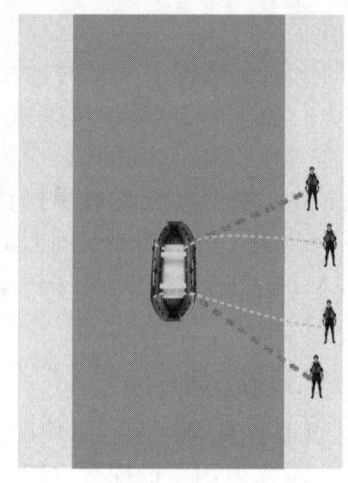

图5-43　X形固定　　　　　　　　图5-44　四点拉绳

技术要点：将四根绳子扣在橡皮艇四角的挂着点上，将远岸端拉船的绳子从近岸端相对的挂着点中穿过；通过岸上拉绳人员可调整船头角度，也可以通过调整拉绳角度，将船从一岸移至另一岸。

三、IRB简介

IRB（图5-45）是一种小型马达艇，可适用于许多非传统救援情形。其主要优点有：可采用徒手搬运、拖车搬运或直升机悬吊等方式，快速携行至下水点；翻船事件发生时，救援人员可通过简单的线绳装备进行船艇翻正自救，或配备扶正系统在翻船发生30 s以内翻正自救；配备防水电子系统和专业救援人员则可执行恶劣水域环境下的救援任务。IRB充气式机动救援艇主要由救生艇和推进系统等部件组成。

1. 救援艇

救援艇（图5-46）由充气长管、船底板、船尾横板、船桨、排水阀、船外把手、油箱绳、打气筒、船头绳、翻正绳及工具包组成。根据需要不同具有不同尺寸，从2～16人机动艇均有。在洪水及激流救援中，一般常用的是长380 mm、宽170 mm的6人艇和长420 mm、宽170 mm的8人艇。

图5-45　IRB　　　　　　　　　图5-46　无挂机救援艇

（1）充气长管。船两侧具有一对可浮式的充气长管，充气长管在船头相接形成"V"字形，称为船头。管子由橡胶纤维制成,管子内部被区分为数个较小的次要气室,防止管子破洞浮力损失而造成沉船。

(2)船底板(图5-47)。船底与充气长管一体式连接,同样是橡胶纤维所制成的,但是为了更好地保持船底形态,在船底一般用铝合金、充气底板或木质底板作支撑。

2. 推进系统

推进系统主要由船外机(发动机)、油箱、船外机叶片保护罩等组成。

(1)船外机(图5-48)。船外机,顾名思义是指安装在船体(船舷)外侧的推进用发动机,通常悬挂于艉板的外侧,又称舷外机。广泛应用于水域救援,根据能量来源不同,可分为燃油类及电动船外机。由于汽油船外机具有安装方便、不用机舱、质量较轻等优点,应用最为广泛。汽油船外机的主流燃料为汽油,具有用途广泛、技术成熟、功率范围广等优势。从燃烧技术上又分两冲程、四冲程及两冲程直喷。两冲程加速性好(因为曲轴每转一圈就做功一次),四冲程相对要环保一些,它的加速能力不如两冲程(曲轴需转两圈才做功一次);两冲直喷将两者的优点结合起来,是在两冲程的基础上实现汽油缸内直接喷射,而不是通过化油器和空气混合。

目前,市场上主要的船外机有雅马哈(Yamaha)、水星(Mercury)、喜运来(Evinrude)。根据船艇的规格,船外机有15马力、30马力、40马力、45马力、60马力、70马力、120马力等。救援中常常要搬运救援艇和船外机,因此常用功率为15马力和30马力。它具有易携行、性能稳定、功率强劲、油耗低、排污少等优点,有前进、空挡、后退三个挡位。

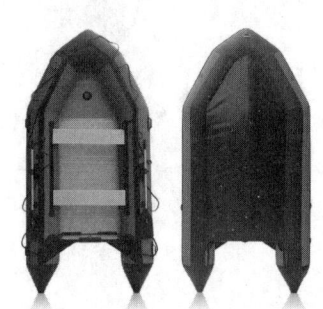

图5-47 船底板

图5-48 船外机及其常见功率

(2)油箱。油箱分为硬式油箱和软式油箱。硬式油箱由高密度聚乙烯制成,质量轻,使用方便。油箱具有放气阀、量油表、油箱盖、连接油管、注油泵、油管接口等部件(图5-49、图5-50)。

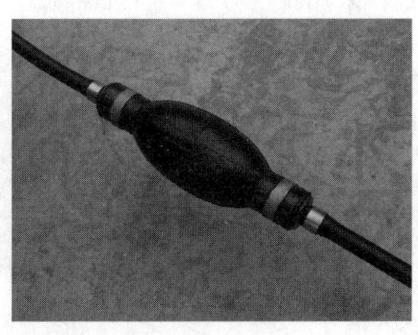

图5-49 油管和注油泵

图5-50 油管接口

（3）叶片保护罩。叶片保护罩（图 5-51）是钢筋或者铁片制成的叶片保护装置，防止水下礁石撞击叶片后造成叶片及发动机损伤（图 5-52）。

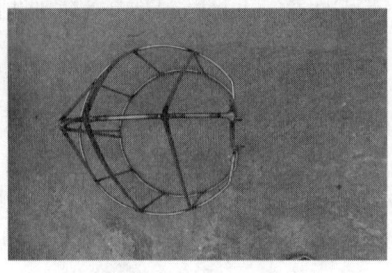

图 5-51　叶片保护罩　　　　图 5-52　保护发动机叶片

（4）其他。

1）船外机放置架（图 5-53）。保养维护或保存时，将船外机悬挂在放置架上，使用之前再卸下。

2）船锚（图 5-54、图 5-55）。在流动水域中停靠固定船艇时使用。

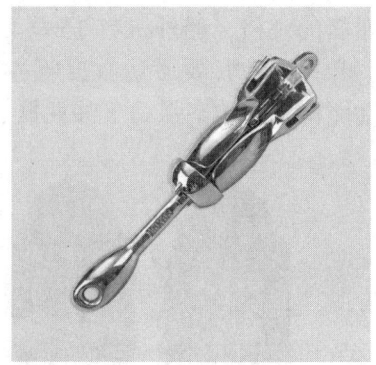

图 5-53　船外机放置架　　　图 5-54　打开的船锚　　　图 5-55　闭合的船锚

四、IRB 的检查、组装及基本操作

（一）IRB 的检查

（1）燃油检查。启动引擎之前，先对油箱内的存油进行检查，确保油量足够，混合比例正确。燃料添加时，确保油料为无铅汽油和机油，采用预混方式。新机器前 10 h 为磨合期，汽油和机油混合比例为 25∶1（汽油∶机油），10 h 磨合期之后，汽油和机油混合比例为 50∶1（汽油∶机油）；混合油不可长期存放。在磨合期间应使用匀速中油门，有助于延长机器使用寿命及机器使用性能。

（2）燃油系统检查（图 5-56）。检查油箱接头、油管、引擎接头及油路到化油器斗，确保无漏油及油管连接方向正确。

（3）桨叶部分检查。检查桨叶片有无断裂或弯曲，桨叶螺帽及开口插梢有无松落。

图 5-56　燃油系统检查

（4）火花塞部分。检查清洁程度及间隙，污秽的间隙及火花塞间隙不均，均会对引擎造成不良影响。

（二）IRB 组装

将未安装的各个部件按照先后顺序进行安装。未安装的情形如图 5-57 所示。

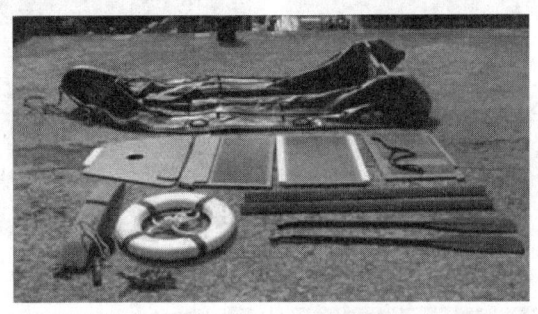

图 5-57　各部件未安装图

（1）垫板安装。将艇水平放置，先将前后底板侧插于船内侧面，利用底板间隙，放入中间底板与前后底板接合，以脚踩住底板，再将船边绳往上拉，使底板完全密合且平整（图 5-58～图 5-63）。

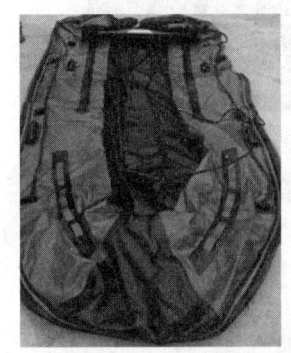  

图 5-58　未安装垫板的艇　　图 5-59　前底板安装　　图 5-60　后续底板安装

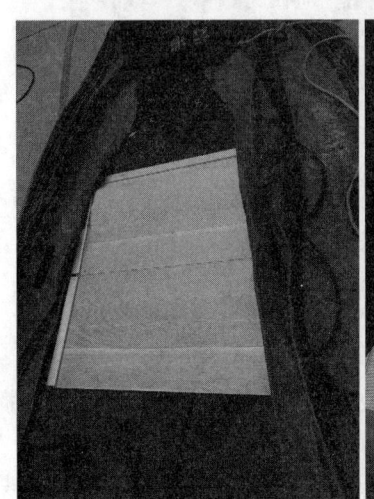  

图 5-61　后底板安装　　图 5-62　中间底板接合　　图 5-63　底板安装完毕

（2）实施灌气。充气可以采用充气泵和气瓶（图5-64）的方式进行。充气泵可分为人工、电动和油动几种类型。实施灌气时要遵循对角线灌入气体的原则，按照对称的顺序，将气体灌入气室中（图5-65）。充气完毕后，将充气阀关闭（充气阀旋转后处于较高位置）（图5-66），并安装好保护外罩（图5-67）。

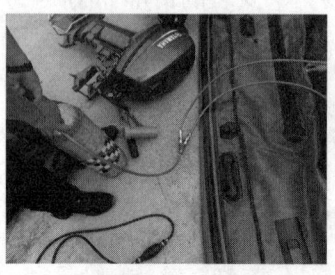
图5-64 气瓶充气

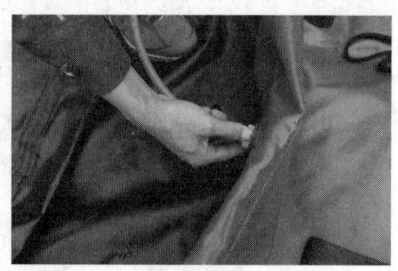
图5-65 气体灌入

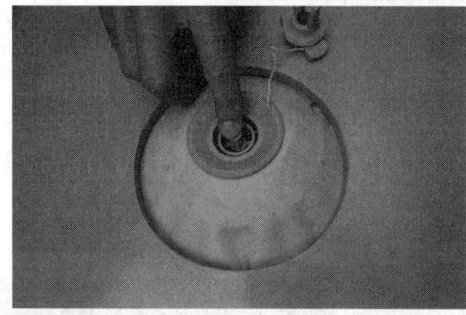
图5-66 充气阀关闭

图5-67 安装保护外罩

（3）悬挂船外机。采用单人上肩搬运法或双人搬运法将船外机搬至橡皮艇上，把船尾挂架上的螺丝旋开，将船外机稳固在充气船艇尾部的横板上，放正并卡紧（图5-68）；利用4 m长的绳穿过船外机把手固定船外机（图5-69），确保船外机若在操作中即使螺丝松开，也不会掉落遗失。

图5-68 稳固船外机

图5-69 固定船外机

注意：搬运时，应勿使桨叶受损，缸头位置应高于桨叶位置。单人搬运时，常用上肩搬运法，双人搬运时，一人提发动机手柄部位，一人提发动机保护罩。

（4）调整引擎吃水倾角（图5-70）。船外机或船艇推进器的吃水倾角，在发动机的螺桨轴心调整成靠近船底侧的角度称为吃水"内"或"低"或"深"；将发动机向船艉板的外侧调整成远离船底侧的角度称为吃水"外"或"高";当船平进巡航时吃水倾角会调整成螺桨轴心与水面平行,称为以"纵"或"零"倾角行驶。对没有动力调整吃水倾角的船外机来说,必须以改变倾角插梢所插孔洞的位置来调整倾角。船外机安装的高度直接影响了船外机的推进效率,因此应调整好引擎的吃水倾角。

(5)油路系统安装(图5-71)。根据驾驶习惯,将事先装备好的油箱用4 m长的绳固定在船艇中部靠左(右)边的位置,确定好油管方向后,将油管先插入油箱进行油路管道废油排出和清洗。油管绕船边绳梢加固定后插入船外机油路接口。

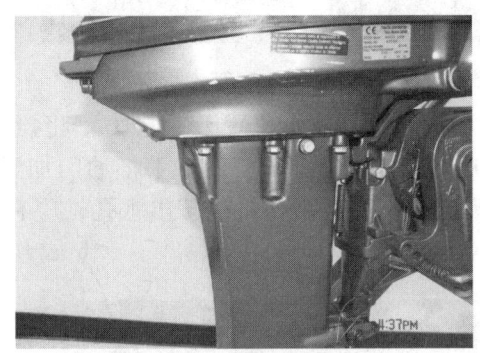
图5-70 调整吃水倾角

图5-71 油路系统安装

(6)船艇绳索设置。根据船艇使用的实际情况,可提前设置好船艇周围保护绳、翻正绳。周围保护绳是给驾驶员和船员使用的,可更好地控制舟艇,保护乘坐者的安全。翻正绳是控制在船艇侧部的翻转支点上的绳索,可以是单根,也可以是两根。绑定的位置也和船艇的大小、自重有关系。若绑一根,非机动船艇绑一根在船侧边中部位置,带发动机的机动船艇要绑在后1/3的位置(图5-72);若绑两根,非机动船艇分别绑在前1/3和后1/3的位置上,带发动机的机动船艇要绑在1/3和1/2的位置(图5-73)。

图5-72 发动机绳索设置

图5-73 船艇绳索设置

(三)IRB的基本操作

1. IRB的启动

(1)检查夹紧装置(图5-74)。检查夹紧螺旋是否固定非常重要,因为夹紧装置螺钉松动会使船外机或在艉板上移动,造成船外机丢失、失控或事故。

(2)检查熄火绳(图5-75)。操作船外机前,熄火绳要挂在驾驶员的身上;若掌舵者不慎落水时,熄火绳会拉除卡榫,船外机会立即熄火。

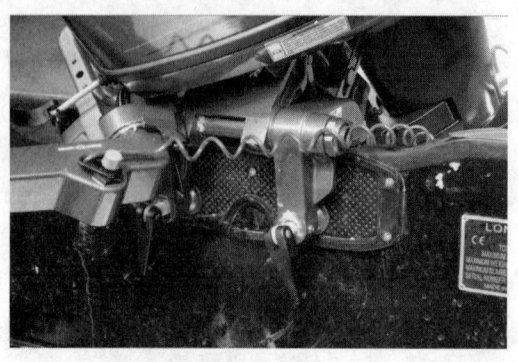
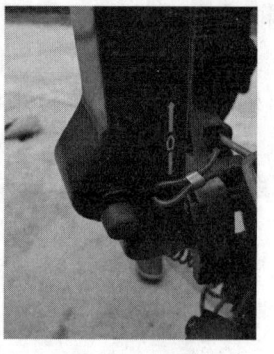

图 5-74 检查夹紧装置　　　　图 5-75 检查熄火绳

（3）启动。确定发动机的进水口置于水中或加水器供水（置于岸上时），将挡位置于空挡，打开阻风门按钮，将其部分拉出，一手拉启动拉柄（图 5-76），一手将油门加到 20% 左右，启动后将阻风门按钮推回原位、油门调小至怠速，观察船外机冷却出水孔，应有足够的水排出（图 5-77）。

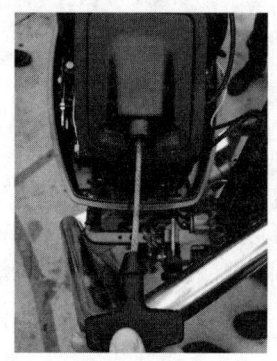

图 5-76 启动拉柄　　　　图 5-77 冷却水排出

（4）排水孔。在船艇后侧横板下端，当船艇行驶时，将塞子拔除可帮助排水（图 5-78）；船艇未行驶时，应将塞子塞紧，以免船进水（图 5-79）。

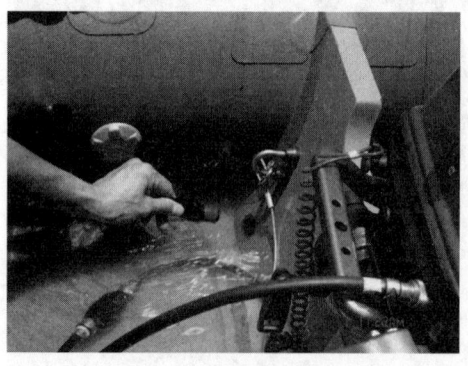

图 5-78 拔除塞子　　　　图 5-79 塞紧塞子

注意：舷外机底部没有供水（冷却）的情况下，1 min 就可能烧掉水泵叶轮。因此，不管是试机还是其他操作，舷外机底部一定要没入水中，且水要盖过压水板。

2. IRB 的基本操作及乘坐位置

（1）操作位置（图 5-80）。船艇操控时，驾驶员应熟悉左右两侧的驾驶方式，根据不同型号引擎，采用多样的航行方式。以右侧驾驶为例，引擎挡位靠右侧，驾驶员应采用右侧驾驶技术，便于行驶中快速换挡。驾驶员可坐于后侧方船艇内侧或半跪于侧后方船底板，身体或腿部不能影响船艇操控，不得阻碍油门柄转向，维持好船艇的航向与速度，在进行转弯时及时躲避障碍，在救援时，驾驶员可一手操作舟艇，一手协助救援。

（2）乘坐位置（图 5-81）。应考虑到重心及平衡对救援及操作速度的影响，要保持一定的平衡，视情况及时进行重心调整，防止翻覆意外的发生。可以分为两人乘坐和多人乘坐。含驾驶员在内，若只有两人乘坐时，乘坐的一人应以船艇为基准，坐在驾驶员另一侧前端以平衡船艇重心；若乘坐船艇人员达三人以上，必要时配合船艇救援的各种动作，应依据人员数量及体重保持船体的交叉平衡，平均坐在或跪在船艇两侧，避免船艇发生翻覆意外。

乘坐船艇人员乘坐于船边时，双手应适度紧握船边绳，重心向内，以免因波浪或船艇转弯，致使重心不稳而摔出。乘坐船艇人员脚部应避免穿过任何绳索或油管，以免摔出时脚部发生缠绕而无法脱离。

图 5-80　操作位置

图 5-81　乘坐位置

3. IRB 的下水、离岸与靠岸

（1）船艇下水。若是没有下船斜坡或是使用拖船车，应利用提艇、扛艇和举艇等方式将未装上引擎的船艇移至水边，不论浅滩河岸还是有落差的岸际，船入水时都应使船头离岸、船尾靠岸，避免引擎安装不当落入水中。引擎安装完毕后，调转船头靠岸，视岸边水情将螺旋桨放入水中。

（2）发动船艇离靠岸。IRB 操作时至少需要两人以上，离岸前，一名船艇驾驶员先行上船发动引擎，另一名船员拉住船头绳，避免船艇受水流影响失去控制，待船艇引擎稳定后，将船艇推离岸边并上船。

注意： 引擎发动前，若发现螺旋桨陷入泥沙中，应将螺旋桨稍微摇晃并拉起，使螺旋桨脱离泥沙后，再发动引擎。

靠岸前，驾驶员应选定好靠岸位置。靠近岸边时应注意船外机与河底的间距，避免螺旋桨打击石头、沉入泥沙或缠绕水草鱼线等不明物，注意观察岸上会造成船体受损的尖锐物质。

靠近岸边时应与岸边垂直，取适当距离减速或打入空挡，让船只利用惯性滑入岸上。必要时将船外机上提于固定位置，防止船外机插入泥沙。停稳后将系船头绳固定。

（3）船艇前进与后退。船艇前进时，锁定开关，挂前进挡，船艇面向前进方向，适当加油门；船艇后退时，倾斜锁定开关或一手按住船外机，稍加油门。

（四）IRB 的驾驶及救援技术

1. 船艇行进

船艇行进时，根据河道水域状况不同，可采用主流区航行、多重障碍区航行、浅滩区航行、动态水域航行和靠岸停船等动作。

（1）主流区航行（图 5-82）。主流区往往是深度最深的区域，在主流区航行可避免很多水下障碍物。要稍微偏离主流，寻找主流与浅滩之间水深合适的位置航行。要注意水波纹的产生与改变，即使平缓水域的水面下也可能有障碍物。在波浪起伏的主流区航行，应使船艇尽量在波浪区中央行驶，保持船体适当的仰俯角度，保持好船艇重心和驾驶员的视线良好。

（2）多重障碍区航行。多重障碍区的障碍可分为水面及水下障碍，水面为目视可识别的障碍，应及早躲避，而水下障碍常因水质浑浊不清，难以识别。在白色水流区域，可以利用水流起伏及水花来判定水下障碍的位置，船体通过此区域时，要留意船外机与水下障碍物的距离，若船外机无法闪躲水下障碍，应及早将船外机的叶轮抬离水面，通过障碍物后再放入水中。

（3）浅滩区航行（图 5-83）。浅滩区是指水深度在小腿以下的大面积水域。若通过此区域时，船外机底部与河溪障碍相互摩擦，则应将船外机抬起，顺流而下或人员下船顺势推船通过此区域。若需要以航行速度快速通过浅滩区域，则应使船外机吃水最浅，缓速通过。

图 5-82　主流区航行

图 5-83　浅滩区航行

（4）动态水域停船。动态水域停船也叫作定舟。在激流水域中，常常需要将船艇控制在相对于岸边参考物静止的激流中，以做水面观察定位及救援等动作。将船头朝向上游，适度调整油门及方向，使流速与行进速度相抵消，保持船艇位置定在河中，随时观察船体与参考点之间的相对位置，并及时修正。

（5）靠岸停船。船舶靠岸时，不可快速冲撞岸边，应采用慢速接近岸边，以免气囊被磨破、划破或发动机打击浅滩礁石。驾驶员必须能够停靠于指定的岸边，并减少船外机和船艇耗损。先将船头朝向上游，调整船身角度，缓慢靠近岸边，减缓船停靠岸边的相对速度；接近岸边时，用船艇左右两侧前方接近岸边，待水深度达到膝盖以下时，船员先行下艇稳固船艇，待船停止移动后驾驶员再将引擎熄火。

2. O形、S形、Z形和U形驾驶

（1）O形驾驶（图5-84）。O形驾驶也叫作O形船艇转弯，其重点是船艇转向前与转向后，船首方向一致。由于机动船艇的引擎位于船艇最后方，因此转向是靠船外机偏向而产生推动力的，及早转向才能获得良好的转弯角度。若在激流中，因地形或障碍物导致航行空间狭窄，则需要更小的转弯半径，可由驾驶员及乘员同时往左或往右偏移位置，改变船艇的重心，使船艇倾斜，从而获得较小的回转半径。

（2）S形驾驶（图5-85）。S形驾驶适用于躲避水中多个连续障碍物，其重点是预先判断水中障碍物的大小和位置。要评估需躲避障碍物的距离和大小，采用合适的转角进行躲避。若障碍物较大且距离较近时，则需要控制好速度，采用较大转角来避开；若障碍物较小且距离较远时，则可以以较快速度，较小的转角避开。

（3）Z形驾驶（图5-86）。Z形驾驶适用于多次往返河道两岸和水中救援，其重点是破坏水流速度，改变水流方向。船停在河流两岸往复移动，若水流速度较慢，船头可直接朝向目标航行，若水流速度快而湍急，则需要维持船体与水流的相对夹角，顶流并侧向移动。

图 5-84　O 形驾驶　　　　图 5-85　S 形驾驶　　　　图 5-86　Z 形驾驶

（4）U形驾驶（图5-87）。U形驾驶也叫作U形回转，适用于航行时前方有障碍、船艇紧急掉头回转顺流而下。发现前方有障碍物或发现溺水者时，立即掉头追击，快速回转顺流而下行驶。若需要进入障碍物下游所产生的回流区，也可利用U形回转进入。船体回转半径尽可能小，将油门柄协同转向，同时逐渐转向到底，顺势往转弯一侧压船，再辅以足够的油门推船转向即可。

3. 激流区逆流驾驶

当船艇抵达激流区无法掉头的环境时，可通过逆流驾驶技术将船艇开至安全水域（图5-88）。

图 5-87　U 形驾驶　　　　　　　图 5-88　激流区逆流驾驶

技术要点：当船艇抵达激流区上游礁石区，无法掉头的环境时，保持船头顶流，迅速调整发动机至后退挡；船艇操作人员面对下游方向，半蹲或站立，控制发动机吃水深度和后退方向；船艇上其他人员一手抓船边绳，一手抓住驾驶员的固定带，避免其受到冲击力而落入水中。

注意：尽量保持船艇与水流平行的姿态，若是与水流垂直很容易被水流冲击导致翻覆。

4. IRB 救援溺水者

根据救援环境不同，IRB 救援溺水者（图 5-89）可以分为静水环境救援、海洋区域救援和激流环境救援。

（1）在平静水域或湖泊进行救援时，驾驶员控制船艇，使船艇左右两侧接近被困人员。接近被救者时，船艇速度应放慢，救援人员以高跪姿将身体探出船外，准备拉住溺水者。待救援人员手拉住溺水者救生衣、衣服或托住腋下将溺水者往上往后拉起，救援人员顺势后躺，将溺水者拉进船上。

图 5-89　IRB 救援溺水者

（2）在海洋区域进行救援时，船上救援人员指挥驾驶员前进及左右方向，顶浪或依照"Z"字形前行，随时注意船外机是否高过浪头而空转。接近被困人员时，驾驶员应放慢船速并挂空挡，救援人员以高跪姿往外准备拉住溺水者。待救援人员手拉住溺水者救生衣、衣服或托住腋下将溺水者往上往后拉起，救援人员顺势后躺，将溺水者拉进船上。

（3）在激流中进行救援时，应由下游往上游前进，船上救援人员指挥驾驶员前进及左右方向。接近被困人员时，驾驶员应放慢船速并挂空挡，当溺水者身体进船后，驾驶员也可帮忙，待溺水者完全进入船上后，加速离开。若救援失败，应以溺水者为中心往外绕圈至下游重新救援，避免船尾在溺水者旁边转向或向下游去追溺水者。待救援人员手拉住溺水者救生衣、衣服或托住腋下将溺水者往上往后拉起，救援人员顺势后躺，将溺水者拉进船上。

5. 离心力救援

离心力救援也叫作快速救援，是非常快速的一种救援被救者上船的方式，特别适合运用于操作时间较短，海中两个大浪间的救援（图 5-90、图 5-91）。

图 5-90　离心力救援 1　　　　图 5-91　离心力救援 2

技术要点：当救援艇靠近溺水者时，确保手抓住溺水者救生衣、衣服或托住腋下将其移到船艇靠艇一侧。由前方驾驶员一边驾驶，一边用一手控制住被困人员的膝盖窝，使其搭在船边，然向右快速转向加速，靠离心力的惯性将溺水者带入艇中。

6. 船艇抛绳救援

若遇礁石碎浪区等不易靠近的环境时，可采用船艇抛绳救援法，将被救者救离危险区域。

技术要点：将船体控制在被困人员附近，船头朝向远离岸边的方向，船身顶浪正对涌浪定舟；将抛绳包或浮力用具先行抛给被困人员，待被困人员抓紧进入水中后，将被救者拉离危险区域并救至艇上。

注意：船体要避免被波浪和海浪推至礁石区而造成二次伤害。救援行驶路线要避开礁石区。

7. 船艇活饵救援

当被困人员被困于礁石区或危险水流中，无法通过抛绳等方法救助时，可利用船艇接近被困人员后用活饵救援的方法救援。活饵救援一词来自国外，指利用救援绳索和救援人员连接，救援人员直接下水进行救援。（视频5-5：船艇活饵救援）

视频5-5：船艇活饵救援

技术要点：船艇抵达救援区域后，正面顶浪，定住船体位置；活饵救援者抓住船艇位于浪谷的时机，跳入水中并以攻击式接近被困人员；活饵救援者接近礁石时，要注意控制，避免被波浪冲击而撞击礁石；活饵救援者接触被困人员时，引导或协助被困人员，穿好救生衣及头盔等装备；当准备带领被救者离开礁石区域时，抓紧被困人员肩带，用哨音和手势信号通知艇上救援人员回收活饵；船上救援人员先操控船体往外移动，让船艇及水中人员先行离开礁石及碎浪区后再回收绳索，将救援人员和被困人员救至艇上。

注意：船上救援人员至少应有驾驶员、确保手和活饵救援人员3人，既可操作活饵，又可维持适当重量压艇破浪。停船位置不可太靠近礁石，以免受到波浪拍打，无法脱离礁石区。

8. 机动船艇翻舟自救技术

翻舟自救技术包括水中自救、水中上船和水中翻船扶正技术。（视频5-6：机动船艇翻舟自救技术）

视频5-6：机动船艇翻舟自救技术

目的：救援人员水中救援时，若不慎翻艇，应将船艇再次扶正，并迅速利用船桨和人力将船艇安全靠岸。

技术要点：流动水域中，机动船艇翻覆后，落水人员应迅速抓住艇周围的确保绳；2名救援人员利用船尾发动机作为台阶，爬上已翻转的橡皮艇；在橡皮艇侧边站起来后，利用使身体向后下坠和绳子的牵引力，使橡皮艇翻转恢复正常位置；一名救援人员利用船桨顶起橡皮艇固定翻正绳支点一侧，与第一名救援人员合力翻正橡皮艇；其他救援人员于橡皮艇翻正时，借力登上橡皮艇。

9. 舟梯连用登高救援

（1）舟艇固定。操作舟艇侧面停靠建筑物、趸船，利用绳索，将冲锋舟前后分别固定于建筑物、趸船上不同的支点，保证冲锋舟不随水流发生位移。救援过程中，舷外机严禁熄火，指挥员与舟艇驾驶员分别于冲锋舟前后实时观察现场情况。

（2）救助遇险和被困人员。

将消防梯沿建筑物、趸船架设好后，救援人员登高至建筑物、趸船上，协助遇险和被困人员穿戴好救生衣，拉住消防梯梯首，并利用绳索保护遇险和被困人员沿梯下降至冲锋舟上。

当遇险和被困人员无行动能力时，2名救援人员沿消防梯登高至建筑物、趸船上，利用救援担架或消防梯救助遇险和被困人员至冲锋舟上。

五、IRB 的故障排除

1. 发动机不能启动

发动机不能启动时主要检查燃料系统、点火系统和电气系统。

（1）熄火绳未插或熄火绳没插到位，正确插入即可排除。

（2）火花塞积碳太多，清理火花塞表面积碳或更换同型号新火花塞（图5-92）。

（3）检查电路系统是否松脱，如电器件损坏（充电线圈、点火器、高压包）建议更换（图5-93）。

图 5-92　火花塞　　　　图 5-93　电路系统

（4）淹缸（图5-94）。淹缸多发生于化油器、发动机等部位。没有根据实际情况频繁拉启动绳，导致气缸内汽油量过多时，阻塞了火花塞的正常燃爆，产生无法发动的现象。解决方法是拆下火花塞将火花塞燃油擦干，将启动绳子空拉两下；若缸内余油过多，将其吸出。

2. 发动机不能停止

发动机不能停止时，主要检查停机线路、引线、停机钮、电子点火器等装置。船外机发动时排水孔应能正常出水，排水孔若未能正常出水，可能有杂物堵塞，可用细铁丝疏通。

3. 引擎落水处理

引擎落水后通过简单处理有可能使其恢复工作。但若简单处理仍不能恢复工作，则应尽可能做完全的细部拆解修理工作，否则引擎内部将会严重生锈腐蚀。意外落水后应采取下列紧急措施：将引擎尽快吊出水面，用淡水冲洗所有部分以洗去盐分、泥土、海草等；拆去火花塞、化油器、泄油孔及滤清器，倒出缸内所有海水；倒入润滑油至每缸中转动飞轮盘，使润滑油附着于每一缸壁上形成油膜；再将引擎翻过来由化油器倒入机油；再次

图 5-94　淹缸

转动飞轮盘使化油器亦充满润滑油附着；尽快将船外机送至就近的经销商修理。（视频5-7：引擎落水处理）

IRB 易故障项目说明及排除方法见表5-1。

视频5-7：引擎落水处理

表 5-1　IRB 常见故障项目及原因

故障项目	故　障　原　因
发动机不能发动	检查并调试燃料系统，点火系统，电气系统
发动机不停	停机线路，引线断路，停机钮损坏，电子点火器损坏
失掉功率（燃点正常）	引擎，化油器，燃料泵和油箱，过热的引擎，下盘装置
发动机点火不良	火花塞，点火系统
船上表现不良	发动机调校，螺丝桨打气，船的因素
调挡失当	引擎连接器未连接或连接错误，不正确的齿轮油导致调挡模块损坏
发动机不能操作	充电线路不对，整流器整流子损坏，产电线圈短路或断路
始动发动机不能操作	始动线路，始动器所需电流过量

六、IRB 的拆卸与保养

IRB 作为防汛救援装备，一般用作应急，因此大部分都是长期存放、临时拿出来使用的，因此存放前要注意以下操作。

（1）船外机移除。把固定在船尾板上的固定螺丝拆除，并将船外机的锁定螺丝松开，将船外机由船上移至岸上，直立于地上，泄掉机内残水，迅速检查有无杂物于冷却水吸入部位及螺旋桨上有无异物。

（2）耗完燃油。在准备长时间放置机器前，应断开油路，拔掉外置油箱接头，让舷外机继续运转，耗尽化油器中的燃油，可避免化油器中残留燃料外泄、长时间不用导致油料变质，以及辛烷值变化而造成下次启动困难。卸下火花塞往气缸中加入 3~5 滴机油，在安装火花塞之前启动几下，让缸体保持润滑，防止生锈，然后再安装火花塞即可。

（3）清洗水路。由于舷外机采用水冷的方式冷却，脏水在管道内停留太久，杂质沉积在管道内会影响其使用寿命。因此，船外机在海水和污水中使用后，应用淡水清洁引擎内部和对冷却系统做一次清洗。将船外机吸水孔置于干净的水中，发动舷外机几分钟，以清水循环方式使海水或污泥排出引擎，防止年久而锈蚀。

（4）船外机定位。船外机放置时，应使用固定架直立放置，勿横躺于地面。使用润滑油保养引擎内部，黄油加注处施以黄油润滑，擦拭保持船外机清洁。船外机应放置于阳光不易暴晒、通风透气的场所，最好使用外壳保护套加以保护。

（5）检查油管。检查快速接头是否完好，若因砂石或锈蚀影响滑动，应适当润滑。油管两侧的快速接头在保存时，应用保护套套住，以防灰尘侵入。

（6）检查螺旋桨。螺旋桨部位经常会卷入一些丝状的杂物，可以用套筒拧下叶轮，去除杂物，抹上润滑油再将叶轮安装回去。如果损伤严重，建议更换。

（7）定期检查。每 30 h 应检查火花塞、油箱内部的清洁情况，检查油路系统等的工作状况；每 50 h 应添加齿轮油，润滑底部组件，检查所有螺丝有无松动，更换清洁油箱滤网等；每 100 h 应调整上挡，应检查不加油、不熄火的空车转速情况及加速时的平稳情况。

第三节 涉水渡河

涉水渡河技术是指借助工具或徒步，单人或多人在浅滩中横渡的技术。在水域救援活动中经常会碰到渡河过溪的情况，运用安全科学的渡河技术才能保障人员安全。按使用工具可将渡河技术分为结绳辅助涉水救援技术和救援杆辅助或徒手涉水救援技术。按人员涉水的形状可以分为圆形、三角形、连续圆形和搬运担架等涉水技术。

一、涉水渡河安全须知

（1）若河水清澈，河底为碎石时，不要赤脚，以免水底的碎石或其他物体伤到脚底。如果河底为烂泥，脱鞋脱袜，以免鞋子陷入泥中丢失。但在河水浑浊无法观察到河底细节的情况下，无论如何不要赤脚过河。

（2）在水中渡河时不可抬高脚部，否则重心会不稳，需脚沿河底慢慢移动，尽量将身体重心放在两脚上。涉水时，一定要一步步侧跨行进，不可前跨行进，以减少水流的冲力。溪中的大石上往往长满青苔或附着物，光滑无比，要避免脚踩在大石上前行。

（3）冬季或者寒冷天气渡河，尽可能使用干式激流救援服，若没有条件，应脱去身上保暖衣物包括鞋子，待上岸后再马上穿好，保暖衣物一旦浸水就会造成严重的失温。

（4）在整个渡河过程中，包括有渡河工具的情况下，切记一定要将背包的腰带解开，有时背包可能是致命的负担。

（5）涉水渡河途中，最危险的是身体失去平衡不慎滑倒，在流急浪大的情况下，极易出现险情。因此，涉水渡河必须沉着，要尽量在溪底站稳，千万不可慌乱。

二、涉水渡河救援技术

涉水救援技术适用于河道浅滩处，水域深度不超过腰际，救援人员需要横渡至对岸或孤岛救助遇险和被困人员的救援情况。主要包括绳索辅助救援技术、救援杆辅助楔形涉水救援技术和搬运担架涉水救援技术。

（一）结绳辅助涉水救援技术

目的：适用于到达浅水下游的危险区域。

技术要点：将漂浮救生绳的一端固定在岸边合适的锚点上，在绳上每间隔1m制作一个蝴蝶结，方便救援人员握紧，同时留下尽可能多的绳子作为水中救人所用；当第一名救援人员到达对岸后，在对岸寻找锚点固定好绳索；救援队的其他队员利用绳索或结绳辅助涉水渡过（图5-95）。

注意：救援人员不要把手穿过绳结的绳圈中。

图5-95 结绳辅助涉水救援技术

（二）救援杆辅助或徒手涉水救援技术

1. 单人渡河技术

方法1：单人持探杆渡河技术。

技术要点：若有探杆（可以是专门的探杆，也可以是船桨或竹竿），两腿前后站立或者使用探杆以肩部为支撑，探杆置于前方 2 m 左右，身体前倾抵紧长棍，和双腿形成稳固的三角形，面向水流方向横渡过河；渡河时遵循"两点不动、一点动"的原则，在另外两点稳固之后方可移动第三点（图 5-96）。

注意：同时注意双腿和长棍形成的支点保持平衡，横渡线路始终保持与水流方向垂直以减小冲击力，每一步只挪动一只脚，一定不要让两只脚离太近；然后把撑杆挪回三角形的顶点，人要面向水流方向如螃蟹一样向侧向横移过河；只有在特殊情况下（如脚下石头不稳）才可向前快速移动，但切忌后退，否则很容易失去平衡，被水冲倒。

方法2：单人徒手渡河技术（图 5-97）。

技术要点：若没有撑杆，横渡人员需稍侧身，面对水流来的方向；移动时需待一脚踩稳后再移动另一脚；渡河时，遵循"一点不动、一点动"的原则，人体重心稳固在两点间；横渡线路始终保持与水流方向垂直，以减小冲击力；每一步只挪动一只脚，一定注意不要跨步太大。

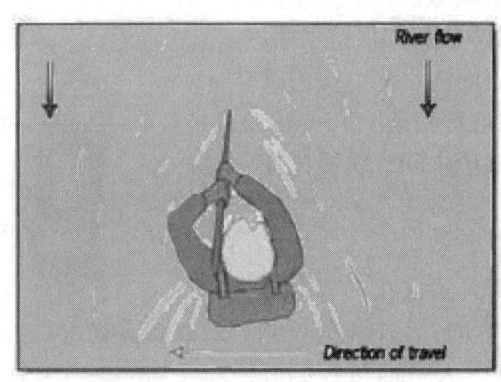

图 5-96　单人持探杆渡河技术

图 5-97　单人徒手渡河技术

2. 双人渡河技术

目的：双人渡河技术是单人渡河方式的变式，也是较为安全的渡河方法。

方法1：双人持探杆渡河技术。

技术要点：若有探杆，一人持杆面向水流方向站立；第二人站在他身后，同样面朝上游，牢固抓住前面人的 PFD 肩带，倾身给予支撑，脚下缓慢移动横渡（图 5-98）。

方法2：双人徒手渡河技术。

技术要点：若没有探杆，两人可面对面和水流呈直角站立，互相紧紧抓住对方 PFD 肩带部位，两脚保持分开，保持一个稳定的四点支撑（图 5-99）。也可以两人成一条直线，后面一名救援人员紧紧抓住前方人员的 PFD 肩带部位，并

图 5-98　双人持探杆渡河技术

用小臂顶住前方救援人员，为其抵御激流提供助力（图 5-100）。

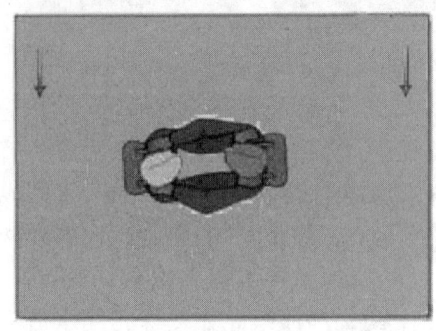
图 5-99　双人面对面徒手渡河技术

图 5-100　双人徒手线形渡河技术

注意：两人面对面或四点支撑时，确保两人都侧面朝着水流很重要，若一人转身面向水流，则另一个人的膝盖会受到水流冲击，极易产生弯曲失去平衡。

3. 三人渡河技术

方法 1：楔形队形。

技术要点：使用探杆时，救援人员应采取楔形队形入水；队形第一名救援人员利用探杆试探水深和障碍物情况，并利用探杆辅助身体平衡；后面救援人员抓紧前面救援人员 PFD 肩带部位，手臂顶住前面救援人员背部保持平衡；流动水域实施涉水救援时，全体救援人员应当面向水流，缓慢试探水域深浅或有无障碍后，侧向移步靠近目标；解救遇险人员后，返回岸边时，应将遇险和被困人员置于楔形队形中间，缓慢试探水深或有无障碍物后，侧向移步返回岸边（图 5-101）。

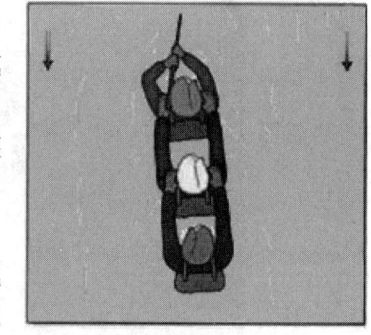
图 5-101　三人持杆渡河技术

方法 2：无探杆。

技术要点：在没有探杆的情况下，可三个人团抱在一起形成一个圆圈，最强壮的人在下游一边面朝水流方向；另外两个人侧向移动渡河，膝盖要承受水流冲击的力量，三人可通过控制好移动步伐和互相支撑来克服冲击力（图 5-102）；三个人渡河时，还可以呈一条直线，后面救援人员抓紧前面救援人员 PFD 肩带部位，手臂顶住前面救援人员背部保持平衡；队形也可以三人组成一个三角形，两腿分开，脚下缓慢移动横渡，最下游的人协调控制整个队伍的行进速度和方向（图 5-103）。

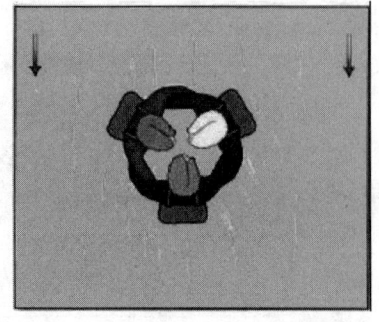
图 5-102　三人徒手圆形渡河技术

图 5-103　三人徒手线形渡河技术

注意：应用涉水救援技术时，救援人员不得少于三人。下水救援过程中，若发现水深超过腰部位置时，应当返回岸边，采取其他技术方法进行救援。

4. 团队过河技术

如果需要渡河的救援队伍比较庞大，超过了三人，则可组成团队集体过河，利用相互间的支撑通过流动水域。

方法 1：多人持探杆箭头形渡河技术。

技术要点：使用探杆时，第一名救援人员利用探杆试探水深和障碍物情况，并利用探杆辅助身体平衡；其余人在后面站成一条长支撑线。为了更好地协调每个人的移动速度，避免有人被水流撞倒，构造一个箭头形编队，每往后一排就增加一个人，但是并排不要超过三个人（图5-104）。

注意：体形较小的队员要站在编队的中间位置，接受其他人的支撑，紧紧抓住前方队员的肩带，同样，由前方队员控制队伍的行进。

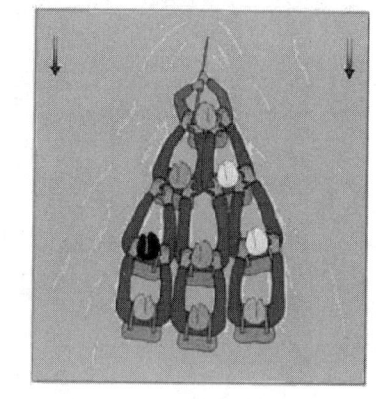

图 5-104 多人持探杆箭头形渡河技术

方法 2：多人无探杆渡河技术。

技术要点：在没有探杆的情况下，救援队的成员相互抓住附近队员的 PFD，形成环形。面朝上游的救援人员负责观察上游的漂浮物和水面情况，并提醒队员移动。救援队旋转着移动队形，每次旋转都有一名新的救援人员朝着上游方向，救援队继续旋转并缓慢移动通过水域。队形也可以像使用探杆时的箭头形编组，最强壮的救援人员在第一个每往后一排就增加一个人，并排不超过三人，后面救援人员抓紧前面救援人员救生衣肩部位置，手臂顶住前面救援人员背部保持平衡（图5-105）。

图 5-105 多人徒手箭头形渡河技术

（三）涉水救援技术

1. 搬运担架涉水救援技术

救援脊柱或肢体受伤的人员可使用该技术，避免被救者受到二次伤害。

技术要点：给伤员的担架垫上毛巾、毛毯、备用个人救生衣或抛绳包，确保伤员穿着个人救生衣，如果受伤影响救生衣的正常穿着，也必须在手里拿一个漂浮物；如果伤员不带头盔，则要在头部后面垫物，保持与颈椎后侧位置对齐；在移动时要保持头朝着上游方向，指定一名救援队员保持对伤员呼吸情况进行检查。

注意：不要把伤员系在担架上，万一发生突然溺水事件，伤员几乎无法自救。担架最好带有可漂浮装备，尽量使用中间呈楔形的担架和可漂浮担架（图5-106）。

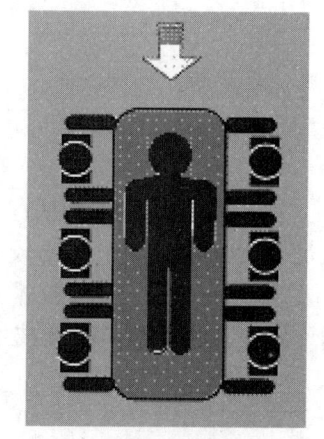

图 5-106 搬运担架涉水救援技术

2. 环形绳索渡河技术

如果水深超过腰部或虽然仅及大腿但流速很快，则必须采取其他的保护性措施方可渡河，最常用的是绳索保护。其常应用于浅滩、狭窄和快速的水流中，既可以用来跨越整个河道，也能营救被困河中央的人员（图5-107）。

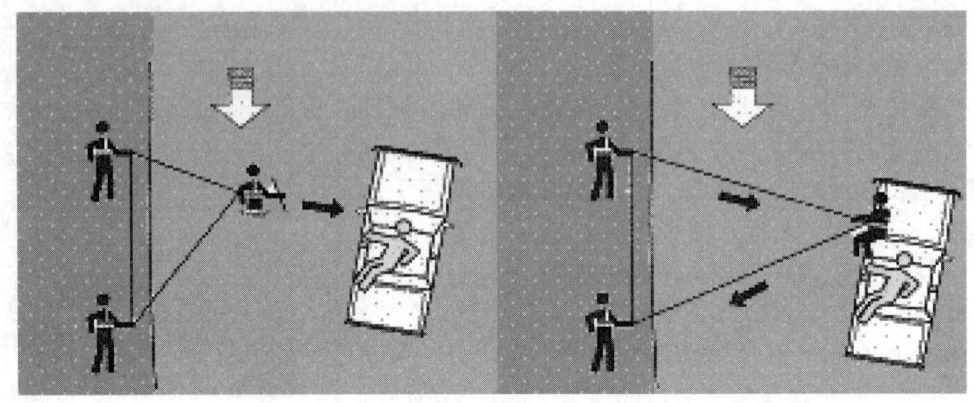

图 5-107　绳索渡河技术

技术要点：设置保护点。寻找合适的渡河地点，将绳索两端固定于河岸两边的大树或者石头等牢固的保护点；起点的固定端靠近河的上游，终点在河流的下游方向；两名队员和若干保护人员分别在两端控制绳索，为渡河者提供保护。

设置保护后，首先制作绳圈，把漂浮绳索的尾端用普鲁士结或其他合适的绳结连接起来，在绳圈内打蝴蝶结作为抓手结（可以打若干个连续的蝴蝶结用于运送多名救援人员）。安排两名保护人员，分别在上游和下游靠近岸边的地方保护救援人员携带绳索穿过水域，使绳圈形成双V的形状（一名救援人员或多名救援人员跨越河道）；保护人员可拖拽绳圈将绳结送到需要的位置；救援人员可采用紧握绳圈的方式带领被困者从绳圈内走回岸边，也可以通过个人救生衣固定在系统上，救援人员抱紧被困人员采取防御式泳姿，借助绳子安全上岸。

注意：这个技术的救援距离通常只有圆形绳索总长度的1/3，要跨越的距离越宽，救援人员从绳索得到的支持就越少。救援人员应快速释放安全带并绑在绳结上，能够实施快速释放的操作；同时最多只能有两名救援人员和两名被困人员在水中使用该系统。

第四节　入水救援技术

在实施救援前，必须评估所有的技术方法，当无法通过以上方法救援时，可以采用救援人员直接入水救援。相比较而言，直接入水救援的危险程度最高，因此对救援人员的技术水平要求较高。入水救援技术主要包括入水技术、洪水激流泳姿、激流自救技术、水中拖带技术、上岸技术和活饵救援技术。

一、入水技术

和静水救援基本技术中的入水技术有相似之处，根据洪水激流救援环境中可能出现的情况，救援入水技术要择情使用。除了跨步式入水外，入水技术还有打桩式、鱼跃式、滑入式和跨步式。

1. 打桩式入水

打桩式入水适用于水面距离地面1 m以上，同时有足够水深的情况。

技术要点：救援人员双手交叠于胸前并以手掌遮盖口鼻，将一只脚向前踏步，离开岸边，双脚合紧伸直；身体进入水中后，应将身体微微向前倾，以免继续下沉，拨动双手及双脚，帮助身体浮上水面。

2. 鱼跃式入水

鱼跃式入水可分为平跳式入水和静跳式入水，适用于快速进入水面，常用于紧急情况下和激流中结合攻击式游泳靠近被救者。

方法1：平跳式入水（图5-108、图5-109）。平跳式入水适用于深水区域或无障碍水域。

图5-108　平跳式起跳　　　　　图5-109　平跳式入水

技术要点：一手外翻掌心向下保护面部，以防入水时激流对面部的冲击和鼻腔进水，另一只手伸直，并与上流方向呈45°角；尽量远地跳跃，双脚并拢，膝关节伸直，身体俯卧与水面平行，尽量让身体大面积接触水，最大限度地减少入水深度；入水时，腹部应最先入水，防止膝关节受伤；救援人员下水后迅速游往被困人员位置，并持续注视被困人员。

方法2：静跳式入水（图5-110、图5-111）适用于浅滩或浅水区涉水后使用，涉水至齐腰水深处，静跳入水进入主流区。

图 5-110　静跳式起跳　　　　图 5-111　静跳式入水

技术要点：与平跳式技术要点几乎相同，但要注意跳跃高度要略高于平跳式入水，让身体尽量摆脱水阻碍的同时，向前上方跃出。

3. 滑入式入水

滑入式入水适用于水底环境及水深不明的情况。

技术要点：救援人员坐在岸边，持续注视被困人员，将双脚放进水中，慢慢探索水中的情况，以双手支撑身体，让身体慢慢滑入水中，下水后迅速游往被救者位置。

4. 跨步式入水

跨步式入水适用于水底清澈，与水面距离不超过 1 m，同时有足够水深的情况。跨步式入水的优势在于下水后头部仍保持在水面之上，以便继续注视伤者。

技术要点：站在岸边，将一只脚跨步迈出水中较远处，前脚膝部微曲跨前，后脚膝部同时微曲后伸，上身前倾，与水面呈约 40° 角；双手前伸，手肘微曲，手掌向下，入水的同时双手应立即向下压，双脚作剪刀状踢水，以免身体继续下沉；在整个过程中，应保持头部露出水面。

二、洪水激流泳姿

1. 攻击式泳姿

目的：快速游近被困人员、快速游离危险区域，或者快速横渡至对岸时使用。

技术要点：攻击式游泳（图 5-112）时，头朝上游方向，身体与上流方向呈 45°，头微抬，眼睛盯着被救目标，保证换气的同时，观察攻击的方向，以便随时调整进攻角度，手是自由泳的泳姿，提供前进的动力，下半身尽量抬高，脚后跟尽量抬到水面上，减少阻力。

注意：头不能抬得过高，易造成下半身沉入水中；手臂尽早形成高肘姿态，划水尽量拉长；腿尽量不做打水动作，可以随身体转动略微摆动，应尽可能地靠近水平面；游进方向应随时随地根据水流的方向进行调整。

2. 确保式泳姿

目的：确保式泳姿（图 5-113）适用于长距离漂流或下游有障碍物时与攻击式切换使用。水中障碍物很容易造成救援者纠缠和伤害，因此救援时应该保持躺在水面上的姿势，尽量减少水下不可见障碍物所造成的阻碍。

图 5-112　攻击式泳姿　　　　　　　　图 5-113　确保式泳姿

技术要点：伸展身体，保持仰面朝上躺在水面上的姿势，头部朝上流方向，脚朝下流方向，身体和水流方向保持一致；双手抓住 PFD 两侧的肩带，两肘紧贴 PFD，这样可减少阻力，同时也可以降低受伤的概率；双腿并拢指向下游方向，尽量将脚趾露出水面；保持膝盖呈微弯状态，若遇到石头等障碍物时可充当减震器，用双脚将身体推离障碍物。

3. 防御式泳姿

防御式泳姿（图 5-114、图 5-115）适用于时间不太紧迫，或适用于边观察下游障碍物边进行游进时使用。相对于攻击式泳姿，防御式泳姿速度比较慢，也较省力。

技术要点：头部尽量平躺，手呈反蛙泳的动作，膝盖微弯，脚抬离水底；当使用防御式泳姿向左右岸边横渡时，身体与上流水流方向呈 45°角指向要抵达的岸边。

注意：头不能抬得过高，采用收下巴的方式观察下游水情；要抬高臀部的位置，防止身体过沉而增加阻力；腿部不宜进行蛙泳腿动作，会增加阻力且容易被水下障碍物卡夹和碰撞。

图 5-114　防御式 1　　　　　　　　图 5-115　防御式 2

4. 防卫式泳姿

目的：当接近溺水者时，要评估溺水者的危险性，并时刻保持警觉，避免溺水者扑向救援人员。防卫式泳姿便是应对溺水者抓抱的一个警觉性防卫动作。

（1）逆退法。

要点：身体后仰，双腿指向溺水者的方向，快速打腿，溅起水花，防止被溺水者抓抱的同时，尽可能让溺水者主动背对救援人员，便于下一步的救援。

（2）解脱法。

目的：当救援人员不慎被溺水者抓抱或缠住，可用解脱法脱身。

要点：参照平静水域中解脱技术进行训练。

三、激流自救技术

1. 激流呼吸技术

目的：在激流中保持镇定，随波浪的高低起伏，适时呼吸，减少呛水，降低溺水的可能性。

要点：遇激流中波浪时，要留意观察波浪高低起伏的变化；在波浪的波谷处，即没有被浪影响时吸气；在波浪的波峰处，即被浪盖过时闭气或呼气；用口吸气，用口、鼻呼气；呛水时不要紧张，应保持头脑冷静，可先憋住气，把口中水吐出或咽下，然后再调整呼吸；双手手背可以在大浪袭来时，作为阻挡工具。

注意：激流中呛水难以避免，呛水有两种情况：一种是鼻呛水，即鼻腔进水，会引起反射性头疼；另一种是口呛水，即水从口腔进入气管，会引起反射性咳嗽和呼吸障碍。即使是会游泳的人，如果没有把握好水浪的规律和呼吸的时机，也会发生呛水。要从根本上避免呛水，主要是应多练习水中呼吸，掌握呼吸的要领。呛水时千万不可惊慌失措地挣扎，否则往往会接二连三地呛水，造成窒息乃至淹溺。

2. 水面障碍物脱困技术

目的：适用于遭遇水面障碍物时脱困。当激流中遇到水面障碍物时，需采用从障碍物上方翻越的方式脱困（图 5-116）。

要点：观察判断障碍物，尽可能避开，如果无法避开时，距离障碍物约 5 m 时，迅速变换防御式（图 5-117）为攻击式泳姿加速接近障碍物，并尽量将身体保持与水面平行（图 5-118）；接触障碍物的瞬间用双手用力下压障碍物时，同时下压扭腰使力，撑高身体以水平身体向前推动，双腿尽量抬高（图 5-119）；通过障碍物后，迅速转为确保式泳姿，避免身体各部位受伤；若救援人员无法从滤网上通过，可以尝试沿边缘移动，当救援人员被纠缠在滤网上时，可能需要其他工具，如钢丝钳等来解脱（图 5-120）。

图 5-116　水面障碍物

图 5-117　防御式观察

注意：遭遇水面障碍物时，如大树干和树枝等时，必须从障碍物上方脱困，不要尝试下潜穿过，因树干和树枝下常布满垃圾及杂物，有被困在下面不能浮出水面的危险。

图 5-118　加速接近障碍物　　图 5-119　身体水平往前推动　　图 5-120　通过障碍物

3. 紧急避险技术（游进回流区）

目的：当救援人员不慎被水冲至下游时，应迅速寻找适合的避险点进行躲避。由于大石后面形成的回流区，水流比较弱，可到大石后面躲避及等待救援。

技术要点：用防御式姿势观察下游可以避险的巨石（图 5-121）；当接近巨石侧后部时，迅速改变为进攻姿势，俗称"鳄鱼翻身"（图 5-122），攻击式游近巨石后部的回流区内。

图 5-121　观察避险点　　　　　图 5-122　转变进攻姿势

4. 高位堰差脱困技术（翻滚流）

目的：救援人员遭遇激流中的垂直落差，也就是翻滚流时，水会压带着救援人员反复翻滚，极为危险，救援人员需采用适合的方法脱困。

技术要点：当遭遇激流中的垂直落差时，为了避免被卷入旋流中，救援人员必须先顺落差向下游水底方向冲击，下落后应低头抱膝保持身体蜷缩成球形，以减缓冲击力。当激流推着救援人员从水底往前上方冲击时，迅速变为攻击式泳姿冲着下游方向游进，直至超越水泡线后才游上水面，此举较容易脱离漩涡（图 5-123）。

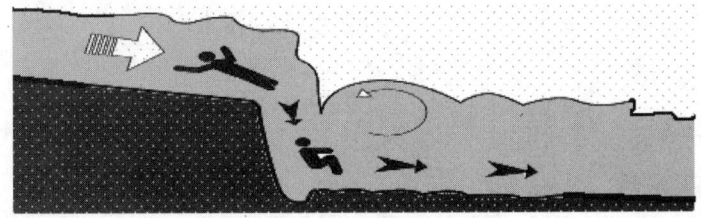

图 5-123　高位堰差脱困技术

5. 激流落水自救

目的：当临水作业人员出现意外落水的情况时，采用合适的自救技术回到岸边。

要点：激流水域救援时，救援人员意外落水，浮出水面后应迅速调整身体，保持仰卧且头朝上游、脚朝下游姿势，将双脚趾部露出水面，观察周边水域情况，双臂同时向后划水，沿与水流呈45°方向漂至接近岸边的缓流水域，迅速游至岸边上岸。

6. 激流横渡技术

目的：激流横渡或迅速游向特定目标时使用。

技术要点：穿着激流救生装备，判断水流速度和方向，在上游20～50 m处下水，身体朝上游45°角，进攻式技术游往目标区域。

7. 团队漂浮技术

目的：当有两名以上或者大量救援人员落水时，救援人员可以在水面连接形成一条直线，相互提醒，控制方向，在适当的位置上岸（图5-124）。

技术要点：靠最下游的第一名救援人员不仅要控制方向，还要在遇障碍物时提醒后面人员；靠最上游的救援人员要喊口令，带领中间人员控制整个队形的方向和平衡。

四、水中拖带技术

1. 浮力器具拖救法

目的：利用浮力用具拖带水中昏迷的被救者。

技术要点：利用辅助的救援漂浮用具拖带溺水者，溺水者的口鼻要保持在水面上，拖带过程中可采用侧泳或反蛙泳。

图5-124　团漂

图5-125　双腿夹腋拖带法

2. 双腿夹腋拖带法

目的：救援人员双腿控制住被困人员后，拖带水中的被困人员（图5-125）。

要点：利用救援人员的浮力，用双腿控制住被困人员后，拖带被困人员；被困人员的口鼻要保持在水面上；拖带过程中采用反蛙泳手游近岸边或船边。

3. 双手腋下拖带法

同静水拖带技术。

4. 单手夹胸拖带法

同静水救援技术。

5. 水面漂浮担架拖带

目的：针对老弱病残，尤其是脊柱受伤的遇险者，使用水面漂浮担架来避免造成二次损伤，从危险水域转移至安全点。

技术要点：将水面漂浮担架运送到被困人员一旁，一人托住遇险者呈水平姿势，其余人员利用身体压力将漂浮担架压至被困人员身体下方的水中，控制担架上浮后正好托住被困人员。

救援人员共同将漂浮担架运送至岸边，利用担架抬运法上岸并抬运。

五、上岸技术

1. 浅水上岸法

目的：在浅水区，拖带失去意识的溺水者上岸。

技术要点：将溺水者放置仰卧位置，救援人员置于其一侧，用靠近溺水者头部的手托住溺水者远离救援人员的腿部，用远离溺水者头部的手抓住溺水者的异侧手腕。救援人员侧身将遇溺水者横卧于双肩，一手抓住手臂、一手环抱溺水者单腿或者双腿（同静水救援技术）。

2. 马镫式上岸法

目的：适用于深水区，将尚有意识能够适当配合救援人员的溺水者托出水面的情况。

技术要点：溺水者把双手紧按岸边，救援人员以单手抓紧岸边，另一只手托住遇溺水者一足，作为溺水者的脚踏以借力登岸。

3. 单人上岸法

同静水救援技术。

4. 双人上岸法

同静水救援技术。

六、活饵救援技术

活饵救援技术适用于在河道开阔、无障碍物情况下对河流中溺水者进行救援。

1. 基本活饵技术

活饵是指救援人员携带牛尾绳对被困人员进行的救援。团队中有攻击手、确保手和向量手。

目的：利用穿着PFD的救援人员，采用直接入水的方式快速接近溺水者，将其救出危险水域，带回至岸边的技术。

技术要点：攻击手将水域救援牛尾绳连接水面漂浮的救生绳，并由岸上确保手保护；当攻击手与溺水者左右流向平行时，采用鱼跃式入水，进攻式快速游至溺水者背后或侧面，双手穿过溺水者腋下（无浮力救生衣）或抓住专用救生衣肩带（救援同伴时使用），将其控制住，并用双腿锁住其腰部，用一手拍头盔或快速左右摇头示意岸上同伴；岸上确保手拉住水面救援漂浮绳，利用水流力量以钟摆方式协助攻击手和溺水者顺流抵达岸上。（视频5-8：基本活饵技术）

视频5-8：基本活饵技术

注意：攻击手在选择入水时机时，应对水流和自身能力进行综合评估，接触溺水者时，应从溺水者后方抓住其肩带或腋下。如果救生衣装备没有快速逃离装置，绝不能绑着绳子下水救人，如遇紧急情况，也可以用钩环连接绳索，遇有状况可自行脱困。为防止攻击手和落水人员受水流冲击或水中障碍物撞击，岸上确保手应适当放绳。攻击手在水中受水流冲击或水中障碍物撞击遇险时，应当迅速打开PFD快卸部件后自救。岸上确保人员严禁将自己和水面漂浮绳进行无法快卸的连接。

2. 后张力活饵救援技术（向量活饵救援技术）

目的： 活饵救援适用于救援有效距离较短水域，例如下流有危险水流，或不宜进入的其他环境，需在短时间、短距离内将被救者救回岸边。

技术要点： 在基本活饵救援的基础上，增加两名向量手，即侧向牵引人员，用抛绳袋和挂钩待命；当攻击手入水后，向量手将携带绳索的挂钩挂在攻击手的引导绳上，得到攻击手"OK"手势后，向量手应垂直引导绳向岸边快速移动，缩短攻击手和被救者以钟摆式回岸边的距离和时间。（视频5-9：后张力活饵救援技术）

视频5-9：后张力活饵救援技术

注意： 确保手在进行钟摆拉回时，移动方向应向下游；向量手移动方向应该垂直岸边方向。

3. 预紧式活饵救援技术（V形绳索活饵救援）

目的： 将向量绳直接钩于攻击手牛尾绳的勾环上，适用于定点救援被困人员，如被困人员被困在翻滚流等危险水域中。

技术要点： 攻击手准备下水前扣上牛尾绳，同时扣上双抛绳袋中的牛尾绳，并由两岸多名确保手控制救援方向。待抓住被困人员后，双侧确保手移动绳索带动活饵人员斜角度靠岸。岸上确保人员协助攻击手和被救者上岸。

第五节 水域救援中绳索技术的应用

一、绳索系统架设基本技术

当激流水域遇险人员被困于对岸或孤岛时，救援人员不能通过附近桥梁道路、舟艇、涉水或游泳到达对岸或孤岛，如对岸或孤岛上有可靠的锚固点，且遇险人员具有行动能力，可应用绳索系统制作水面上的垂直V形、T形绳索，救援被困于江心或孤岛上的被困者。但该技术应用于水域救援中具有一定的局限性，如被困人员所困孤岛距离较远，受抛投器抛投距离、绳索自重、搭建时间等影响，该技术则难以有效应用。因此，常用作备用方案，在人员充足的情况下，与其他方案同步进行部署。

在水域救援中主要应用的绳结要以简单、易结易解、稳固牢靠为主，主要使用的绳结有双股8字结、桶结、蝴蝶结、水结、腰结桶结加固、渔人结、反穿止结、对穿止结、意大利半扣、三圈普鲁士抓结等常用绳结。

目标： 基本绳结的要求是整洁美观，绳索顺畅，不发生额外的弯曲和扭转，使绳结更结实，并方便检查。打结完毕后，要检查是否在绳子尾端留足够长的绳索。

（1）反手结。反手结又称单结，是其他绳结的基础，也可做绳索或织带的安全结（图5-126）。

（2）反手结绳结。反手结绳结可以在长织带和绳端的末端打出一个环（图5-127）。

（3）水结。水结有时候也叫作圆形锁结，可以将两个织带的末端连在一起，绳结效率可达64%（图5-128）。

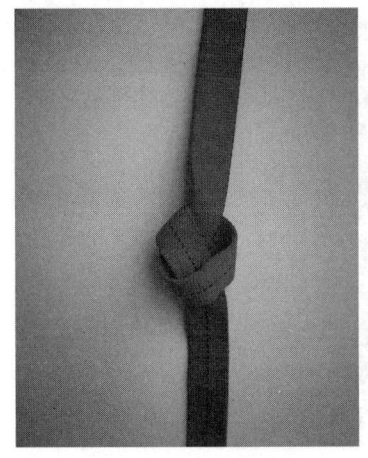 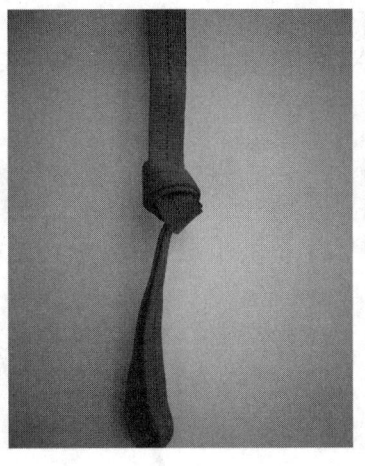 

图 5-126　反手结　　　　图 5-127　反手结绳结　　　　图 5-128　水结

（4）反穿止结。反穿止结是一个与反手结绳环一样的结，但是要直接反穿系在物体上形成一个锚（图 5-129）。

（5）鲁士双扣。鲁士双扣又叫鸡爪结，是制动结和摩擦结，不论从哪个方向都可紧紧抓住绳索，需要解开时推动两端就可松动绳结（图 5-130）。

（6）渔人结。渔人结是非常安全的、自锁型绳结，承重后很难解开，绳结效率为 68%（图 5-131）。

图 5-129　反穿止结　　　　图 5-130　鲁士双扣　　　　图 5-131　渔人结

（7）基本 8 字结。基本 8 字结是 8 字结家族的基础，是非常好用的尾端收尾结（图 5-132）。

（8）绳耳 8 字结。绳耳 8 字结可以做一个固定绳索末端的绳结，并能与救援绳索连接，可形成一个连接安全钩的绳环，与绳环的绳结效率一样为 77%（图 5-133）。

（9）穿绕单环 8 字结。这是一个跟绳耳 8 字结相同的绳结，但是要直接反穿系在物体上形成一个锚，绳结效率为 77%（图 5-134）。

图 5-132　基本 8 字结　　　　图 5-133　绳耳 8 字结

（10）反穿 8 字结。反穿 8 字结是能够将两根绳子系在一起的绳结，是锁绳结，承重后容易解开，绳结效率为 51%（图 5-135）。

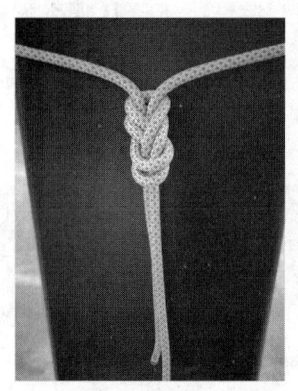

图 5-134　穿绕单环 8 字结　　　　图 5-135　反穿 8 字结

（11）双环 8 字结。双环 8 字节用作在绳索末端作出双环的绳结，绳结效率为 73%（图 5-136）。
（12）意大利半扣。意大利半扣常用于滑动摩擦绳结，绳结垂降或单人保护时使用（图 5-137）。

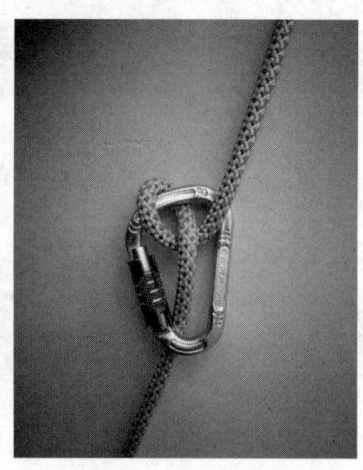

图 5-136　双环 8 字结　　　　图 5-137　意大利半扣

（13）蝴蝶结。蝴蝶结有两种打法：第一种两项受力；第二种三项受力，能在绳索中间打出一个绳环（图5-138、图5-139）。

（14）称人结。称人结也叫布林结，常用于提升重物，称人结打完后必须再打一个安全结，绳结效率为67%（图5-140）。

图5-138　两项受力　　　　图5-139　三项受力　　　　图5-140　称人结

二、锚点制作

用绳索、扁带或其他装备系紧或缠绕在牢固物体上，以此点作为操作的固定点进行吊升、下降及救援系统建立的支撑点。支撑点可以由单个锚点、备份锚或多个锚点组成。

1. 锚点的类型

（1）单锚点。单锚点也叫作救援主锚，是锚点的最小组成单位，是锚系统组建的基础（图5-141）。

（2）备份锚：为了保证安全，即使单锚点能够完成救援任务，也应通过设立备用锚来增加锚点的安全性（图5-142）。

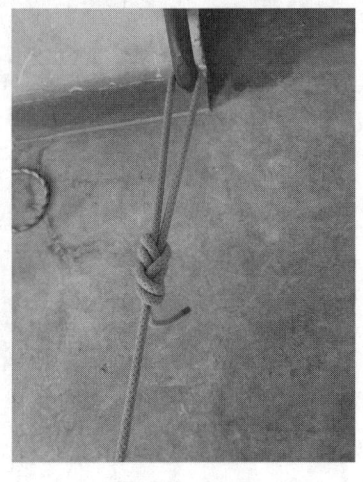 

图5-141　单锚点　　　　　　图5-142　备份锚

（3）锚系统：锚系统是一个可以连接多个锚点所形成的锚，如果系统中单个锚点失去作用，整个锚系统还能保持完整性，并能持续发挥作业。

技术要点：用一根扁带分别牵引3个固定点，形成流动性的多锚点系统，每个锚点受力远小于单锚点系统，且受力均匀；如果一个锚点脱落，扁带流动将力平均分配到另外两个锚点上，能够起到备份作用。

2. 锚点的选择

（1）自然物。自然物如石头、树等。常选择体积较大的石块和生长成熟的树（图5-143）。

（2）建筑物。建筑物如桥等。常使用建筑物内其中一部分作为支点，且要有利于人员进出（图5-144）。

图 5-143 自然物（石头锚点）

（3）车辆。当路边或周围没有可用作锚点的固定物时，可以使用绞盘或缆绳制作车辆锚点，建立锚点时一定要对缠绕车辆的绳索进行保护（图5-145）。

图 5-144 建筑物　　　　　图 5-145 车辆锚点

（4）其他锚点。在没有自然物或其他可利用物体的情况下，可以选择在地面打桩制作锚点。

（5）人体。上述锚点都无法实现的情况下，被困人员急需救出时，可以考虑以救援人员作为临时固定点来进行救援。但一定要负重适当，作业时间不能过长。

3. **锚点的制作**

（1）双环。用双股扁带缠绕固定物两圈后，末端用水结连接，采用"绕2拉2"的方法使其成型，或用编带环直接绕过固定物后连接勾环（图5-146）。

（2）绕3拉2。用扁带缠绕固定物3圈后，末端用水结连接，采用"绕3拉2"的方法使其成型（图5-147）。

（3）单布鲁结。用编带圈做一个鸡爪结（图5-148）。

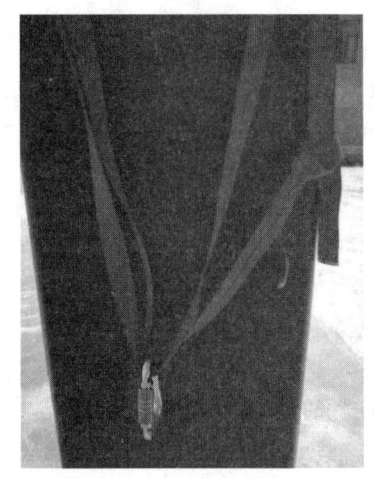
图5-146 双环

图5-147 绕3拉2

图5-148 单布鲁结

三、水域救援系统制作

（一）制作固定点

在水域救援中若没有现成的固定点，则要因地制宜地创造架设固定点，架设绳索系统，以实施简单、快速、安全的救援。

1. 堆石法

目的：若现场没有固定点，但是有非常多的石块时，则可以使用堆石法。

技术要点：需找长条形石块作为基石；将6 m扁带用水结连接，扁带绕石头3圈，连接点置于长条石前方可见处，余绳连接挂钩作为锚点，锚点方向应与河流成至少呈45°角；选择合适的石块备用，以基石为顶点做三角形堆放，选择两块较大石块堆于基石左右两侧，中间位置预留扁带使用空间；以此类推，用合适的石块顶住前方石块，石块排列不少于四排，第一层堆积完毕后，利用合适的小石块将石块间缝隙填充至稳固，往上各层尽量使用合适的石块压于下一层至少两块石头；堆石固定点创造完毕后，应在顶部堆叠几块小石头作为预警系统。

注意：堆放前扁带受力方向应与主绳受力方向一致；堆放中石块不能挤压或磨损扁带。主要基石堆放完毕后，应寻找合适的小石块将缝隙填充，以增加石块之间的受力面积，从而达到稳固的目的。预警系统如出现问题，应立即停止动作，重新加固系统。

2. 打桩法

目的：在没有任何其他合适的锚固定点时，若土壤适合插入尖桩并能保持尖桩牢固的条件下，可使用尖桩锚固定点。松散的沙地或固体岩石都不适合使用打桩法。

尖桩是由结实的材料制成的，能够承受远大于将要置于其上的力。轧制钢棒直径为 25 mm，长为 120 cm，一边是平头，一边是尖头，是很好的尖桩锚固定点。如果采用其他材料，尖桩系统的强度会相应降低。

技术要点：尖桩钉入地下约 2/3 长，尖桩钉打入角度与地面成 75°，与垂直方向大致呈 15°角，尖桩应该向载重方向倾斜，三根尖桩钉成一字形排列，间隔距离约等于钢钎长度，受力方向与主绳受力方向一致。尖桩钉在压实的硬土上足以承受一个成年人的重量，若系统需要承担两个人的重量，应使用宽织带或绳索，采用 4 m 短绳或扁带将前一根尖桩的顶部与后一根尖桩的底部连接成圈，用短木棍或钢钎将绳圈绞紧。打桩法固定点创造完毕后，利用绳索或扁带在第一根钢钎底部连接成为锚点。

注意：打桩时注意扁带受力方向应与主绳受力方向一致，绞紧尖桩之间的连接绳索或扁带时不得放松，连接锚点时，应注意是连接第一根尖桩底部。

3. 埋桩法

目的：在没有任何其他合适的锚固定点时，可以利用掩埋木桩的方式获得地下锚固定点。

技术要点：选择与主绳受力方向一致的地点，挖掘 3 个或以上深为 30～40 cm 的深坑，选择 3 根以上直径为 30 cm、长度为 120 cm 左右的实木作为掩埋的地下桩；深坑大小与所选预埋的实木相同，深坑间隔距离约为 60 cm，深坑之间应挖掘与扁带大小相同的连接通道，使用扁带依次缠绕连接后，埋入预先挖掘的深坑内，用沙土将实木及扁带填埋踩实；扁带受力时，受力方向拉绳角度与木桩夹角在 15° 左右。

注意：应选择实木，连接实木的扁带需紧实受力，且受力方向需一致。

4. 结草法

技术要点：选择较密集的芒草，用细绳将多棵芒草底部绑成多捆，芒草捆不得少于 5 捆；用挂钩连接细绳，用一条长绳将所有挂钩连接，将相邻挂钩之间的绳索往受力点方向收紧；收紧后打成单节，用挂钩连接单节后连接主绳。

注意：用细绳捆成草捆时，越靠近底部越好，避免受力后往上滑脱。连接单节处的每条绳索均需受力，不得松垮导致受力不均。

（二）滑轮和机械效益

涉及绳索救援的大多数情况是在垂直情况下转移被救人员，因此所架设的系统通常是一个滑轮提升系统。提升系统可以简单地定义为附着了荷载的、被一组人通过复杂的滑轮连接方式进行拉拽的单绳系统。复杂的滑轮连接方式增加了系统的机械效益，使得一个人可以拉起比他自身重量重得多的荷载。将 MA 滑轮（机械效益滑轮）、定滑轮、绳索和抓器进行各种组合，可构建设计出满足特殊要求的系统。通常来说，提升荷载时，使用配置最低的机械效益系统能够实现最迅速的救援。从滑轮系统的复杂程度可以将滑轮系统分为简单滑轮系统、复合滑轮系统和复杂滑轮系统。救援时最常见的滑轮系统是 3∶1、6∶1 和 9∶1 系统。理论上来说，MA 系统会将拉力提高，但由于系统存在摩擦力，实际的机械效益总是比理论值稍微低一些（图 5-149、图 5-150）。

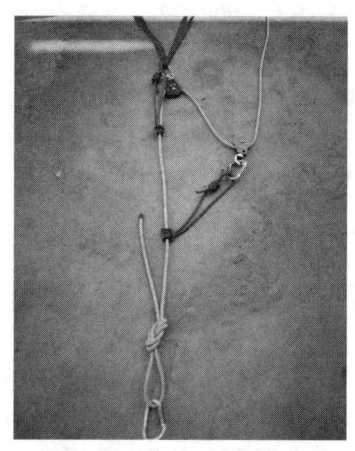 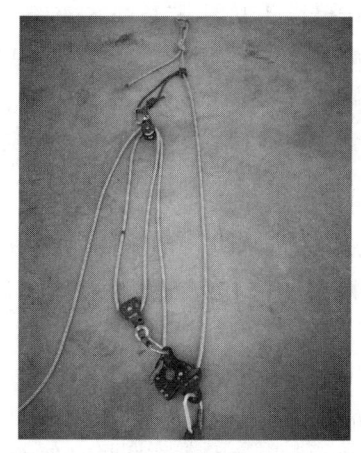

　　图 5-149　3∶1 省力系统　　　　图 5-150　6∶1 省力系统

四、绳索系统救援技术的应用

（一）垂降入水救援

目的：垂降就是利用绳索和下降器的摩擦力有控制地按一定速度沿着绳索下降的技术，是激流救援中不可缺少的一项技术。（视频 5-10：垂降入水救援）

视频 5-10：垂降入水救援

技术要点：当溺水者由激流上游漂流而下时，救援人员在下游桥梁或障碍物制高点，定位并架设绳索固定点；绳索被安全地固定到锚上以后，将其置于边缘附近；下降人员将自己的缓降器和保护措施安装到位；下降之前，保护人员检查装备，确定准备就绪后，将保护措施打开，准备垂降；垂降时，救援人员用足弓站在边缘处，双膝微屈，待掌握好平衡后再缓慢放绳，向下移动过程中要保持身体垂降姿态，即双脚和墙壁边缘呈垂直姿态（图 5-151）；救援小组协助救援人员，观察判断溺水者，并抓好入水时机拦截溺水者（图 5-152）；垂降时，采用坐姿，顺势将一手保护脸部，另一手保护臀部（图 5-153）；进入水中后，迅速抓住被救者并经顺流将溺水者带至岸边。

　图 5-151　双脚和墙壁边缘垂直　　图 5-152　观察判断溺水者　　　图 5-153　垂降瞬间

注意：垂降技术有赖于绳索固定点、装备器材和熟练的技巧。另外，垂降救援使用前，必须对天气、水域环境、人员技术及装备等因素进行评估。尤其要详细评估垂降系统，从钩环、绳索、下降器、安全吊带、头盔、手套等基本装备的选择，到垂降固定点、垂降高度及速度等系统要素的考量。垂降时的姿态非常重要，如果两腿下踏速度过快，脚有可能打滑导致撞击到墙壁。

（二）水面绳桥运送系统

目的：帮助救援人员快速穿越河道到达对岸，或快速抵达河中沙洲对人员进行救援的一种方式。水面绳桥系统接近水面，是利用水流将救援人员运送到河道中特定位置进行救援的系统。

技术要点：由救援人员利用救生抛投器抛投、无人机投送或人员涉水横渡等方式，将主绳送至对岸；水面绳桥放置要与水流呈45°，主绳收紧后要接近河中沙洲的上游位置，便于救援人员抵达河中沙洲，被救者欲将回到的一岸应处于下游位置；救援人员寻找天然锚点或者利用上述介绍的锚点制作方式，分别在两岸制作锚点，并利用滑轮和机械效益将绳索进行拉紧。

注意：如果救援人员想要应用此系统快速穿越河道到达对岸，则可利用牛尾绳挂于绳桥上，利用水流进行渡河；如果此系统是用于快速抵达河中沙洲对人员进行救援，则可以让被救者协助被困人员穿戴好PFD和安全吊带，由救援人员携带被救者，利用水流进行渡河。

（三）索道横桥系统

索道横桥系统有两种基本类型：T形系统和V形系统。T形系统（图5-154）是将拉力保持在轨道绳上，在跨距中间点处通过使用滑轮和第二根绳索将荷载下放。V形系统（图5-155）拉力轨道绳，靠滑轮或安全钩支撑荷载，可在跨距中间点通过释放轨道绳上的拉力下放荷载。

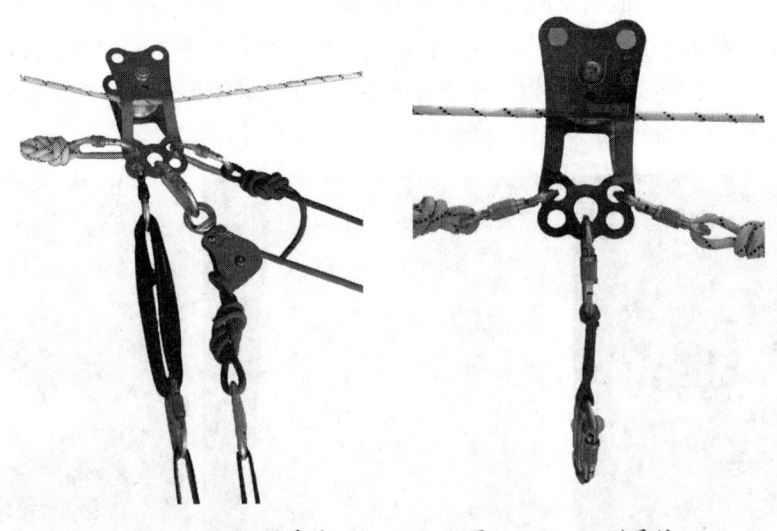

图5-154 T形系统　　图5-155 V形系统

1. T形系统

技术要点：利用救生抛投器抛投、无人机投送或人员涉水横渡的方式，将牵引绳和横渡绳送至被困人员所处对岸或孤岛；对岸救援人员或被困人员选择或制作可靠的锚点固定牵引绳和绳桥；主岸救援人员在本岸利用倍力系统收紧主绳形成绳桥；绳桥上设置主滑轮，主滑轮依次连接牵引绳、定滑轮、系统连接带，牵引绳穿过定滑轮和动滑轮在系统连接带与牵引绳之间与主滑轮连接，在牵引绳上靠近主滑轮侧，利用鸡爪绳制作动滑轮制动系统，将两岸的牵引绳分别连接对岸和本岸；救援人员携带救生衣和安全吊带连接系统连接带与动滑轮，绳索系统分指挥员指挥绳索操作员，通过牵引绳将救援人员沿绳桥方向移动至孤岛上方，对岸绳索操作员固定牵引绳，本岸绳索操作员收紧牵引绳，提升救援人员；救援人员打开与系统连接带的连接，在本岸绳索操作员释放牵引绳的同时，控制鸡爪绳下降至被困人员所处孤岛；救援人员到达被困人员所处孤岛后，本岸绳索操作员在牵引绳上设置倍力系统，救援人员协助被困人员穿戴好PFD与安全吊带，利用扁带连接被困人员安全吊带连接部件与动滑轮安全钩；本岸绳索操作员利用倍力系统操作牵引绳将救援人员与被困人员提升至主滑轮处，救援人员将自身和被困人员连接至系统连接带，本岸绳索操作员释放牵引绳，对岸绳索操作员打开牵引绳固定连接，本岸绳索操作员直接通过牵引绳将救援人员和被困人员拉回本岸。

注意：搭建系统时，应当对绳桥进行张力测试，保证绳桥张力不大于 10 kN，绳桥在本岸的锚固位置应当高于其在对岸或孤岛的锚固位置。根据救援需要，视情调整绳桥在本岸的高度，降低被困人员和救援人员被水流威胁的风险，保证安全。

2. V 形系统

技术要点：利用救生抛投器抛投、无人机投送或人员涉水横渡的方式，将牵引绳和主绳送至遇险人员所处对岸或孤岛。对岸救援人员或被困人员选择或制作可靠的锚点固定牵引绳和主绳；主岸救援人员在本岸利用倍力系统收紧主绳形成绳桥，并在本岸设置绳释放系统，绳桥上设置主滑轮，并利用主锁将大滑轮、分力板等连接在横渡绳上，再将两岸的牵引绳连接到分力板上；主岸人员将牵引绳固定至锚点，利用主锁将携带三角吊带、高空救援安全吊带的救援人员连接至分力板；对岸人员利用牵引绳将救援人员移动至孤岛上方；主绳绳索操作员操作绳桥释放系统下降绳桥，救援人员降至被困人员所处孤岛。救援人员到达被困人员所处孤岛后，绳索操作员在本岸绳桥和牵引绳上设置倍力系统，救援人员协助被困人员穿戴好PFD与安全吊带，利用扁带将被困人员与主滑轮连接，绳索操作员利用倍力系统操作绳桥，将救援人员与被困人员提升，后再利用倍力系统将救援人员与被困人员拉回本岸。

（四）绳索系统橡皮艇联用救援

目的：当激流水域被困人员被困于孤岛，岸边为险滩地形，难以搭建与水面有较大落差的绳桥时，可应用绳索系统橡皮艇联用救援技术实施救援。主要包括设置系统、接近孤岛和救助人员三个步骤。

技术要点：在被困人员所处孤岛上游两岸间搭建绳桥时，绳桥上设置主滑轮，主滑轮连接定滑轮和两岸牵引绳，牵引绳穿过定滑轮与橡皮艇前部设置的自平衡调节系统连接由两岸分别控制。救援人员利用安全钩将橡皮艇自平衡调节系统（图 5-156）与主滑轮连接，携带浮力背心乘坐在橡皮艇上，通过牵引绳控制橡皮艇方向，移动到达孤岛上游位置后，向下游释放橡皮艇，并通过调整牵引绳，控制橡皮艇接近被困人员所处孤岛；救援人员协助被困人员穿戴好PFD后，登上橡皮艇，通过牵引绳向上游收回橡皮艇至绳桥，利用安全钩将橡皮艇自平衡调节系统与主滑轮连接，通过牵引绳控制橡皮艇沿绳桥方向移动返岸。

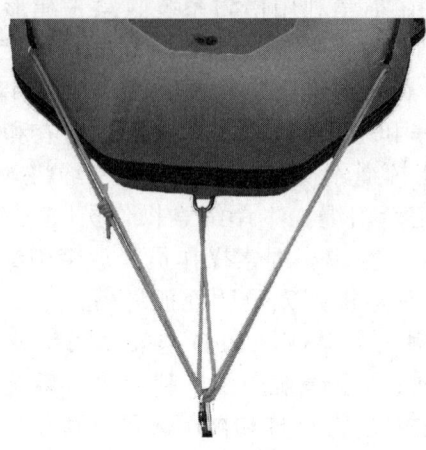

图 5-156　橡皮艇自平衡调节系统

注意：在释放橡皮艇的过程中，应乘坐于橡皮艇中后部，从而控制橡皮艇的平衡。

第六章　潜水救援技术

【学习目标】

1. 了解潜水救援的训练阶段。
2. 初级潜水技术训练的内容及训练方法。
3. 中级潜水技术训练的内容及训练方法。
4. 高级潜水技术训练的内容介绍。

潜水可以分为休闲潜水、工程潜水、技术潜水和军事潜水等众多类型。消防潜水救援是一种介于工程潜水和军事潜水之间的潜水形式，被广泛应用于完成水下尸体、车辆救援的搜索和打捞等工作。训练标准和安全标准参照国际公共安全潜水救援组织的训练和安全标准实施。水域救援或打捞时所面临的水域环境大多数是寒冷、污染、能见度不足，流动水域、较深水域或狭窄空间，抑或是高海拔地区的水域等。因此，不建议应急救援潜水员"凡水则救"，必须进行危险评估和救援人员救援水平评估。

潜水救援与打捞工作具有非常严格的训练标准和安全标准。训练标准包括潜水救援团队的建设，救援技术、装备和程序，事故现场的管控，目击者的访谈，搜索区域的确定，搜索和打捞技巧，与媒体和家属的沟通等内容。安全标准包括技术、装备、程序等方面。执行潜水任务之前，指挥员需要评估潜水团队的人员、技术、装备是否满足执行任务的需求，否则将面临巨大的风险。

据统计，公共安全潜水任务所需要的潜水技能范围非常广泛，无法通过某一种专长就能够完成所有的任务，而应急救援潜水面临的环境非常恶劣，有寒冷水域，如冰下救援，有复杂环境，如泰国洞穴潜水救援，更有船只倾覆救援，如东方之星号救援的案例。总而言之，应急救援潜水员需要具备众多潜水专长技术，才能应对复杂环境。例如，全面罩、干式潜水衣、导航技术、深潜技术、夜潜技术、搜索巡回与打捞技术、沉船潜水技术等，每一项技术都需要花费大量的时间培训。但是，根据实践经验，各种专长技术的内容有所交叉，如果同时学习多种专长技术，便可以大量地缩减所需要的学习时间。这就为欲成为应急救援潜水的人员提供了一条较为顺畅和便捷的技术提升路线。

根据应急救援潜水员的实际工作需要，本章将介绍成为应急救援潜水员需要的步骤和阶段。通过初级、中级和高级潜水技术三个阶段的训练，全面掌握个人潜水技术和团队合作救援技术。由于技术环节非常多，且较为复杂，技术更新迅速，因此，潜水救援部分针对较为普遍、实用的技术进行讲解。

第一节　初级潜水技术及训练

初级潜水技术训练阶段是应急救援潜水员的起步阶段，同时也是必经阶段，是应对可能出现的各种装备、环境和个人的意外状况，使潜水员在水下保持舒适和安全的基本技术。初级潜水技术主要包括基本潜水技术、水面水下沟通方式、基本结绳技术和装备的清洗、维护与保养。

一、基本潜水技术

基本潜水技术是为了让初级潜水员适应水下环境而进行的一些技术准备，主要包括潜水装备的检查、组装、调整和着装，下水前安全检查，浮力调整装置充泄气，入水技术，呼吸管呼吸，水面浮力检查，调节器与呼吸管互换，下潜技术，空腔压力平衡，清除调节器积水，调节器脱落找回，面镜的脱卸，重新戴回与清除积水，释放水面漂浮装置，从不断漏气的调节器内呼吸，中性浮力，水中悬停，在水底卸下、穿回、调整和固定配重，在水底卸除和重新穿回BCD，在水面卸除和重新穿回BCD，在水面卸除和重新穿回配重，不带面镜水底游泳，使用备用气源呼吸，使用备用气源辅助上升，有控制的正常上升，有控制式的紧急游泳上升，头先式下潜和镰刀式下潜，水下踢水技术等。

（一）潜水装备的检查、组装、调整和着装

1. 潜水装备的检查

（1）BCD的检查（图6-1）。检查整体BCD是否有严重磨损、松弛或破损，注意快卸扣挂钩及D形环等各种零件是否完好，检查气囊是否完整无缺，查看口吹气阀、充气阀和防爆泄压阀是否工作正常，密封是否良好；测试快速泄气拉绳装置，测试操作是否顺畅；确认所有连接部位没有漏气。

图6-1 潜水装备的检查

（2）潜水衣检查。检查整件潜水衣是否有破损、裂口和其他严重磨损，测试拉链是否能可以顺畅拉动，是否需要上蜡润滑。检查脚蹼面镜和呼吸管：脚蹼检查调节袋是否完好，若有破裂现象应及时更换；呼吸管主要检查咬嘴部分是否有破损。

（3）呼吸调节器与仪表检查（图6-2）。检查胶管和气密圈是否完好无损，检查调节器过滤器有无碎片或变色，调试二级头，检查供气状况，监测仪表运行状况。操作时，观察是否有漏气，查看残压表读数。

（4）配重系统检查。确定所需配重重量，检查腰带上的缝合部位是否有开裂，确保卡扣系统安全可靠，并可以快速解脱。

（5）其他配件检查。检查并记录其他配件是否有损坏，并进行安全测试。

2. 潜水装备的组装

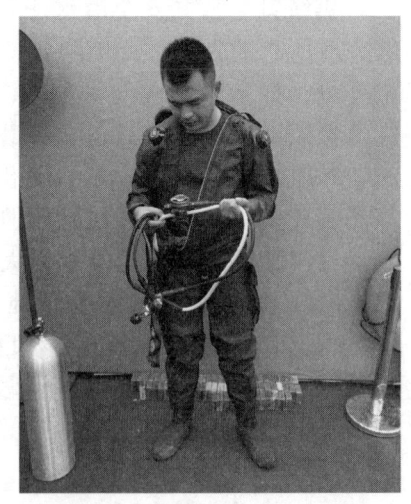

图6-2 呼吸调节器与仪表检查

目标：通过熟悉水肺潜水装备，使用水肺装备之前，把气瓶、BCD和调节器组合在一起。

技术要点：第一步，检查气瓶。方法是将气瓶平稳地放置于身前，检查气瓶O形环的完好性，注意是否有异物或磨损，嗅闻气瓶内空气有无漏气和异味（图6-3）。第二步，把浮力调整装置装在气瓶上。方法是将快卸式气瓶带打湿后包住潜水气瓶，BCD背板凹陷处顶部大

致与气瓶的瓶肩齐平,再把瓶带套到气瓶上扣紧,并把不锈钢带扣穿过 D 形环,扣合快卸扣;若气瓶带太紧或太松,需打开搭扣和气瓶带重新调整快卸式气瓶带;固定好潜水气瓶之后,提住背板上的把手提几下检查气瓶固定是否牢靠(图 6-4、图 6-5)。第三步,安装呼吸调节器。方法是呼吸调节器在右侧,仪表类在左侧,松开一级头旋钮,将一级头的进气口对准气瓶出气口,慢慢旋紧一级头旋钮,注意不要锁太紧,三个指头的力量即可(图 6-6)。第四步,安装低压充气管。单手将快卸式接口的锁环向后拉,同时将低压管用力插到充排气阀的插头上,快卸式连接口插到插头上之后松开锁环,试拔一下接头检查是否连接牢靠,将充气管与低压管固定于 BCD 肩带处(图 6-7、图 6-8)。第五步,开启气瓶阀。方法是残压表表盘向下或贴向 BCD,开启气瓶阀,养成将气瓶旋钮旋转开启到底后,再往回转半圈的习惯,检视是否有数字显示,正常气瓶压力为 180～220 bar(图 6-9)。第六步,检查呼吸调节器。握住二级头尝试吸气与吐气,确认轻按调节器排气阀可以听到顺畅的排气声。第七步,整理管线。方法是固定管线并保持装备的流线型,全部检查确认之后,将连接气瓶的 BCD 放倒整理并稳定住,避免其他操作的过程中造成冲击和损坏(图 6-10)。

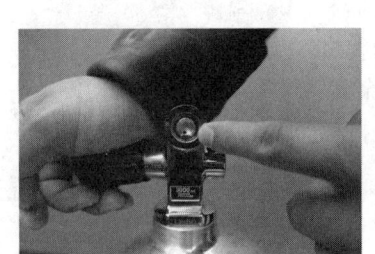

图 6-3 检查气瓶

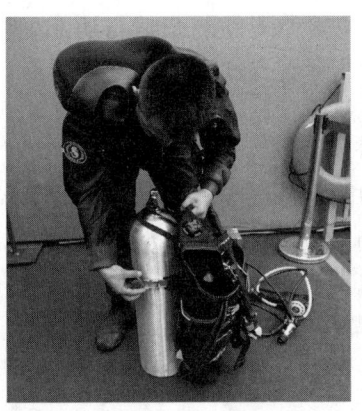

图 6-4 气瓶固定

图 6-5 检查气瓶固定是否牢固

图 6-6 安装呼吸调节器

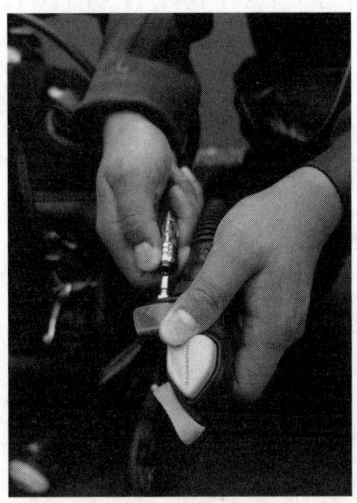

图 6-7 安装低压管

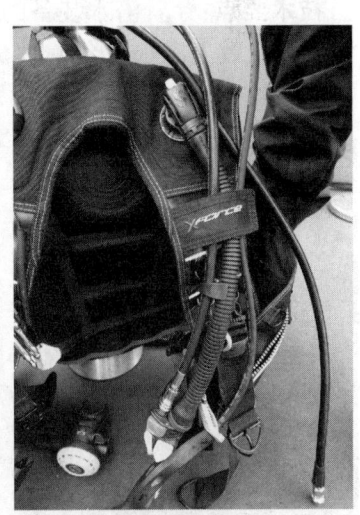

图 6-8 充气管固定

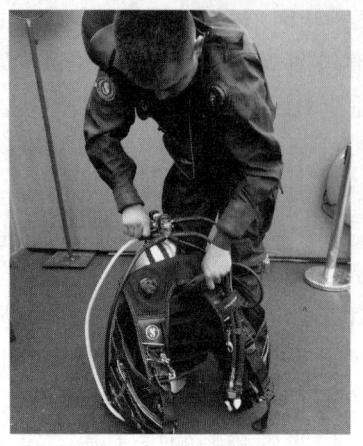 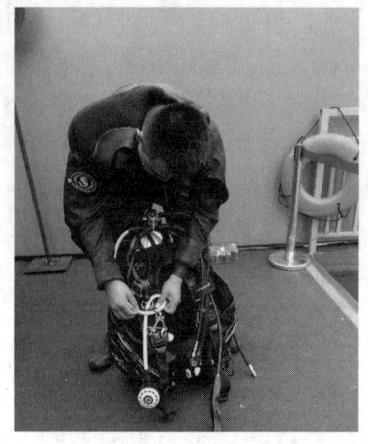

图 6-9　开启气瓶阀　　　　图 6-10　整理管线

3. 潜水装备的调整和测试

目标：通过对浮力调整装置和其他配件的调整与功能测试，确认潜水装备功能完好、运行正常、穿着方便。

技术要点：检查空气阀门是否开启，检查剩余空气量是否满足潜水需求（图 6-11），检查低压充气阀、主用调节器、备用调节器和快卸排气装置的连接与充放气功能，并固定其位置，测算、调整和检查配重带的配重与位置；检查配重带及配重快卸方向，面镜除雾、蛙鞋松紧带调整，检查是否有遗漏的装备，装备的管线是否保持流线型；使用正确的抬举技巧，避免受伤。

4. 潜水装备的穿着

目标：用合理的穿着顺序，快速着装。

技术要点：穿着潜水装备的顺序是：穿上潜水衣（图 6-12）、穿上潜水鞋、戴上潜水手套（图 6-13）、戴上配重带（图 6-14）、穿戴水肺装备、戴上面镜、穿上蛙鞋（图 6-15）。穿着完毕后，潜伴间相互确认并进行最终检查（图 6-16）。

图 6-11　检查空气量

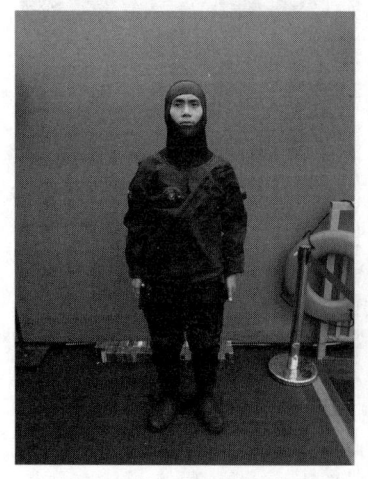  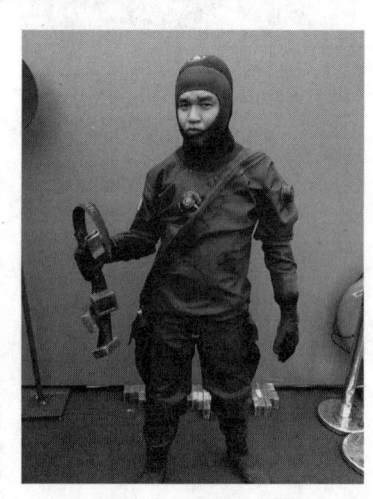

图 6-12　穿着潜水衣　　　　图 6-13　戴上潜水手套　　　　图 6-14　戴上配重带

图 6-15 穿上蛙鞋

图 6-16 潜伴间相互检查

5. 潜水装备的拆卸

目标:装备使用完后,对装备进行拆卸,以便清洗、保养和维护。

技术要点:关上气瓶空气(图 6-17),按下调解器上的排气按钮排出所有空气(图 6-18),卸下低压充气管,松开锁螺,拿下调节器,避免水进入一级头的高压入口处(图 6-19),利用气瓶口喷气、口吹或擦拭等方法把防尘盖中的水清除后,将防尘盖放回(图 6-20);解开气瓶束带并将 BCD 滑出(图 6-21)。

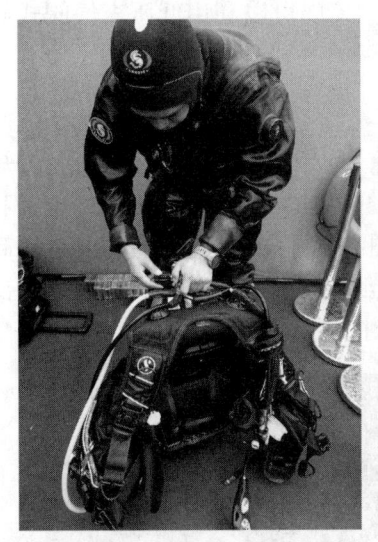 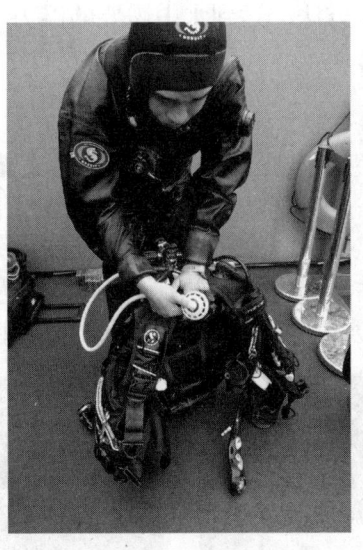 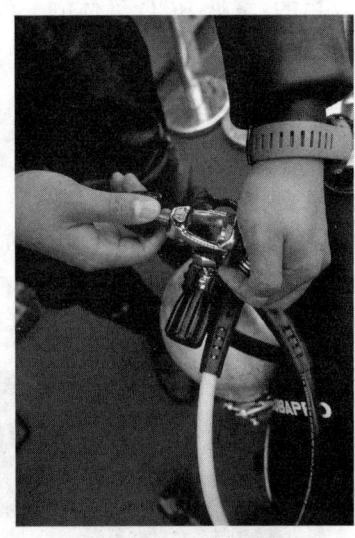

图 6-17 关上气瓶空气　　图 6-18 卸下低压充气管　　图 6-19 卸下调节器

图 6-20 清除积水

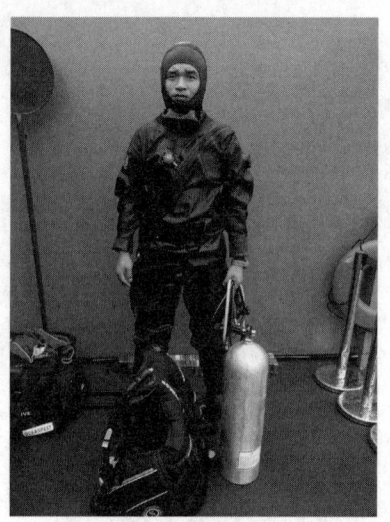
图 6-21 卸下气瓶

（二）下水前安全检查

目标：通过下水前潜伴之间的检查，以达到下水前检查疏漏、发现问题的目的。

技术要点：分别检查低压充气阀连接妥当与否，充放气是否良好并将其稳固在肩部固定带里，检查配重带及配重快卸方向；检查所有装备快卸扣是否扣上；检查空气阀门是否开启，主用调节器和备用调节器功能是否正常；剩余空气量是否满足潜水需求；最后检查是否有遗漏的装备，装备的管线是否保持流线型。

（三）BCD 充泄气

目的：掌握 BCD 气体的充泄方法，达到水中需要的浮力。BCD 可以利用低压充气阀式和口吹式两种方式来充泄气。

1. 低压充气阀式充泄气

技术要点：低压充气阀上红色按钮是 BCD 的预设充气装置，利用低压充气阀充气时，要短而快地按动充气按钮，避免充气过多而造成不可控制的上升（图6-22）；泄气时，将左肩位置和低压充气管抬高，并按住灰色按钮可排出 BCD 中多余气体（图6-23）；BCD 还有专门的过压卸载阀，通常在 BCD 的左肩部和右腰部，抓住快泄装置便可以达到释放气体的作用，一般用于低压充气阀相对身体位置较低或需要快速释放大量气体的时候（图6-24）。

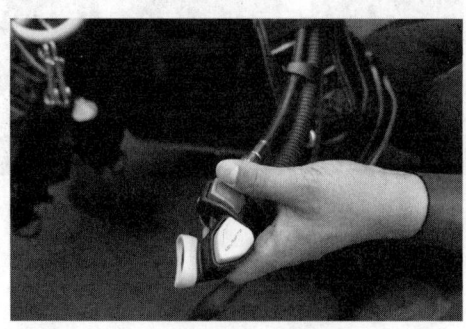
图 6-22 充气按钮

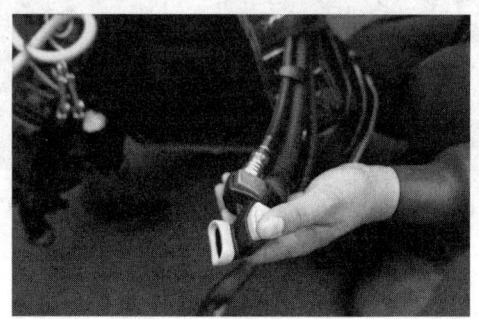
图 6-23 快泄按钮

2. 口吹式充气

技术要点：充气时，预先通过调节器吸气后，右手压住低压充气阀的灰色按钮（泄气阀），用口往 BCD 里吹气，一般用于低压充气阀故障或者气瓶气量不足时；放气时，将左肩位置和低压充气管抬高，并按住灰色按钮可排出 BCD 中多余气体；BCD 快卸口通常在 BCD 的左肩部和右腰部，抓住快卸装置便可以达到释放气体的作用，一般用于低压充气阀相对身体位置较低或需要快速释放大量气体的时候。

（四）入水技术

潜水的入水技术是指潜水员安全地从岸边、船上或平台进入到水中的技术。当要入水的环境为水库、河流、湖泊或其他水域时，应根据实际情况选择适合的入水方法。

图 6-24　拉绳快卸口

1. 坐姿入水

若下水点是泳池或有下水台阶的场地，则可采用坐姿入水。

技术要点：携带好装备后，坐于池边，戴上面镜和呼吸管，BCD 适当充气，调整重心向前，双手扶住身体一侧支撑，转身使身体进入到水中后，建立水面正浮力。确认安全后，向潜伴做出顺利下水的手势。（视频 6-1：坐姿入水）

视频 6-1：坐姿入水

2. 跨步式入水

图 6-25　跨步式入水

跨步式入水（图 6-25）是较为常用的方法，通常在稳定的平台或船上采用。

技术要点：从主用调节器放入口中呼吸，右手按住眼镜和调节器，左手护住备用调节器和其他仪表，BCD 部分充气，上身稍向前倾，向前跨出一大步，双腿分开，即可入水。完成入水确认安全后，向潜伴做出顺利下水的手势。此入水方式适用于从比较平稳的平台或船上入水。

注意：此方法要在平台或船舶离水面距离 2 m 之内，水中无任何障碍物的条件下采用。

3. 坐姿背滚入水

坐姿背滚入水后滚法是潜水员从小型船艇入水的一种方法。

技术要点：潜水员确定所有的装备在正确位置，压力表或其他管子没有缠绕，查看水下地点，确定没有任何障碍物，坐在平台或船只边缘，将 BCD 充气至半满，面向船内，含胸低头，一只手托住面罩和咬嘴，身体后仰，双腿保持夹紧，以免在下水时撞到平台；进入水中的过程，会暂时迷失方向，但随后浮力会将潜水员带至水面；确认安全后，向潜伴做出顺利下水的手势。（视频 6-2：坐姿背滚入水）

视频 6-2：坐姿背滚入水

注意：当潜水员装备好坐在船边时，要尽量保持船艇的稳定性，避免在没有准备的情况下跌入舱内或水中。

4. 步入法

若潜水员从海滩上或岸边缓坡进行入水作业，则可根据海面的情况和海底的坡度选择步入法进入水中（图 6-26）。

技术要点：若海面平静，坡度平缓，潜水员可以步入水中，直到可以游泳的深度再穿上脚蹼；若海面波浪中等或较大，潜水员穿好脚蹼，背向水域退入浪中，直到水深可以游泳时为止；有浪时，应慢慢地进入浪中。

（五）呼吸管呼吸

目的：清除呼吸管内积水，并通过呼吸管正常呼吸。

图 6-26　步入法

1. 猛吹法

技术要点：重新装回呼吸管后，由于呼吸管内有积水，所以在呼吸之前，要先用嘴包住呼吸管后用猛吹气的方式将管内积水排出；再次吸气之前要用舌头作为挡板谨慎吸气，若需要，可重复排出动作，直至水完全排出。[视频 6-3：呼吸管排水（猛吹法）]

视频 6-3：呼吸管排水（猛吹法）

2. 置换法

技术要点：重新装回呼吸管后，由于呼吸管内有积水，所以在呼吸之前，先轻轻仰头，让呼吸管呈斜向下的姿态，然后轻轻吹气使呼吸管内的积水排出；再次吸气之前要用舌头作为挡板谨慎吸气，若需要，可重复排出动作，直至水完全排出。[视频 6-4：呼吸管排水（置换法）]

视频 6-4：呼吸管排水（置换法）

（六）水面浮力检查

目的：水面浮力检查（图 6-27）是一种调整配重的方法，一般在潜水结束和气瓶几乎空瓶状态时，调整配重最为准确。

图 6-27　水面浮力检查

技术要点：带上所有装备和预估的配重下水，把调节器放在口中，放空 BCD 中的气体，并且维持正常呼吸，随时准备好踢水或者扶着旁边的东西以防配重过多；增加或者减少配重，使身体竖直漂浮在水面齐眼的高度；做测试时，可以请同伴帮忙拿着铅块，调整配重，这时如果配重正常，吐气将会慢慢下沉。

注意：气体也有重量，随着气瓶里的气体变少，气瓶变轻。浮力检查时，若使用的是充满气的气瓶，则要适当增加配重，弥补潜水时使用掉的气体重量，通常单支 12 L 气瓶要增加 2 kg。

（七）调节器与呼吸管互换

目的：在水面，头不出水便可顺畅地从呼吸管或调节器呼吸。因海上或者湖面有风浪，头不抬出水面的调节器和呼吸管互换是有效的方法。

要点：①从呼吸管换调节器呼吸时，首先找到调节器握在右手，从呼吸管吸气后，用左手将呼吸管拿出口中，用右手将调节器放入口中，快速吐气将积水排出调节器后，小心有控制地开始呼吸。②从调节器换呼吸管呼吸时，找到呼吸管握在左手，从调节器吸气后，用右手将调节器拿出口中；用左手将呼吸管放入口中，把呼吸管内积水用持续而有力的呼气吹出，小心且有控制地开始吸气。（视频6-5：调节器与呼吸管互换）

视频6-5：调节器与呼吸管互换

注意：排出水后的第一口气要小心地呼吸，因为可能会排除不干净或有少量存水，可以用舌头作为挡板，使存水不会进入呼吸道，随下一次呼气一同排出口中。

（八）下潜技术

目的：使潜水员安全平稳地下潜至预定深度。

技术要点：与潜伴做下潜手势；寻找一个水面参照物进行定位，并使用指南针定位方向，记录或开启潜水表时间；将呼吸管置换为调节器，慢慢释放BCD里的空气，不断平衡压力的同时慢慢下潜。

注意：控制下潜速度，一般采用头上脚下的姿势，需要控制下潜时，可用蛙鞋踢水控制。为使空腔压力平衡，需要尽早和频繁地进行耳压平衡。由于深度增加，浮力会有损失，潜水员应尽早通过BCD适当补充气体。

（九）空腔平衡

目的：人体空腔有肺部、耳朵、面镜、干衣和牙龈等空腔。通过学习，掌握空腔平衡的技术，可以舒适且安全地进行潜水。

1. 肺部平衡

技术要点：在任何时候保持不间断的呼吸，不要憋气，即可确保肺部气压平衡。肺部气压不平衡可能导致肺部扩张引起的伤害。

2. 耳压平衡

技术要点：从面罩鼻部捏住鼻子，使鼻孔阻塞，然后用适当力量吹气，或将空气贯入耳管，做吞咽口水的动作或左右摆动下颌，使耳压平衡。

注意：保持头部朝上较易实施，应及时地进行耳压平衡，尤其在浅水处，压力变化明显。若无法平衡，应适当上升，在水压较小处平衡后再继续下潜。

3. 面镜平衡

技术要点：在下潜过程中，由于气体被压缩，面镜会挤压眼眶，可以通过鼻子向面镜内适当排气，保持面镜空腔压力平衡。

4. 干衣空腔平衡

技术要点：通过干衣充气装置和泄气装置调整空腔压力。在后文中的干衣特殊专长课程中会进行详细解说。

（十）清除调节器积水

目标：通过吐气法和按钮法来清除调节器内积水，以达到通过调节器正常呼吸的目的。

1. 吐气法

技术要点：利用肺内多余气体，快而猛地呼入调节器内，将调节器内积水排除后再继续吸气。［视频6-6：调节器排水（吐气式）］

视频6-6：调节器排水（吐气式）

2. 按钮法

技术要点：调节器含在口中，用手指轻轻按压调节器正面的充气阀门，待调节器内积水排除后再继续吸气。［视频6-7：调节器排水（按钮式）］

视频6-7：调节器排水（按钮式）

（十一）调节器脱落找回

目的：当调节器从嘴中脱落，潜水员重新找到调节器，并清除调节器积水后继续呼吸。

1. 找回调节器

（1）手臂横扫法。

技术要点：先站直，右肩稍微低垂；然后，将右手从身体前侧横扫至后侧，顺延着气瓶边缘，然后用手向前勾回调节器的管子并排水。［视频6-8：调节器找回（手臂横扫法）］

视频6-8：调节器找回（手臂横扫法）

（2）顺管摸索法。

技术要点：左手稍抬气瓶底部随身体右倾，右手从右肩向后伸，找到调节器管子和一级头结合的地方，顺着管子找到呼吸调节器。［视频6-9：调节器找回（顺管摸索法）］

视频6-9：调节器找回（顺管摸索法）

2. 清除积水

按照上一个技巧练习的方式进行排水。

注意：调节器排水时，只要调节器离开嘴巴，就保持不断从嘴里发出"啊"的声音，吐出一连串的小泡，确保肺部压力平衡。

（十二）面镜的脱卸、重新戴回与清除积水

目标：在水底，完全脱卸、重新戴回和清除面镜内积水。

1. 面镜的脱卸

技术要点：双手拿住面镜的两侧，从前至后顺势将面镜拿下，用双手紧紧握住，不要丢失面镜；用嘴呼吸，避免用鼻子吸气。

注意：如果潜水员佩戴了隐形眼镜，则应当闭眼或眯着眼做这项技巧练习，以防隐形眼镜丢失。

2. 面镜的戴回

技术要点：检查面镜的上下位置，调整至眼镜在上，鼻子空间在下；用右手从正面握住面镜上下边框，面镜带翻至手背处，左手从前往后搂一下头发，并按住，右手先把面镜按压在

眼部周围适当位置，左手将面镜带拉到头后，双手调整面镜位置并固定，将压在面镜内的头发拉出。（视频6-10：面镜脱戴）

3. 面镜排水

技术要点：额头向上仰起，双手按住面镜两侧靠上的位置，嘴巴从调节器吸气后，双手将面镜下端移开脸部，并不断地用鼻子或嘴巴呼气，排出部分面镜内的积水；重复上一步骤的动作，直到面镜内的积水全部排干。（视频6-11：面镜排水）

视频6-10：
面镜脱戴

（十三）释放水面漂浮装置

目标：水面信号浮标（SMB）也叫作象拔。潜水员通过在水底释放充气式象拔，使其来到水面成为水面信号或减压上升的工具，水面船只看到象拔也会避让或了解潜水员的位置。

视频6-11：
面镜排水

技术要点：到达释放象拔的位置，向潜伴示意释放象拔的手势，注意保持安全距离；拿出象拔，左手拿线轮，取下双头钩，挂在背飞右胸D形环（或BCD的D形环）上；将线轮和象拔连接，松开象拔的皮筋，将卷好的象拔展开，左手将线拉出10 cm左右，确认备用呼吸调节器下方没有被象拔连接带阻挡，双手伸直，将象拔保持在身体左前方，右手取下备用呼吸调节器，将备用呼吸调节器的咬嘴对准象拔的底部开口，右手拇指放在呼吸调节器排水阀上，食指和中指夹住象拔；注意呼吸调节器不能完全伸入象拔底部，以免缠绕；呼吸调节器的咬嘴方向朝上，往左边抬头确认左上方安全，往右边抬头确认右上方安全；充气时，为避免浮力突然增大，可通过深深地吐气来防止被象拔的浮力带漂；充气量要适当，象拔上升过程中内部空气会膨胀；充气完成后松开右手的食指和中指，这时象拔会冲向水面，左手拿好线轮让其自然旋转，同时左手可以拿着线轮移动到身体左侧；当象拔到达水面之后线轮停止转动，右手固定好备用呼吸调节器后，取下胸前的双头钩，用双头钩勾住将象拔线收紧，最后固定在线轮孔上。（视频6-12：释放象拔）

注意：释放象拔特别要注意控制深度和防止缠绕。①呼吸节奏混乱或遭遇水流，都会造成潜水员失去中性，影响深度控制。所以释放象拔时一定要随时关注自己的深度，保持中性。在初期训练时可以在释放象拔时先找一个视觉参考物。②充气前线轮的线不要拉出来太长，充气时手臂伸直尽量远离身体，避免释放象拔时被缠绕。③手持线轮时，用左手中指和拇指轻轻扣住线轮中心孔的内侧，食指和无名指搭在线轮一侧以固定线轮。④当释放象拔时，松掉食指和无名指，靠中指和拇指固定高速旋转的象拔。⑤中指或拇指不要完全伸入线轮中心孔，特别是在戴有较厚的潜水手套时，以免线轮被卡住。⑥尽量使线轮不要接触手掌，以免线轮高速旋转时边缘割伤手。⑦升水的时候，可以用双头钩卷线轮，以免线割破手。⑧充气前线轮放出来的线不要过长，双手尽量伸直，使象拔尽量远离身体，以免缠绕。⑨充气时右手要用力拽住象拔，同时要吐气。⑩全程注意控制呼吸，保持重心，随时关注深度。

视频6-12：
释放象拔

（十四）从不断漏气的调节器内呼吸

目标：从不断漏气的调节器内呼吸，至少维持30 s。如今的调节器很可靠，调节器出故障的概率非常小。但是一旦发生故障，大部分故障都会导致空气不断流出，因此，潜水员要能够从不断漏气的调节器内呼吸。（视频6-13：从不断漏气的

视频6-13：
从不断漏气
的调节器中
吸气

调节器中吸气）

技术要点：用手握住调节器，不要用嘴封住调节器，避免持续漏出的空气造成肺部扩张伤害。将咬嘴按压在嘴唇外，塞一小角在嘴里，像从饮水机直接喝水一样，呼吸所需要的空气让多余的空气溢出，并马上开始缓慢上升，到达水面时，建立正浮力，关上气源，停止使用问题调节器。

（十五）中性浮力

目标：利用口吹和低压充气阀两种方式来给 BCD 充气。在吸气和吐气时，控制小幅上升和下潜。该技能训练潜水员在任何深度均可保持中性浮力，同时可以借助控制肺部气量来微调浮力。

1. 口吹式

技术要点：从调节器吸一口气，切换到 BCD 吹进一口气的 2/3，剩余的空气用来排除调节器的积水；调节器不在口中时，要连续地吐气泡；重复这个动作，直到身体以任何一个部位为准，吸气时慢慢向上浮（浮力随肺部气体增加而增加），吐气时慢慢向下沉（浮力随肺部气体减少而减少）。[视频 6-14：蛙鞋悬轴（口吹式）]

视频 6-14：蛙鞋悬轴（口吹式）

2. 低压充气阀

技术要点：将 BCD 中的气体放空，趴在水底，脸部朝下，做深且慢的呼吸，将少量的空气充入浮力控制装置，逐渐地增加空气，直到吸气时，身体会以任何一个部位为准，慢慢向上浮（浮力随肺部气体增加而增加），呼气时，慢慢向下沉（浮力随肺部气体减少而减少）。[视频 6-15：蛙鞋悬轴（低压充气）]

注意：可以用身体的任何部位，如膝盖或者其他接触点作为定轴。

视频 6-15：蛙鞋悬轴（低压充气）

（十六）水中悬停

目标：只利用浮力控制，不要踢水或划水，完全不动地悬浮在水中，悬浮在水中至少 30 s。此练习可帮助潜水员在水中保持良好的中性浮力。

技术要点：将 BCD 中气体排空，慢慢往 BCD 中充气，调整至中性浮力，不要憋气，利用肺部体积，保持自己在水中悬浮不动姿势；可以在靠近游泳池边、绳索边，或是任何可供参考的物体旁找到一个禁止的视觉参考点训练，对于调整上升或下沉会有帮助；练习时，盘腿、双手抱住膝盖等姿势都可以，可以通过低压充气阀或口吹式充泄气[视频 6-16：水中悬停（低压充气）、视频 6-17：水中悬停（口吹充气）]。

视频 6-16：水中悬停（低压充气）

视频 6-17：水中悬停（口吹充气）

（十七）在水底卸下、穿回、调整和固定配重

目标：使用配重带，在水底卸下、穿回、调整和固定配重。

1. 水底卸下配重带

技术要点：采用单腿跪姿，排出 BCD 中的气体，右手抓住没有快卸扣的一端，解开快卸扣，从身体移开，放置在单膝上。

注意：卸下配重时身体重心会改变，适当调整重心来稳住自己。

2. 水底重新穿回配重带

（1）滚动法。

技术要点：将身体放置水平位置，脸朝上，以右手握住没有快卸扣的一端，并把它靠在右臀上按住，沿水平滚动身体向左，使脸朝下，使配重带压在臀部，并落在横跨腰部的位置，调整配重带位置并固定配重扣。[视频6-18：水下配重解除（腰铅）]

（2）环绕法。

技术要点：一手握着配重带的两端，使配重带形成圆环状，伸出另外一只手到背后找到配重带，使双手各自抓住扣子的一端，确保左手抓住的是有快卸扣的一端，带上配重带后，右手能操作快卸装置，把身体保持在水平位置，脸朝下，然后把配重带横跨压在腰上，同时调整和固定。

注意：处理配重带要握住没有快卸扣的一端，以防止铅块滑落。

视频6-18：水下配重解除（腰铅）

3. 使用整合式 BCD 的配重系统

目前，大部门的 BCD 都使用整合式配重系统（或卸除配重需要重组的配重系统），因此，快速摘除整合式配重的训练也很重要。

技术要点：观察 BCD 的整合式配重的位置和固定方式，刚开始训练时可以先摘除一边，熟练后再两边一起同时摘除。

注意：不同款式的整合式配重装置，固定方式不尽相同，一般是通过粘扣、快卸扣等方式固定，因此摘除方式不完全相同，但都要求熟练摘除速度块。

（十八）在水底卸除和重新穿回 BCD

目标：在水深无法站立的水底，在最少的协助下，卸下、重新穿回、调整和固定水肺装置。在水底，当受到外物轻微纠缠或需要调整水肺装备时，需要解开和再度穿着。

1. 卸除装备

技术要点：把 BCD 内的空气泄掉，以免装备卸掉以后漂走。把 BCD 从左臂上脱下，再从背后向前甩，再从右臂脱下，解开缠绕，直立拿着，并确定背带没有纠缠在一起。[视频6-19：装备解除（水下）]

注意：记住要从左臂开始脱下装备，否则会拉扯到调节器的管子，甚至可能把咬嘴从口中拉下。

视频6-19：装备解除（水下）

2. 重新穿上

（1）穿衣法。

技术要点：整理装备的管线，先右臂后左臂，像穿马甲一样穿入，穿在身上后，固定并调整好腰带及其他肩带。

注意：先从右臂开始穿，否则会拉扯到调节器的管子，甚至可能把咬嘴从口中拉下来。（视频6-20：装备重新穿上）

（2）过头法。

要点：把装备平放在面前，气瓶阀向着自己，背架朝上，手臂穿过肩带，让肩带套在手臂部位，保持连接咬嘴的管子在两臂之间（如果管子在双臂之外，穿上水肺装备时，

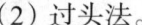

视频6-20：装备重新穿上

可能会把二级头从嘴巴里拉出来），将气瓶高举过头，并且让它轻轻地落在背后，查看所有的管子和配重是否都固定好，没有纠缠在一起，再把腰带扣上。（视频6-21：过头穿脱装备）

（十九）在水面卸除和重新穿回BCD

目标：在水深无法站立的水面，在最少的协助下，卸下、重新穿回、调整和固定水肺装置。船潜时，有时为了保证下水的安全性，需要先把潜水装备放入水中，潜水员在水中穿戴装备；离开水面时，也需要先把潜水装备卸除后再上船。

视频6-21：过头穿脱装备

1. 卸除装备

技术要点：把BCD内适当充气，使用呼吸管呼吸，仰卧在水中，面朝上，解开腰带和肩带，把BCD从左臂上脱下，BCD保持在背部，再把右臂脱下来；双手用力按压BCD的中部，潜水员迅速从仰卧姿势改变成坐姿，坐在BCD上。（视频6-22：水面脱装备）

视频6-22：水面脱装备

2. 重新穿上

技术要点：将BCD放于水中适当充气，潜水员使用呼吸管呼吸，利用脚蹼踢水并按压BCD，迅速转动身体坐在BCD上；从坐姿变为仰卧姿势，准备穿上装备，像穿西装一样，两手同时向后伸，穿上BCD；整理调节器和仪表的管子，固定和调整好腰带与肩带。（视频6-23：水面穿装备）

视频6-23：水面穿装备

（二十）在水面卸除和重新穿回配重

技术要求：和水底的方法基本一致。

注意：做这个训练的时候先要确定下方没有人，以免铅块坠落。注意重心改变，保持稳定。

1. 水面卸除配重带

技术要点：往BCD中稍微充气，保持在水面上。先以右手解开快卸扣，右手抓住没有快卸扣的一端，从身体移开。卸下配重时身体重心会改变，必须在水中保持稳定。配重带要握住，以防铅块滑落。

2. 水面重新穿回配重带

（1）滚动法。

技术要点：将身体保持水平位置，脸朝上，以右手握住没有快卸扣的一端，并把它按靠在右臀上；转身向左，使脸朝下，使配重带压在臀部，并落在横跨腰部的位置，调整配重带。

（2）环绕法。

技术要点：身体稍微向前倾，配重带滑到背后，让配重带环着腰，确保带子没有扭转，把没有调好的铅块推到适当的位置，把扣子扣紧。（视频6-24：水面穿戴配重）

视频6-24：水面穿戴配重

（二十一）不戴面镜水底游泳

目的：在水底不戴面镜游泳至少15 m，然后戴回面镜并清除面镜积水，以防在潜水的过程中面镜完全脱落（大多数的面镜脱落，都是因为太靠近潜伴的蛙鞋而被踢掉）。可能必须不戴面镜游泳到水面，或者游去找潜伴帮忙找面镜，练习不

视频6-25：无面镜游泳

戴面镜水底游泳至少 15 m。（视频 6-25：无面镜游泳）

技术要点：将面镜拿下后用手握住，嘴巴通过调解器正常呼吸。如果没有佩戴隐形眼镜，可以稍微睁开眼睛观察环境；如果佩戴了隐形眼镜，则在潜伴的引导下，前进至少 15 m 来引导方向，向前游进或缓慢上升。

注意：取下面镜后用嘴巴呼吸，而不是鼻子。

（二十二）使用备用气源呼吸

视频 6-26：
备用调节器
呼吸 1

目标：在水中潜游时，做出空气用尽的手势来反映空气耗竭的情况，然后，从潜伴身上找到备用气源，并使用该备用气源呼吸，至少维持 1 min。

技术要点：当发现空气耗尽呼吸困难或无法呼吸时，引起潜伴注意后，做出空气用尽、使用备用气源的手势；若无法引起潜伴注意，则直接从潜伴身上找到备用调节器排水并恢复供氧后，再告知潜伴，做出 OK 手势，采用握手式与潜伴保持在一起。（视频 6-26：备用调节器呼吸）

视频 6-26：
备用调节器
呼吸 2

（二十三）备用气源辅助上升

目标：运用备用气源正确上升并在水面上建立正浮力。

技术要点：当发现空气耗尽呼吸困难或无法呼吸时，做出空气用尽、使用备用气源手势；从潜伴身上找到备用调节器排水并恢复供氧后，做出 OK 手势，采用握手式与潜伴保持在一起；双方确定上升手势后，一同用安全的上升速度升至水面并建立正浮力。

视频 6-26：
备用调节器
呼吸 3

（二十四）有控制的正常上升

目标：空气气源足够时，在确保安全的前提下，控制上升速度和利用正确的上升步骤来到水面。

技术要点：做手势，同意上升，注意上升时间，把右手高举在头顶，避免撞到东西，左手拿着 BCD 管的排气控制，随时准备卸掉 BCD 中的一些空气；抬头查看上方和四周，慢慢地旋转以确定上方水域没有障碍物，以每分钟不超过 18 m 的速度慢慢向上游，维持呼吸正常；来到水面后，立即将 BCD 充气，调节器必须一直放在嘴里，直到 BCD 充气完成。（视频 6-27：上升步骤）

视频 6-27：
上升步骤

（二十五）有控制式的紧急游泳上升

目的：在水中水平游动至少 9 m，模拟一边做有控制紧急游泳上升，一边持续发出声音吐气。假如潜水员空气完全用完，且潜伴离得很远，无法取得备用气源，且所在地的水深为 10～12 m，可能要决定使用有控制式的紧急游泳上升。

技术要点：头向上看，缓慢并保持每分钟不超过 18 m 的速度向上游到水面。上升过程中采用从调节器内不断发出"啊"的声音，以释放肺部膨胀的空气，避免肺部扩张造成的伤害。到达水面时，用嘴将 BCD 充气至正浮力为止。（视频 6-28：紧急游泳上升）

视频 6-28：
紧急游泳上升

（二十六）头先式下潜、镰刀式下潜

目的：头先式的方式对于水肺潜水也是比较好的下潜方式，镰刀式的水面下潜方式可以快速到达水底。

技术要点：将 BCD 适当泄气，漂浮时脸朝下，透过调节器呼吸，开始向前游动，向前弯腰，头和手臂往下冲入水中，并利用此动力将腿伸直伸高，用腿部的重量往水底压，一旦蛙鞋进入水中后，踢动蛙鞋并不断平衡耳朵和面镜空腔的压力。

（二十七）水下踢水技术

目标：通过学习蛙踢、自踢、倒踢、直升机踢水等技术，使潜水员使用脚蹼准确地控制方向，尤其是在减压和没有空间转身的情况下，也可以利用踢水技术控制水中位置。

1.完全平衡姿态

技术要点：潜水员在水中保持水平，小腿向上回收，膝盖弯曲和大腿呈90°，脚蹼和海底（池底）保持平行；膝盖和脚踝并拢，眼看前方，后背稍稍上拱，将双臂置于身体的前面，呈纺锤形。（视频6-29：完全平衡姿态）

注意：这个姿态也叫作 proper trim，是水中各种踢水技术的基本姿势，在这个姿势的基础上可以使用不同的踢水技术，从而达到不同的效果。要达到完全平衡姿态，不仅需要正确的身体姿势，还需要调整配重，使身体的重心和中点完全重合。

视频6-29：完全平衡姿态

2.自踢

自踢的技术动作和自由泳踢水非常相似，但蛙鞋大大地增加了踢水的面积，因此效率更高、速度更快。自踢可分为小自踢和大自踢，区别在于大腿是否参与踢水。（视频6-30：自踢）

技术要点：身体完全成水平姿势，手、头、髋、腿和脚踝都在一条直线上，髋部发力，带动大腿、小腿和脚踝做上下交替的踢水动作。

注意：自踢的踢水方向是向下的，容易造成身体上浮，如果水底是泥沙，则容易扬起泥沙影响能见度。

视频6-30：自踢

3.蛙踢

蛙踢的优点是能够用较少的力量，产生更多向前的推力。因为踢水的方向是向后的，因此不会使潜水员左右晃动。如果动作正确，蛙踢对潜水员的腿部、膝盖和脚踝的负担较小。最重要的是水不会被推向下方，因此在沉船和洞穴潜水中，不会引起扬尘。（视频6-31：蛙踢）

技术要点：在水中保持完全平衡姿态，潜水员用脚踝向外转动脚蹼，这个动作类似蛙泳腿踝关节外翻的动作，使脚蹼的底面向后，基本与地面垂直，像蛙泳蹬腿一般，勾着脚掌用脚掌和脚跟，大腿发力，向外、向后蹬夹水，将脚蹼合于身后，直至膝盖伸直。蹬腿完成时，转动脚踝，双脚掌略微内合，使脚蹼的位置有所降低，身体保持流线型在水中向前滑行，当滑行速度明显降低，再慢慢回到完全平衡姿态，重复刚才的动作。

视频6-31：蛙踢

注意：潜水员应该放松，腿部和脚踝都不能太僵硬，应该避免很大幅度地打开双腿和双膝。如果发现在踢动过程中弯腰或者膝盖下移，则应该有意识地保持上身躯干的姿势。蛙踢一般不能使用在顶流前行时，因为顶流时，收腿会带来很大的阻力，影响前进的效果。

4.倒踢

技术要点：潜水员在水中保持水平，小腿向上，膝盖弯曲和大腿呈90°，脚蹼和海底（池底）保持平行，并拢膝盖和脚踝，将腿伸直，并拢膝盖和脚踝，将双腿打开，使用腿部和脚踝的力量边分腿,边回收腿;这个动作是用脚蹼正面拨水,动作的流线是从后向前,因此才能产生后移的推力;在身体向后移动的过程中,慢慢回到第一步的状态,重复刚才的动作。(视频6-32:倒踢)

注意:后踢的关键动作是脚蹼正面回收拨水,腿部和脚踝都不能太僵硬。动作不需要太快,但是要有力。

视频6-32:倒踢

二、水面水下沟通方式

水下沟通方式是潜水救援团队的一个核心技术问题。潜水员之间、潜水员和陆地人员之间都要通过一定的方式来进行联络,保持信息的畅通,因此对于潜水员来说必须熟练掌握水下通联方式和信号。水下基本的沟通方式根据其使用工具可以分为基本手语信号、灯语信号、绳语信号、握压信号和水下通信工具信号。

(一)基本手语信号

目的:基本手语信号是最常见和容易获得的沟通方式,在能见度较好,潜水员距离适当的水域环境中使用。在中近距离,手势是最快的通联方式,因此所有潜水员都应该熟悉手势信号。当然,手势信号仅仅是一些常见的、约定好的指定信号,某些情况下不能准确传递潜水员所要表达的信息。因此,潜水员一般会携带潜水写字板,作为手势信号的补充,把要表达的复杂信息在水下写出来给对方看。另外,潜水时除了会使用某些较为固定的手语信号外,还应该熟悉一些当地约定俗成的信号。因为根据地区不同信号可能存在差异,下水之前要和潜伴约定好手势信号。

1. OK "好\好吗?"

动作要领:OK是最重要的手势之一。见到OK手势时必须用确认手势或者反映某一问题的手势响应;若发现潜水员出现问题或没有回应,应迅速反应帮助其解决问题,或执行救援程序将其带离水面;在水面询问和回答OK的手势有所不同;在水面或者距离较远时,可以用单、双手在头顶围成一个O状;在水下多采用"OK"的手势进行询问和回答(图6-28、图6-29)。

图6-28 OK,好吗(水面)

图6-29 OK,好吗

2. "你" "我"

动作要领:食指或手掌指向对方代表"你",拇指、食指或手掌指向自己代表"我"(图6-30、图6-31)。

图 6-30 你

图 6-31 我

3. "你"看"我"

动作要领：食指、中指打开呈 V 形指向自己的双眼，用于提醒潜伴将注意力集中在自己身上；或做出该手势后，指向某一方向或物体，提醒潜伴看向该方向或物体（图 6-32）。

4. "看时间"或"看电脑表"

动作要领：指向手表位置表示询问时间或注意时间，或示意潜伴查看电脑表（图 6-33）。

图 6-32 看我

图 6-33 看电脑表

5. "你跟着我"或"我跟着你"

动作要领：分别用两手的食指指向自己和潜伴，手指排列成一条直线代表先后顺序（图 6-34）。

6. "停止"

动作要领：该指令在开放水域潜水时也很常见。将手掌张开向前伸出，示意禁止或者停下现在正在做的事情。当不便将手臂伸出时，可握紧拳头将手臂向上伸出（图 6-35）。

图 6-34 你跟着我

图 6-35 停止

7. "寒冷"

动作要领：两手抱住双肩或双手交叉胸前（图 6-36）。

8. "想想"

动作要领：单手指着脑袋点一点（图 6-37）。

图 6-36　寒冷

图 6-37　想想

9. "待在一起"或"分开一点"

动作要领：用两手食指合拢和分开代表待在一起或分开一点，通常用于让潜伴一同完成任务或分头完成任务（图 6-38、图 6-39）。

图 6-38　待在一起

图 6-39　分开一点

10. "手拉手"

动作要领：用自己的左手握住右手，代表要和潜伴用手保持接触和连接（图 6-40）。

11. "船"

动作要领：该手势表示上方有船经过，或某个地方有沉船（图 6-41）。

图 6-40　手拉手

图 6-41　船

12."导航"

动作要领：一手摊平，另一手掌放置在上面移动，表示需要导航（图 6-42）。

13."下潜、向下"

动作要领：在水面确认 OK 后该手势表示可以下潜了；在水中则表示继续下潜。后面可以跟数字，表示向下多少米（图 6-43）。

图 6-42　导航

图 6-43　下潜

14."上升、出水"

动作要领：在潜水结束时，该手势表示准备出水；在水中则表示上升。这个手势和 OK 手势一定不要混淆。后面可以跟数字，表示向上多少米（图 6-44）。

15."安全停留"

动作要领：左手张开，右手用手指顶着左手。到达安全停留的深度时，用该手势清楚明白表达 5 m 3 min 的安全停留（图 6-45）。

图 6-44　上升

图 6-45　安全停留

16."有问题"

动作要领：如果身体不舒服，就先指向身体，然后摆出这个手势，意思是我某个部位不舒服了。当遇到任何问题的时候，上下翻动你的手掌，并指向问题所在，通知潜伴（图 6-46、图 6-47）。

17."水面求救"

动作要领：一般用于水面上传递信号，或水下较远的地方，可双手一起，不是打招呼，而是求助（图 6-48、图 6-49）。

图 6-46　问题 1

图 6-47　问题 2

图 6-48　水面求救 1

图 6-49　水面求救 2

18. "哪边？迷路了"

动作要领：大拇指指向左右两个方向表示迷失方向，需要导航。耸肩动作可以表达无奈，一旦安全地回到船上或岸上，就要好好提高水下导航能力，潜水一定要携带指北针（图 6-50、图 6-51）。

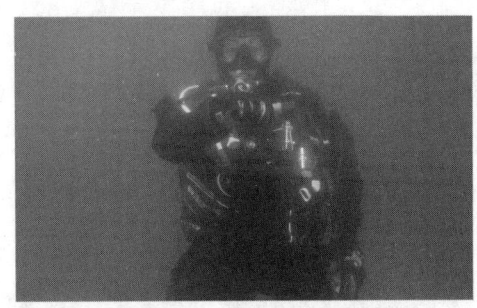

图 6-50　方向在哪边 1

图 6-51　方向在哪边 2

19. "跪在水底"

动作要领：在教学过程中比较常用。跪下！接下来要上课，布置任务了（图 6-52）。

20. "剩多少气？"

动作要领：一种是直接指向压力表或摊开手；另一种是手指拍打手掌用于询问气压表余量。需要检查气压表后比出数字作为反馈（图 6-53）。

图 6-52 跪在水中

图 6-53 剩多少气

21. "空气所剩不多"

动作要领：手握拳，用拳头捶胸以告知潜伴自己剩余空气不多，必须结束潜水了（图 6-54）。

22. "空气用尽"

动作要领：用手交叠在脖子前方滑动，当空气用尽或快用尽时，要立刻向潜伴做出该手势，并进行空气共享（图 6-55）。

图 6-54 空气所剩不多

图 6-55 空气用尽

23. "过来一点" "近一点"

动作要领：伸出一手，五指向上面向自己移动（图 6-56）。

24. "被生物蛰了"或"被东西扎了"

动作要领：一只手食指戳另外一手手背表示被生物蛰了或被东西扎了，如果流血，可以用流淌的动作来表示（图 6-57）。

图 6-56 过来一点

图 6-57 被蛰了

25. "危险"

动作要领:将拳头向前伸出以告知潜伴前方有危险,或正在进行的动作有危险;当手臂不便伸出时,可握紧双拳,手臂胸前交叉(图6-58、图6-59)。

图6-58 危险1　　　　　　　　　图6-59 危险2

26. "再做一次"

动作要领:一手摊平,另一手五根手指捏起来,指向手掌心(图6-60)。

27. "破碎"

动作要领:用手模拟把什么东西掰断(图6-61、图6-62)。

图6-60 再做一次　　　　图6-61 破碎1　　　　图6-62 破碎2

28. "保持这个深度"

动作要领:手掌向下并左右晃动,告知潜伴要保持这个深度。

29. "上升、下潜至特定深度"

动作要领:右手手掌向下张开,左手拇指向上顶着右手手掌。或右手手掌向上张开,左手拇指向下顶着右手手掌(图6-63)。

图6-63 上升、下潜至特定深度

30. 数字表示

动作要领：用一只手表示 1～10，既可以表示深度，也可以表示余气量，还可以表示减压时间（图 6-64～图 6-73）。

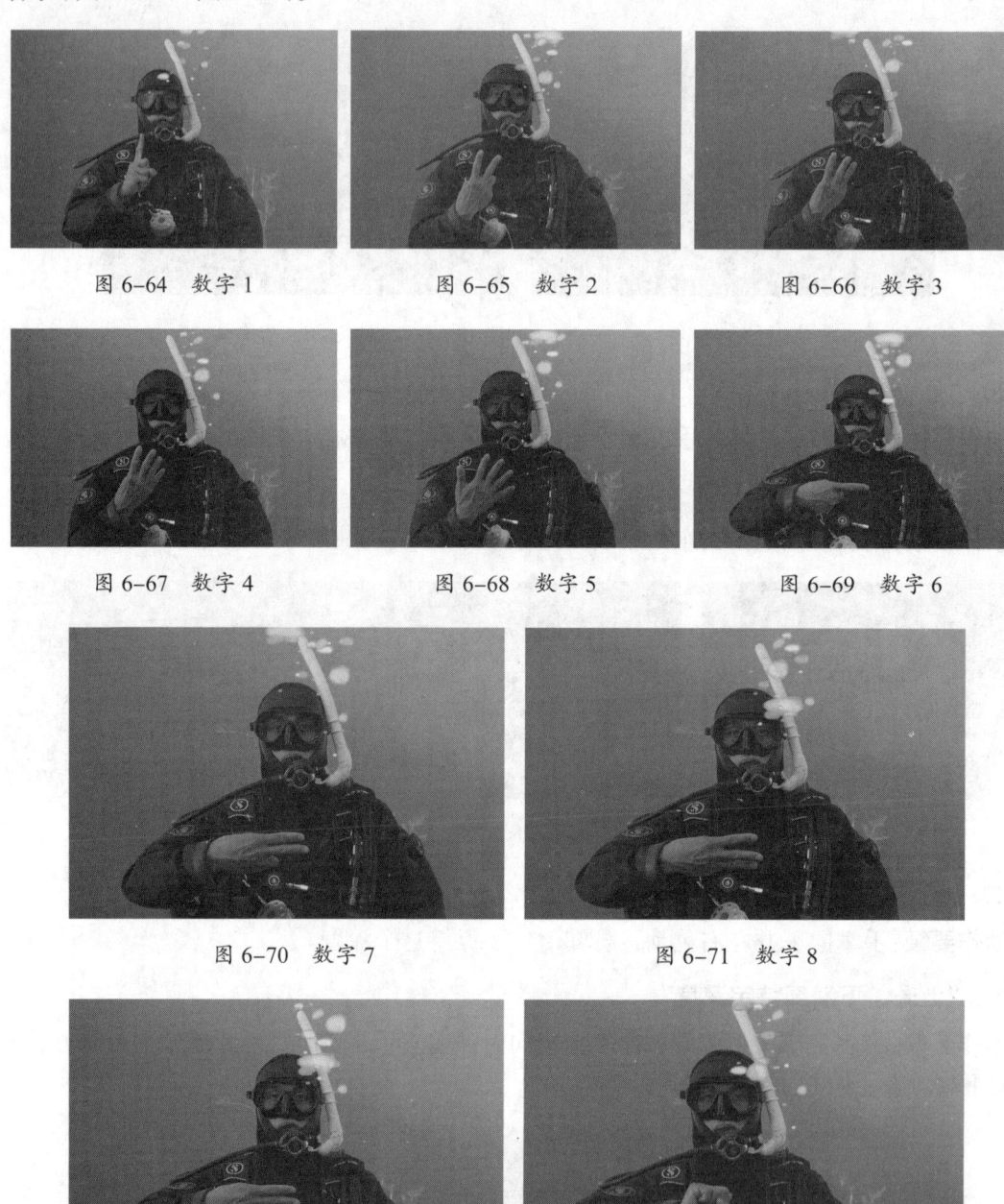

图 6-64　数字 1

图 6-65　数字 2

图 6-66　数字 3

图 6-67　数字 4

图 6-68　数字 5

图 6-69　数字 6

图 6-70　数字 7

图 6-71　数字 8

图 6-72　数字 9

图 6-73　数字 10 或 0

31."窒息"

动作要领：双手交叉并放在脖子上（图 6-74）。

图 6-74 窒息

32. "明白吗？" / "不明白"

动作要领：五个手指伸开收拢代表"明白吗？"，两个手掌向身体两侧摊开，耸肩代表"不明白"（图 6-75～图 6-77）。

图 6-75 明白吗 1　　　　图 6-76 明白吗 2　　　　图 6-77 不明白

33. "面镜起雾"

动作要领：用食指像挡风玻璃雨刷一样，在面镜镜片上来回刷动。如果面镜起雾，可让潜伴明白停下来的原因（图 6-78）。

34. "需要帮助或救援"

动作要领：当需要结束潜水时，而实时情况并不严重，那么一个简单的上升信号将会起作用。但当需要帮助时，就用这个手势（图 6-79）。

35. "漏气"

动作要领：此手势可表达某处漏气。当潜伴发生漏气状况时，如供气管或一级头漏气，可以提示他注意（图 6-80）。

图 6-78 面镜起雾　　　　图 6-79 需要帮助或救援　　　　图 6-80 漏气

36."配重不足"

动作要领：双手做出托住配重的动作后，用手指示意重量差一点（图6-81、图6-82）。

37. 指派潜水助手

动作要领：用一只手三根手指拍打另一只手臂，后指向潜水助手，代表指派助手协助教学（图6-83）。

图6-81 配重不足1　　　　图6-82 配重不足2　　　　图6-83 指派潜水助手

38."保持平稳的呼吸"或"放松"

动作要领：配合呼吸的节奏做出吸气和吐气的手势（图6-84、图6-85）。

图6-84 吸气　　　　　　　　　图6-85 吐气

39."渴了、饿了"

动作要领：手做握住杯子喝水的样子表示口渴或者饥饿（图6-86）。

40."抽筋"

动作要领：用手做一个挤压动作来表明肌肉痉挛。指出受影响的肌肉，如小腿，潜伴可以帮助按摩或拉伸（图6-87）。

图6-86 渴了、饿了　　　　　　图6-87 抽筋

（二）灯语信号

利用水下手电筒进行信号传递时，照射部位最好在胸部以下位置，晃动时注意避开同伴的眼睛。如果要用手势，则用一只手照射另外一只手腕位置。在夜间潜水技术中将做详细介绍。

（三）绳语信号

绳子在水中传递信号也是一种较为常见的通信方式，因为除了传递信息外，绳子可以起到与岸上或潜伴安全连接的作用。潜水团队使用很多不同种类的信号和装置来沟通，潜水员在使用绳子传递信息之前，要约定绳子信号传递的方式，同时要在陆地上进行练习，熟悉双方绳子的松紧度、用力强度、频率和幅度。关键是每个在现场的人均要了解信号代表的意思，才能进行有效的沟通，重点是简单。使用绳语信号传递信号时，需要注意绳子的连接方式、握绳及传递方式、绳语等问题。

1. 连接方式

一般采用手握式的连接方式，同时为了在能见度较低水域工作时保持绳索与潜水员的安全连接，也会配合快卸挂钩挂在潜水员的肩部挂环或者胸部潜水背心的挂环上。挂扣的方式不固定，但是要求潜水员能够在绳索意外拉紧的情况下快速解除连接。

（1）双8字结连接。在绳头处使用双8字结和快卸装置与潜水员连接。双8字结留有约10 cm的绳头，绳环不要太大，长度不要超过5 cm。

（2）蝴蝶结连接（图6-88）。在约一手臂长的位置用蝴蝶结的方式，做一个三向受力的绳结，作为潜水员握手处。绳环的大小要根据潜水员的手掌大小而定，一般以潜水员四指可以放入为准。

2. 握绳及传递方式

潜水员在水下的握绳方式不仅影响到潜水工作的效率，更影响到潜水员的水下安全。因此，要通过水上和水下练习来形成习惯。

手握住绳索时，不要将整个手腕放入绳套中，如遇绳索被发动机等意外拉紧的情况时，要能迅速脱手，不至于造成人员的伤害（图6-89）。

图6-88　蝴蝶结连接

图6-89　握绳方式

3. 绳语

（1）绳控人员的信号方式。

拉动1下：注意，停止。

拉动 2 下:OK 吗？ OK 或继续。
拉动 3 下:将释放更多绳索，请拉紧。
拉动 4 下:特别事项（例如:媒体来到现场\家属来到现场\直属的长官到达）。
连续拉动 5 下或以上:回到水面（召回程序）。
（2）搜索人员的信号方式。
拉动 1 下:停止。
拉动 2 下:OK 吗？ OK 或继续。
拉动 3 下:已搜索了一遍/请将绳索再放长一些。
拉动 4 下:找到目标，备用潜水员准备过来配合。
连续拉动 5 下或以上:遇到紧急情况，立刻需要协助。

4. 绳语信号的注意事项及要求

（1）当信号已经给出的时候，不论是被看见或被感觉和理解，信号都必须立刻被辨认。如果潜水员传送信号失败或是回传信号失败，就把它当作"没有信号"的状况，作为紧急信号来处理。

（2）沟通必须清楚、力度适中，但必须使参与沟通的双方都了解被传递的信息。

（3）潜水团队可设计特别的信号，所有潜水员与支持人员均应掌握，并在每次下水前复习。

（4）绳索必须拉紧，拉力必须够强和够慢，让其他人可以读取信号，但是又不会太大力，把潜水员手中的绳子扯掉，或是用力过猛影响潜水员的搜索模式。

（5）没有响应信号或是信号响应缓慢可能代表潜水员出现状况，如果连续 3 次给予绳信号没有反应，则安全潜水员应该迅速入水实施救援。

（四）握压信号

当两个潜水员都在绳索上，或是在零能见度时，手掌握压是很好的沟通方式。潜水员无法看到对方时，可以通过握压手掌或手臂来传递信号，尤其是应急救援潜水员，通常都是在能见度不佳的环境中进行搜索和打捞，利用握压传递信号的技术很重要。

1. 握手方式

潜水员握手传递信号的方式主要有手掌握压、手指握压和手臂握压等类型。在执行一般的潜水任务中，潜水员可以通过正常拉手和手臂的方式来建立安全与信号连接。在执行水下两人共同搜索的任务时，一般采用手指握压的方式来建立安全和信号连接。

（1）手掌握压。可采用十指交叉的方式和握手式的方式（图 6-90）。

（2）手指握压。主要搜索潜水员四指弯曲，遵循"控制但不紧握"的原则，轻轻握住搜索的引导绳，大拇指指向前进的方向。辅助搜索潜水员用异侧手四指弯曲握住主要潜水员的大拇指（图 6-91）。

（3）手臂握压。两名潜水员前后稍错位并排，靠后的一位潜水员用靠近一侧的手掌握住前一位潜水员的手肘部传递信号。

2. 手掌握压的信号

（1）握 1 下:停止。
（2）握 2 下:OK 或继续。

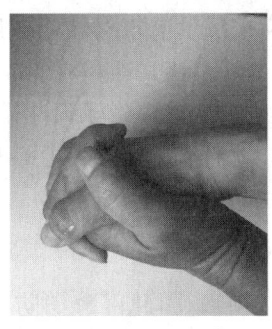
图 6-90 握手方式
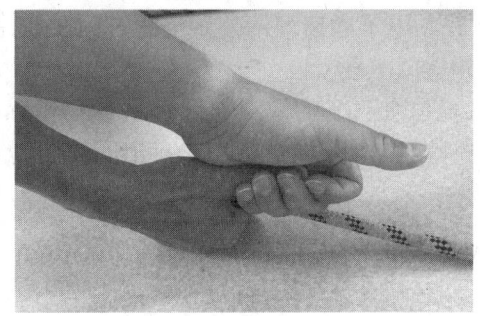
图 6-91 手指握压

（3）握 3 下：特殊事项。例如，上升以拿取尸袋、PVC（聚氯乙烯）管、取其他工具等。

（4）握 4 下：找到目标物。

（5）握 5 下及以上：有紧急事件发生或救命。

注意：除了以上的信号外，还可以通过用特殊的"拉"或"握"代表一些特殊程序的沟通，去拿尸袋、去拿 PVC 证物搜集筒或上升等。例如，一个潜水员结束搜索回到控制绳子的潜水员位置时，拉起同伴的手并找到大拇指向上拉 2 次，代表"进行上升程序回到水面"，若控制绳子的潜水员已经准备好，则会捏 2 下潜伴的手代表 OK，随后一起上升。

（五）水下通信工具信号

1. 水下无线通信工具

水下无线通信系统（图 6-92）是使用配有无线通信的全罩式面罩让潜水员与水面人员可清楚沟通的装备，潜水员配戴一个通信基站、收发器和配有防水麦克风的全罩式面罩。水面人员可以使用水下无线通信基站或移动式无线通信基站，无线通信允许潜水员和信绳员直接通话，也允许潜水员和潜水员之间沟通。无线通信的工作原理是将声波转换成一种电子格式（无线电波），并将其从发射器传送到接收机。潜水员通常配备有麦克风和耳机，这使他能够与地面支持人员进行沟通。大多数无线系统都使用通信按钮进行半双工，即步话机式的沟通设计。

图 6-92 水下通信收发器与基站

由于所有形式的电子通信都依赖于电源，因此，建议在每次潜水时使用备用电池，并定期检查确保电池电量。

无线通信系统也有明显的缺点，即潜水员和传感器之间需要一个无阻挡的传播路径。如果潜水员的发送装置和传感器之间存在一个固体阻碍物，则信号无法到达预期的接收方，而会被障碍物所影响。

2. 水下有线通信系统

无线通信系统在有障碍的环境中，使用效果会大受影响，因此部分消防水域救援队会配合有线通信搭配全面罩或是潜水头盔使用，可以提供潜水员和水面人员清楚的沟通管道。水面支持潜水的通信线路就像一条脐带一样，通信线嵌入在编织的绳索上和通信线路合并在一条搜索绳中，也可以在搜索时当作搜索绳。这不仅能保护通信线路，而且还能被用作紧急保护绳（图6-93、图6-94）。

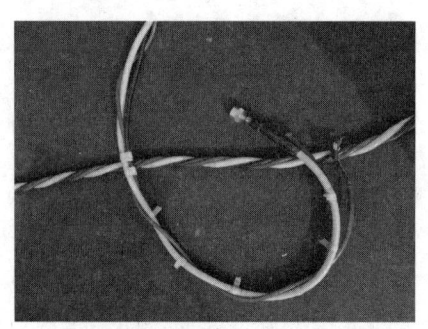
图6-93 水下有线通信系统

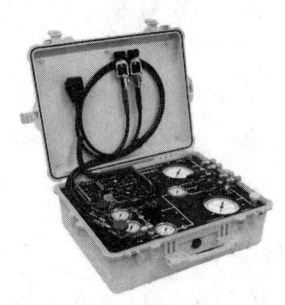
图6-94 水面有线通信系统

有线系统通过传输和接收电缆，传输和接收单元物理上彼此连接。有线系统的工作原理类似于无线系统，原理是将声波转换成电子形式，将信息传送给接收方，将该信号转换回声波。无线和有线的设计最大的不同在于，有线的通信创造了潜水员和信绳员之间的直接连接。

有线连接的系统可能被设计成"按钮激活"或"持续激活"。对"按钮"式系统，按下激活按钮或开关，以使系统启动。系统的设计允许对传入的信号（声音）进行即时的检查，而不需要按下激活按钮。在系统上的持续时间允许信绳员听到潜水员所说的一切，包括潜水员的呼吸方式，可以评估潜水员讲话中的压力或焦虑。电子通信设备的最大优点之一，是可评估潜水员舒适度。如果潜水员在水下呼吸大量的空气，则会听到短重的呼吸声，并能调整表面的空气消耗公式，从而缩短潜水时间。如果潜水员正在展示声音的压力指标，那么该信绳员就能设法使潜水员平静下来，并安全地将他带向水面。有线和无线的系统都有控制台与便携版本。团队选择使用哪一种系统取决于团队的需要。控制台系统可能会限制团队成员的灵活性，而便携式系统可能会因电池寿命限制使用。

3. 水底召回装置

大部分的潜水船上都有召回装置，用来引起水底潜水员的注意。通过水底电子汽笛、撞击金属发声、改变船的引擎运转速度等方式可以引起潜水员的注意。如果事先将某种方式作为召回潜水员的信号，则潜水员接到召回指示后将升水，听候指示。

三、基本结绳技术

通常潜水中使用的绳索要采用非漂浮绳，无法在陆地上还是水中都易于操作。通常采用实心编织尼龙绳，为了保证绳索切割后的使用效果，通常在绳索的尾端用火烧一下固定。

基本绳结与第五章激流救援部分的基本绳索技术中的绳结技术基本相同，但潜水救援中常用的主要是布林结、8字结、接绳结、平结、两半结、蝴蝶结等。潜水员打绳结时，要考虑搜索、救援或打捞时所使用的绳结通常需要临时在水下设置，因此，训练中需要掌握水下有水流、戴手套、能见度低的情况下打绳结。绳结的名称各地叫法不尽相同，这里选用了比较普遍的名称。

（1）布林结。布林结也称称人结。布林结被称为"绳结之王"，也是最易学习的绳结之一。最大的优点在于当绳索的末端有重物时，它不能被解开，而一旦重物被移走，它就能很容易地被解开。其易解易结、安全性高、用途广泛、变化多端的特性，衍生出了许多不同的变种，使得它能使用的范围更加广泛。

（2）8字结。8字结别名叫弗兰德斯结（Flemish knot），不光用于潜水活动，在日常生活中也大有用处，比如加长现有的绳索。8字结打起来要比反手结稍难一点，而且需要用到更多的绳子。不过作为防脱结，8字结的个头明显要大得多，因此自行松脱的可能性更小。它可用于连接不同粗细的绳索，在其基础上衍生出多种功能更强大的变形结，如双接绳结。

（3）接绳结。接绳结也叫作撩绳结，是一种用于连接两条粗细及材质不同的绳索的结，是最古老的一种结。它可用于连接不同粗细的绳索，在其基础上衍生出多种功能更强大的变形结，如双接绳结。它的特点是打法简单，结实可靠，而且十分容易拆解。可以用来连接材质、粗细不同的绳索。常用于连接船缆等。

方法：将一条粗绳的末端对折；把另一条细绳从对折绳圈的下方穿过；然后将细绳压在它自己和粗绳的中间，形成一个"X"形；最后将绳子收紧，即可做成一个非常坚固的接绳结。

（4）平结。将同一条绳的两端绑在一起。适用于连结同样粗细、同样材质的绳索；但不适用在较粗、表面光滑的绳索上。缠绕方法一旦发生错误，结果可能会变成另一个不完全的活结，稍稍用力一拉结就会散开。平结如果拉得太紧，又不太容易解开；不过如果双手握住绳头，朝两边用力一拉，就可轻松解开。

平结的秘诀在于：左搭右、右搭左。

（5）两半结。两半结也称双绕双结，当需要绕一个物体打结时最完美的方式就是系几个半结，比如将手电筒系在水肺潜水的浮力调整装置上时。为了保证绳子末端物体的安全，以半结为基础衍生出无数的绳结变形，或者将好几个半结组合使用。

（6）蝴蝶结。虽然蝴蝶结不如8字结强度高，但当需要在绳索中间打出一个三向受力的绳结时，蝴蝶结有两种打法。

四、装备的清洗、维护与保养

总的来说，每次使用完装备后，最好用清洁的淡水对装备进行冲洗，并检查装备的完好性。定期检查调节器、干式潜水衣、水下电筒、摄影摄像设备等气密性装备。定期进行气瓶目视检查和水压试验，一般每两年对钢制气瓶进行一次水压测试，每五年对铝制气瓶进行一次水压测试。及时对出现问题的装备进行调整、问题检测及修理。下面着重介绍调节器、

BCD、潜水仪表、潜鞋、干式潜水衣、电脑表等主要装备进行正确的清洗、保存和维护。

1. 调节器的清洗、保养与维护

调节器是潜水员至关重要的精密装置，海水会引起内部调节器组件严重腐蚀损坏，导致调节器故障。仅仅几滴海水的盐晶体，就会明显降低调节器进气过滤器的流通能力。关于调节器的维护，厂家说明至少每年送检1次，潜水员也可以参加装备学习，掌握调节器保养维护的专门技术。另外潜水员每次使用之前应仔细检查，减少下水发生故障的概率。

（1）清洗方法。从气瓶上卸下整套调节器，将防尘器盖好拧紧，用花洒冲洗掉一级头表面的沙子、盐或者其他污浊物，注意不要放过任何方向和空隙，调节器置入清水中浸泡 5～10 min，从呼吸调节器的咬嘴到排气部位，均灌清水冲洗。

（2）保养与维护方法。类似BCD管的橡胶制品，在暴晒后会加速性能劣化，引起龟裂。因此最好是在凉爽且空气流通、湿度低的地方完全晾干。一旦将调节器完全晾干后，就可以收起来放于储藏室，以备下次使用。记得将管子柔顺地卷成大圈平放，可有效减轻BCD管的负担。此外，在金属部位适当喷涂硅喷剂，可起到防锈和腐蚀以及润滑的作用。若收纳空间有限，需放入网袋或箱包之中，至少保证尺寸在长40 cm、宽30 cm、厚10 cm。调节器的咬嘴当属最易损耗部位。牙齿咬合处的硅胶槽易出现开裂或穿孔，一旦破损就会漏水。检查BCD管是否有裂纹或切口，需注意连接一级头阀门的位置。由于它承受着二级头和仪表等重量，容易造成龟裂。有软管保护套的记得拉开检查，确认仪表盘里无水珠或雾气，指北针中无气泡存在。

注意：切勿将没有拧紧一级头的防尘盖置于水中；清洗过程中切记不要按排气按钮，防止水倒流入一级头。

2. BCD的清洗、保养与维护

由于尼龙材质特别不耐盐类腐蚀，可以拿花洒冲洗，并彻底清洗所有气阀和按钮，确保没有沙粒或其他残留物。潜水过程中频繁地给BCD充排气，会造成内部渗进海水，因此也需要用淡水洗净。清洗原则是外侧以浸泡在水中清洗为原则，内侧从进排气阀灌入清水洗净。

（1）清洗方法。放掉BCD中的空气，将它浸泡在水中一段时间，彻底溶解海水盐分。按住进排气阀向BCD里灌入适量清水，1/4～1/3满，用口吹气向BCD充气，拿起后上下左右摇晃，使清水到达气囊的每一个角落，涮洗完毕后把BCD倒拎起来，同时按住排气阀，排出气囊里的水和空气。拉动BCD下摆部的过压卸载阀或打开肩部的肩阀，最大限度排净水。多数BCD的大口径充气管都通过肩部旋钮相连，在清洗的时候拆下此处，可有效洗掉卷入的沙子等异物。BCD经常发生穿孔的情况，可在清洗过程中适当挤压BCD，根据冒泡处可确切找出穿孔处，进行维护或送检。

注意：若使用频率高，需将以上步骤重复1～2次，若潜水空窗期在半年以上者，则重复此步骤2～3次，彻底洗净BCD的内部，防止剩余海水中的微生物生出霉菌或盐结晶，造成BCD的损害。

（2）保养与维护方法。晾晒时充分排掉气囊内的水分，挂于通风处，切记不要长时间暴露于阳光下，将BCD稍微充气后再存放。BCD晾干的理想环境是阳光无法直接暴晒，且空气流通的地方。完成晾干步骤之后，对BCD少量充气（约1/5满，以内胆不黏在一起为原则），收纳于凉爽、避光、干燥的地方。建议悬挂在BCD衣架上防止变形，加以防尘袋包覆为佳。如果选择折叠收纳的方式，需特别注意不要过度挤压到气囊和充排气管。一旦充排阀按钮出现不灵敏的症状，可能被盐腐蚀或掺杂了沙粒或小石子，一定记得及时送检。建议每年将 BCD 交给专业机构彻底检查 1 次。

注意：清洗 BCD 气囊时，通常无法做到将灌入的淡水完全排净，最好将 BCD 倒挂，让气囊内的水分能流入充排气管中。待外部彻底晾干后（约半天），将充排气管中的残余水分连气囊内的空气一起排出之后，再继续晾半天即可。

3. 潜水仪表的清洗、保管与维护

（1）淡水清洗。若使用的是联表组，拆分后独立清洗，更有利于保持洁净。大部分的残压表与高压管相接的地方都是使用旋转式接头。之前提及的波登管深度表容易堆积砂粒或沉积物。因此，为了更有效地保护感应端口的清洁，建议使用海水中和剂进行护理。

具体操作很简单：清洗后，将感知口部位朝下方轻微晃动，充分抖出内部残余水分，接着对准感知口喷射，放置片刻后再用清水清洗即可。清洗指北针时，轻轻旋转表盘可防砂粒或盐分残留。

（2）保管与维护。如果没有定期加以保养，接头转动部分可能造成泄漏，需要马上将接头送修或更换。

4. 蛙鞋的清洗、保管与维护

（1）淡水清洗。最重要的是用淡水彻底清除盐分，尤其对于有调节带的脚蹼，应用扣环调节松紧细致地冲洗，防止残留部分。

（2）通风阴凉处晾干。橡胶和塑料不宜暴露于阳光下直射，在清洗之后在阴凉处晒干。

（3）蹼片勿折叠保管。蹼片勿折弯放置，脚袋朝下滴水晾干。

5. 干式潜水衣的清洗、保管与维护

（1）淡水清洗。潜水后，在穿着潜水衣的状态下用清水加以清洗，冲掉表面附着的海水、盐分和污秽物，特别是防水拉链、充排气阀上容易残留盐分或沙子。经常给防水拉链涂专用润滑剂，使拉链畅顺。若发现内侧有污浊或是有被海水浸湿的部位，同样应清洗干净。

（2）通风阴凉处晾干。冲洗完毕之后，需将干衣吊挂起来，以先里后表的顺序在通风阴凉处风干，一定注意避免太阳直射。

（3）保管与维护。短期不使用时，将干衣叠好放入袋子收纳，确保拉链呈开启状态，储存的地方应避免阳光直射，尽量选择低温、低湿和通风良好的环境。若采用悬挂方式，最好让干式潜水衣的鞋子接触地面，防止变形。

6. 电脑表的清洗、保管与维护

（1）淡水清洗。潜水电脑属于精密仪器，需要日常的妥善养护。每次潜水后应用清水浸泡，后仔细清洗。若有必要，可使用软刷清洁电脑表与水接触点。

（2）通风阴凉处晾干。小心晾干，不要受潮。存放时，应避免高温 60 ℃以上、低温 -10 ℃以下的环境，切勿同溶剂或化学物质接触，否则会影响表壳和防水胶圈，降低防水性能。

（3）保管与维护。潜水电脑防水性能并非永久不变，需要每 1~2 年或 200 潜之后定期检查。目前大部分电脑表都使用纽扣电池作为电源，意味着 2~3 年会更新换代一次；有些则是使用特殊电池，一般使用寿命较长，但需要回原厂更换。近年来还推出了充电式或太阳能类型的电脑表，但还未广泛应用。在自行更换电池过程中，要特别注意 O 形环的密合问题，建议给专业人员进行更换，并且进行加压测试。

第二节　中级潜水技术及训练

中级潜水技术及训练是根据潜水救援人员执行水下实际工作所需，针对潜水意外发生的特殊环境，如冰寒、污染、零能见度和高海拔等水域，进行的有针对性的特殊训练。中级潜水技术包括潜水意外救援技术和特殊环境潜水技术。

一、潜水意外救援技术

潜水意外救援基本技术主要是针对潜水员水中出现的各种意外和伤害所进行的施救训练，是潜水团队的必需科目。目的是提高潜水员对可能出现的遇险或意外情况的救援能力。潜水员可能出现的意外情况包括身体、心理和同伴三方面。身体方面的，如冷热、晕船、氮醉、疲劳、生病或受伤、酒精或药物影响，装备不合适或故障所导致的不舒服或行动不便。心理方面的，如潜水员任务环境中威胁所产生的反应。同伴方面的，如同伴间的压力会致使潜水员做不愿意做的事情。因此，潜水队间有一则不成文的规定，即任何一名潜水员无论任何原因，不用提出任何解释，随时可以取消自己的潜水活动。

针对以上身体、心理和同伴可能出现的问题，潜水意外救援包括水中施救训练、院前急救训练和其他伤害处理等。

（一）水中施救训练

水中施救训练主要是应急救援潜水员对被救者进行的施救，主要包括失踪潜水员搜索、无反应潜水员带离水底、水面无反应潜水员救援、水面有反应潜水员救援等技术。

1. 失踪潜水员搜索

目标：通过发送信号和主动寻找的方式将失去联系或失踪的潜水员寻找回来。

技术要点：失踪潜水员有可能成为潜在的遇险人员，因此，首先要先尝试召回失踪潜水员。召回失踪潜水员理想的方法是使用电子召回装置，也可以利用敲击船上梯子或在水中敲击气瓶发出的声音来召回潜水员，观察水面是否有气泡。其次搜索范围的确定非常重要，强劲的水流、潮汐和大浪都有可能影响无反应潜水员的位置，因此要从失踪潜水员最后被发现的位置开始搜索。若失踪潜水员是在水面失去意识而沉入水底，要考虑水流将人体带离水面至水底的趋势，可以模拟无意识状态的沉没路线，用浮漂将搜救的区域标示出来。最后以潜伴小组的形式给搜索人员进行分组。搜索行动既要确保空气供应量、免减压时间和搜索员的能力维持在安全极限内，又最大限度地确保了搜救的工作效率。

注意：寻找失踪潜水员时，要选择适当的搜索法来搜寻，最好的办法往往就是最简单的办法，不需要复杂精密的装备。所谓有效的搜索方法，会因当时的环境而有所不同，通常采用U形搜索法、方形搜索法、圆形搜索法、扇形搜索法和杰特搜索法。

2. 无反应潜水员带离水底

目标：当在水底发现一名无反应的潜水员时，尽快将他带至水面。

技术要点：发现无反应潜水员时，迅速观察潜水员并留意现场细节，如调节器的位置、面镜脱落与否等。若潜水员调节器还在嘴里，即使已经没有呼吸，也要用手扶住他的调节器，既可避免水进入他的肺部,也能在上升途中恢复呼吸时为其提供空气;若调节器已经掉出,则不必浪费时间寻找并放回口中,上升时膨胀的空气会防止水分进入无反应潜水员的肺部。救援人员要保持在无反应潜水员后方,扶着他的调节器(若还在口中)。上升时,要利用 BCD,带着被救者以维持安全的上升速率升至水面。

注意:调节器保持在口中并不会阻碍上升时体内膨胀空气的排出。如果潜水员已排除 BCD 里的空气还是不能控制上升的速度,则将遇险人员 BCD 里的空气也排掉。

3. 水面无反应潜水员救援

首先是以大叫、用力拍水等方法引起对方注意(图 6-95)。如果没有反应,就接近并将他上翻至面朝上的位置,做法是从那名无反应潜水员头部的上方,将手臂交叉,比较用力地抓住手腕并翻转过来(图 6-96)。大声呼救,寻求船只和岸上人员的帮助(图 6-97)。其次是给自己和被救者建立浮力,做法是将 BCD 充气或丢掉配重(图 6-98、图 6-99)。再次是脱下遇险人员的面镜和调节器(图 6-100、图 6-101),打开遇险者的呼吸道检查是否有呼吸,做法是 10 s 内完成"一听,二看,三感觉"来检查有没有呼吸(图 6-102)。如果怀疑被救者脊柱受伤或颈部受伤,则要选择托额法打开他的呼吸道,避免受到二次伤害。如果发现被救者没有呼吸了,就要开始实施水中救援呼吸(图 6-103)。如果有呼吸,则保持呼吸道畅通,再拖带到安全的地方。拖带过程中要注意避免水吸入呼吸道内,每隔一会儿就检查一下呼吸。如果评估水中拖带超过 5 min 距离,应先施行 1～2 min 的救援呼吸,观察是否有反应。若有反应,则边施行救援呼吸,边进行水中拖带。若对救援呼吸没反应,则心脏可能已经停跳,单纯的救援呼吸已起不到作用,需尽快上岸做 CPR。为了加快拖带速度,这时要停止救援呼吸。将被救者拖到安全的地方,离开水面,检查心跳,并做 CPR。

图 6-95 检查意识

图 6-96 翻转潜水员

图 6-97 大声呼救

图 6-98 建立正浮力

图 6-99 丢掉配重

图 6-100 脱下面镜

目标：当发现水面无反应潜水员时，通过给无反应的潜水员水面供气，维持无反应潜水员的呼吸功能，尽快将其拖至岸边进行进一步救援。

技术要点：在水中施行救援呼吸的方法大致和陆地上相同，但因为是在水面所以务必确保被救者的口鼻必须保持在水面上，优先建立正浮力，既可以保持被救者的呼吸道不进水，又可以节省救援者的体力；在进行两次救援呼吸后，保持每 5 s 给予一次人工呼吸的频率；施行水中救援呼吸的方式有口对口袋型面罩救援呼吸、口对口救援呼吸、口对口鼻救援呼吸三种。

图 6-101　脱下调节器　　　图 6-102　检查呼吸　　　图 6-103　水中救援呼吸

（1）口对口袋型面罩救援呼吸。

技术要点：控制好无反应潜水员后，检查他是否有呼吸，如果被救者没有呼吸，将口袋型面罩拿出，放至其脸上，拇指按住面罩下端，其他手指控制下颌骨，打开其呼吸道，先施以二次救援呼吸，边拖带边做 5 s 一次救援呼吸。在风浪较大的水面上，每次呼吸间，用拇指按压住面罩的开口，封住口袋型呼吸面罩，以保持被救者的呼吸道干燥。

注意：一旦开始救援呼吸，除非不得已，否则不要轻易中断。在中断呼吸之前和恢复救援呼吸时，先施以二次缓慢、深长的救援呼吸，中断时间尽量不超过 30 s，然后继续施以正常的 5 s 一次的救援呼吸。

（2）口对口救援呼吸。

技术要点：没有口袋型面罩，则可使用口对口救援呼吸。救援者面向被救者一侧，将靠近被救者腿部的手抓住他的 BCD、帽兜，另一只手放在被救者的额头上，捏住被救者的鼻子，将他的头抬起，打开他的呼吸道，可将被救者沿纵轴转动，并施以救援呼吸。和口对口袋型面罩一样，一开始先给 2 次救援呼吸，接着每 5 s 一次或 10 s 两次。

注意：训练时，救援人员要保持比被救者略高一点的位置。为了避免将手上的水带入被救者的口鼻中，每次捏鼻子之前应先甩一下。训练中建议用嘴巴靠近被救者下巴吹气的方式模拟口对口鼻救援呼吸。

（3）口对鼻救援呼吸。

当被救者口部受伤或出现无法通过口部进行救援的情况时应采用口对鼻救援呼吸，这是口对口救援呼吸的变通法。

技术要点：在施行口对鼻救援呼吸时，救援人员面向被救者一侧，将远离被救者腿部的手放在他的脖子下，用另一只手捂住被救者的嘴巴，就像口对口一样的动作，通过鼻子提供救援呼吸；水面救援呼吸属于首要考虑的问题，而装备脱除属于次要考虑的问题，因此应根据救援者的力气、水面状况和出水需要来决定要不要进行装备解除；如果要解除配重，一定要以保持救援呼吸为前提，尽量控制好节奏。

4. 水面有反应潜水员救援

水面有反应的潜水员可以分为疲惫潜水员和恐慌潜水员两种。疲惫潜水员尚且还有自救意识，可以通过语言提示、水面提供浮力等协助来救援。而恐慌潜水员虽然有意识，但是因为极度恐慌，失去了理智，如果没人施救，就会失去意识而溺毙。

（1）疲惫潜水员救援。

技术要点：救援者可从岸边或船上下水，从水面接近疲惫潜水员，要时刻注意疲惫潜水员的情况，评估其心智状态，关注是否出现恐慌的征兆。救援人员应该调整好游泳的速度，快速接近被救者并保证留有足够体力能完成救援并将其拖带到安全的地方，暂停在接近遇险人员，但被救者又碰不到的地方评估其状态，观察装备及通过安抚或指示引导疲惫潜水员自救；用安全的接触方式接触并扶持被救者，帮助建立正浮力，如果事先确定浮力足够，则可以帮助疲惫潜水员脱除配重和装备，安抚并拖带疲惫潜水员，让其口鼻保持在水面上，拖带时保持水平姿态以减少阻力（图6-104）。

（2）恐慌潜水员救援。和疲惫潜水的救援方法不同，恐慌潜水员不会配合救援人员，而且对救援人员可能造成伤害，危及救援人员的生命安全。

技术要点：与被救者交流，边接近边评估，如果潜水员有丢弃装备、拿掉面镜、吐出呼吸器或呼吸管、睁大眼睛却视若无睹，且对命令和问题没有反应则判定为恐慌潜水员。利用浮具水面接近和水底接近，救援者接近被救者后，通过双手托腋下抬运、膝盖支撑控制法等控制住恐慌潜水员将其BCD充气并进行安慰和运送（图6-105）。

图6-104 疲惫潜水员救援　　图6-105 恐慌潜水员救援

（二）院前急救训练

院前急救训练主要是指特别评估、接近和加以控制。

技术要点：院前急救即应急救援潜水员在专业医务人员到来之前，对发生心脏停搏或呼吸暂停的被救者所采取的紧急医疗急救措施。目前，急救和心肺复苏都是送医院前进行急救训练的国际标准操作规范。专业的潜水救援人员应该具备相应的急救知识。有关 CPR 和体外除颤已经在静水救援部分做了详细讲解，不再赘述，下面主要介绍潜水减压病的产生原因、避免方法和紧急供养方法。

1. 潜水减压疾病

潜水员可能罹患与压力有关的严重伤害，主要有减压病和肺部过度扩展伤害。这两种疾病共同称为减压疾病。由于肺部过度伤害与减压病的病症有所重叠，很难区分，所以处理这两种病症的紧急处理程序是一样的，没有必要特别去判断是哪一种造成的意外。

（1）潜水减压病。减压病俗称潜水夫病或沉箱病（decompression sickness，DCS），泛指人体因周遭环境压力急速降低时造成的疾病。这是潜水危害及气压病的一种。减压病是由于高压环境作业后减压不当，体内原已溶解的气体超过了过饱和界限，在血管内外及组织中形成气泡所致的全身性疾病。机体周围气压意外或被动急速地大幅度降低，在航天、航空和加压舱等情况下称为"爆炸性减压"，在潜水过程中称为"放漂"（blow up）。因此，主动的减压过程必须以保证惰性气体安全脱饱并尽快地回到较低气压为原则，其根本意义在于保证潜水、高气压作业人员的安全，并尽可能提高潜水、高气压作业的效率。

（2）肺部过度扩展伤害。肺部过度扩展伤害叫作呼吸减压病，也叫作潜函病，是由肺血管气泡梗阻引起的疾病，早期症状为在深呼吸或吸烟后，胸部不适和咳嗽，是因为潜水员憋气上升，或是上升时因某生理状况（例如潜水时感冒）阻塞肺部空气所致。无论哪种，膨胀的空气都会使肺部破裂，从肺部流出的气泡流窜到身体组织中，因而可能造成四种显著的伤害：空气栓塞、横膈气肿、皮下气肿和气胸。以上四种伤害可能单独或同时出现。横膈气肿发生在膨胀的空气进入肺部间的胸膜腔（横膈膜）。随着潜水员持续上升，空气也不断膨胀，因而压迫到心脏和肺部，其病症包括昏厥、休克、胸骨下方疼痛、嘴唇发紫、呼吸窘迫和其他呼吸上的问题。横膈膜气肿没有空气栓塞那样严重，但也不容忽视。皮下气肿是由于膨胀的空气积累在颈部和锁骨周围的皮肤下方所致，其病症包括颈部膨胀、声音改变、脖子肿、吞咽困难以及皮肤移动时有爆裂声。

2. 减压病的病因及症状

减压病的直接原因是溶解在身体组织和血液内的惰性气体由于减压而形成气泡。身体在吸收氮气气泡时，虽然没有过多地吸入氮气气泡，但是由于上升速度过快，造成气泡过大阻塞血管，会使患者浑身发痒，肩、肘关节疼痛，头痛，呼吸困难，瘫痪甚至死亡。减压所导致的气泡形成可能发生在身体的任何部位。即可能在血管外，也可能在血管（和淋巴管）内。一般多见于血管外气泡和血管内气泡两个部位。

一般而言，减压病的症状发作比空气栓塞要慢，超过半数的减压病实例中，病症通常在潜水后 30 min 才会显现。95% 以上病例的病症会在潜水后 3 h 内显现。减压病最常见的症状是疼痛，通常出现在上肢或下肢关节或邻近关节处，也叫作"屈肢症"，很难精确定位。有时这种疼痛很严重，被描述为痛得很"深"，或"像有东西钻进骨里"，而另外一些病例疼痛剧烈，部位明确。最初，疼痛轻微呈间歇性，逐渐加重变为剧痛，但疼痛部位常常没有触痛和炎症，也不影响运动。神经系统症状差异很大，从轻微麻木到脑功能异常。脊髓特别容易受伤，表面上很轻微的症状，四肢无力、刺痛，但可能是瘫痪的先兆，如不及时给氧和加压治疗，常常导致永久性损伤。内耳也可能受到损伤，引起严重的眩晕。少见的症状有瘙痒、皮疹和极度疲劳。皮肤呈现大理石样斑纹的情况也有发生，可能是病情严重需要加压治疗的先兆。腹痛可能由腹部气泡引起，但腰部周围的疼痛，腰带痛可能是脊髓损伤的先兆。仅仅因为一次不适当减压引起的损伤，可能在几个月或几年后才表现出来。

减压病的晚期影响包括骨组织坏死，特别是肩部和髋部，产生持续性疼痛和严重病变。在压缩空气环境下作业的人比水下作业的人更常见这种损伤，可能是由于长期处于高压所致。永久性的神经损伤，如局部瘫痪等，通常是由于脊髓损伤延误治疗或治疗不当引起的。有时损伤太严重，即使治疗妥当也无法挽救。在高压舱中反复给氧治疗，可能对恢复某些脊髓损伤有帮助。减压病引起的脊髓损伤比其他原因引起的脊髓损伤更容易治愈。

3. 减压病的影响因素

一般说来减压病主要是因为潜水员的疏忽所致，即没有正确使用潜水计划表或电脑表，或是没有遵守减压潜水的相关安全规定。但约翰·霍尔丹（John Haldane）通过对大量空气潜水进行实践研究发现，如果潜水速度不超过 12.5 m/min，总气压不超过 225 kPa，即使停留较长时间，潜水员快速上升到水面也不会发生减压病。如果在超过 12.5 m/min 停留一定时间后，潜水员迅速上升到水面则体内会形成致病气泡而引发减压病。在实践中，过饱和安全系数存在个体差异。有极少数人在 10 m 以内的水域潜水后患了减压病，但也有少数人以高于常用的过饱和安全系数进行潜水时，并没有出现减压病体征。即使是同一个个体，在不同的时期和身体状态下过饱和安全系数也可能不同。对气压环境习服者，过饱和安全系数可有所提高。

（1）环境因素。温度、水流速度、风浪和水底性质都会影响减压病的发生率。潜水员在低温水域、流速快、风浪大或软泥质水底等条件下潜水时，体力消耗增大，呼吸、循环加速等都可促进惰性气体饱和及增加减压病发生的可能性。

（2）机体本身的因素。通过实验发现，机体本身的健康状况，如中枢神经系统机能、呼吸、循环功能、肥胖、适应性训练、精神状态、技术水平、年龄等因素都会影响脱饱和，从而影响减压病发生率。因惰性气体在多脂肪组织中溶解比多水分组织中要大得多，肥胖者较容易发生减压病。吸烟、吸毒、过度疲劳、潜水前喝酒等行为都不利于身体的脱饱和状态。精神过分紧张、恐惧或者情绪不稳定时，全身将受影响而发生代谢和调节功能失常，不利于惰性气体脱饱和。技术不熟练者，在水下不善于利用浮力以减轻体力负荷，因此，在相同条件下，技术生疏者比熟练者体力消耗更大，更容易疲劳，这些都增加了惰性气体饱和或不利于脱饱和。

（3）操作与措施方面的因素。劳动强度过大、潜水作业时间过久、体内 CO_2 过多等因素都会影响减压病的发生率。

总之，在实际潜水时，气泡形成的基本条件和过程将或多或少地受到外界环境、机体本身和操作等许多可变因素的影响，从而影响减压病的发生快慢和病情轻重。

4. 减压病的预防措施

减压病的预防主要是从潜水员自身入手，潜水员可以通过限制身体吸收气体的总量来防止形成这种危险气泡。可通过将下潜深度和持续时间限定在上升时不需要作分段减压的范围内，或者按权威标准规定（如《美国海军潜水手册》的减压标准）进行分段减压来限制吸收气体的总量。根据上述两种方法可以最大限度地减少减压病的发生。然而，潜水者估计下潜深度、持续时间以及水下减压时间都不一定准确。很多潜水者错误认为海军潜水表所采用的数据安全余地很大，可不严格执行。新的规定对上升速度、不分段减压下潜的限制、下潜表以及潜水者携带的减压计算器都要求有一定的安全系数。但大多数减压表和计算器的数据都未充分测试过妇女或老年潜水者，因此，这些人群在使用时应特别注意。此外，很多潜水者在从水下上升时，除遵守潜水表或计算器数据要求外，一般都要求进行 5 m 3 min 安全停留。

反复潜水可能引起减压病。由于每次潜水后都有残余气体留在体内，因此，随着潜水次数增加，残余气体的总量也增加。如果两次潜水间隔时间小于 12 h，潜水者应遵守有关规定，如根据《美国海军潜水手册》中反复潜水表计算残余气体量。

在高海拔地区潜水或潜水后飞行，需要采取特别的预防措施。例如，潜水几天后，在飞行或去高海拔地区前，建议在地面休息 24 h。

5. 减压病的治疗措施

（1）减压程序。减压程序包括水面减压法和吸氧减压法。

1）水面减压法。潜水员自水底或水下某一停留站停留完毕后迅速出水，在潜水平台上尽快卸装后进入加压舱。虽然间隔时间内组织的氮张力与总外界气压的比值超过了安全系数，但实践表明，在这阶段内不一定发生减压病。一方面，组织和体液由于其蛋白质的黏滞性，从较高气压减至较低气压时，生成气泡的速度比同样情况下的水慢得多，因此即使明显超过了过饱和安全系数，也不会立刻出现减压病病症；另一方面，即使在进入加压舱前，体内某些组织内已经形成了少量的气泡，但在进舱加压后，这些气泡的体积迅速缩小，重新溶解入组织，气泡很快消失。

2）吸氧减压法。在安全用氧的范围内吸用纯氧以完成减压过程的减压方法称为吸氧减压法。其实质上也属于阶段减压法，但具有缩短减压时间和更好地保证安全的优越性。吸氧减压法目前在潜水高气压作业中已被广泛应用。吸氧减压有两种方式：方法一是阶段减压，即潜水员在减压到一定深度时，如 18 m 或更浅，开始阶段式地吸氧，直至出水；方法二是等压减压，即采用在规定的较浅停留站，如 12 m 或更浅，较长时间地停留吸氧。

吸氧减压法可以和水下阶段减压法结合进行（水下吸氧减压法），也可以和水面减压法结合进行（水面吸氧减压法）。采用水下吸氧减压法时，通常可由潜水员自行携带减压气瓶、提前部署减压气瓶在指定位置，或依靠特殊的内装有 CO_2 吸收剂的头盔进行减压。采用水面吸氧减压法时，一般靠加压舱内装配专门的供氧装置进行，还需有排氧措施或装置，以处理呼出气中过多的氧气。

（2）急救减压程序。急救减压程序是潜水员出现意外，无法进行减压，则救援人员应该遵循减压疾病的急救程序进行。

由于肺部过度伤害与减压病的病症有所重叠，很难区分，所以处理这两种病症的紧急处理程序是一样的，没有必要特别区分。急救程序主要有以下几个步骤：一是进行

图 6-106　100% 纯氧

初步评估。如果伤病者没有反应，按照现场急救的方式维持他的生命体征。二是紧急供氧。伤病者呼吸纯氧，最好以呼吸调节式的急救氧气装置，提供100%纯氧（图6-106）。必要时，随时准备换成口袋型面罩，对伤病者施以救援呼吸和CPR。三是不要让伤病者过热或过凉，同时安排伤病者紧急撤离就医，通常包括将患者送入高压舱做再压治疗。四是尽量让伤病者保持舒适，但一定要躺着，因为如果伤病者这时坐起来，可能会使病情严重恶化。五是持续让伤病者呼吸氧气，直到医疗人员接手为止，如果身边没有足够的氧气，就提供伤病者浓度较高的氧气，时间越久越好，这样对患者比较有帮助。

绝对不要为了再压而将疑似罹患减压病的潜水员送回水底。因再压治疗需要耗费数小时的时间，即使有足够的氧气，也不能使该潜水员在水底保持足够的温暖，或提供必需的药品或液体。试图将潜水员送回水底再压，只会使病情恶化且延误就医时间。除非有水底的再压舱，那也需要专门的设备和训练，并且仅适用于有特定症状的伤病者。

（三）其他伤害处理

潜水时，除了减压病外，还经常会遇到中暑、低温症、休克、水中生物伤害等情况。潜水员必须学会这些常见伤害的处理方法

1. 中暑

中暑是指在高温环境或烈日下暴晒引起体温调节功能紊乱的一种临床症状群，中暑者主要表现为高热、皮肤干燥、多汗或无汗及中枢神经系统障碍等特征。

症状：先兆中暑的特征是在高温环境中工作一定时间后感到全身乏力、四肢无力、头昏、胸闷、心悸、注意力不集中、口渴、大汗等情况。先兆中暑时须离开高温环境，略作休息，短时间内即可恢复正常。轻度中暑的特征是除出现先兆中暑症状外，伴有面色潮红、皮肤灼热、大汗、恶心、呕吐、血压下降、脉搏增快、体温在37.5 ℃以上等情况。轻度中暑一般离开高温环境休息3～4 h即可恢复正常。重度中暑的特征是除出现轻度中暑症状外，还伴有昏厥、痉挛、高热等症状。

紧急治疗：对轻度中暑者，可将其移至阴凉通风处，脱掉潜水衣平卧让其休息，并用湿毛巾置于额部，提供含盐清凉饮料以及人丹、十滴水、藿香正气丸等降温解暑药品。对出现肌肉痉挛的中暑者，除采取轻度中暑者的急救措施外，还应用中等力量对其全身进行按摩。对出现体温升高、神志不清、抽搐等现象的重度中暑者，除提供上述措施外，应采取相应的急救和降温措施。对昏迷的中暑者，应立即送往医院，途中应严密观察呼吸、脉搏等情况，并对其做好降温措施。

2. 低温症

症状：无法控制的颤抖，脉搏虚弱，嘴唇、手指、脚趾发蓝发紫，意识模糊，失去意识。

紧急治疗：将病人转移到温暖的地方，在头颈、手臂和腹股沟处供暖，不要再加热，联系紧急医疗服务。

3. 休克

症状：呼吸虚弱，皮肤苍白湿冷，恶心，焦躁，极度口渴，脉搏快速。

紧急治疗：让患者平躺，保持患者周边温度，除了喝水不要让患者吃东西，联系紧急医疗服务。

4. 水中生物伤害

虽然只有极少数的水中生物会主动攻击或会本能性地采取防御行为，但如果潜水员不小心摸到、踩到或碰到它们，有可能会使潜水员受伤。据统计，海洋有毒生物已知的有1000余种，广泛分布于世界各海域。有数据表明，有记载以来，已经有超过5500人因为箱水母死亡。而作为世界上第二毒的脊椎动物，一条普通河豚体内的毒素足以杀死20个成年人，河豚体内的毒素轻则让人窒息而死，重则足以让人丧命，而目前没有对抗这种毒素的解药。

（1）水中生物伤害的常见类型。水中生物伤害主要可分为：咬伤、擦伤、割伤、刺伤，以及蜇伤（毒伤）。

咬伤的急救方法和处理与其他差不多大小的伤口一样。例如潜水员被鲨鱼咬伤（虽然鲨鱼咬人的情况很罕见，但也确实发生过），最需要担心的就是巨大的伤口会导致大量失血，这时的急救重点在于止血、休克处理以及基本生命维持。

擦伤、割伤、刺伤通常是因为跌落在布满藤壶的表面、赤裸的皮肤擦到珊瑚、踩到海胆等所致。这类伤口的急救方式和其他事物所造成的伤口一样。但要特别注意海胆刺伤，因为刺到肉的海胆刺很难全部清理掉，而且容易感染，需要到医院去检查治疗。

有毒的蜇伤可能是因为触碰到水母、刺鳐、芋螺、火珊瑚、狮子鱼、石头鱼、海蛇、河豚等各式各样的水中生物所致。虽然这类伤害不常发生，但当潜水员到不熟悉的海域潜水时，一定要先确认当地有哪些水中生物会造成毒伤。

（2）水中生物伤害的处理方式。处理毒伤的首要任务就是进行初步评估。用镊子或其他工具挑去毒刺（狮子鱼、海胆、魟）伤口。不要用手去碰触伤口。将患部浸泡在热水中30～90 min。如果受伤部位在四肢，将受伤部位维持在心脏以下。在处理休克的伤患者时，要维持监视伤患者的生命体征，并尽快将伤患者送医急救。

如果是水母、僧帽水母等生物的触角常会刺进伤口中，不要空手去触碰，因为触角即使离开动物体本身，还是会蜇人。可用工具挑除，或用海水和5%醋酸溶液清洗伤口。白醋中含有醋酸，可中和水母带刺的细胞。另外，还可以使用喷雾剂、软膏和冰等进行消肿与冰敷处理。

如果是海蛇、鸡心螺属、蓝环圈章鱼、海黄蜂（箱形水面）等有毒生物叮咬，在等待急救人员到达之前，要进行抗毒处理，可采用压力固定的做法来控制毒性的扩散和吸收。针对水中生物伤害有可能导致的昏迷和呼吸暂停症状，都需要进行CPR的紧急急救。

二、特殊环境潜水技术

应急救援潜水员的日常训练难度最好超过所需要完成任务的所需水平。也就是说，如果潜水员要在水深只有20 m的地方进行救援和搜索工作，则潜水员必须至少接受30 m的训练。如果潜水员要进入沉船进行工作，则必须进行进阶沉船渗透认证。因为，当应急救援潜水员在执行工作的情况下，通常在压力的影响下，潜水员会忘记潜水时间而进入减压时间，或者超过预计潜水深度，因此潜水员不仅要熟悉减压潜水程序和电脑表的使用，更要对自己的能力和局限性有所了解，并且遵守底线意识不要超越。应急救援潜水员要完成的救援和打捞任务并非单独潜水技术可以完成的，而是需要众多特殊潜水技术的综合应用。成为应急救援潜水员的入门条件是至少拥有较大深度潜水、潜水导航、潜水搜索与打捞、干式潜水衣和全面罩使用五项特殊技术。如果能有更多适应特殊环境所需要的技术，如高海拔潜水、夜间潜水、冰潜等技术将更加有助于任务的完成。

（一）较大深度潜水技术

这里所指的较大深度潜水是一个相对概念，是有一定范围的，一般是指深度为 18～30 m 的潜水活动。由于 30 m 以内的潜水活动能够使潜水员在免减压极限内停留较长的时间，所受到气体迷醉影响也最小，同时 30 m 以内的潜水活动罹患减压病的风险最小。因此，30 m 以内的潜水是较为安全的潜水活动。

众所周知，潜水的深度越深，潜在的危险越大，若潜水员的训练不足或超越自己训练极限，则很有可能将自身置于巨大的危险当中。学习深潜技术主要是要掌握深潜的极限，深潜的特殊装备并遵守极限范围进行潜水，掌握深潜潜水时所需要的技能。

和浅水潜水不同，同样气体供应时，深潜时间较短，免减压极限时间短，耗气速度快，所以几乎没有太多时间可以进行水下活动，因此，应急救援潜水员必须了解深潜的目的后再决定下水。深潜时，对于装备也有特殊的考量。例如用螺丝锁入的 DIN 口一级头、采用平衡式一级头和平衡可调节式二级头、至少用 12 L 的气瓶携带更多的气体、较深水域光线吸收后需要携带潜水手电补充光线等。另外，深潜技术也有很多要求，如上升和下潜空气供应及呼吸技巧、安全停留等。

1. 上升和下潜

目标：有控制地进行下潜和上升，避免水压造成耳朵、鼻腔、面镜、干式潜水衣等空腔的挤压和上升时无法控制速度而导致的减压病和肺部扩张伤害。

技术要点：下潜时，用头上脚下的方式不仅可以保持方位和方向感，避免迷失方向和晕眩，还有助于耳压平衡和控制浮力。如果下潜时，有参考绳或其他参考物，则将更容易控制下潜速度，避免下降速度过快而导致的空腔压力激增。上升时，较为稳妥的方式是沿着下潜绳或水底斜坡等参考物上升，用手、脚或者肘部握住或缠住绳索，控制浮力防止上升速度过快。

注意：上升速度可以参考潜水电脑表，或观察自己吐出的最小气泡，并保持上升速度低于最小气泡的上升速度，尽量保持缓慢地上升。

2. 空气供应及呼吸技巧

潜水团队和潜水员在进行深潜前，要评估自己和团队成员的耗气量，了解空气总供应量。潜水中要随时检查空气余量、预留相应的安全潜水备用气源、采用正确的呼吸技巧、制订合理的潜水计划。一方面，随着水深、装备、经验、空气供应量等条件的变化，潜水时间呈现很大差别；另一方面，个人体质、身体状况、活动激烈程度、呼吸习惯等因素也会影响潜水员的耗气速度。因此，潜水员在进行潜水计划之前，要根据以上条件和自身状况对水面耗气速率进行评估，计算出相应潜水深度的耗气量，于此同时，潜水员也应该了解同伴的耗气量。

（1）空气总供应、当前余气、潜水员用气量和预留备用空气。空气的总供应量是根据气瓶大小和压力来核算的。根据所使用气瓶的尺寸和压力，核算出气瓶内气体总量。例如，12 L 的单气瓶，充气压力为 200 bar，则气体总供应量为 12 L × 200 bar=2400 L。

当前余气量是根据压力表的读数，指示气瓶内现存的空气量。例如，12 L 的单气瓶，压力表读数为 50 bar，则当前气瓶内空气余量为 12 L × 50 bar=600 L。

潜水员潜水过程中使用的空气量，也称为潜水员用气量，是由空气供应量减去当前余压，公式为 12 L × （200 − 50） bar=1800 L。

潜水员水面每分钟用气量，指的是潜水员在陆地上每分钟呼吸掉的空气量，根据个人耗气量和呼吸技巧的不同这个数值会有较大差异，一般来说 30 L/min 是一个通用最大的估计值。除水面测试外，通过水下测试可以得出潜水员活动时更加准确的个人数据。例如，潜水员在 20 m 的地方，即 3 个大气压的环境下，正常速度游动 10 min 后，所消耗的气量除以 3 即是水面每分钟的用气量。通过多次不同深度的测试后，这个数值将会更加准确。如果在能见度为零的潜水环境中进行工作时，水面团队可以根据潜水员的预估耗气量进行潜水时间的控制。

预留备用气源是指潜水员回到船上或岸边后剩余的空气量，是潜水员正常活动结束后不动用的气源。虽然大部分的压力表都从 50 bar 开始显示为红色预留区域，但潜水员应该预留更多空气来完成潜水上升、安全停留和出水等程序。而且，潜水环境越复杂，就应预备越多的备用气源。例如，在有水流、较大深度、低能见度的水域进行救援性质的潜水活动时，要预留出更多的备用气源，以备意外发生。

注意：不能将备用空气列入潜水计划，否则就不能算真正的备用气源。

（2）呼吸技巧。潜水的呼吸技巧主要包括三个方面的内容：呼吸效率、呼吸频率和气道控制。呼吸效率是指在水中使用气瓶中的气体时，为了减少嘴巴、喉咙和气管等未参与气体交换的呼吸死腔，潜水员尽量采用缓慢而深长的呼吸，以达到最大的呼吸效率。呼吸频率是指单位时间内水中呼吸的次数。一般情况下，快频率的呼吸节奏会耗费更多的气体，并且调节器会限制气瓶的空气输送量。因此，潜水员应该避免逆流潜水、长距离潜游或拖带过重物品等可能造成过度疲劳的状况。气道控制是使用呼吸管和调节器均要掌握的一项技术。调节器和呼吸管内有积水是很常见的，正确的气道控制能有效地避免水意外吸进气管。确保潜水员在调节器或呼吸管离开嘴巴以后，再次使用前应排出呼吸管和调节器内的积水后，再以舌头顶在上腭像挡水板，谨慎缓慢地吸气。

3. 安全停留

安全停留是指为了避免减压病，潜水员在免减压潜水结束时，在上升到距离水面 3 ～ 6 m 处，做 3 min 以上的停留。上升时，潜水员 BCD 中的气体会膨胀，上升至约 5 m 时控制速度需要有很好的浮力调节能力，此外潜水员还可以握住绳索或是沿斜坡上升。虽然所有潜水员都应该将安全停留当作正常程序，但若遇到空气供应量过低、救援其他潜水员或水中环境不适合进行停留等特殊状况时，可不做安全停留，直接升水。

虽然安全停留只是为了确保安全的保守做法，但是如有以下情况，则必须执行安全停留。一是潜水深度超过 30 m；二是重复潜水后的压力等级紧邻潜水计划表上免减压极限的三个等级之内；三是到达休闲潜水计划表或电脑表的极限；四是超出免减压极限或重复潜水后免减压极限在 5 min 以内，需要到 5 m 处停留 8 min，升水后 6 h 内不要潜水；五是超出免减压极限或重复潜水后免减压极限在 5 min 以上，若空气供应量足够，则应在 5 m 的地方停留 15 min 以上，升水后，24 h 内不要潜水。

做紧急减压停留时，潜水员应尽量待在接近 5 m 的位置，在气量足够上升至水面的情况下，尽量多地减压停留。升水后 24 h 内不要再潜水。有条件应呼吸纯氧，并观察是否出现减压病的症状。

（二）潜水导航技术

潜水导航主要包括水底自然参考物导航和水下指北针导航。导航技术的使用必须建立在水下距离估算技术的基础上。因此，在介绍导航技术前先介绍距离评估的几种方式。

1. 距离评估

距离的估算常用的方法主要有蛙鞋踢动周期评估、游进使用时间评估、气瓶压力变化评估、手臂丈量评估、测量绳或卷尺评估五种方式。

（1）蛙鞋踢动周期评估。蛙鞋踢动周期评估是通过潜水员双腿完成一次蛙鞋摆动所游进的距离评估。

技术要点：选定一条腿作为周期计算腿，当上下摆动一次后回到原来的位置为一次踢动周期。同一潜水员，踢动周期所游进的距离通常较为一致，因此，潜水员可事先测算水面或水下踢动一个周期的距离，以此作为最小测算单位。

注意：蛙鞋踢动周期评估的优点是在测量中长距离时特别有效，且可随时停下休息；缺点是装备的改变，如蛙鞋的尺寸和硬度变化、较大气瓶的阻力、配重或像机等附属装备过度都会影响每个踢动周期的距离。因此，如果更换装备，必须重新测量踢动周期。

（2）游进使用时间评估。游进使用时间评估是通过计算潜水员游进时间来进行的距离评估。

技术要点：测算潜游一段特定距离所花费的时间来预估行进的距离。

注意：游进使用时间评估的优点是潜水员测量时，可以采用较为轻松的游进频率进行潜游；缺点是如果潜水员中途停下，所测结果的准确性将会受到影响，导致测量结果出现偏差。

（3）气瓶压力变化评估。气瓶压力变化评估是利用气瓶压力变化来测量距离的方式。

技术要点：当潜水深度和活动强度较为一致时，潜水员的呼吸频率是较为均匀的。据此可以根据所消耗的空气量来计算潜游的距离。

注意：气瓶压力变化评估的优点是潜水员一直关注空气供应量，有效地避免了空气用尽的情况；缺点是如果深度和活动强度一旦变化明显，就会明显地改变呼吸速率，导致测量结果出现偏差。

（4）手臂丈量评估。手臂丈量评估是潜水员用手臂对短距离进行测量的方法，较为准确。

技术要点：测量前，潜水员要先根据自身手臂长度进行测算，水下测量时，潜水员从起点开始，两手相继伸出轮流作为轴心，直至整个测量距离完成为止，计算水下距离。

注意：手臂丈量评估的优点是潜水员可以比较精确地测算整个测量距离的长度；缺点是测量距离不能太长，否则容易发生潜水员计算错误或气体用尽的情况。

（5）测量绳或卷尺（图6-107）评估。测量绳或卷尺评估是水底测量距离最准确的方法。测量绳在测量沉船潜水、水底考古和搜索寻回潜水时，作为精确测量使用。

注意：测量绳或卷尺评估的优点是在相对平坦的地形上，能够较为准确地测量；缺点是不适宜用于测量长距离或有障碍的地形。

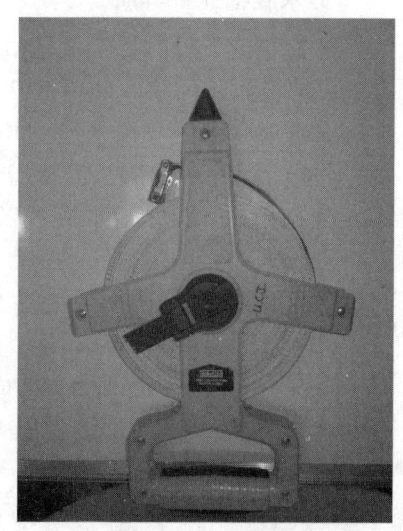

图6-107 测量卷尺

2. 水底自然参考物导航技术

任何水域都有特定的自然导航参考的特征，如果水域能见度尚佳，则通过观察水域的特有环境特征，可以进行自然参考物导航。例如沙地的分布形态、暗礁的坡度、水流方向等都可以帮助潜水员进行自然导航。

（1）水面观察测绘。一方面，通过水面观察可掌握众多的参考信息。例如观察水面漂浮物来判断波浪和水流的方向；参考当地潮汐表了解涨潮和退潮时间，避免对抗潮汐的情况；通过影子判断太阳角度，辨别潜水的方向；观察暗礁、码头、海草区、浮漂等的位置，作为参考。另一方面，通过简单的仪器了解水域现场信息。例如使用测风仪了解风力风向和水面波浪情况；使用水下探测仪了解水底的高低起伏、沉船或暗礁（图 6-108）。

（2）水下自然导航。下水前，潜水员应该进行水面标志物定位；下潜时，潜水员应选择头上脚下（足先式）的方向直立下潜，可预防晕眩和迷失方向（图 6-109）；潜入水底后，潜水员可以利用视觉、触觉和听觉的自然参考物辨别方向。其中较为常见的方法是通过太阳影子、水流、涌浪、底质结构、生物等来判断方位。

图 6-108 水面方位标定

图 6-109 水下导航

3. 水底指北针导航

水底指北针导航技术包括指北针的基本使用方法和指北针导航形态。

（1）指北针的基本使用方法。无论是手腕式指北针还是组合仪表中的指北针，都应将基准线对准潜水员的身体中线，并使之成为一条直线。潜水员可以经由上方看指北针或者从水平方向指北针小窗口看，维持指北针水平可以避免指针卡住导致的偏航。

使用指北针时，潜水员可以调整定位外圈和指标，维持准线和指针的相对角度，并一直保持沿着准线直线前进。设定航向时，将准线对准所要前进的方向，转动定位外圈，直到指北针进入旋转外圈上的指标内，使指标和指北磁针重叠。

（2）方形和矩形导航。

目的：方形和矩形所涵盖的面积比直线方式广。在水中无论有没有指北针，都能够轻松转身 90°，所以方形和矩形适合用于自然或指北针导航的方式。

技术要点：潜水员从开始导航的起始点游出特定的一段距离，在原地向左或右转 90° 后，再游出特定的一段距离。依次方法进行 4 次特定距离的游进和 3 次 90° 的转动，并回到原地。

注意：刚开始训练时，可以先做岸上的模拟导航练习，逐步过渡到水面的模拟导航练习，最后再进行水下的导航训练。

（3）三角形导航。

目的：当地形无法进行方形或矩形导航，且三角形所涵盖的区域又比直线往返导航涉及的区域宽时采用。

技术要点：潜水员从开始导航的起始点游出特定的一段距离，在原地向左或右转120°后，再游出特定的一段距离。依此方法进行3次特定距离的游进和2次120°的转动。

注意：指北针所测量的是每个转弯的外角，因此，进行三边形的导航形态，就要做2次120°的转弯。

（4）圆形导航。无论是利用自然导航还是指北针导航，几乎都不可能精确地游成一个正圆形。因此，主要是在拉一条绳索作为水底搜索时，才会使用到圆形导航。以一名潜水员拉住绳子的一端为轴心，另外一名潜水员则以他为轴心，进行圆形搜索。

（三）潜水搜索与打捞技术

潜水救援的目的是搜救水下失踪人员，对救援人员的装备配备和技能水平要求极高，同时还要掌握有效的搜救方法。搜索与打捞要遵循一定的程序，主要包括制订搜索打捞潜水计划、掌握常用的搜索方法和实物打捞技术。制订搜索打捞潜水计划主要是针对人员及车辆救援与打捞程序进行技术培训，主要包括在计划搜索打捞时，要遵循的一般步骤：确定搜索目标、收集和分析资料、选择合适的装备和团队成员、进行搜索定位、搜索物提升出水、相关记录与移交等工作。

常用的搜索方法是根据落水者最终消失在水面的位置和水流流速、方向，估算出人员有可能失踪的大致范围，建立一个搜索区，搜索区的建立既要将被搜救对象不在此区域的可能性降至最低，又要尽量缩小搜索范围。同时，搜索计划可以利用天然的界限，如桥墩、堤坝和海岸线等天然屏障，将搜索区域划分为众多区域。搜索的关键技术就是搜索的方法，也可以叫作搜索形态，要根据搜索区域的大小、能见度等，选择适合该环境的搜索方法。另外，潜水搜索员和水面绳控人员应十分明确其职责与操作方法。实物打捞也需要执行相关的打捞程序，以确保安全，包括评估打捞物、执行起吊程序等。

1. 搜索形态及技术

在入水搜索前主要有以下几个工作重点。首先，要确定搜索对象、数量和范围。如果搜索目标是溺水者，则可根据溺水者最终消失在水面的位置和水流流速、方向，估算出人员有可能失踪的大致范围，建立一个搜索区，搜索区的建立既要将被搜救对象不在此区域的可能性降至最低，又要尽量缩小搜索范围。其次，选择合适的搜索方法后再开展搜索。搜索的关键技术就是搜索的方法，也可以叫作搜索形态。搜索方式根据是否需要绳索可分为无绳搜索法和有绳搜索法。无绳搜索法常用于水质状况较好的大面积区域内，潜水员可以通过导航完成水下全覆盖的搜索；有绳搜索法常用于水质状况较差，适用于潜水员无法通过导航控制搜索方向的水域，潜水员需要通过水面或水下的绳索引导和控制完成相关搜索任务。最后，不论采用何种搜索方式，都要确保水面有足够的紧急救援潜水员和保障人员。

无绳搜索法主要包括U形搜索、方形扩大搜索、自由搜索模式。每种模式都有其自身的优势和局限性。在实际搜索中，潜水员和绳控人员必须熟悉这些模式，并且可以熟练地建立所需的参考线、标记和浮标。

（1）U形搜索（图6-110）。U形搜索适用于水流平静且水底平坦、无障碍物的区域。U形搜索的方法是先从搜索的一角开始，呈一连串密集U形搜索。根据水下能见度来控制U形搜索的密集度，即图形转角的宽度。这种搜索较适合在大范围的水域使用。理想的状态是，如果同时有好几组搜索人员，每组可以从失踪潜水员最后被发现的位置，朝不同方向进行U形搜索。

技术要点：先从搜索的一个角落开始，直线搜索至原先计划的一定距离，右转90°，游一小段距离，根据能见度来建立短边的距离，U形之间有一定的重叠；然后再右转90°，游回搜索区的另一边。重复以上程序，两次右转、二次左转交替进行，最后形成一连串紧密重叠的U形。

注意：使用指北针来维持直线游动，若有水流，则尽量使U形长边走向和水流平行，防止水流阻挠前进的航向。

（2）方形扩大搜索（图6-111）。方形扩大搜索适用于水流平静但水底地形较崎岖地带，且确定失踪者还在附近的情况下使用。当搜索区域不大或只有一组搜索人员时，方形扩大搜索方式较为高效。

方形扩大搜索的方法是从溺水者最终消失的失踪位置开始，根据水下能见度，采用"松紧度"较为合适的螺旋状进行搜索。

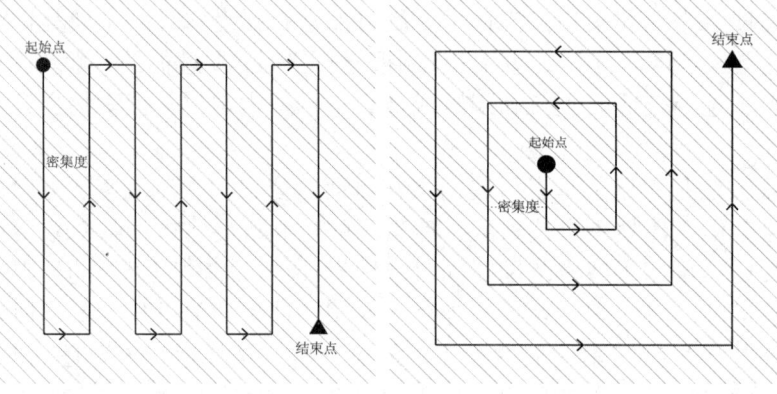

图6-110　U形搜索　　　　图6-111　方形扩大搜索

技术要点：从搜索区的中心点开始，一般是失踪人员或车辆落水前最后被看到的位置，游一小段距离，右转90°，两次重复后，再游比刚才长一点的距离，右转90°，两次重复后，再游比刚才长一点的距离。重复以上程序，以直边螺旋的形状游动，最终形成一个扩大的方形。

注意：要根据水底能见度来设定此螺旋状的"松紧度"。潜水员游进每个方形时，要有一定的重叠部分，以防止搜索出现漏网。

（3）自由搜索模式。自由搜索模式比较随意，不受固定搜索形态的限制，主要应用在水域能见度较好的、水下参照物较多的水域。

注意：此法虽然可以采用最少的潜水员完成相关区域的搜索工作，但是由于没有绳子进行控制和连接，因此潜水员需要配置水下通信系统来保障通信畅通，同时也可以采用水面漂浮装置随时对水下潜水员的位置进行定位，确保紧急情况下的快速救援。

有绳搜索法主要包括圆形搜索、扇形搜索、水面引导搜索、导轨模式搜索、线型搜索、平行搜索模式等。相对于无绳索搜索法来说，有绳搜索法搜索更为准确，尤其是当水流较大或搜索物体体积很小时更为有效。使用绳索可以使潜水员及时通过绳索传递信号，进行有效的沟通。

（4）圆形搜索（图 6-112）。圆形搜索模式是最简单的搜索模式之一，适用于平坦、无障碍、能见度较差的小范围水底搜索。搜索时可以由一名潜水员执行搜索，也可以由两名人员配合执行。利用锚点建立一个轴心点或者一名潜水员作为圆形搜索的轴心，控制绳子的一端，执行搜索的潜水员控制绳子的另一端，拉着绳子围绕轴心游动，完成一圈搜索后放一段绳子继续搜索。

技术要点：由一名潜伴待在搜索区域的中心点（可以是船上或者水中），手拉绳子的一端，作为轴心，搜索人员拿着绳子的卷轴和另一端。搜索人员拉着绳子，围着轴心游动，并保持一个均匀的圆形。通过观察导航或者绳控人员提示，完成一个圆形搜索后，搜索者收起一小段绳子（根据物品大小和能见度决定收绳长度，留一些重叠部分，以确定每个地方都找过），然后再绕圈。重复这个程序，直至找到失物或是到达潜水安全极限为止。

注意：搜索时，可以将轴心绑在船锚、柱子或其他无法任意拉动的固体上来进行搜索。在某些情况下，也可由轴心潜水员来控制卷轴。当绳控人员在水面上时，可在潜水员上方设置浮标，以提供水面视觉上的位置参考，但这种类型的搜索存在着水下缠绕的潜在危险。

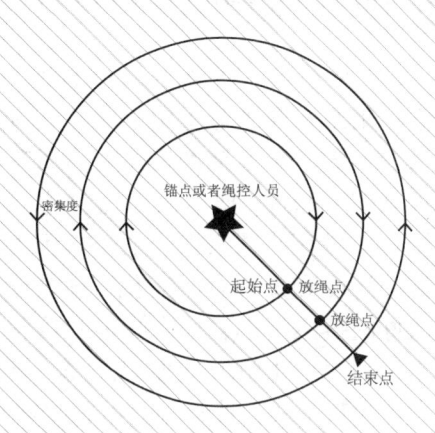

图 6-112 圆形搜索

（5）扇形搜索（图 6-113）。扇形搜索模式是最常用的行业标准搜索模式，具有模式简单、部署快速和通用性高等优势，特别适合与搜索失踪人员等中等大小的目标物，通常被部署在有海岸线、海堤或陆地屏障的环境中。陆地的形态和结构作为停止、启动或转动潜水员的参考。通常以岸边为起点，利用屏障或绳控人员进行控制，呈扇形不断扩大搜索范围。

注意：扇形搜索时，岸上人员需要利用指北针进行区域定位，记录下潜搜索区域及盲区，控制水下人员的搜索范围。为避免产生盲区，搜索人员在进行搜索方向改变时，要先后退拉直绳索，将该区域搜索完毕后再进行新区域的搜索。

（6）水面引导搜索（图 6-114）。如果搜索水域是快速移动的水流，则可以使用水面引导搜索，但水流速不能超过一节。这种方式较为适合两边有岸的河流环境。

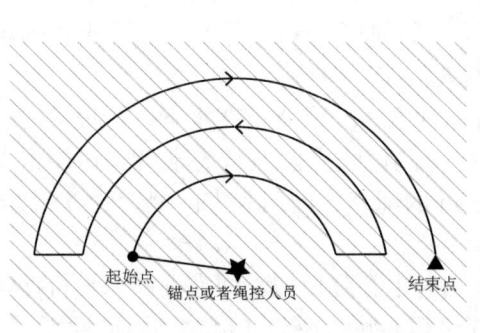

图 6-113 扇形搜索

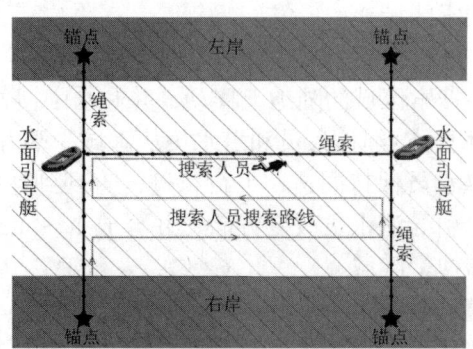

图 6-114 水面引导搜索

技术要点：在水体中分别在上游和下游建立表面线，表面线的末端设置为河流下游，在下游的一个角度建立水面线有助于潜水员的工作。绳控人员必须在潜水员身上建立快卸绳索，并在下游处保持它，这样做可以避免引导绳下垂。绳控人员可以轻轻地把潜水员拉到下游的位置。

注意：必须使用能够支撑水中阻力的滑轮系统来保证潜水员的主要引导线，使其能够承受当前的重力和物体所施加的额外的重量与力的作用。

（7）导轨模式搜索（图6-115）。导轨模式搜索适用于水底十分平坦且水流缓和的大范围区域。事实上导索辅助搜索有多种形态，但以下仅介绍jackstay搜索法，这是应急救援团队使用频率最高的搜索模式之一。因为即使搜索区域的深度和位置有所变化，该搜索法也能保持较好的搜索形态，适合于能见度极低水域的搜索，利用潜水员肢体搜索。先将搜索区的一边设定为基本线，搜索将会沿着此基本线进行。此方法特别适合于搜索体积较小的目标物。

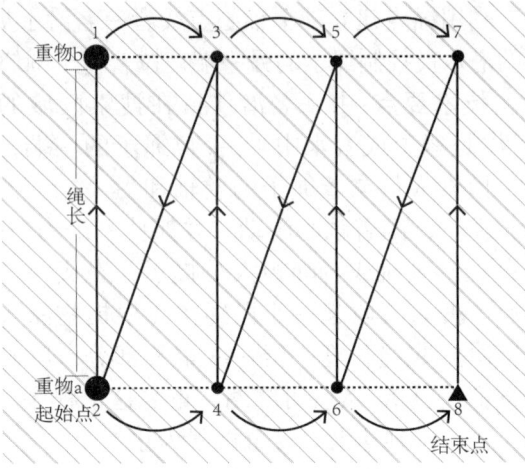

图6-115　导轨模式搜索

技术要点：利用两块重物分别系在引导绳的两端，作为标定点，需要水面标记搜索区域时，可以将引导线的两端绑定浮标；搜索时，可由两名潜水员采用"握手式"同时操作，即一人握住引导绳，另外一人握住同伴的大拇指，通过按压手指的方式传递水中信号；两名潜水员各负责水底标识绳的左右两边，从起始点出发，每次到达系重物的标识绳一端时，就把重物向即将要搜索的区域移动一小段距离，并沿着引导绳再次搜索回到另一端；重物每次移动的距离以一臂手长为准。重复这个过程，直至找到失物或是到达潜水安全极限为止。

注意：引导线应牢牢固定在底部，避免引导线松弛造成的缠绕，还有助于保持搜索区域的正确轮廓。

（8）线形搜索（图6-116）。线形搜索是通过建立搜索线来搜索附近的区域。

技术要点：初始的起始点始终没有改变，并且作为一个静态的锚点；当潜水员沿着绳索一端搜索到达终点时，将搜索线移动1～1.5cm，形成一个饼状楔形物，潜水员沿绳索另外一端搜索回到起点。以此方法，潜水员每次搜索都会沿着部署绳的两侧分别进行一次搜索，最终覆盖搜索区域。

（9）平行搜索模式（图6-117）。平行搜索模式特别适合码头等不便靠近水边的场地。绳控人员在搜索区域的陆地上移动，并和水中搜索人员速度保持一致。

技术要点：绳控人员和潜水员从水域一端开始搜索，当潜水员在水下进行搜索时，绳控人员会与潜水员保持同速、平行行进，直到到达指定的停止点。一旦潜水员到达停止点，绳控人员就会引导潜水员改变方向，并释放1～1.5m的绳索，向回程方向搜索。以此方法搜索，最终覆盖搜索区域。

注意：过多的绳索会减少线拉信号灵敏度，同时也会降低搜索的准确性。平行搜索模式只需要直接从岸上平行移动潜水员，有效地减少了绳索长度，降低了缠绕的可能性。

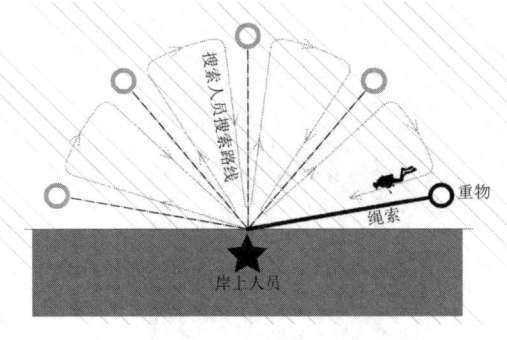
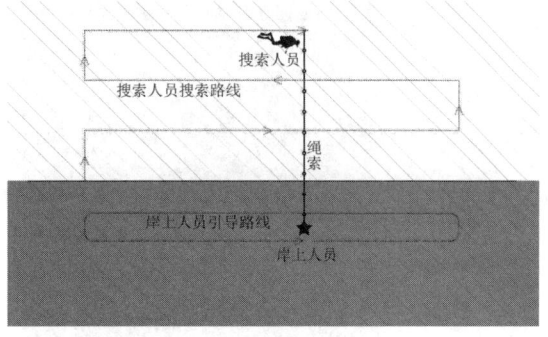

图 6-116　线形搜索　　　　　　　　图 6-117　平行搜索模式

2. 打捞技术

将搜索的目标安全完整地带至水面是打捞的最终目的。根据搜索目标的不同，一般可以分为小型打捞物、中型打捞物和大型打捞物三种。根据打捞物品的不同，潜水员需要采用不同的打捞程序、打捞工具和打捞方法。

（1）打捞程序。根据打捞对象的不同，打捞程序主要包括人员打捞的程序、车辆打捞的程序和重要物品打捞的程序。重要物品主要是指涉及案件侦查的重要证据等中、小型物品。

人员打捞的一般程序是搜索到失踪人员后，使用浮标将失踪人员进行标记，并标定其位置，发出信号通知水面后备潜水员携带遗体袋、照相机等设备下水。后备潜水员协同搜索人员做好水下拍摄工作，收集水下现场证据，配合搜索人员共同进行人员的装袋、提升等工作。

车辆打捞的一般程序是搜索到落水车辆后，使用浮标将落水车辆进行标记、标定其位置。探明车辆中溺水人员的位置和情况后，如有需要可通知水面后备潜水员携带水下破拆工具下水，用遗体袋或脊柱板将溺水者护送至岸上后，再次携带牵引绳、挂钩等工具下水进行车辆的提升和打捞工作

重要物品打捞的一般程序是搜索到重要物品后，使用浮标将重要物品进行标记、标定其位置。水面人员使用两点定位的方法记录离岸距离、方位等信息。后备潜水员携带水下摄像机和证物筒下水，对重要物品进行图像采集，并将重要物品放入证物筒后用水密封保存，根据需要可采用浮力提升袋。

（2）打捞工具。人员打捞时，常使用到的打捞工具和协助打捞的工具有照相机、绳索、浮标、遗体袋、三角吊带、浮力提升装置、水下脊柱板等。车辆打捞时，常使用到的打捞工具和协助打捞的工具有照相机、绳索、挂钩、吊升工具、浮力提升装置（图 6-118）和水下破拆工具等。重要物品打捞时，常使用到的打捞工具和协助打捞的工具有照相机、绳索、浮标、浮力提升装置、水下证物保管带、水下证物保管筒等。

（3）打捞方法。人员打捞时，要掌握的打捞方法是人员水下重要图像信息采集、人员装入遗体袋的技术（图 6-119）、人员固定在水下脊柱板的技术、三角吊带的使用方法、浮力袋的固定及充气方法。车辆打捞时，要掌握的打捞方法是水下破拆工具的使用、绳索的固定、挂钩的安装、吊升工具的选择和安装、浮力提升装置的固定及充气方法等。重要物品打捞时，要掌握的打捞方法是水面定位和距离岸边位置标定、重要物品的水下图像信息采集、重要物品密封保存的方法、浮力提升和护送方法等。

 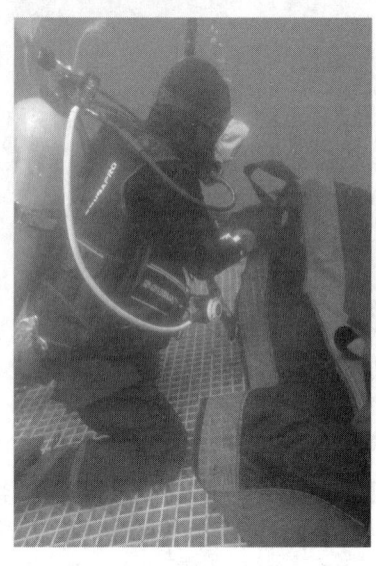

图 6-118　浮力提升装置　　6-119　人员装入敛尸袋

（四）干式潜水衣技术

水的比热容比空气高，因此传导热量的速度是空气的 20 多倍。所以当人处于 21℃ 的空气中会感到舒适，但处于同样温度的水中时会感觉寒冷。即使是在 27℃ 的温暖水域中，潜水员在没有任何保温措施的情况下，会很快散失热量而感到寒冷。通常，人类处于水中的核心温度在 33～41℃ 的范围内比较适宜，当核心温度长期处于低于 33℃ 的环境时，则有可能出现医学中所谓的失温。只有水温达到 34℃ 以上时，潜水员才不需要考虑防寒衣。

1. 干式潜水衣的相关理论

通常情况下，在应急救援潜水中，不论水域条件如何，都建议潜水救援人员穿着干式潜水衣。因为湿式潜水衣无法很好地保护身体皮肤，尤其是在污染或者寒冷水域环境中。想要将全身有效地保护起来，干式潜水衣、干式手套和相连的头套是必不可少的。干衣一般都设计有在污染水域潜水时使用的特殊进气和排气阀，也有需要水下方便用的拉链和阀门。当然，干衣也并非适合所有的潜水环境，也有比较特殊的情况，如某些化学物质有可能使有机物溶解，导致清理困难，因此无法使用干衣。

（1）干衣的分类。根据潜水干衣材质，主要分为两大类：尼奥普林 neoprene 型（压缩氯丁橡胶材质）和层压型面料干衣（Laminated/shell drysuits）。

尼奥普林 neoprene 型（压缩氯丁橡胶材质）干衣（图 6-120）与湿衣选材相同，主要采用的是 CR 氯丁橡胶，实际上是不透水的湿式潜水衣，在较浅水域有较好的隔绝和防寒效果，可以不穿着底衣，延展性好。其特点是自身带有较好的保温性和弹性，能与穿戴者身型贴合，但质量较湿衣大 1～2 kg。但在水面浮力较大，需要配备较多配重，随深度的增加，氯丁橡胶材质被水压缩后会失去隔绝效果，浮力减少。

层压型面料干衣的主要材质有双层或三层压胶面料（Bi-Lam or Tri-Lam Suits），例如，硫化橡胶、戈尔特斯（Gore-Tex）、尼龙、丁基橡胶、防化学污染的聚氨脂等材质。它具有质量轻、快干等特点，同时基本不会因为水深不同而产生浮力变化，有助于浮力的调整与控制。

由于此类干衣本身只防水不防寒，为了获得额外的温度，里层必须穿着高密度抓绒和防风及防水垫层底衣。层压型面料干衣如图 6-121 所示。

图 6-120　压缩氯丁橡胶材质干衣　　　　图 6-121　层压型面料干衣

涂层织物潜水衣以尼龙、氨基甲酸乙酯、聚氨基甲酸酯或其他防水涂层制成。防水涂层品质直接决定了干式潜水衣的价格。

硫化橡胶材质的潜水衣是由天然橡胶制成或合成，很耐用。没有固定的浮力，可以耐磨耐穿刺，方便移动，还可以现场修补。

三层材料由三层材料覆膜制成，既耐用又可长时间穿着，根据三层材料的不同有不同的厚度。其体积小、质量轻、方便移动和存放，本身没有隔绝效果，没有弹性和延展性。

复合材质的干式潜水衣由很多种材质制成。通常腿部以下使用耐磨、具有延展性的氯丁橡胶材质，而上半身使用质量较轻的三层材料。但复合材质的干式潜水衣成本较高，维护更为复杂。

（2）干式潜水衣的基本结构。干式潜水衣以其特殊的结构，防止水渗入，保持人体干燥和隔离外界环境。干式潜水衣的特殊结构包括密封设计、填充气体和底衣三个部分。

1）干式潜水衣的密封设计主要包括干衣拉链、颈部和腕部的密封设计（图 6-122～图 6-124）。

  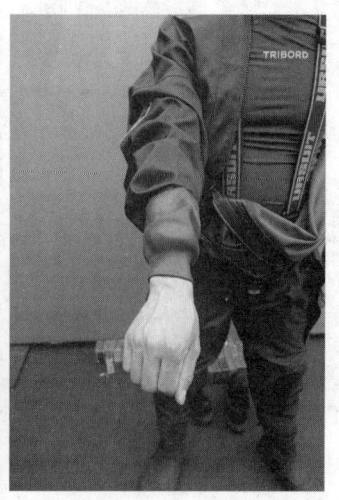

　　图 6-122　干衣拉链　　　　　图 6-123　干衣颈部　　　　　图 6-124　干衣腕部

干式潜水衣最重要的密封设计就是拉链，同时也是最容易磨损、最贵的部分。现代的干式潜水衣需要特殊设计防水拉链。潜水拉链的位置有很多类型，左肩到右跨的对角拉链方便潜水员自己穿脱干衣，从后左肩膀到后右肩膀的拉链需要两人配合穿脱干衣。套筒式的干衣在穿上后，躯体部分多出来的长度可以折叠固定。颈部和手腕的密封设计可以防止水渗透。颈部和手腕部一般由乳胶橡胶密封，乳胶很柔软、密封度高且容易穿脱、密封可以用修剪的方式决定大小，配合个人手腕和颈部的粗细。高品质乳胶不会记忆形状，即便使用频率很高也不会造成变形。但是乳胶密封一旦损坏就要替换密封的功能。干式潜水衣的颈部密封如果太紧，就会造成颈动脉血管流动受限，出现颈动脉窦反射，最终有可能导致昏厥。

2）填充气体。之前提到过常见的四个空腔，在压力变化时，干式潜水衣也是一个需要平衡的空腔，因此需要填充气体。最常见的填充气体是空气和高压空气，在大深度和寒冷水域中常用氩气作为填充气体，因为氩气的比热容只是空气的一半，可以更好地起到保暖防寒的效果。氩气有独立的填充气体，常由一个氩气小气瓶和特殊调节器组成，特殊调节器的低压管会连接到干式潜水衣的充气阀门（图6-125）。

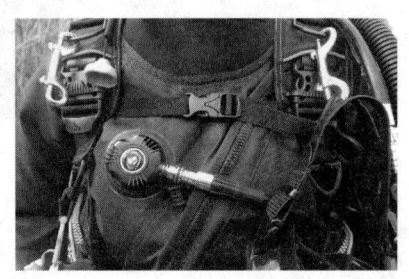

图 6-125　干式潜水衣的充气阀门

3）底衣（图6-126）。除了压缩氯丁橡胶材质的潜水服外，其他材质的干式潜水衣都需要增加底衣来为潜水员保暖。压缩氯丁橡胶材质的干衣虽然具有一定的保暖性，但由于在高压下潜水服会被压缩而失去其保暖性，所以水深会直接影响其保暖效果。

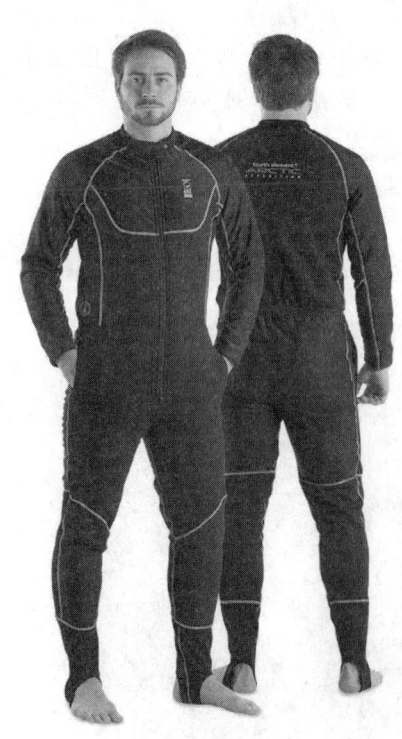

图 6-126　底衣

（3）干式潜水衣的优点。干衣一般需要根据身型特殊定制，才能使得颈部和腕部紧密地包住脖子与手腕，也可以利用手腕密封带、颈部密封带等设置来保持干燥。同时，胯部的位置要贴合裤腿，太长或太短都会影响水下动作的灵活性。和湿式潜水衣相比，干式潜水衣有非常突出的优点：一是干式潜水衣比湿式潜水衣保暖，在相同水温条件下可以提供潜水员更长时间和更安全的潜水活动。二是干式潜水衣可以让潜水员更有效地使用空气，从而更安全地潜水。因为受寒的潜水员会通过激烈的活动来保持体温，因此会消耗更多的空气，大大减少了减压停留时间。三是绝大多数干式潜水衣的隔绝效果不受深度的影响，不论潜水深度如何都能很好地保持体温。而湿式潜水衣则多数为氯丁橡胶材质，在水深增加的同时，压力会将潜水衣压缩，防护效果大受影响。四是干式潜水衣虽然多为量身定做，但为了在不同活动类型和水温条件下适当增加或减少底衣，一般都将尺寸做得略大一些。

2. 干式潜水衣的相关技术

目的：掌握干式潜水衣的正确穿着方法、水下浮力控制的技术，为应急救援潜水员提供一个温暖和全隔离的潜水保护。

（1）干衣穿着。

技术要点：穿着底衣时，通常要穿戴保暖服或保暖服材质的底衣，底衣可以是抓绒或其他压力变化下可保暖的材料。干衣穿着前的准备是让干衣上身至胯部位置约一半反转，从脚开始由下向上的顺序穿干衣（图6-127）；腿部穿着干衣时，腿依次伸入干衣的鞋子中，最好找一个稳定地方坐下，防止穿衣时重心不稳，摔倒受伤（图6-128）；干衣穿着时，用力将干衣向上提，穿至腰部，背好干衣裤子内侧的背带，调整背带长短，跨下要贴合（图6-129）；在穿戴袖子时，先穿右手（视个人习惯，先穿左手也可），轻柔地拉伸袖口胶皮，调整到手腕合适的位置，在逐渐从下到上调整衣袖，至肩膀都穿戴合贴，完全穿好一只手后，再穿另外一只手（图6-130）；穿干衣领口时，套过领口后，整理头发，调整颈部舒适度（图6-131）；检查密封情况时，请潜伴拉上背后的拉链，确保所有开放部分关闭，轻压各部位观察密封情况（图6-132）；最后，为了下水后顺利下沉，需放掉干衣中的空气，可一边拉伸领口一边蹲下，或者打开袖口处排气阀将多余气体排出（图6-133）。在穿戴和拆卸水肺装备时，将干式潜水衣的充气阀门连上低压充气管，其拔插的方式和低压充气阀相同。

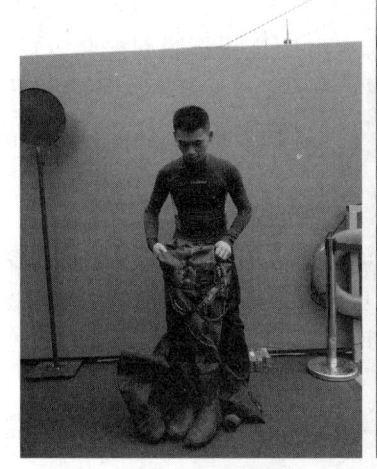
图6-127 反转干衣

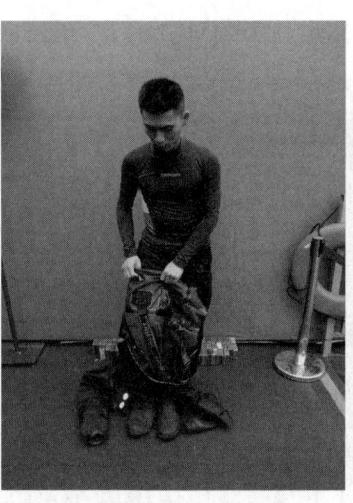
图6-128 单腿依次伸入

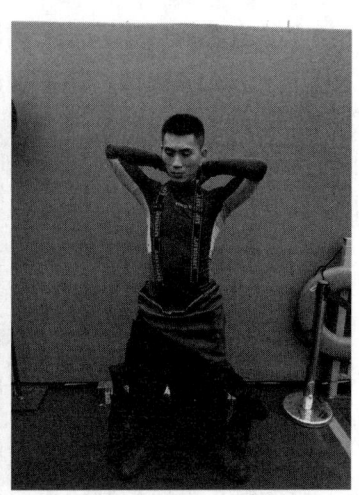
图6-129 调整背带长短

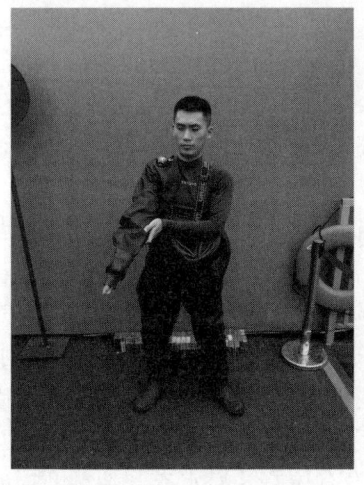
图6-130 穿戴袖子

图6-131 套过领口

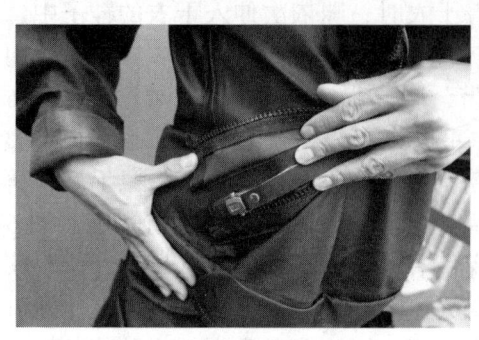

图 6-132 检查密封情况

图 6-133 排气阀将多余气体排出

（2）干衣脱卸。

技术要点：请潜伴拉开后背拉链，两手扩宽领口，领口前部可拉至额头处，然后两手握住领口后方，用指腹拔出，拉伸袖口胶皮，慢慢将手掌伸进袖口，并收拢手指脱起来会较轻松，注意动作轻柔，避免撕坏腕部密封；一只手脱完之后，再换另一只手；卸下背带，从腰部开始向小腿位置下拉，右脚（或左脚）前移，用一只脚脚尖踩住另一只脚脚跟处，同时用力掂起脚跟，脱下最后部分。

（3）干衣充气与排气。

技术要点：排气阀常位于左肩，上升途中稍稍抬起左肩就可以释放出大量空气，也有少数款式的排气阀会在手腕或者脚腕处。排气阀的操作要领是将身体保持头上脚下或左肩稍微抬高，使排气阀处于潜水衣最高处，调整干式潜水衣排气阀，可采取自动排气或手动排气，根据需要调整排气量。

注意：当出现浮力失控时，要通过及时调整装备、丢弃重物或排出多余气体等方法来控制浮力。避免由于无法控制的快速上升导致减压病和其他伤害。

（4）紧急情况处置。

技术要点：

1）潜水衣挤压处置和预防。下潜的时候，如果没有安装好充气阀，或充气阀故障，或忘记给干式潜水衣充气，则有可能造成身体挤压，即干式潜水衣与身体接触的部分出现压痕或者瘀青，严重的挤压，如颈部和胸口挤压可能造成呼吸不畅导致的其他危险。预防措施是下水前检查干衣充气阀功能是否正常。

2）潜水衣内气体过多处置。浮力控制不当造成的故障很多，如充气阀故障、失去配重、配重过多等。为了避免不可控制的失速上升，潜水员要控制好身体姿态，让气体快速排出。如果发生不可控制的大量充气，则先要迅速拔除充气阀，并快速排出多余气体。上升时，最好采用头上脚下的姿势，以确保腿部的多余空气可以正常排出，如果上升时腿部位置高于排气阀的高度，则必须迅速调整腿部姿态，用屈腿的方式将腿部控制到排气阀以下。

3）干式潜水衣进水处置。干式潜水衣进水后，一方面会影响浮力，另一方面会失去保暖效果，因此应尽快出水检查。常见问题主要是拉链没有拉好、潜水衣开裂、磨损或穿刺。预防措施是下水前检查潜水衣各部件工作状况,平时注意保养维护,潜水中注意避免尖锐物体。

(五)全面罩使用技术

全面罩是应急救援潜水员的标准装备之一,它的众多优点可以大大提高应急救援潜水员完成水下工作的效率,最大限度地保护潜水员的口鼻。虽然全面罩有很多类型,但其主要功能和部件差别不大,只要经过相应培训就能掌握(图6-134)。

图6-134 全面罩

1. 全面罩的优势

(1)避免污染。使用全面罩时,潜水员可以用鼻子呼吸,在污染水域中可以保护眼睛和鼻子避免污染。

(2)寒冷水域防冻伤。寒冷水域中,全面罩如果配合5~7mm的头套可以更好的保护脸部,避免冻伤。

(3)信息沟通顺畅。潜水员可以让水中人员和水面人员进行沟通交流,当潜水员发现物品时,不必浮出水面,通过通信系统告知水面人员携带所需装备下水进行协助。比如潜水员发现打捞物需要提升带起吊,或需要拍摄水中证物照片时,潜水员不需要上升至水面,通过通信系统来指定水面人员和后备潜水员进行相应的准备和辅助工作。尤其是在遇到紧急情况需要协助时,能够通过通信系统明确告知遇险情况。

(4)避免调节器遗失。潜水员如果在水下发生氮醉,氧中毒及失去意识等突发状况,全面罩可以始终保持在潜水员面部,供应充足的氧气。而不会像口含调节器一样掉入水中令潜水员发生可能溺水窒息的状况。

(5)缓解口部疲劳。使用全面罩可以最大限度地减少口部含住咬嘴时给下巴带来的疲劳。

2. 全面罩的类型

全面罩是覆盖整个面部,通过二级减压调节器为潜水员供应气体的装置。全面罩常见的有三种形式。

(1)第一种全面罩是简易式全面罩。其结构简单,通过单独的二级减压装置将气体供应到面罩,面罩覆盖半脸,下巴以下鼻子部位设计为橡胶软包覆设计,可方便平衡耳压(图6-135)。

(2)第二种全面罩是整合式全面罩。通过二级减压装置将气体供应到面罩,面罩覆盖全脸,并延伸到下巴以下。当潜水员从面罩吸入气体时,气体会通过面罩区域流动,这种单向流动的气体，可以有效的去除面罩内的CO_2，同时气瓶中的干燥气体对潜水员的面镜起到冷却除雾的功能。以上两种调节器均可配备快速断开软管，可以从面罩上快速卸除（图6-136）。

图6-135 简易式全面罩　　　　　图6-136 整合式全面罩

（3）第三种全面罩是模块式全面罩。调节器部位可拆卸，不用完全脱除全面罩即可使用备用调节器，使用更加方便（图6-137）。

图6-137 模块式全面罩

3. 全面罩的训练

涉及装备调试和训练的部分，都应先在平静水域可以站立的水中进行，而后再到开放水域环境中进行训练。

（1）全面罩安装及调试。

技术要点：检查所有部件，包括头部固定带、全面罩裙边密封部位、视野平板部分、大气连通阀和二级调节阀等。应先固定全面罩下部固定带、而后中部固定带，最后上部固定带。如果需要通信系统，则需要安装通信部件和电池。

（2）全面罩的佩戴方式。

技术要点：全面罩和消防员面罩有些类似，通常都有3～6根头带，潜水员初次佩戴全面罩之前，必须先把头部固定带放至最大位置；如果是长期佩戴的全面罩，头顶部位固定带基本不动，将中下部固定带放大；然后确保全面罩佩戴至正确位置，裙边和面部定位且完全贴合；最后将全面罩两侧带子从下至上依次收紧。

（3）全面罩的压力平衡。

技术要点：部分面罩可以通过传统的捏鼻子鼓气的方式来平衡耳压，但大多数的全面罩都没有可以捏住鼻子的装置，取而代之的是高度可调节的鼻子垫块或横向堵头来堵住和压住鼻翼。潜水员可事先通过调整垫块和堵头高度，从而进行耳压平衡操作。一些潜水员也可以通过打哈欠，吞咽口水，或其他不需要堵住鼻子的技巧来达到需要的平衡。

正压式全面罩是通过微正压将气体排出，防止有污染的水和微小污染物破坏面罩的密闭性。保持略高于周边压力而不断的输送气体。因此，可以作为某些污染水域和危险化学品水域专用的特殊面罩。

注意：全面罩的一个共同缺点是供气量较大，尤其是正压式全面罩，会使用更多的气体，缩短潜水员水下工作的时间。

（4）全面罩排水。

现代的全面罩都有2个空腔，即鼻子和嘴巴同时隔离在一个专用的呼吸腔中。这个空腔通过防止呼出的气体与面罩内其他气体混合来减少 CO_2 的聚集。

方法1：全面罩处于垂直位置，使排气阀处于最低点，用调节器进行充气，将面罩内水分清除，闭上嘴巴，直到口罩内的水位下降至足够低时，再用鼻子呼吸。

方法2：眼睛向上看，45°角让全面罩底部略微突出；利用自身肺内余气，用力吹出一些水分后，在鼻子和嘴巴形成的密闭空腔里进行吸气；继续呼气来清除剩余的水分；重复以上步骤直至面罩内水分全部排出。

（5）使用备用气源和面罩。

技术要点：松开面罩头带，将面罩取下，暂时套在手上或放在身旁，保持嘴部不断呼气；找到自己或潜伴的备用调节器，清理水分后正常呼吸；拿出备用面镜，带上并清除面镜内积水；用双头钩或挂钩，将全面罩挂于D形环上。（视频6-35：使用备用气源和面罩）

视频6-35:使用备用气源和面罩

（6）半面镜换全面罩。

技术要点：将全面罩从身上取下，将全面罩头带放松，方便穿戴；取下半面镜暂时将半面镜挂在右手上；头往后仰，将全面罩戴在头上，直到面罩与鼻子齐平，即备用气源使用的位置；用鼻子呼气，让气体进入全面罩，将全面罩中部分水排出；当调整好呼吸后，把调节器拿出，将整个面罩放置在脸上，确保面罩裙边与脸部贴合；按下调节器，排除面罩内积水；用一只手按住全面罩，保持全面罩与面部的密闭性，另一只手调整头带直至全部系紧。（视频6-36：半面镜换全面罩）

视频6-36:半面镜换全面罩

4. 佩戴全面罩潜水的注意事项

（1）进入水中前，要进行快速的系统检查确认，气体是否打开，通气阀（与大气相通的阀门）是否关闭，呼吸2～3次检查气体压力是否正常。

（2）当需要快速清除全面罩内雾气时，可以按压调节器使气体快速流动，迅速清除雾气。

（3）全面罩不容易平衡耳压，因此潜水应尽早并经常平衡压力。

（4）根据需求调整调节器的灵敏度，以防止出现气体快速大量泄漏。另外，采用头上脚下的方式有助于防止调节器气体大量泄漏。

（5）全面罩空腔比正常半面镜空腔大，会轻微增加潜水员的浮力，因此建议在第一次使用全面罩时重新调整配重。另外，有的全面罩可以加配重模块，减小全面罩的浮力。

（6）水面遇有大风浪高时，尽量使用呼吸管和备用调节器来节约气体用量。

（7）通信系统一般采用一键式 PTT 技术和声控 VOX 技术，一些高端设备可以在两者之间切换。水下通信更像对讲机，一次只能一个人说话，同一频段所有潜水员均能听到。为了接收效果，说话时建议轻轻呼吸，放慢说话速度，而接收信号的人要慢慢吸气，但不要屏住呼吸。

（8）通信工具的无线电信号可能被潜水员的身体、暗礁或其他障碍物所遮挡，信号可能会受到影响。因此，在发出和接收信号时，要确保发射器和其他潜水接收器之间除水以外没有任何阻挡。上升时，要注意避免说话。如果确实需要通信，请在当前位置停留并传递信号。

（9）潜水后，仔细冲洗整个面罩的内部及外部，检查全面罩是否有裂口孔洞。定期检查所有 O 型环的阀座、软管和塑料部件，及时更换有磨损或损坏的部件。

（10）如在污染水域使用面罩后，用消毒剂对面罩内部进行消毒，面罩应在阴凉处通风处干燥，避免阳光直射，避免划伤和擦伤面板。

（六）高海拔潜水技术

我国幅员辽阔，地质结构和气候条件各异。我国西藏、青海、云南等地区，海拔均超过 1500 m，需要执行高海拔潜水程序。原因是在海拔超过 1500 m 的地区，大气压力会降低到足以影响原本设计的潜水计划表和潜水电脑表。

1. 高海拔潜水理论

根据托里切利实验得出在标准温度下海平面的气压被定义为一个标准大气压。海拔高度每上升 12 m，气压下降 1 mmHg 或者海拔高度每上升 9 m，气压降低 100 Pa。海拔与气压间关系式为

$$海平面 = 760 \text{ mmHg 设定标准状况}$$
$$一个标准大气压（1 \text{ bar}）= 101\,325 \text{ Pa}$$

以云南抚仙湖为例，海拔 1720 m，有潜水到 24 m 时相当于海平面下潜至 30 m 的说法。根据气压计算抚仙湖 ATA（绝对压力）：(101325 Pa–1720 m/9 m×100 Pa)÷101325 Pa=0.81 bar。在海平面 30 m 的深度 ATA 为 4 bar，当气球在 30 m 深度充气并封口，回到水面气球体积应为 4（水底压力）÷1（大气压力）=4 倍大小；同理，在海拔 1720 m 的高海拔地区 24 m 的深度，充气同等体积气球并封口，回到水面气球体积应为 [2.4+0.81（ATA）]÷0.81（大气压力）=3.96 倍大小。因此，在同等深度与同等时间的情况下潜水，高海拔地区会比低海拔地区出水后身体 RNT（余氮时间）高。所以，在高海拔地区同等深度情况下进行潜水 NDL（免减压极限）时间会更短，减压时间需要更长。以上复杂的计算程序，可以使用 1970 年推行至今的"交叉校正法"进行快速计算，可以简单地用公式计算理论深度：实际深度 ÷0.8= 理论深度。抚仙湖湖面海拔 1722 m，等同于 1800 m 进行减压计算。水面上是 0.8 个大气压（海平面是 1 个大气压），用理论深度除以高海拔地区的周围压力，24 m÷0.81≈30 m。

（1）高海拔理论深度。由于身体吸收氮气与大气压之间的差距越大，氮气从身体吸出的速度越快，因此海拔越高，越要以更加保守的方式进行潜水。就潜水计划表而言，高海拔地区潜水是采用特殊的潜水计划表，这种计划表和海平面所使用的计划表一样，但高海拔地区的深度为理论深度。高海拔地区潜水计划表见表 6-1。

表 6-1 高海拔潜水理论深度　　　　　　　　　　　　　　　　　　　　　　　　　　　单位 :m

实际深度	海拔									
	300	600	900	1 200	1 500	1 800	2 100	2 400	2 700	3 000
10	10	11	11	12	12	12	13	13	14	14
12	12	13	13	14	14	15	15	16	17	17
14	15	15	16	16	17	17	18	19	19	20
16	17	17	18	18	19	20	21	21	22	23
18	19	19	20	21	22	22	23	24	25	26
20	21	21	22	23	24	25	26	27	28	29
22	23	24	25	25	26	27	28	29	31	32
24	25	26	27	28	29	30	31	32	33	35
26	27	28	29	30	31	32	34	35	36	38
28	29	30	31	32	34	35	36	38	39	40
30	31	32	33	35	36	37	39	40	42	
32	33	34	36	37	38	40	41			
34	35	37	38	39	41	42				
36	37	39	40	42						
38	49	41	42							
40	41									

（2）3 min 停留。在所有的高海拔潜水中，无论深度和潜水时间如何，都要根据理论深度表上所说明的深度位置做安全停留。

正常海拔下，潜水员进行安全停留的深度为 5 m，但是随着海拔的变化，停留的深度也有变化，见表 6-2。

表 6-2 不同海拔下 3 min 停留深度　　　　　　　　　　　　　　　　　　　　　　　　单位 :m

海拔	300	600	900	1200	1500	1800	2100	2400	2700	3000
3 min 停留深度	4.4	4.3	4.1	4.0	3.8	3.7	3.5	3.4	3.3	3.2

2. 高海拔潜水的装备

高海拔地区除一般的装备外，还需要根据其特殊的地理和环境因素对装备进行考量。高海拔潜水需要的特殊装备很少，但是一些附属装备很重要，如深度表、记录板、下潜绳、潜水服、潜水刀 / 割绳刀等。

（1）深度表。深度表用于记录潜水深度和免减压时间计算。若使用波登管式深度表时，所显示的海拔地区读数比实际深度浅。若使用毛细管式深度表时，所显示的海拔地区读数比实际读数深。若使用潜水电脑表，则可提前调整为高原潜水模式，不用计算，使用方便。

（2）记录板。记录板用于潜水计划记录及换算 EDP（effective depth penetration, 有效穿透深度）。

（3）下潜绳。下潜绳用于下潜和上升参考用，有助于控制上升速度、测量深度，可以使用 30 m 线轮。

（4）潜水服。高海拔地区水温通常较低，因此潜水员会使用厚湿衣和干式潜水衣。厚湿衣在水面浮力较大，但是随着深度的增加浮力减少，保暖性也大大降低，因此建议使用干式潜水衣。

（5）潜水刀 / 割绳刀。在潜水时作为防卫、工具等使用。

3. 高海拔潜水的安全措施

（1）组织缺氧。因为高海拔地区的气压比海平面低，在高海拔地区所吸入的空气，其氧气含量所占的百分比虽然相对海平面呼吸一样，但是同样单位体积空气的氧分子较少。在高海拔地区进行潜水活动时，往往会感觉到更加费力，如果潜水员出现费力过度的状况时，应停止活动。另外高海拔地区，水温通常比较低，应采取防寒保暖措施。

（2）潜水前、后休息的建议。单次潜水后应该至少休息 12 h，而进行重复潜水或者需要减压停留的潜水后，应至少休息 24 h。没有任何计划表和电脑表可以保证潜水员远离减压病，因此潜水员应遵守最保守、最安全的水面休息时间。潜水员如果乘坐飞机抵达高海拔地区后，为了使身体内氧气量和周围压力达到平衡，应至少停留 6 h 再进行潜水，若必须在 6 h 内进行潜水，则应使用计划表计算出体内氧气含量，将第一次潜水就作为重复潜水计算。

（3）高海拔潜水上升速度的建议。由于海拔攀升带来周围气压的变化，需要执行更加保守的上升速度，保持 9 m/min 或者更慢，也就是海平面潜水最大上升速度的一半。另外，潜水员每次都应执行安全停留，并且应该将安全停留时间保持在 5 min 以上。

（4）重复潜水的建议。在高海拔地区，一天内最多进行 1 次重复潜水，也就是不超过 2 次潜水。除非进行较浅水域训练，且进行较长时间的水面休息，则最多一天内可以潜 3 次水。另外，高海拔潜水应该在同一海拔进行。如果必须在不同的海平面进行潜水，则应该先在较高海拔进行，而后再到海拔较低地区。

（5）重新调整配重系统。高海拔潜水几乎都是在淡水中进行的，如果装备是海水环境的配重，或者穿着更厚的湿式防寒衣或干式潜水衣来保暖，则在潜水之前一定要检查浮力，调整配重。

4. 高海拔使用高氧气体潜水的优势

潜水员使用高氧气体进行潜水时能够有效地增加潜水的滞底时间，但是在氧分压的控制上要遵循严格的安全界定值。而在高海拔地区使用高氧气体有比较明显的优势。首先，为避免出现 CNS-OT（central nervous system oxygen toxicity，中枢神经氧中毒），世界各大潜水组织均把高氧潜水 MAX PO_2（最大氧分压）规定为 1.3，极限氧分压为 1.6，那么在海拔 1720 m 的抚仙湖使用 EAN32 高氧气体进行 30 m 潜水，PO_2（氧分压）为 0.32×3.81（ATA）≈1.22；而海平面地区使用 EAN32 高氧气体进行 30m 潜水，PO_2（氧分压）为 0.32×4（ATA）=1.28。相对于海平面地区同等深度、相同比率高氧气体潜水，高海拔地区更加远离界定值。其次，气体迷醉反应相对不明显（不考虑水温、能见度等环境因素）。在海拔 1720 m 的抚仙湖使用 EAN32 高氧气体进行 30 m 潜水和海平面地区使用 EAN32 高氧气体进行 30 m 潜水进行比较。由于氧气与氮气同等具有迷醉效果，海拔 1720 m 使用 EAN32 进行 30 m 深度的潜水迷醉效果为 3.81（ATA）$\times 1=3.81$；海平面地区使用 EAN32 高氧气体进行 30 m 深度的潜水迷醉效果为 4（ATA）$\times 1=4$。因此在同等深度进行潜水时，使用高氧气体的迷醉效果更加不明显。

（七）夜间潜水技术

潜水救援常常会在夜间进行，夜间救援相比白天救援需要考虑的因素更多，如夜间潜水装备考量、夜间潜水计划、夜间潜水技术训练等。

1. 夜间潜水装备考量

夜间潜水与其他类型潜水最重要的区别就是光源的缺失，因此夜间潜水中首要需要解决的问题就是水面与水下光源的获得。在水面,为了让潜水员清晰地看到下水周边环境,最好使用应急救援的大灯提供光照;在水下,光源可以通过潜水手电筒获得,潜水员观察水底情况、读取数据表及水下传递信号等都依靠潜水手电。现在的潜水灯都很耐用、坚固和可靠,但为了预防潜水灯发生故障,潜水员至少要携带两只潜水手电进行夜间潜水行动。其中具备较高流明的潜水灯作为主用灯,还有一只比较轻巧的、流明较小的作为备用灯。除此以外,使用AA电池的信号灯和一次性化学荧光灯都是较好的标识灯。标识灯可以标识潜水员自己、下潜绳、上下平台、氧气阀门、浮标等重要位置。

由于夜间光线不足,潜水员必须对自己和潜伴备用气源的位置非常熟悉,通常备用气源要用较为鲜艳的颜色清楚地标识出来,并且固定的位置应该在潜水员下巴到肋骨两端所形成的三角区域内,以便可以随时触摸找到。对于长期执行夜间潜水任务的团队来说,可以在潜水衣、低压管护套、参考绳和低压充气阀等重要位置缝制与粘贴夜光显示条,以便黑暗中能够快速识别并排除故障。除此以外,夜间潜水时,深度表、计时器、潜水电脑表和指北针等仪器都应该有夜视功能,便于潜水员读取潜水相关信息。

在水面上的沟通使用哨子或者是连接在低压充气阀的压式鸣笛,便于水面后勤人员获取潜水员方位。

2. 夜间潜水计划

夜间潜水除要遵循日间潜水的步骤和计划外,还应先对潜水点进行评估、计划潜水深度及时间、选择入水和出水点及其他因素。

通常,夜间潜水任务的环境应该是潜水团队熟悉的潜水点,并且要在水情状况良好的情况下才能进行,特别要避免有波浪、有水流、低能见度、有涌浪、不能直接上至水面的有顶环境、有海藻或鱼线等可能对潜水员造成缠绕的环境。另外,潜水员要会解决夜间潜水中可能发生的潜水灯故障、潜伴失散、失去方向等常见问题。

(1) 夜间潜水时最常发生的故障是潜水灯故障。如果在水下发生潜水灯故障的状况,潜水员应该和潜伴一起停下来更换备用灯,打开备用灯后要和潜伴沟通,可以继续潜水。但如果潜伴的备用灯也发生了故障,则两人均在使用备用灯的情况下应该停止潜水,准备上升。最糟糕的情况是两人只剩下一个潜水灯可用,两人应该保持接触,并将潜水灯放在两人之间的位置,情况允许则应马上上升。

(2) 夜间潜水时由于光线不足,常出现潜伴失散的情况。如果发生潜伴失散的情况,则应先用手遮住自己的潜水灯,尝试寻找其他光源;或者将潜水灯照射自己的身体,尝试让潜伴找到自己。如果前两种方法均没有效果,则应遵循潜伴失散的程序,四处寻找不超过 1 min 后,小心地上升到水面后,会同水面支持人员发出召回信号并在水面寻找潜伴。

(3) 夜间潜水时由于光线不足,常出现失去方向的情况。在水底上升或下沉的途中迷失了方向,如果这时没有参考绳作为标识,可以通过观察潜伴重新建立方向感。如果在水底失去方向,可以通过自然参考物和指北针建立位置,如果仍未恢复方向感则和潜伴一起上升到水面重新建立。

3. 夜间潜水技术训练

夜间潜水训练是应急救援潜水员在能见度有限的情况下进行潜水的训练方法。潜水员要学会在越来越暗的光线下进行潜水,并熟练操作所需要的技巧。夜间潜水训练时,可以通过使用发光装置让潜水员进行相应的训练，最终使潜水员学会适应黑暗环境。训练刚开始，潜水员可以使用遮光的面罩或涂黑的面具等道具，在游泳池或平静水域中练习，直至潜水员可以在盲潜下，熟练操作潜水装备及浮力提升袋等辅助工具。

（1）夜潜入水程序。首先，潜水员需要适应黑暗，要注意波浪和沿岸物体，必须做下水前的安全检查，尤其是两只潜水灯、备用气源位置等的调整。其次，入水前打开潜水灯检查入水区域，选择合适的入水方式，完成入水动作后，用灯从头顶照着自己并做出 OK 手势。最后，离开入水点让同伴也安全地进入水中后保持接触，眼睛适应黑暗后，也需要与潜伴保持一臂以内的距离，以免失散。

（2）水面及水下参考物的选择。水面参考物应该选择月光等固定的光源，不要选用会移动的灯或是会熄灭的灯作为导航。夜间水下的参考物不明显，因此为了避免迷失方向，夜间上升和下潜最好使用下潜绳或者锚点作为参考，并标识出下潜绳的起始点。如果要进行水下搜寻，也应选择具有参考点的搜寻方式，以便潜水员能够回到起始点并了解已经搜寻的区域。

（3）水下灯语信号。"OK？"。用手电画一个圆圈表示"OK？"/"OK！"。

注意：将手电平移晃动，表示出现问题了。上下晃动也可以，需提前和潜伴沟通。将手电光线照向自己胸前，避开眼睛，再用另一只手做动作。这是夜间潜水比划手势最常用的方法。也可以使用头灯。

在某些地区的特定季节，灯光会吸引水底生物，小心不要在水面入水和出水点的附近放置明亮的灯光，在使用光亮的水面或水底灯光之前应该了解当地的潜水环境和水下生物。

（4）上升。如果没有辅助参考绳，则和潜伴在一起，并握住对方手臂以维持接触，让眼睛适应黑暗，然后以每分钟不超过 18 m 的速度，或是电脑表的最大速度缓慢而小心地跟着气泡上升到水面。如果有参考绳、夜光仪表或是标识灯等，则利用这些工具来帮助和引导潜水员以正确速度上升。

（八）冰潜技术

冰潜是一种在 0 ℃ 左右的冰水下进行潜水的特殊类型。潜水员一般在冰下封闭空间，仅只有一个出水口，因此冰潜也被认为是技术潜水的范畴。它属于一种高级的需要特殊训练才能参与的潜水活动（图 6-138）。

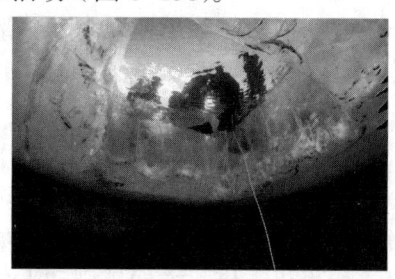

图 6-138　贝加尔湖冰潜

冰潜和常规潜水最大的区别在于水温通常在 0 ℃ 以下，在封闭或者悬浮有冰块的环境中潜水；低温环境下防寒和防器材冻结的冰潜器材。冰潜的安全标准类似于洞穴潜水，要执行非常严格的安全规定。

正如第一章所介绍的冰面救援的技术方法，对于尚在冰水中的受困者，救援人员可以使用冰面救援的方法进行救援和救助。而对于正在沉入或已经沉入冰下的遇险者或者车辆，救援人员只能采取冰下救援的方法进行搜索和救援。冰下救援必须依靠冰潜装备和冰潜的技术，也是冰下救援的唯一方式。冰下救援是极其危险的，复杂的水下环境和低温，都会对潜水员造成巨大的威胁。对潜水员的体力、精神、技术和经验等方面的要求达到了苛刻的程度，要求参加冰下潜水必须经过严格的考核和训练，特别是对落冰的人员和车辆进行冰下救援，更加考验救援人员自身素质、装备水平、技术能力和团队的协同配合。

如果是汽车坠入冰下，应该首先沿着坠冰处开始搜索；同时还要考虑到坠冰前汽车的速度和冰面开口正下方是否有可以移动的空间。通常情况下，假设物体在坠冰之前有一定的速度，则坠冰后有可能会继续沿着相同的方向运动；同时，冰下水流情况、汽车进入水下后是否立即下沉等因素也会影响车辆的状况。

1. 冰上救援的团队

首先，参与冰潜的人员必须具备冰下救援的技术和危急情况下做出理智判断的能力；同时胆大心细，服从和遵守纪律与安排。其次，所有参加救援的个人和团队，都要严格而有效地执行预先约定的救援计划，确保具备冰下救援所需的冰面装备、自救装备、医疗急救装备和后勤保障装备。最后，团队合作是最重要的，尤其是后勤准备工作。在冰下执行救援任务时，整个团队必须精诚团结、无私合作，冰下潜水者的安全取决于环境和岸上的后勤人员。

2. 冰潜的装备

冰潜装备是冬季水下搜救的利器，它由干式潜水衣和全套供气系统组成，除要在潜水员体温保持方面做足功夫外，还要确保潜水装备具有防冻、防结冰的功能。

（1）干式潜水衣。干式潜水衣能很好地阻止水与皮肤的直接接触，里面可以穿上厚底衣和其他保暖衣物，身上完全不会有冰冷的感觉。

（2）底衣。穿在自身保暖衣物的最外层，通常有分体式和连体式，可以是棉质或者羽绒，是冰潜时保持体温的第二重保障。

（3）双阀门气瓶。由于处在低温的特殊环境下，使用的器材也有特殊要求。为了防止一级头的冻结，出于安全考虑，每一次的下潜都必须使用两套呼吸装置，分别装在双阀门的气瓶上。

（4）冰潜专用防冻调节器。为了防止调节器在低温下发生冻结，应使用寒带冷水域设计的一级头，选择极限环境下的防冻性能好的隔膜式调节器，并且在高压试验台上通过检测和调整。低温下要在水中使用呼吸器，不要在低温空气中使用，防止冻结而无法使用。

（5）头套、手套和潜水鞋。冰潜最好使用厚至少 5～7 mm 的头套、多层手套和潜水靴。

3. 冰潜的技术

冰潜技术是基于干式潜水衣、全面罩技术之后的一项高级技术，潜水者通过人工或自然形成的冰面入口潜入冰下水域。

（1）防寒。潜水员进入冰下寒冷水域时，首先要考虑的就是如何保暖的问题。之前介绍的干式潜水衣和全面罩都是潜水员保暖的良好工具。除潜水员外，水面团队人员的防寒问题也很重要，恶劣的自然环境给团队造成了很大的困难，如果太冷、冰太厚、风太大，都可能影响整个潜水活动。

（2）破冰。破冰是要在冰面上凿出一个通往水下的入口的冰潜方式。选择有一定厚度的冰层的位置进行冰潜活动，这样是为了保证冰上人员的安全。进行冰潜时，要在冰上准备若干冰上洞口，一方面作为进入水下的通道，另一方面要作为紧急上升所需的安全出水通道。首先，利用手工冰钻或机动链锯在冰层上，呈三角形或者四边形凿出一定数量的小洞。一般主张凿成三角形，因为三角形强度更高，安全系数也更高。然后，使用电锯沿手工冰钻凿洞边缘切割开。最后，驾驶雪上摩托将一整块冰拖离开水面，在冰上洒沙，以增加摩擦力。

如果要在自然冰洞下潜水，一定要了解当地情况。由于自然冰洞有可能是由洋流或冰面移动造成的，有一定风险，因此为保证安全，人工冰洞是最佳选择。

（3）进入水下。助理人员辅助潜水者穿上装备后，坐于洞口，潜水员握住潜水绳，绳控人员专门负责收放绳索，潜水员和绳控人员应具备良好的"绳语"交流能力。水面有冰层的环境也会影响潜水员直接上升到水面，增加潜水的危险，因此必须掌握水面水下绳索控制的相关技术，才能在保障潜水员自身安全的前提下，完成既定任务。

（4）安全引导绳。安全引导绳起到很关键的安全作用，它可以让潜水员在水下不迷失方向，准确地找到出口。同时，通过和冰面安全员的"绳语"交流，在遇到紧急情况下可以得到安全员的帮助。一般使用直径为 8～14 mm 质量都适中的安全绳，太细的安全绳不方便拿握，容易滑落。太粗的容易超重，造成负担。一根绳子最多可系连 2 名潜水员。这根绳索系在潜水员身上，在必要的时候，绳控人员也可以用绳子将失去知觉的潜水员拖回到岸上。绳语解析如下。

拉 1 次："OK"，一问一答。

拉 2 次：气量确认，检查 2 次后再进行绳语回应确认。

拉 3 次：安全员呼唤潜水员出水（水面有异常情况），若条件允许，潜水员做安全停留后，再出水。

水下拉 4 次：水下潜水员紧急情况，安全员拉出水下人员不做安全停留出水。

水面拉 4 次：水面发生紧急情况，同样需要紧急出水不做安全停留。

水面安全员拉 1 次没反应，数到 5 再拉 1 次，3 次无反应马上当做紧急情况处置。

（5）安全潜水员。岸上会有 1 名安全潜水员，随时整装待命，他的使命是在危急情况下跳入水中，寻找和帮助走散或出现意外的潜水员回到绳索上来，以获得安全。

（6）呼吸技巧。由于空气流量和一级头的温度成反比，为防止二级头在寒冷环境中冻结，第一口呼吸一定要在水下进行。除此之外，在水下一定要把握呼吸的节奏，所以切记不要呼吸过度，或同时使用二级头、BCD 充气管和干衣充气管。

第三节　高级潜水技术介绍

高级潜水技术是应急救援人员执行水下救援和打捞工作所需要的专门技术，针对团队进行有效的搜索和救援程序。

应急救援潜水员和一般潜水员的要求不同，团队的训练任务准备和计划都必须围绕在特定的区域执行潜水任务。因此，潜水团队必须以高效的团队运作方式来进行团队管理。规则必须符合行业的基础标准，在人员配备、装备选择和操作流程等各个方面进行规范，以确定团队本身和其他团队之间具有统一的潜水操作程序，便于执法部门与非执法部门在潜水团队救援时，开展密切合作。

一、潜水搜索与救援的程序

潜水搜救通常按照掌握水下情况、落实救援和应急措施、公布潜水救援任务、组成潜水小队、布置潜水救援计划、复查作业准备和水下救援与打捞作业的程序实施。

（1）掌握水下情况。水下环境对潜水员、所用潜水技术及装备的选择有很大的影响。实施潜水搜救作业前，潜水员必须熟练掌握水域深度、水底类型、潮汐和水流、能见度、水温、污染和障碍物或者危险物等情况。

（2）落实援助和应急措施。潜水搜救通常包括发生事故时的紧急援助、增加设备和人员、上级指挥部的指导和决定三种援助方式。潜水搜救作业开始前，要确定并通知最近的有加压舱的机构，确定负责紧急运输的单位，并令其待命，通知最近的潜水医生现场待命，建立紧急援助查对表，将查对表填毕后，张贴在醒目位置并人手一份，便于在紧急情况下，潜水小队的任何成员都能够迅速采取行动。

（3）公布潜水救助任务。根据确定的搜救目标和收集的有关信息，准备好基本的潜水作业表，使各项任务的相互联系一目了然。

（4）组成潜水小队。潜水小队包括潜水指挥者、潜水监督员、潜水员、保障人员，保障人员由信号员、记时员和医务人员组成。其他成员在得到适当指示后，可以提供不同程度的支援，如担负小艇艇员、缆绳管理员等任务。

（5）布置潜水救助计划。布置潜水救助作业计划，使潜水小队的每个成员都了解计划、任务以及岗位职责。计划内容包括工作目的和范围、作业区的条件、采用的潜水技术和装备、人员安排、潜水员的任务分配、可能出现的危险以及安全措施。

（6）复查作业准备。实施潜水作业开始之前，潜水指挥者和潜水监督员必须复查所有的准备工作，并亲自证实已做好了各种相应的准备。在执行任务之前，团队必须对任务进行详细的分析。首先，团队必须非常了解他们的整体训练程度和训练标准，才能明晰团队所执行的任务类型。然后，在执行任务时，团队成员必须执行需求和能力的评估，这个评估包括对团队的训练技能水平、装备水平等进行实际的评估。最后，团队必须了解和适应所执行任务可能要面临的相关问题。

（7）水下救援与打捞作业。水下救援与打捞作业基本程序是确定搜救区域并标记起始点、选择搜救方法、标记搜索过的区域、寻获目标后标定、捆绑待提升的目标、选择浮升方式和控制浮升。

二、团队成员职责及任务分工

应急救援潜水任务不是一项个人或单独的活动，任务的完成是依靠团队作业，因此，需要大量的资源和人员，依据环境和任务的不同，应急救援潜水团队的大小和能力各不相同。通常，潜水团队的组成也有最低人员配备，是为确保潜水活动和安全需要，每个团队的结构、管理和组成都是特有的，但不是每个团队都会有足够的机构和个人能够响应或协助完成的任务。因此，潜水团队的配置应该遵循大致相同的管理和组成模式。一个最小潜水作业团队配置至少应该由4名人员组成，虽然4人并非是最理想的团队小组人员编制，但已经可以组成一个进行水下工作的潜水小组。简单地说，一个潜水队至少需要2名潜水员和两名绳控人员。建议最低人员配备是为确保潜水行动的安全和有效，中、大型潜水团队一般有指挥、安全监督、媒体家属沟通、潜水作业等职责。

（1）指挥员。一般每个潜水团队都应有一个指挥人员，主要职责是监督团队运作和提高团队成员之间的沟通与工作效率，协调团队的外部需求和对外沟通协调。职责包括救援行动制订计划，分配和规定每个队员的职责与任务，进行外部沟通与协调（例如司法机关、急救医疗机构、其他专业或社会救援团队等）。

（2）潜水安全主任（diving safety officer，DSO）。潜水安全主任是很独立的职位，对潜在的危险进行整体检查是他的主要职责，监督所有潜水工作能够安全进行，如果发现有任何环境或装备上的安全隐患，有权力终止一切潜水活动，管理整个团队，确保完全遵循指导方针和标准行动，使事故或者负伤率降到最低。

（3）媒体负责人。媒体负责人主要工作是负责经指挥员授权后，可与媒体合作、协调，但是不能与媒体随意对话，与事故家属沟通，尽量从专业的角度向家属解释、解答相关问题，尽量覆盖救援中可能发生的各种后果。担当这一职责的媒体负责人，要了解刑法和民法上名誉受损的相关法规，也要了解媒体转达意见，避免在法律和法院诉讼上起到负面作用。

（4）潜水作业团队。潜水作业团队是团队的主要作业人员，需要由潜水技能最好的人员担任，最少由主潜水员、后备潜水员、主要操绳手和后备操绳员4名人员组成。

1）主潜水员。主潜水员主要负责主搜索绳的设置、水下搜索、打捞搜索物和填写相关材料等工作。

2）后备潜水员。后备潜水员也叫作安全潜水员，一直整装在水面等待，时刻准备为主潜水员提供紧急救援。因此，除面镜、调节器没有穿戴外，其他装备全部准备完毕。

3）主要操绳手。主要操绳手一般需要具备丰富经验的队员担任，因为主要操绳手需要进行装备检查、安装、打绳结、潜水计划、搜索作业、水中通信、潜水员管理等工作。在能见度很低的情况下，潜水员只能依靠操绳手控制方向。潜水员入水以后，主要操绳手就由辅助角色变为管理者的角色。

（5）洗消小组。应急救援潜水团队所执行任务的环境应考虑为受污染的潜水环境，因此潜水员在离开水中时，应考虑污染水域中人员和装备的洗消工作。消除污染物是确保潜水员本人、团队和其家人安全的重要环节。通常，洗消小组至少需要3名基本洗消人员和3个基本洗消设施设备。基本去污装备可分为个人防护用具装备、去污常用装备和收集污染物的装备。任务可以分为洗消一个或多个地区的工作。

（6）其他专业人士。潜水团队中还有一些不是潜水员的队员。他们不是潜水团队成员，也并不是公共安全潜水员，而是具备专业技术的非潜水员，可以提供其他专业的技术支持，如侧扫声呐操作员、水下通信系统操作员、设备专家、设备处理人员、通信专家等。当潜水队在靠近化工厂或发电站的地方工作时，他们需要和相关单位的设施人员进行交流，确定可能的污染或可能发生的事故。潜水团队应建立相关人员联系名单，将这些专业技术人员团队执行任务的外部资源。例如，当需要打捞和起吊一辆落水车辆时，拖车司机和起重机操作员则应是完成任务所需要的外部资源。

对于休闲潜水员来说，对他们的设备大部分的护理维护是在潜水后进行淡水冲洗的。而对应急救援潜水员来说，如果进入的是污水环境，则可能需要进行移除面板、去除污染物、干燥BCD内部，或者使用酒精或漂白剂清洗管线等工作。潜水员必须了解相应的工艺过程，并进行相应的协助配合。

三、潜水团队事务年度管理

潜水团队中，按照水面及水下工作人员，可将潜水人员分为水面支援人员和潜水员。虽然潜水团队的人员各有分工，又相互支援，但是潜水作业小组是最关键的组成部分，其小组成员不仅要接受潜水技能、绳控技能、指挥协调的训练，还要接受团队合作的训练。因此，在选拔成员时，小组中每个成员的身体状况必须良好，必须由具有潜水和处理相关疾病经验的合格医师来进行身体评估与管理。潜水医师逐年对成员进行身体空腔压力和心理压力测试，对潜水员进行呼吸循环和心脏等方面的检查与筛选。团队成员都必须具备良好的身体素质、潜水技术，符合最低的潜水操作标准。成为潜水小组成员后，对于潜水作业小组的年度管理也较为严格，主要包括以下三个方面的管理工作。

（1）每年定期进行体适能的测试，确保潜水小组每一名成员都符合潜水救援或作业时基本体能的相关要求。

（2）每年定期测试其基本水肺技巧，对于不符合潜水作业相关基本条件的人员，要进行岗位调整或者进行恢复性训练。

（3）定期接种疫苗，预防暴露在工作环境中可能带来的血液性和病毒性感染。接种的疫苗主要包括破伤风、伤寒及A型、B型肺炎等。潜水作业团队成员的安全不仅影响自身健康，还危及团队成员的安全。

四、应急救援的训练重点

应急救援潜水员和一般潜水员的要求不同，是针对初级潜水技术和中级潜水技术的复习与延伸，尤其救援技巧和搜索形态等。需要掌握快速着装技巧、快速制作绳结、传递绳语信号、快速解除连接、各种搜索技术和一些水中特殊技巧，如搜索的重点、团队合作等技术。

（1）信号绳的连接训练。在应急救援潜水中，经常使用水面绳子控制的方式和潜水员连接。①连接时，要注意两个重点：一是绳索和潜水员身体任何部位及装备连接时，必须是可以快速解脱的；二是潜水员要通过绳索与水面人员传递信号时，必须通过绳索上制作手握环圈。②信号绳与潜水员连接时，绳索的一端用绳头打双8字结，用具有快卸功能的挂钩系在胸部或肩部；在绳子拉紧的状态下，找到单手（左右均要）长度可及范围内绳的位置，并在绳子这个位置系8字结作为手臂握绳位置。③拉绳时，要保持一定的张力和角度，尽量避免障碍物缠绕。④当搜索过程中气瓶需要更换时，请绳控人员打结标记目前工作距离。再次恢复搜索时要将目前绳长区域重新搜索。

（2）潜水搜索的重点。潜水员采取何种搜索形态是基于对现场环境的评估，每一种搜索都有一定的盲区，要注意避免。通过选择正确的搜索形态，避免每种搜索形态的弊端，达到某个区域内的全覆盖搜索。采用有绳搜索时，放绳长度取决于目标大小和水域能见度。

使用弧形搜索时，可能出现的盲区有：初始放绳区域盲区、放绳太长造成的盲区、搜索过程中绳太松造成的盲区三种。

搜索遇有岩石等障碍物时，可将绳举起越过障碍物后再继续。当搜索过程中气瓶需要更换时，请绳控人员打结标记目前工作距离，更换气瓶后，继续重新搜索该绳索区域。使用 jack stay 搜索法时，往往部署多个搜索队，因此要注意避免搜索队之间的盲区。jack stay 搜索法可采用两人或者单人搜索技术，但搜索导向绳的有效搜索距离在 13 m 左右，过长的绳子容易松弛造成搜索盲区。使用水面引导搜索法时，特别适合应对水下多障碍物的情况，但要注意水面引导会由于航线偏移导致水下搜索出现盲区。

（3）团队合作。团队合作是训练团队的合作能力，来到开放水域模拟的现场，潜水员团队要求以团队分工的形式进行工作，实施现场评估、风险分析、确立目标最后发现地点、确定和标记搜索区域等。在下水之前，潜水员必须进行潜水前的安全检查，计划一个适当的搜索形式来执行搜索模式，搜索没入水中的遇险人员，然后将其带至水面、带至岸边并由团队提供急救、CPR 和氧气，并将模拟情节用合适的报告记录下来。

（4）模拟救援情境演练。模拟救援情境演练是潜水员必须熟悉潜水救援和打捞过程中有可能遇到的真实突发状况，因此，这个环节中突发情况是由教练临时增加或指派团队人员扮演遇到紧急状况，从而全面考察团队中每一名人员的应变和处置能力。模拟的情境应该至少包括正常搜索模拟、遇障碍物纠缠的模拟、无法自救等待救援的模拟和心脏病发作水下无反应的模拟、找到目标的模拟等。

（5）水中尸体位置判断。寻找水中尸体对于潜水员来说是一项巨大的挑战，因为水中尸体的沉没位置没有一贯正确的规律可循。尸体被最终发现的位置（最终位置）和水面沉没时被目击者看到的位置（最后目击点）之间存在着众多的、复杂的影响因素。例如尸体在水中受到浮力、所穿衣服、流速、温度、深度、水底障碍物、水底地形、水下涡流等影响。因此，潜水员如果主观考虑单一因素可能会导致失败的结果，应该综合地、客观地考虑大自然的综合作用，不要轻易下论断。尸体在水中有下沉、沿底部流动、上浮至水面、水面上流动和最后下沉五个不同阶段。

1）下沉。人体的体脂各不相同，当体重大于水的密度时，则会下沉。据相关研究表明，有 93%～95% 的人体会下沉，且在下沉的过程中受到水流因素的影响，会将人体带离最后目击点。在湖泊、池塘等静水环境中，搜索的半径大致等于人体下沉的深度；而在流动水域中，水流流速越快、深度越大，则将人体带离最后目击点的距离就越远。

人体的体重、体脂密度、衣服材质密度、干式或湿式溺水等因素，都直接影响人体下沉的速度，也会将人体带离最后目击点。通常情况下，成人受到的下沉力为 3～8 kg，下沉速度约为 0.5 m/s，并且在下沉的过程中，人体空腔内的气体受到水的压缩，导致下沉速度越来越快。而有一些比较特殊的情形，人体并不会下沉，如体脂密度很小的婴儿和肥胖者，或者衣物的巨大浮力等因素导致人体漂浮在水面。

2）沿底部流动。人体在水中沿底部流动有主要因素和次要因素两种。主要因素是浮力、人体重力、水流推力和拖拽力等因素；次要因素是水底光滑度、水底形态轮廓、水下障碍物、人体衣物、人体头发的长度等因素。

3）上浮至水面。人体在水中死亡后，就开始了分解与腐败。尸体在水中受到环境温度的影响，腐败产生气体，因此尸体由负浮力逐渐变为中性浮力，随着腐败气体的增加，最终成为正浮力，且漂离水底上浮至水面。一般来说，水温越高，尸体产生腐败气体的速度越快。但是，也有较为特殊的环境，如常年低温水域和大深度水域中，尸体没有产生足够的腐败气体，或腐败气体在高压环境中难以大量积累，也会出现长时间停留在水中的情况。

4）水面上流动。尸体在水面上流动时，受到不同水体的影响。湖泊、海洋、河流等水体的环境不同，产生的各种水流状况影响了尸体在水面的漂流状态。正如激流救援中所介绍的主流、支流、涡流等各种危险水流，是尸体在水面漂移的主要影响因素。同时，树枝、礁石、拦水坝等滤过性水面障碍物或阻拦物也会影响尸体在水面的漂移。

5）最后下沉。由于尸体上浮至水面后，进一步受到高温和蚊虫叮咬等影响，会加速分解和腐败，体内的气体将进一步释放，余下的尸骨将最终沉入水底。

（6）车辆打捞。首先需要对车辆位置进行定位，用浮标标记。检查驾驶员的驾驶区域。观察车辆变速器、点火装置和制动器的位置。潜水员使用拖车上的拖挂连接到车体坚固的框架或脱钩上，将车辆拉出水面。

1）确定模式。开展水下行动前，必须先评估并确定行动模式是救援还是打捞。当一个人困在水下车辆中等待救援，生存的概率微乎其微。水域救援的黄金时间是 $4 \sim 6$ min，也就是说脑部停止供氧超过 4 min，死亡程序就开始了，停止供氧时间越长，想要苏醒过来就越困难，4 min 以后抢救过来的人也会遭受不同程度的脑部损伤。一般来说时间越久，脑部损伤的越多，脑部损伤的后遗症表现为语言、行为或者其他方面的认知困难。

应急救援人员接到救援电话、掌握事故发生的具体情况、迅速抵达现场、采取救援措施等步骤所需要的时间远不止 4 min。所以，根据经验，车辆落水意外事故发生后的作业重点是搜寻，而非救援。

2）有关证物收集的问题。经过水下救援实证研究发现，车辆落水很长一段时间之后，被打捞上岸时，仍可找到隐藏的指纹。因此，水域事故的调查与火灾事故调查一样有必要。水下救援人员在某种程度上来说也是事故现场的第一接触者，有责任和义务协同警务部门一同开展落水事故证物的收集与保存，以便相关调查人员收集取证，从而分析和判定事发经过，还原真实的事故原因。是否由意外造成的事故，对于确定是他杀还是自杀很有必要。

一些国家已有专门的水下犯罪调查潜水员，对水下事故现场进行调查。随着我国综合国力的增强，国家的法律不断完善，水域事故调查的步伐也会跟上时代的进步。

参考文献

[1] 中华人民共和国人力资源和社会劳动保障部制定. 国家职业技能标准. 游泳救生员（试行）[S]. 北京：中国劳动和社会保障出版社,2009.

[2] 中国游泳救生协会，游泳救生员（泳池救生）[M], 高等教育出版社,2010.

[3] 国家职业资格培训教材. 社会体育指导员 [M], 高等教育出版社,2016.

[4] 牛运光. 防汛与抗旱 [M]. 中国水利水电出版社,2003.

[5] 刘冬, 邵薇. 游泳技术与水上救护 [M]. 中国人民武装警察部队学院.2013.

[6] 温宇红. 游泳教学和训练双语教材 [M]. 北京体育大学出版社.2009.

[7] 李文静, 温宇红. 现代游泳技术教程 [M]. 北京体育大学出版社.2010.

[8] 迪克. 哈努拉著. 高捷, 李久全译. 游泳成功教学 [M]. 北京体育大学出版社.2010.

[9] 陶恒沂, 张辉. 潜水减压病的防治 [M]. 第二军医大学.2011.8

[10] 余浩等, 潜水员心理特征分析 [J]. 海军医学杂志.2001.12（4）

[11] 刘永澎. 关于国家职业标准制定的理论思考, 中国培训, 2002(12)

[12] 杨华勇, 梁永辉. 水下激光目标探测及其发展 [J]. 光通讯技术.2008. (6):63-64.

[13] Tomas Rancho Santa Margarita.PADI Open Water Diver Manual [K].PADI.2010.

[14] American Academy of Orthopedic Surgeons .Emergency Care and Transportation of the Sick and Injured [M]. Fourth Edition，1987.

[15] Editors Peter Bennett and David H. The Physiology and Medicine of Diving[M]. Elliott,W.B.Saunders Company,Ltd.1993.

[16] Emergency Care and Transportation of the Sick and Injured [M]. Fourth Edition,1987,American Academy of Orthopedic Surgeons.

[17] The Physiology and Medicine of Diving [M]. Fourth Edition, 1993, Editors Peter Bennett and David H.Elliott,W.B.Saunders Company,Ltd.

[18] Divers Aler Network [M], 1991 Underwater Diving Accident Manual. Duke University.

[19] Oxygen First Aid for Divers [M].1992, John Lippmann, J.L.Publications.

[20] Emergency First Response Participant Manual [M], ©Emergency First Response®, Corp. 2007.

[21] Royal Life Saving<Annual Drowning Report2014-2015>

[22] Public Safety Diving All The Way To The Bottom [M].2012. Kevin Angelilli.

[23] 2016 National Fire Protection Association (NFPA)1006:Standard for Technical Rescuer Professional Qualifications. 1670:Standard on Operations and Training for Technical Search and Rescue Incidents.

[24] National Park Service Swift Water Rescue Manual [M]. The Untied States Department of the Interior ,National Park Service.2012(9)

后　　记

　　本书的完成有赖于众多恩师、领导、同行和战友的帮助和启发。在此特别致谢！

　　感谢李文静老师（北京体育大学游泳教研室原主任，教授，博导）和段若岚老师（北京体育大学游泳教研室高级教练员）。感谢两位老师在游泳教学和救生专业方面的教导和启发。特别感谢段若岚老师在大学四年中对我的谆谆教诲，帮助我扬起了职业风帆。

　　感谢叶泰兴先生：叶先生是国际搜救教练顾问联盟（IRIA-ADVISER）亚洲区域技术总监。在帮助内地建设较为成熟的综合救援培训体系过程中做出了巨大贡献。感谢叶先生在激流救援培训中的教诲、指导和支持。

　　感谢 Mike Berry 先生 [国际专业潜水教练协会（PADI）公共安全及水下刑事犯罪调查教练训练官] 分享的大量实践救援案例，他以生动的教学方式，启发和引导了我在应急救援潜水中的思考，也为将来在我国普及水下刑事犯罪调查提供了一手资料。

　　感谢孙治国先生 [国际专业潜水教练协会（PADI）亚洲区总监] 一直以来的支持和培养，指引我走上从事潜水救援的道路。

　　感谢王奇先生（中国休闲潜水员与教练培训团体标准主起草人、ERDI 国际应急救援潜水教练训练官、SDI 国际水肺潜水教练训练官及 18 项专长教练训练官、TDI 国际技术潜水教练训练官，FRTI 国际急救培训教练训练官、CCR 全密闭呼吸循环器教练和自由潜水教练）在撰写应急救援潜水章节时为本书提出的专业建议和意见。

　　感谢于翔琨（大连消防水域救援大队总教练、PADI 课程总监、PADI 公共安全潜水教练训练官）对编写工作的大力支持，特别感谢他在本书潜水救援章节中提供的专业建议。

　　感谢 Lay（SDI、TDI、ANDI 水肺潜水教练、SDI8 项专长教练）。特别感谢 Lay 在冰潜章节中提供的专业建议和贝加尔湖冰潜的照片。

　　感谢侯忠雪（辽宁省消防总队培训基地训练处二级指导员，消防局冰上救援专家、PADI 开放水域潜水教练）对编写工作的大力支持，特别感谢他在本书冰上救援章节中提供的专业建议和照片。

　　感谢昆明消防高等专科学校的领导对水域救援教学团队的大力支持。特别感谢训练部张宏宇部长的关心、鼓励和大力支持。

　　感谢昆明消防高等专科学校周俊良、唐云、吴传嵩、尹柏翔、郭钦元、黄东方、赵陈飞、钟捷先、李炳涛等水域救援团队的所有成员。感谢他们在水域救援领域的无私奉献，他们的大力支持与精诚合作，才使得本书完成了大量视频和图像资料的采集，为读者提供给了直观的教学训练资料。其中，郭钦元、黄东方、赵陈飞都是具备国际搜救教练顾问联盟和国际专业潜水教练协会资质的教练助理。

　　另外虽然作者在较长的实践活动中，仔细研究并总结了书中的各种救援程序、行动与技术，但并不能覆盖所有的意外情况；救援行动并非是一般工作，具有极大的潜在危险，即使有适当的组织和严格的监督，也可能导致严重的伤害和死亡。因此，作者和出版商都不对本手册中所包含的程序、行动和技术的使用承担任何法律责任。本书所述的技术训练方法只适用于在相关合格教练监督下进行的培训，教练应具备国内和国际的相关资质和等级。

邵 薇

2019 年于昆明